endlichleben NETZWERK

Helge Seekamp
Gero Herrendorff
Karin Prentzel



# Endlich leben!

Heilung
Veränderung
Gelassenheit

## Das 12-Schritte-Programm

Ein Arbeitsbuch für Selbsthilfegruppen

BRUNNEN
Verlag Giessen · Basel

8. revidierte Auflage 2009


Umschlagzeichnung: Rüdiger Grob
Umschlaggestaltung: Ralf Simon
Illustrationen im Innenteil: Max Spring
Satz: Helge Seekamp
Herstellung: Harms, Groß Oesingen
ISBN 978-3-7655-6328-7

# Zertifizierung Endlich-Leben®-Gruppen

Das Logo der Marke endlich-leben®.net – wie rechts dargestellt– ist rechtlich geschützt und darf nur von dazu autorisierten Personen genutzt werden. Gemeinden, die als sogenannte *zertifizierte Gemeinden* in einer vertraglich geregelten Beziehung mit dem Netzwerk verbunden sind , dürfen den Markennamen endlich-leben®.net, bzw. Endlich-Leben®-Gruppen (in Verbindung mit der entsprechenden Wort-/Bildmarke) für ihre Werbung nutzen. Durch einen Zertifizierungsvertrag mit dem endlich-leben.net e. V. können sie die unten beschriebene Unterstützung für ihre Gruppenarbeit bekommen. Lesen Sie alle weiteren Details dazu unter der Internetadresse **www.zertifizierung.endlich-leben.net**

Das endlich-leben®.net e. V. ist als gemeinnützig anerkannter Verein organisiert. Zweck des Vereins ist die Förderung des Wohlfahrtsbereichs durch die ideelle, materielle, tatsächliche bzw. aktive und finanzielle Unterstützung bei der Entwicklung und Verwirklichung von Endlich-Leben®-Gruppen. Diese sind Selbsthilfegruppen zur Förderung der psychischen Gesundheit und der Verbesserung der Beziehungsfähigkeit. Sie arbeiten nach einem 12-Schritte-Programm (© siehe S. 243) und werden durch von christlichen Gemeinden ausgewählte LeiterInnen moderiert.

### Schwerpunkte der Arbeit von endlich-leben®.net e. V.

- die Förderung der Gründung von Endlich-Leben®-Gruppen;
- die Information über diese Endlich-Leben-Arbeitsformen nach innen (z. B. christlichen Gemeinden und Werke) und nach außen (Öffentlichkeitsarbeit z. B. in Selbsthilfenetzwerken, Fachgremien wie AMD);
- die Kommunikation mit Organisationen, die Seelsorge und Therapie verantworten;
- fachliche und geistliche Reflexion der Endlich-Leben-Arbeit;
- die Integration von Endlich-Leben-Gruppen in Ortsgemeinden unterschiedlichster Konfessionen;
- Reflexion und Hilfen zur Durchführung von Qualitätssicherung, z. B. durch Schulungen und Workshops, Arbeits- und Schulungsmaterialien, Leitlinien für Supervison usw.;
- die Netzwerkkoordination.

endlichleben NETZWERK

Sie haben dieses Arbeitsbuch frei zugänglich erworben und dürfen es für private Zwecke selbstverständlich auch ohne Zertifizierung nutzen. Der volle Umfang des Arbeitsbuches steht aber nur Mitgliedern zertifizierter Gruppen zur Verfügung. So sind z. B. die Selbsttests nur registrierten Gruppen im Internet zugänglich, um Missbrauch auszuschließen. endlich-leben®.net e. V. hat dieses Verfahren gewählt, um Namen und Qualität der Endlich-Leben-Gruppenarbeit für Sie zu schützen, damit auch wirklich drin ist, was draufsteht: Leben! Sprechen Sie uns an. Zertifizierung bedeutet für uns eine Vertrauensbeziehung, ein Geben und Nehmen in Offenheit, Zustimmung zu Grundwerten und Anerkennung von definierten Grenzen dieser Selbsthilfe-Arbeitsform. Endlich-Leben-Gruppen dürfen nicht mit Gewinnabsicht betrieben werden. Unkosten für Raummiete, Heizung, Material können entstehen.

# Inhalt


## Zertifizierung Endlich-Leben®-Gruppen 2

## Einführung

Gelassenheitsgebet 4
Vorwort 5
Einführung in das Endlich-Leben-Programm 8
Der Ablauf der Gruppe 20
Die Gruppenregeln 21
Erklärung zur Nutzung der Selbsttest-Fragebögen 22
**Selbsttest „Stressbelastung"** 23

## Das 12-Schritte-Programm

Schritt 1 Endlich am Ende 27
**Selbsttest „Symptome"** 46
Selbstverpflichtung 50
Schritt 2 Nicht mehr allein 53
**Selbsttest „Religiosität"** 65
Schritt 3 Sich Gott geben 71
Schritt 4 Endlich das Ganze sehen 86
**Selbsttest „Biografie"** 101
**Selbsttest „Ziele"** 104
**Selbsttest „Konfliktlösung"** 106
**Selbsttest „Bindungsstile"** 107
**Selbsttest „Symptome" 1. Update** 116
Schritt 5 Endlich dazu stehen 119
Zusammenschau der Arbeitsergebnisse 128
Schritt 6 Bereit für Veränderung 137
Schritt 7 Verwandlung zulassen 155
Schritt 8 Bereit für Beziehungsklärung 173
Schritt 9 Beziehungen werden gut 185
**Selbsttest „Symptome" 2. Update** 196
Schritt 10 Das „Sofort!-Konzept" 199
Schritt 11 Beziehung mit Gott leben 215
Schritt 12 Zum Zeugen werden 229
**Selbsttests Abschlussabfrage** 240

## Kontakte und Hilfen für die Praxis 242

## Copyright 12 Schritte 243

## Fragebogen für den Postversand 244

# Gelassenheitsgebet

**Herr, gib mir die Gelassenheit,**

**Dinge hinzunehmen, die ich nicht ändern kann,**

**den Mut, Dinge zu ändern, die ich ändern kann,**

**und die Weisheit, das eine vom anderen zu unterscheiden.**

Lass mich den Tag ganz ausleben im Bewusstsein seiner Zeit.
Lass mich jeden Augenblick ganz genießen
im Bewusstsein seiner Begrenzung.
Lass mich Not auch als einen Weg zum inneren Frieden
akzeptieren können.
Lass mich – wie Jesus es auch tat – diese sündhafte Welt annehmen,
wie sie ist, nicht wie ich sie gerne hätte.
Lass mich dir vertrauen, dass du alle Dinge richtig machen wirst,
wenn ich mich dir und deinem Willen überlasse.
So werde ich wirklich glücklich werden in diesem Leben
und überglücklich mit dir
für immer im kommenden Leben.

(Reinhold Niebuhr)

# Vorwort

## Warum wir das Arbeitsbuch nach 15 Jahren Praxis neu konzipiert haben ...

Mit diesem Arbeitsbuch halten Sie das erste deutschsprachige 12-Schritte-Arbeitsbuch in der Hand, das auf einem christlichen Grundverständnis beruht. Eigene Erfahrungen unserer 15-jährigen Praxis mit christlichen 12-Schritte-Gruppen, eine gründliche Beschäftigung mit den Prinzipien der 12 Schritte, die Literatur und Hilfe unserer amerikanischen Freundinnen und Freunde und viele wertvolle Rückmeldungen von Gruppenteilnehmerinnen und Gruppenteilnehmern aus Österreich, Deutschland und der Schweiz haben uns befähigt, dieses eigenständige Endlich-Leben-Gruppen-Arbeitsbuch vorzulegen.

Millionen von Menschen haben weltweit durch das 12-Schritte-Programm Hilfe und Veränderung erlebt. Der Wert und die Bedeutung des 12-Schritte-Programms wurde uns erst bewusst, als wir selbst in unseren Endlich-Leben-Gruppen erlebt haben, wie Heilung, Veränderung und Gelassenheit in das Leben von Menschen kam. Und das waren teilweise Menschen, die jahrelang sehnlichst nach Hilfe gesucht hatten.

Unsere Erfahrungen mit dem 12-Schritte-Programm begannen 1994 in Lemgo (Deutschland) unter der Leitung von Pfarrer Helge Seekamp (ev.-reformierte Lippische Landeskirche). Im Rahmen einer überkonfessionellen christlichen Kulturkneipe erlebten Männer und Frauen zwischen 20 und 60 Jahren Veränderung und Hilfe bei Ängsten, psychischen Problemen und Abhängigkeiten. Etwa zur selben Zeit und unabhängig davon wurde in der Vineyard-Gemeinde Bern (Schweiz) unter der Leitung von Gero Herrendorff mit demselben 12-Schritte-Programm gearbeitet. Auch dort machten viele dieselben wertvollen und Leben verändernden Erfahrungen! Das hat uns ermutigt.

## Brauchen wir wirklich ein „Gruppen-Programm"?

Überzeugt von diesem Weg des 12-Schritte-Programms wollen wir jedoch darauf hinweisen, dass es nur eines von verschiedenen Instrumenten ist, um in seelischen Krisensituationen Menschen zu helfen, mit sich zurechtzukommen. Es kann aber die entscheidende Ergänzung zu den bekannten Seelsorge-Werkzeugen (Einzelgespräche, Beratung) und Therapien unterschiedlichster Fachrichtungen werden.

Menschen mit verschiedenen Symptomen und Problemen und Menschen mit unterschiedlichsten Süchten fanden in unseren 12-Schritte-Gruppen Zuflucht und Hilfe.

Das Buch richtet sich auch an Menschen, die aufgrund ihrer Lebenssituation und Verhaltensmuster einsam sind. In einer individualistischen Gesellschaft ist das Angebot einer verbindlichen Gemeinschaft, wie sie eine Endlich-Leben-Gruppe bietet, eine wichtige Alternative. Es ist immer wieder eine Ermutigung für die Gruppenteilnehmer festzustellen, dass sie nicht allein sind mit ihren Schwierigkeiten. Hat jemand aus der Gruppe Veränderungen erlebt, kann dies zu einem ermutigenden Beispiel für die anderen werden. Es hat vielleicht sogar Modellcharakter und weckt die Hoffnung der anderen Gruppenteilnehmenden. Der Wunsch und die Sehnsucht nach Veränderung werden in diesen Gruppen wach gehalten und erstaunliche Veränderungen so auch konkret erlebt.

## Ein „Grundkurs Barmherzigkeit" für die Kirchen

Dieses Arbeitsbuch möchte Vertrauen wecken, ein über Jahrzehnte gewachsenes Selbsthilfe-Modell, das sich zuerst außerhalb der etablierten Kirchen religiös eingerichtet hatte, jetzt mit aller Leidenschaft in die Kirche des 21. Jahrhunderts zu reintegrieren – zum Nutzen aller Hilfesuchenden und Interessierten.

*Gegen Gesetzlichkeit*

Das könnte weitreichende Folgen mit sich bringen: Ungesunde, gesetzliche oder sogenannte „co-abhängige" Strukturen und Vorstellungen in den unterschiedlichen Kirchen können wahrgenommen und verändert werden.

Endlich-Leben-Gruppen fördern eine Kirche, die zu einem Ort der Barmherzigkeit wird. Damit wird Kirche resistent gegenüber gesetzlichen und zwanghaften Tendenzen (die in esoterischen wie in christlichen Traditionen vorkommen) oder Gruppen machen zumindest für solche Fehlinterpretationen des Evangeliums immer wieder sensibel.

*Eine offene Kirche*

Endlich-Leben-Gruppen fördern eine offene Kirche, die sprachlich und deshalb auch kulturell für das 21. Jahrhundert von Bedeutung bleiben soll. Menschen unterschiedlicher Glaubensvorstellungen können zusammen voneinander lernen. Unser Endlich-Leben-Programm stellt damit auch einen neuen missionarischen Impuls dar.

*Seelsorge ausweiten*

Endlich-Leben-Gruppen sind eine Chance, Seelsorge systematisch in die Ortsgemeinde zu integrieren oder vorhandene Seelsorge-Angebote so zu erweitern, dass sie für eine große Zahl von Hilfe suchenden Menschen einladend wirken. Eine Seelsorge auf der Basis der Gnade: Dies geschieht in der Form von Selbsthilfegruppen.

*Gemeinsame theologische Basis*

Die Theologie dieses Programms fußt auf der Lehre von der „Rechtfertigung des Sünders", wie sie seit über 500 Jahren in evangelischen Kirchen gelehrt wird und seit der gemeinsamen Erklärung von lutherischem Weltbund und katholischer Kirche 1999 in Augsburg (2006 unterzeichnete der Weltrat methodistischer Kirchen) Glaubensgrundlage der großen Weltkirchen ist. Nach breiter christlicher Überzeugung dürfen Menschen sich zu ihrem Istzustand bekennen und doch mit Hoffnung auf eine von Gott angeleitete Veränderung hin leben. Niemand muss zuerst perfekt sein, bevor er sich auf ein Leben mit Gott einlassen kann. Wer sich aber auf diesen Weg einlässt, wird staunend leben. Endlich leben!

## Vom „Überleben" zum Leben in Beziehung

*Zwölf wichtige Schritte. Zwölf wegweisende Erfahrungsschätze.*

Schritt für Schritt kann etwas Neues beginnen. Ungesunde Beziehungsmuster sowie einengende Verhaltensmuster können zugunsten von neuen, angemessenen Lebensformen aufgegeben werden. Wer sich auf diesen abenteuerlichen Weg der Veränderung einlassen will, sollte eins mitbringen: die Bereitschaft zu lernen, wie man sich anderen Menschen in einer Gruppe anvertrauen kann. Unserer Erfahrung nach sind die Faktoren Ehrlichkeit, Echtheit und die innere Weite, Menschen in ihrer Unterschiedlichkeit vorbehaltlos anzunehmen, entscheidend. Mit einem Wort: Liebe. Die eigentliche Heilung, die durch dieses Programm möglich wird, ist also die: Menschen lernen, wieder in Beziehung mit sich selbst, anderen und Gott zu leben. Und dazu befähigt eben nur Liebe. Als Christen können wir Liebe nicht ohne Gott denken.

## Zertifizierte Gruppen bedeuten Qualität und Schutz

Seit 2008 hat das Netzwerk endlich-leben.net e. V. die Gruppenarbeit neu organisiert. Seitdem arbeiten viele Gemeinden unterschiedlicher Kirchen als zertifizierte Endlich-Leben-Gruppen auf einer gemeinsamen Basis von Werten, Definitionen, Standards und Verbindlichkeiten zusammen. Nur Gemeinden, die diesen Standards in einem Vertrag zustimmen, dürfen ihre Gruppenarbeit mit dem Logo und Namen (Endlich-Leben-Gruppen) öffentlich bewerben. Damit versuchen wir für Sie als mögliches Gruppenmitglied Qualität zu definieren und Schutz zu schaffen. Falls Sie in einer Endlich-Leben-Gruppe sind, die sich nicht an diese Standards hält, wie sie im Internet öffentlich publiziert sind, können Sie gerne Kontakt mit unserer Geschäftsstelle aufnehmen (s. Seite 242).

## Neu sind in dieser Auflage ...

Es gibt eine einzigartige Möglichkeit, wissenschaftlich anerkannte Fragebogen zu nutzen: Sie können so das Gewicht der eigenen Symptome, die Lebensmuster, Ihren Stresslevel, Ihre Religiosität und Bindungsfähigkeit usw. messen, bewerten und hoffentlich am Ende des Programms die geglückte Linderung Ihrer Nöte dokumentieren. Mehr dazu finden Sie auf den Seiten 22 und 244 oder im Internet unter der Adresse: **www.fragebogen.endlich-leben.net**
Im Internet gibt es auch ein Verzeichnis von Gruppen **www.gruppen.endlich-leben.net** und beratenden NetzwerkmitarbeiterInnen, die eine Gruppengründung unterstützen unter **www.beratung.endlich-leben.net** oder Sie rufen im Netzwerkbüro an (s. S. 242).

Wir wünschen allen, die sich auf unseren gemeinsamen 12-Schritte-Weg einlassen, diese Heilung, Veränderung und Gelassenheit!

Helge Seekamp, Gero Herrendorff, Karin Prentzel

PS: Danke, Max Spring (Bern), für deine einprägsamen Zeichnungen. Sie sind so schön bissig und ehrlich und helfen uns, mit Humor an unser Leben heranzugehen. Danke für deine Kreativität nicht nur im Dienst der Endlich-Leben-Arbeit!

# Einführung in das Endlich-Leben-Programm

## Die unendliche Geschichte

**Schön, dass du dich mit uns auf den spannenden Weg machst, dich verändern zu wollen. Ich sage einfach mal „du", oder? Wir werden sicherlich noch einige vertrauliche Dinge miteinander besprechen. Da stört das etwas unpersönliche „Sie" doch mit der Zeit. Gewöhnen wir uns einfach jetzt schon daran.**

**Wie viele andere denkst du am Anfang sicherlich mit Sorge daran, was da wohl auf dich zukommen wird. Ob dieses 12-Schritte-Programm dir wirklich nützen kann?**

**Am liebsten würden wir dir jetzt einen gut begründeten Vortrag darüber halten, wie wirksam das Programm ist, auf welche Art es dir helfen wird, welche Rolle dabei die Gruppe spielt und was deine Aufgabe auf diesem herausfordernden Weg sein wird.**

**Aber wir haben eins gelernt: Die wichtigsten Erkenntnisse lassen sich am besten durch eigene Erfahrungen verdeutlichen. So teilen wir auch in den Endlich-Leben-Gruppen unsere Erfahrungen, unseren Mut und unsere Hoffnungen miteinander.**

**Verdeutlichen soll dies eine Geschichte. Stelle dir eine 36-jährige Frau vor, Frau K. und dazu Herrn P. (56) und seinen Co-Leiter Herrn H. vor. Frau K. ist seit 14 Jahren verheiratet, hat 2 Kinder und arbeitet 10 Stunden pro Woche im Altenpflegebereich. Sich in solch eine Endlich-Leben-Gruppe zu wagen, war für sie „im Nachhinein" ein Wunder. Freiwillig wäre sie nie da hingegangen, wenn nicht ... Die beiden Männer waren ein ziemlich ungleiches Paar, aber gerade deshalb ließen sie sich auf eine Gruppenleitung ein. Aber lies selbst ...**

### Vorgeschichte von Frau K.

Frauen finden in der weißen Seite links auf den jeweils folgenden Seiten die Frauen-Geschichte von Frau K. Viel Spaß beim Lesen!

Wie du dir denken kannst, hatte ich als Mutter, Hausfrau und Berufstätige eine Menge zu tun. Außerdem versuchte ich seit meinem 18. Lebensjahr, mein Leben als gute Christin hinzukriegen, was mir mehr schlecht als recht gelang. Ich hatte in meiner Jugend wohl so eine Art ersten Frühling, was Gott betraf, aber das hat nicht lange gehalten. Obwohl ich es wirklich ernst meinte, wurde es immer schwieriger im Umgang mit ihm. Heute gehe ich wohl hin und wieder mal zur Kirche, aber ich bin wohl nicht für so was geschaffen.

Eins habe ich auf jeden Fall immer gewusst: Ich wollte ein guter Mensch werden. Und so schlecht bin ich auch gar nicht. Wenn da nicht dieser blöde Stress mit dem schlechten Gewissen wäre.

Die letzte Zeit war einfach etwas kompliziert. Aus unerklärlichen Gründen flippe ich zwischendurch völlig aus. Vor einiger Zeit fand ich mich in folgender Szene wieder:

Erst der Streit mit meinem Mann, dann raste ich aus. Werfe mich auf den Boden, schreie rum wie eine Blöde. Der Effekt bringt uns auch nicht weiter. Mein Mann, völlig entsetzt – und ich? Beruhige mich mit etwas Alkoholischem. Es sind nicht Unmengen und ich trinke auch nur unregelmäßig. Nichts Tägliches! Aber kann es sein, dass hier etwas nicht stimmt?

Mein Mann sagt zwar nichts, aber meine 30 Kilo Übergewicht und dass es sexuell zwischen uns nicht so klappt wie früher, wurmen mich schon, und ich denke, ihn auch. Aus Nebenbemerkungen entnehme ich: Mollige Typen sind nicht so sein Fall. Wenn ich dünner wäre, würden alle anderen Probleme sicher auch besser: Das mit dem schlechten Gewissen vor Gott, die Ausraster, die Beziehung zu meinem Mann.

Ich habe zwar seit einigen Jahren immer wieder versucht abzunehmen. Aber du kennst das ja mit dem Jo-Jo-Effekt. Dick, dünn, dick ... Aber das jetzt mit den Ausrastern macht mir schon ein bisschen Sorge. Dafür habe ich überhaupt keine Erklärung. Vielleicht gibt es doch noch einen anderen Grund? Mein Übergewicht kann nicht wirklich daran schuld sein. Soweit ist mir das jetzt klar.

Hier können die Männer ihre Männer-Geschichten finden. Hier im grauen Kasten auf den jeweils rechten Seiten geht es los. Viel Spaß beim Lesen!

## Vorgeschichte von Herrn P.

Meine Eltern stammten aus dem Baltikum. 1939 wurden sie nach Posen umgesiedelt. Dort kam ich zwei Jahre vor Kriegsende 1943 zur Welt. Als Zweijähriger erlebte ich 1945 meine erste Flucht vor den Russen von Posen nach Berlin.

Bei einem der vielen Tieffliegerangriffe erlitt ich einen ersten schweren Schock, dessen Folge ein starkes Stottern war. Ein zweiter Schock verstärkte das Stottern noch, als ich mit etwa 3 Jahren erlebte, wie meine Mutter von zwei russischen Soldaten vergewaltigt wurde. Ich soll mit aller Kraft geschrien und am Bettchen gerüttelt haben.

Dieses Handicap prägte den weiteren Verlauf meines Lebens. Nach der Rückkehr meines Vaters aus der Kriegsgefangenschaft wurde die Ehe meiner Eltern geschieden. 1952 flüchtete meine Mutter mit meinem Bruder und mir und meinem heutigen Stiefvater nach Westberlin. Dies bedeutete für mich die endgültige Trennung von meinem Vater.

Meine Behinderung machte mir schwer zu schaffen und ich litt sehr darunter, mich nicht fließend artikulieren zu können. Dieses Handicap verunmöglichte mir sogar meinen Wunschtraum, Seeoffizier (Kapitän zu See) zu werden. Nach der Schulzeit begann ich die Ausbildung zum Seemann. Irgendwann wurde mir dann klar, dass eine berufliche Offizierslaufbahn durch diese Behinderung wirklich ausgeschlossen war, und ich brach die Ausbildung ab. Dieses Scheitern gab den Ausschlag für meine Flucht in die Sucht.

## Alkohol wirkte wie Medizin

Während einer Sprachtherapie mit 16 Jahren fand ich zu meinem Unglück heraus, dass ich mithilfe von Alkohol fast fließend sprechen konnte. Nach einer zweijährigen erfolglosen Behandlung riet mir zu allem auch noch der Arzt, in Situationen, in denen ich zum Sprechen gezwungen wäre, doch die Hilfe von ein wenig Alkohol in Anspruch zu nehmen. Alkohol schien das einzige Mittel zu sein, das mir ganz konkret half. So wurden meine Weichen damals falsch gestellt. Da ich enorme Mengen an Alkohol vertrug, steigerte sich mein Konsum rasch. Mit 22 Jahren war ich dem Alkohol total verfallen. Da die kritische Menge, die meinen Sprachfehler aufhob, ständig zunahm, sah ich mich auch nach anderen Hilfsmitteln um. Mehr als 2 Liter Whisky pro Tag konnte ich nicht mehr verkraften.

## In den Fängen des Suchtsystems

Ich begann, den Alkoholkonsum zu reduzieren und glich den fehlenden Rest mit Medikamenten (Amphetaminen) aus. Dieser Doppelkonsum beschleunigte meine Sucht umso mehr, und ich sackte moralisch, sozial, physisch und auch geistlich völlig ab.

Fragen, viele Fragen nach dem Sinn des Lebens, dem Woher, Wozu und Wohin, begannen meine Sinne in Beschlag zu nehmen. Verzweifelt suchte ich nach Antworten. Doch fand ich keinen gangbaren Weg, weder bei den großen Philosophen noch bei den Religionsstiftern, auch nicht in moralischen Programmen und schon gar nicht im Erkenntnisstreben der Wissenschaft. Da ich auf rationalem Weg keine Begründung für den Sinn meiner Existenz finden konnte, wandte ich mich mystischen Einflüssen zu und begann, halluzinogene Drogen zu konsumieren. Diese Trips und rauschähnlichen Zustände verhalfen mir zu ganz neuen, grenzüberschreitenden Erfahrungen, aber die Frage nach dem Sinn meines Lebens blieb weiter ungelöst.

Ich begann, mich spiralförmig in diese Sinnlosigkeit hineinzusteigern. Meine Räusche nahmen an Stärke, Häufigkeit und Heftigkeit derart zu, dass ich kaum mehr aus dem Rauschzustand herauskam. Ich realisierte, dass ich mich auf diesem Wege langsam, aber sicher umbringen würde. Ja, ich spürte gar, dass ich dieses „Ziel" zwangsmäßig bewusst ansteuerte.

## Isolation als die größte Falle

Die Menschen wurden zum Feindbild und meine Wut und mein Hass wuchsen gefährlich ins Unermessliche. In wüsten Schlägereien versuchte ich mir etwas Luft zu verschaffen. Auch einige kleinere Siege, errungen durch widerliche okkulte Kraftspielchen, konnten meinem kaputten Selbstwertgefühl nicht mehr auf die Beine helfen. Verschiedene gerichtsmedizinische klinische Zwangs-Entzugs-Einweisungen blieben ohne Erfolg. Mit der Diagnose einer unheilbaren Polytoxikomanie wurde ich, als hoffnungsloser Fall, aus einer psychiatrischen Klinik entlassen. Ich selbst hatte mich aufgegeben. Ich befand mich in einem Zustand der totalen Sinn- und Hoffnungslosigkeit. Zu dieser Zeit war ich 10 Jahre verheiratet und habe aus dieser Ehe eine erwachsene Tochter. Die Ehe wurde Anfang 1976 wegen Zerrüttung geschieden. Danach lebte ich 10 Jahre allein. Einige Jahre nach der Scheidung starb meine erste Frau infolge schwerer Alkohol- und Medikamentenabhängigkeit an Leberzirrhose.

## (Fortsetzung Frau K.)

Hin und wieder flackert in mir ein Gedanke auf: Was wäre das schön, wenn ich mich einfach annehmen könnte und mein Mann mich wieder lieben würde. Das mit dem Abnehmen versuche ich wohl doch noch mal ...

Na, aber so schlimm ist das alles auch wieder nicht. Irgendwie komme ich da schon durch.

Und dann kam meine Bekannte und hat mich in diese Endlich-Leben-Gruppe eingeladen. ,Endlich leben', ein schönes Motto. Und das war in einem Moment, wo ich gerade mal wieder gefrustet vom Einkaufen kam (nicht mal das XXL-T-Shirt passte mir!). So kann es mit mir auch nicht weitergehen, dachte ich und beschloss, diese Gruppe mal zu besuchen.

## Mein erstes Mal in der Gruppe

Es war ein Mittwochabend in irgend so einem gemütlichen kleinen Raum eines Gemeindehauses. 20.00 Uhr sollte es losgehen. Ich schaute mir die neun anderen Frauen an. Was sind das für Menschen? Meine Bekannte hatte nur gesagt, dass die alle irgendwelche Sorgen mit sich haben.

Und die hier sollen mir jetzt beim Abnehmen helfen können?

Von dem 12-Schritte-Programm habe ich vorher noch nie was gehört. Auch wenn meine Bekannte behauptet, dass es fast in allen Ländern inzwischen solche Gruppen geben soll ... Haben wirklich so viele Millionen Probleme mit sich? Na, ich weiß nicht.

Aber nun war ich da und hatte mich entschieden: Guck dir das wenigstens mal an!

Was mache ich hier bloß? Andere können mir sowieso nicht helfen.

Es liegt doch am Willen: Ich muss nur richtig wollen. Ich glaube, das ist der Punkt. Ich hab das nur noch nie richtig ernsthaft versucht.

Und was die hier in der Gruppe mit uns vorhaben, werden sie ja hoffentlich gleich erklären.

Man hat ja eine Menge von solchen Gruppen in der Zeitung gelesen: Seelen-Striptease oder was? Man hört viel von so Psychogruppen. Und außerdem – lauter Frauen auf einem Haufen, schrecklich!

Und das jetzt auch noch alles auf christlich? Nun gut.

Ich kann ja wieder gehen – hat meine Bekannte mir versichert! Ich verpflichte mich hier zu nichts. Es könnte ja doch was bringen. Schaden kann es nicht. Und wenn die hier alle irgendwelche Probleme haben, hör ich mir das mal eben an.

## Lieder und Gebete

Jetzt kündigen die einen Programmpunkt an, der mir nicht ganz geheuer vorkommt. Unbekannte Lieder werden gesungen, die Gitarre könnte sie auch mal stimmen, Gebete gesprochen. Ich frage mich ernsthaft: Bin ich hier richtig? Wirkt alles ein bisschen übertrieben. Wie eine Sekte? Peinlich.

Nur, die anderen scheinen es ja ganz entspannt zu nehmen. Sie beten mit ihren eigenen Worten. Eigentlich ganz schlicht: ,Gott, du bist da. Wir sind gespannt, was du heute mit uns vorhast.'

Gut, dass das jetzt vorbei ist. Aber es tut auch irgendwie gut.

## Herzliche Begrüßung – die Regeln

Nach einer kurzen Begrüßung durch zwei Frauen aus der Kirchengemeinde, die sich als Leiterinnen vorstellen, sitzen wir um eine kleine Tischgruppe herum. Das sind doch mehr, als ich dachte, und von denen kenne ich nicht eine Einzige. Das macht mir schon ein bisschen Angst.

Während die eine Leiterin die sieben *Gruppenregeln* erklärt, schaue ich mir die Frauen so an. Es schwirren mir zig Gedanken durch den Kopf:

## Erste Runde – ein „Blitzlicht": „Wie geht es dir?"

Während dieses ,Blitzlichtes', wie sie das so nennen, sollen alle erzählen, warum sie hier sind.

Hoffentlich komme ich nicht als Erste dran! Ich guck erst mal, was die anderen sagen.

Tja, die eine da hat nach meinem Geschmack etwas wenig aus sich herausgekriegt ... Ich bin gar nicht so richtig schlau daraus geworden, was die wollte.

## Gott zeigt sich Elenden besonders eindrücklich

Tief in meinem Elend versunken, offenbarte sich mir Jesus Christus eines Abends auf außergewöhnliche Weise. Ich durfte den Inhalt des Evangeliums in einer ausführlichen, bestechend klaren Vision in einer unglaublichen Tiefgründigkeit erleben. Tief erschüttert und erschrocken erkannte ich meine ganze Verlorenheit. In einem Augenblick wurde mir das ganze Ausmaß meiner Schuld vor Gott bewusst, weil ich mich buchstäblich im Licht des Herrn sehen konnte. Ich erkannte die absolute Notwendigkeit, erlöst werden zu müssen. Ich musste erlöst werden! Doch sah ich mit Erschrecken, dass ich mich nicht selbst erlösen konnte noch eine Theorie oder Religion, weder eine Philosophie noch die Lehre irgendeines Menschen. Nichts, was mir bekannt war, konnte mich retten!

Alles in mir schrie nach einer Antwort. Dann erlebte ich eine regelrechte Gerichtsverhandlung, bei der ich zum Tode verurteilt wurde. Aus dem Gitterfenster der Gefängniszelle sah ich, auf meine Hinrichtung wartend, wie in einiger Entfernung auf einem Hügel ein Holzkreuz errichtet wurde. Ich spürte, dass man mich jeden Augenblick abholen würde. Doch dann sah ich, wie ein anderer an dieses Kreuz geschlagen wurde. Der Schrecken blieb mir in den Gliedern stecken. Wie gebannt starrte ich auf dieses Geschehen. Danach kam jemand auf mich zu und erklärte: „Du bist frei, du kannst gehen!" Völlig verwirrt fragte ich stockend, warum ich denn jetzt plötzlich frei wäre. Die Antwort durchzuckte meinen ganzen Leib: „Ein anderer ging für dich an das Kreuz. Er nahm deine Strafe auf sich... Du kannst gehen!"

## Gott überließ es mir, ob ich seine Liebe erwidere

Jesus ließ mir die Wahl, sein Opfer anzunehmen oder abzulehnen. Voll Ergriffenheit betete ich und gab dem auferstandenen Herrn mein Leben. Es war ein unbeschreiblicher, wunderbarer Augenblick, als ich dann in dieses Licht hineingezogen und mein ganzer Leib selbst Licht wurde. Eine tiefe Gewissheit, vollständig erlöst worden zu sein und ewiges, unzerstörbares Leben aus Gott erhalten zu haben, durchflutete mein ganzes Sein. Ich wurde mit einem unbeschreiblichen Glück und Frieden erfüllt und ich wusste, ich war frei, echt frei! Endlich hatte ich meine Antwort. Meine Suche war zu Ende. Ich konnte alle Dinge in einem neuen Licht sehen und vieles wurde glasklar. Ich war geplant, gewünscht und tief geliebt von Gott. Diese Erkenntnis bewirkte ein unglaubliches Maß an innerer und äußerer Heilung.

Aller Hass auf die Menschen, alle Aggression und alle Wut waren wie weggeblasen. Anfang, Mitte und Ziel waren mir auf einmal klar. Dadurch, dass Gott mich annahm, so wie ich war, konnte ich zum ersten Mal in meinem Leben Ja zu mir sagen und mich selbst mit einer kaputten Vergangenheit annehmen. Die Minderwertigkeitskomplexe wegen meines Stotterns waren wie ausgelöscht. Ich konnte endlich ich selber sein, echt sein und neu zu leben beginnen.

## Eine neue Schöpfung – anfällig für das Alte

Ich war tatsächlich ein neuer Mensch. Mit dem Verstand konnte ich diesen Vorgang nicht fassen. Auch viele meiner alten Freunde waren sprachlos über meine plötzliche Wandlung und versuchten vergeblich, für diese Vorgänge eine plausible Erklärung zu finden. Für sie war ich ein lebendiges Wunder. „Wie kann ein so kaputter Mensch wie Gero sein Leben von einem Tag auf den anderen um 180 Grad wenden?", hörte ich sie sagen. Nähere Bekannte und Freunde bestätigten mir, dass ich in etwa einem Monat um 10 Jahre jünger aussah. Tatsächlich glaube ich heute an Wunder, denn ich bin eines! Ich danke dem Herrn, unserm Gott, in Jesus Christus von ganzem Herzen. Ihm allein gehört mein Leben.

Mich beschäftigte von da an nur noch ein Wunsch: Ich wollte ausschließlich und ganz für meinen Herrn Jesus Christus leben und arbeiten. In den ersten Monaten entfaltete ich einen unbändigen geistlichen Eifer. Bibelstudium, Fasten und Beten gehörten zu meinen tiefsten Bedürfnissen.

Ich lernte verschiedene Gemeinden kennen, die in ihren eigenen Reihen zwar die Liebe Jesu praktizierten, sie aber nicht nach außen trugen. Die Abgrenzungen zwischen den einzelnen Denominationen machten mir schwer zu schaffen. Die gegenseitige Kritik, die Besserwisserei und Ablehnung ließen mich nirgendwo ruhen. So begann für mich eine lange und tragische Odyssee.

## Suche nach heilender Gemeinschaft

Weil ich die geglaubte Einheit nicht verwirklicht fand, begann ich ein schweres Misstrauen gegen jegliche Art von Christen zu entwickeln und zog mich zurück. Doch als „Solochrist" konnte ich nicht leben. Mit der ersten Zigarette begann eine fatale Entwicklung. Sukzessive geriet ich wieder in die Fallstricke der Sucht, bis ich stärker von Drogen abhängig war als je in meinem Leben zuvor. Heroin, Kokain, Mescalin, LSD, Pilzsubstanzen und dergleichen wurden für weitere eineinhalb Jahre meine täglichen Begleiter. Innerlich zerriss mich diese Entwicklung immer stärker. Zwar gab ich meinen Glauben an den lebendigen Herrn nie auf, aber das Wissen um die Erlösung und die Unfähigkeit, danach zu leben, konnte ich bei klaren Sinnen nicht

Ich muss ja nichts sagen – haben sie extra vorher gesagt!

Jetzt spricht meine Nachbarin. Die ist völlig unsympathisch, wie komisch die redet. Irgendwoher kenn ich das. Ich glaube, meine Tante hatte auch so einen Tonfall: ätzend, sooo fromm, zu laut und viel zu lange. Ich muss es mir gut überlegen, ob ich hier bleiben will.

Jetzt bin ich an der Reihe. Habe gar nicht gedacht, dass es mir so schwerfällt, in einer Gruppe zu reden. Ich nehme wahr: Komisch, wie unsicher meine Stimme klingt. Und eigentlich weiß ich gar nicht mehr genau, warum ich da bin. Ich hab kein Problem! Nicht wirklich! Von den vier anderen Frauen, die vor mir geredet haben, hatten drei wirklich heftigen Stress. Die Vielrednerin neben mir hat nur ein Essproblem, das kann sie doch regeln. Wieso braucht sie eine Gruppe? Ich mache auch immer Diät alleine.

Als ich fertig geredet habe, erstaunt mich die Reaktion der Leiterin: Sie bedankt sich für meinen Beitrag. Hat sie bei den anderen auch schon gemacht. Was habe ich denn Großartiges gesagt? Nichts.

Werde ich vielleicht gleich in der zweiten Runde auseinandergepflückt?

Dann ist die Nächste neben mir dran. Sie bezieht sich auf mich. Und – sie wäre sehr angesprochen durch meine Worte. Ich weiß gar nicht, warum? Wollen die mich hier ködern? Ansonsten finde ich sie aber ganz nett.

## Fragebogen: „Was sind deine Ziele?"

Die andere Leiterin teilt die Arbeitsbücher aus. Jede, die schon sicher weiß, dass sie diese Gruppe weiter besuchen will, bekommt eins. Ich war beim Einführungsabend nicht dabei, merke ich gerade – ich nehme lieber die Fotokopie von dem Fragebogen aus dem Buch.

Wir sollen die 6 Fragen jetzt jede für sich in 10 Minuten ausfüllen. Die Leiterin weist uns ausdrücklich darauf hin, dass jede ganz frei schreiben kann, was sie wirklich denkt. Keine von uns muss anschließend darüber in der Gruppe reden. Nur wenn man das will.

Das ist ja schon mal ganz gut. Ich muss hier also nichts sagen, hat sie ja gerade eben gesagt.

Mal schauen, was die hier für Fragen haben.

*„Was sind deine Ziele?"*
Liest das nachher wirklich niemand?

Peinlich: Ich habe mir so gar keine konkreten Ziele überlegt. ‚Was sind deine Ziele?' Klar: 1. Ich will eben dünner werden. 2. Ehemäßig ist alles nicht so toll. Das soll besser werden! 3. Die Ausraster, das mit dem Mich-auf-den-Boden-Schmeißen soll doch aufhören. 4. Also, zu viel Wein trinken ist sicherlich nicht gut.

Aber ich merke gerade: Im Grunde bin ich eine gestandene Frau, habe meine Arbeit, 2 tolle Kinder, eine aufgeräumte Wohnung, nicht so wie die Messie-Frau von eben, die hat gewaltige Probleme, vielleicht braucht die Therapie. Ich bin auch nicht geschieden wie die andere da und leide nicht an Einsamkeit wie meine sympathische Nachbarin.

## Zweite Runde – Austausch über die Ziele

„Wer von euch will, die kann jetzt sagen, welche Ziele sie hat!"

Dieser Satz unserer Leiterin schreckt mich aus dem Schreiben auf. Frage mich wegen dem Beten vorhin, ob ich meine Wünsche irgendwie mit Gott verbinden sollte. Christlich eingestellt bin ich doch. Kritzel schnell noch hin, dass Gott mir bei all dem helfen soll. Im Grunde habe ich eben gar nicht an Gott gedacht. Was weiß ich, was die hier in der Gruppe so erwarten. Peinlich.

Die Stille ist vorbei, das ist ja auch ganz gut. Was lese ich von meinem Zettel vor, wenn ich dran bin?

Abwarten, als Erste will ich auf keinen Fall drankommen. Erst mal sehen, was die anderen haben.

Erstaunlich, wie ehrlich die sind! Mensch, die meisten haben wohl Übung hier. Die können das viel besser aufschreiben so ...

Die komische Frau redet wieder viel zu viel und viel zu laut! Die hat so eine Gruppe wirklich nötig.

Dann melde ich mich. Freiwillig!

Ich komme ganz gut weg. Mein Trick: Ich sag einfach noch nicht alles. Das darf ich, haben die gesagt: Jeder entscheidet selbst, wie viel er sagt. Gut, dass es diese sinnvollen Regeln hier gibt.

Das mit meinen Ausrastern sage ich jetzt noch nicht. Da bin ich hier gleich abgeschrieben. Mist, das mit Gott habe ich jetzt gar nicht erwähnt. Peinlich, was die jetzt von mir denken? Bin wohl doch nicht so christlich.

Ich bin schon ganz stolz auf mich. Dass überhaupt was auf meinem Zettel ist, finden die anderen schon ganz hervorragend. Wieder bedankt sich die Leiterin für meinen Beitrag. Ist das hier so üblich?

## Abschlussgebet

Gebet, schon wieder beten? Die beten wieder ziemlich einfach: Bitten Gott um Hilfe, dass er in der kommenden Woche etwas tut und uns hilft, unsere Probleme besser zu verstehen.

Ja, das finde ich auch. Gut, dass die anderen das für mich formuliert haben. Ich würde hier nichts laut im Gebet sagen. Sie scheinen ein ziemliches Vertrauen zu Gott zu haben. Nur eins ist komisch: Warum sagen die sich immer, Gott würde Gnade geben und es würde mehr ertragen. Eines Tages spürte ich bei einem LSD-Erlebnis, dass ich die Grenze vom Irrationalen definitiv überschritten hatte. Ich erlebte buchstäblich die Hölle. Es war Gottes unermessliche Gnade, die mich wieder zurückbrachte.

## Erneute Rettungsaktion – Jesus gibt nicht auf

Ich wusste, dass dies die letzte Chance war, und traf eine neue Entscheidung für den Weg mit Gott, diesmal aber mit den notwendigen Konsequenzen. In einer zweiwöchigen Fastenzeit erwischte ich mich, wie mich das Lesen in der Bibel begeisterte. Durch Gebet und Nachdenken reifte in mir die Überzeugung, dass ich mich ganz und gar auf Gottes Wort allein verlassen sollte und nicht auf noch so große plötzliche Erlebnisse.

Auf dem Weg zurück zu Gott lernte ich meine heutige Frau kennen. Gott gebrauchte in genialer Weise ihre starke Abneigung gegen Drogen und ihr Suchen nach Gott, um mich wieder „nach Hause" zu holen, und meine „Gabe" der Evangelisation, um sie zu sich zu ziehen. Anna ist mir eine große Stütze und gleicht viele meiner Schwächen aus.

## Gott braucht mich – wegen meiner Wunden

Nach einiger Zeit konsequenter Abstinenz traf ich eines Tages den heutigen Leiter der Vineyard Bern, Martin Bühlmann. Ich fand in ihm einen Freund, dessen oberste Priorität das Reich Gottes war. Sein Trachten und Sehnen für die Einheit unter den Christen der verschiedenen Denominationen rührte mein Herz an. Ich konnte mich tief mit seinem Anliegen identifizieren. Die Vineyard Bern, damals Basileia Bern, befand sich zu jener Zeit noch in ihren Anfängen und entwickelte sich, einem Auftrag Gottes folgend, zu einer eigenständigen Laienbewegung innerhalb der evangelisch-reformierten Landeskirche. Ich wuchs sozusagen mit der Gemeinschaft und konnte den Auftrag, mich im Bereich der Seelsorge und Suchtkranken-Problematik einzusetzen, immer deutlicher erkennen. Hier gründete ich die Endlich-Leben-Gruppen, die mir selbst noch eine Menge Klärung brachten.

## Gnade mit jedem Menschen

Meine erste Gruppe mit Männern hat mich sehr berührt. Viele waren längst nicht durch all die Wege gegangen, die ich selbst hinter mir hatte, und doch konnte ich mit jedem Einzelnen mitfühlen.

Nach einer kurzen Begrüßung sitzen wir um eine kleine Tischgruppe herum. Da saßen die Jungs alle und ich dachte: „Von denen kenne ich nicht einen Einzigen." Das machte mir schon ein bisschen Angst. Und mein Stottern war weiterhin mein tägliches Brot.

Während mein Co-Leiter die sieben *Gruppenregeln* erklärt, schaue ich mir die Männer so an. Es schwirren mir zig Gedanken durch den Kopf:

Welche Geschichte jeder Einzelne wohl mit sich bringt? Ob sie sich trauen, wirklich mit ihren Nöten rauszukommen?

Ich kannte ja mich selbst. Wie lange hatte ich gebraucht, um überhaupt Hilfe von anderen Menschen zu akzeptieren.

Hoffentlich fallen sie nicht auf denselben Irrglauben rein, den ich so lange gehegt hatte: „Es liegt doch nur am Willen: Ich muss nur richtig wollen. Ich glaube, das ist der Punkt. Ich hab das nur noch nie richtig ernsthaft versucht."

Und was wir hier in der Gruppe miteinander vorhaben, haben wir gleich nach der Begrüßung noch einmal erklärt.

Ich wusste – nun gerade bei Männern – die hatten sicher eine Menge von „solchen Gruppen" in der Zeitung gelesen: Seelen-Striptease oder was? Man hört viel von so Psychogruppen. Und außerdem – lauter Männer auf einem Haufen. Autos, Alkohol, Frauen! Das waren die üblichen Themen – vielleicht noch Leistungen im Beruf. Aber dann ging ja der Gesprächsstoff schnell aus. Und das jetzt auch noch alles auf christlich?

Einige von meinen Jungs hatten ja noch nie eine christliche Gruppe von innen erlebt.

## Was sind deine Ziele?

Wir legten den Männern das Arbeitblatt aus dem Buch vor. Ihre Augen schienen zu sagen: „Liest das nachher wirklich niemand?"

Einigen sah ich es an der Nasenspitze an: Sie hatten sich das so gar nicht vorgestellt. Konkrete Ziele überlegen? „Was sind deine Ziele?" Klar, ich hätte damals auch geantwortet: 1. Ich will eben mit dem Saufen aufhören. 2. Beziehungstechnisch läuft es alles nicht so toll. Das soll besser werden! 3. Die Ausraster, das mit den Schlägereien soll wohl aufhören. 4. Also, zu viel Stoff setzen ist sicherlich nicht gut.

Aber damals hatte ich keine Gruppe, um das mit anderen zu besprechen. Meinen Kumpels konnte ich damit nicht kommen. Natürlich hatte ich diese gewaltigen Probleme und ich brauchte auch Therapie. Genützt hatte es aber nicht viel.

alles besser werden? Nun, positiv denken ist sicher richtig. Schaun wir mal.

## Hausaufgaben, Adressen, Schweigepflicht

Jetzt bin ich wohl doch wieder in der Schule … Hausaufgaben!?

Wir sollen wieder so einen Fragebogen ausfüllen – diesmal zu Hause. Da ich kein Arbeitsbuch habe, bekomme ich einen Zettel:

‚Wahrnehmungsübung' steht da drauf und eine Liste von Fragen.

Dann füllen wir noch die Adressenliste aus. Jetzt habe ich schon 3 Zettel. Adressen austauschen? Das war mir erst gar nicht recht. Peinlich, wenn die meine Telefonnummer haben. Nachher werde ich angerufen. Dann können die mich kontrollieren, wenn ich nicht komme. Schließlich bin ich ja freiwillig hier, haben sie vorher betont. Und das soll auch so bleiben.

‚Und alles, was in der Gruppe gesprochen wurde, bleibt hier in der Gruppe!', höre ich noch die Leiterin sagen, als ich fast zur Tür hinaus bin. Das finde ich gut. Ob das auch bei der Vielrednerin klappt?

## Die Woche danach

Es ist Sonntagabend, 4 Tage nach der ersten Gruppenstunde. Das war eine Hektik seitdem! Dieses Durcheinander, Termine über Termine, Kinder herumkutschieren und auch noch arbeiten. Soll ich diese Gruppe wirklich weitermachen? Die eine Frau ist auch nervig. Die andere auf der anderen Seite war sehr nett.

Ich habe das Gefühl, das Problem mit meinen Ausrastern wird schlimmer – nur weil ich davon geschrieben habe! Zu dumm.

Ach ja, die Hausaufgabe! Hatte mir vorgenommen, das mache ich am besten abends, da ist Ruhe. Ich hasse Hausaufgaben! Und jetzt habe ich immer noch nichts auf dem Fragebogen ausgefüllt. Das ist ja richtig stressig mit der Gruppe. – Gut, ich setze mich jetzt mal dran. Dann habe ich das hinter mir. Ich muss das machen, sonst kann ich nicht zur nächsten Gruppenstunde erscheinen …

## Fragebogen: „Wahrnehmungsübung"

Was soll ich hier aufschreiben?

„Welche Symptome ich habe?" Im Fragebogen heißt es:

„Wie ist das mit deinen Beziehungen?" (Mit welchen Menschen ich in letzter Zeit Kontakt hatte?)

Zum Stichwort Ehrlichkeit: „Wer mich wirklich kennt?" Tja, wen habe ich in dieser Woche in die Karten schauen lassen?

„Ärger und Frust?"

„Freude?" Ja, was mir Freude gemacht hat?

„Hast du irgendwas in Beziehung auf Gott gedacht?"

Warum werde ich immer nur so schrecklich müde, wenn ich solche Listen ausfülle?

In der Gruppe haben sie gesagt, sich selbst wahrnehmen sei nicht so einfach. Mhm, das scheint wirklich zu stimmen. Ist richtig Arbeit.

Also, was soll diese blöde Frage mit der Beziehung zu Menschen? Mein Mann hat mich schon gefragt: Was macht ihr da in der Gruppe? Redet ihr da auch über mich? – Nein, habe ich ihm versichert, du bist nicht das Thema. Außerdem haben die uns gesagt – habe ich ihn aufgeklärt –, wir dürfen nichts außerhalb der Gruppe weitererzählen. Also von mir hörst du nichts. Klar?

Was schreibe ich denn nun? ‚Die Symptome sind schlimmer geworden?', komisch eigentlich. Dreimal Ausraster, sonst nur einmal die Woche. Unerklärlich ist mir auch, warum ich mehr Ärger und Frust gehabt habe als sonst.

Mit Gott … eigentlich wollte ich ja mal beten, hat aber nicht geklappt. Das kenne ich schon, ist eben anders als ganz früher. Eigentlich war das mit Gott, eben das mit dem Beten schon mal mehr. Die Hektik ist einfach zu groß in letzter Zeit. Jetzt auch noch solche religiösen Pflichtübungen? Alles eine zusätzliche Last, ich will – und will doch nicht.

## 3 Monate später

**3 Monate später. Frau K. ist regelmäßig zur Gruppe gegangen – bis auf zwei Male. Da hat sie sich aber – wie verabredet – vorher telefonisch abgemeldet. Es waren berufliche Verpflichtungen, die sie hinderten. Einmal wollte sie eigentlich nicht kommen, weil es ihr gerade so schlecht ging nach einem ihrer Gefühlsausbrüche. Nur, telefonisch absagen war ihr zu dumm. Sie wusste: Dann sagen sie nur: „Jetzt erst recht!" Und so ist sie dem leichten Zwang ihrer Selbstverpflichtung nachgekommen und doch gegangen. Dieser Abend war sehr wertvoll für sie, weil sie erleben konnte: Ich werde sogar geliebt, wenn ich gar nichts bringen kann und mich selbst völlig ätzend finde.**

**Besonders die ersten Wochen waren meist ziemlich turbulent zu Hause. Auf jeden Fall bemerkte Frau K. überdeutlich, wie es in ihr rumorte und wie schwierig sich ihre Beziehungen zu ihrem Mann und anderen wirklich gestalteten.**

## Zweite Runde – Austausch über die Ziele

„Wer von euch will, kann jetzt sagen, welche Ziele er hat!" Mein Co-Leiter war so mutig und erzählte zuerst. Ich mochte ihn besonders, weil er so ehrlich war – seit ich ihn kannte.

Einige erzählten vorsichtig etwas von ihren Zielen. Da es ja eine christliche Gruppe war, hatten sie ein paar christliche Floskeln eingefügt – nach dem Motto, dass Gott ihnen bei all dem helfen solle. Das schien mir etwas platt – so weit war ich damals auch schon gewesen, klar sollte Gott mir helfen, aber Gott rührte sich nicht – so viele Jahre. Ich sagte nichts, dachte nur: Was weiß ich, was die hier von den Gruppetreffen so erwarten. Aber es soll auf jeden Fall keine Bibelstunde werden.

Aber dann. Erstaunlich, wie ehrlich einige schon bei der ersten Runde sind! So habe ich Männer noch nie reden gehört. Einer der Männer redet viel zu viel und viel zu laut! Muss er doch gar nicht, alle hören ihm doch ruhig zu. Das wird sich wohl mit der Zeit geben.

Dann melde ich mich doch zu Wort.

Ich erzähle meine eigene Enttäuschung mit den Menschen, die sich Christen nennen und gleichzeitig doch von allen, die irgendwie anders als sie selbst sind, sich distanzieren. So leben sie in ihrem christlichen Ghetto.

Das mit meinen Ausrastern sage ich jetzt noch nicht. Das kann ich ihnen hier nicht gleich zumuten.

Ich bin schon ganz stolz auf mich. Das Ganze habe ich ohne allzu viel Stottern hingekriegt. Ob die sich wohl denken: Was für ein Gruppenleiter?

Ich bedanke mich für das Zuhören und warte ab.

## Abschlussgebet

„Zum Abschluss der Gruppe wollen wir noch beten." Diese Einleitung in diese Phase fiel meinem Co-Leiter wohl nicht leicht. Er war selbst ganz frisch am Glauben und mit anderen zu beten hatte er lange nicht geschafft. Er hatte in solchen Treffen mit Christen gesessen, die schon lange Jahre Übung mit dem Beten hatten. Nur er biss die Zähne zusammen, bis der Kiefer wehtat und kriegte nichts heraus. Kein einziges Wörtchen.

Heute erlebte ich ihn anders. Und war schon ganz stolz auf meinen Co-Leiter. Er sagte einen vollständigen Satz. Nur wenige der Männer trauten sich, es war alles noch so ungewohnt und ungeübt. Aber eins war klar: Einige scheinen ein ziemliches Vertrauen zu Gott zu haben. Ich war ja selbst von Gott ziemlich überwältigt worden. Aber ich hatte es auch nötig.

## Nach 3 Monaten Gruppe – die Masken fallen

Ich muss sagen, mein Co-Leiter machte mir mehr und mehr Freude. Ich selbst musste gar nicht mehr viel tun. Er wurde immer mutiger.

Er erzählte uns Männern, was ihn bewegte. Er kriegte nämlich in dieser Zeit mit, wie sich einer unserer Männer veränderte, der bis dahin sehr in sich verschlossen war. Er konnte aus sich herausgehen und bekam ein tiefe, warme, liebevolle Beziehung zu anderen Menschen und das färbte auch auf die Beziehung zu Jesus Christus ab. Das zeigte sich an seiner neuen Art zu beten. Er konnte Gott gegenüber Gefühle ausdrücken, ihm sozusagen „Komplimente" machen. Und das machte meinen Co-Leiter ganz wild. Er konnte seine Gefühle eben nicht zeigen. „Nun", so gestand er unserer Männerrunde, „dann versuchte ich eben, ihn zu imitieren, und stieß an eine Grenze. Ich konnte meine Gefühle nicht einfach so ausdrücken. Komplimente gingen mir Menschen und Gott gegenüber schon gar nicht über die Lippen. In meinen Versuchen, diese Sperre zu überwinden, versteinerte sich mein Herz immer mehr. Ich wurde immer einsamer und zurückgezogener und konnte und wollte mit niemand darüber sprechen."

## Kapitulation unter Männern

Und dann rückte mein Co-Leiter mit einem Erlebnis raus. Er hatte in seinem Dilemma sich zurückgezogen und ein Lied komponiert. In diesem selbst gemachten Lied konnte er sich ausdrücken und es kam Bewegung in sein Leben. In dem Lied textete er: Fürchte Gott doch nicht! Fürchte seine Lebendigkeit nicht, fürchte das Sterben nicht, fürchte sein Leben nicht! Und in dieser Gruppenstunde überraschte er uns und brachte uns mit seiner Gitarre sein Ständchen, das tief unter die Haut ging.

Erst 3 Gruppenstunden später war er so weit, dass er kapitulieren konnte. So bezeichnete er seinen Schritt. Er sagte uns Männern: „Ich mache jetzt meinen Schritt 1 und ihr müsst mir dabei helfen." Er druckste rum und dann kam er damit raus: „Bitte sagt mir, dass ihr mich lieb habt, auch wenn ich nichts mehr kann, wenn ich nicht der Starke und Tolle bin, der ich immer zu sein scheine! In Wahrheit fühle ich mich emotional ziemlich verkrüppelt."

## Soziale Gotteserfahrung – nicht ohne Geschwister

In dieser Gruppenstunde blieb kein Auge trocken. Männer und Weinen? Na gut, es war bei manchem eine versteckte Träne, die aus dem Augenwinkel gewischt wurde. Aber was mein Co da jetzt ablegte, war Schritt 1 und Schritt 5 kombiniert:

**Je mehr sie ehrlich wurde und ihre Probleme zugab, desto mehr wuchs auch die Angst in ihr. Es tat ihr einfach auch weh, sich so schwach, wackelig und unvollkommen zu erleben. Ihre Maske fiel und das bedeutete Schmerz. Aber sie fing an, sich selbst auszuhalten, so wie sie wirklich war.**

**Ihr altes Motto „Augen zu und durch" funktionierte mit dieser Gruppe nicht mehr. Wir hören noch einmal rein, was Frau K. nach 3 Monaten über die Endlich-Leben-Gruppe denkt:**

## Selbsterkenntnis wächst – Frust und Lust

Ich staune über mich selbst. Da habe ich doch was rausgefunden über mich! Hätte ich geahnt, dass ich zuerst immer ein ganz bestimmtes, typisches Gefühl habe, dann fühle ich mich schlecht, nicht zum Aushalten, und danach dann diese Ausbrüche? Das scheint mir ja ein immer wiederkehrendes Muster zu sein.

Als Zweites fiel mir in den Wochen auf, wie oft ich mich zurückzog! Nicht reden, am liebsten keinen Menschen sehen. Am besten nie jemandem vertrauen. Was weiß ich, was die mit mir machen?

Ich frage mich immer noch: Warum kann ich das nicht einfach ändern? Mein Wille scheint einfach zu schwach zu sein!? Nein. Das Thema haben wir ja mit Schritt 1 immer wieder durchgekaut: kapitulieren, kapitulieren und kapitulieren. Du musst dich nicht zusammenreißen. Das hast du jahrelang probiert. Hat es funktioniert?

Den Willen aufgeben? Kapitulation – wie das wohl weitergehen soll? Jeden Tag, immer wieder muss ich zugeben, dass ich das nicht mit meinem Willen hinkriege? Endet das denn nie?

Noch vor Kurzem dachte ich, dass ich nur Schritt für Schritt das Programm durchlaufen müsse und diese blöden Symptome dann verschwinden würden. Scheint aber keine Methode zu sein, die so funktioniert.

Meine Symptome sind immer noch nicht weg! Ausraster kommen immer noch vor. Nur dass ich jetzt gelernt habe, dass ich das nicht im Griff zu haben brauche, macht es auch noch nicht besser.

Und das mit dem Vertrauen auf Gott – bei Schritt 2 und 3 hat uns das ziemlich beschäftigt –, das funktioniert auch noch nicht so ganz. Was soll diese Gruppe bringen?

## Ein Wunder? Beten hilft.

Halt! Ja, da war doch etwas ungewöhnlich positiv: Eines Abends haben die anderen für mich gebetet, so extra nur für mich! Und komisch, die nächste Woche fiel es mir erstaunlich leicht, morgens aus dem Bett zu kommen, und ich fühlte mich auch nicht mehr so zerschlagen. Ach ja, das hatte ich noch nicht erwähnt: Je mehr Gefühle ich in mir spürte, desto niedergedrückter waren die frühen Morgenstunden. Aber nach diesem Gebet der anderen Frauen ging es plötzlich besser. Ob das mit dem Gebet zusammenhängt?

Alleine für mich beten kann ich noch nicht wirklich. Ist aber doch klar: Wenn du nicht gut genug drauf bist, hört der da oben dich sowieso nicht. Da kannst du stundenlang beten und es passiert nichts. Von wegen ‚lieber Gott'. Eher unberechenbar, was da von oben so kommt. Und du musst verdammt aufpassen, dass du alles richtig machst, sonst wird er wohl ganz schön sauer auf dich.

Doch. Die Gruppe tut mir gut. Wir haben hin und wieder sogar mal herzhaft über uns selbst gelacht. Wo gibt es das? Einen Haufen Verrückte, die sich auch noch darüber lustig machen können, wie komisch sie drauf sind …! Nee, ich kann den Mittwochabend mit der Gruppe schon fast nicht mehr aus meinem Leben wegdenken.

## Selbstverpflichtung?

Ich erinnere mich noch gut, als vor einigen Wochen die eine Leiterin uns die Selbstverpflichtungs-Erklärung im Arbeitsbuch gezeigt hat. Wir sollten uns nun endgültig festlegen, ob wir in der Gruppe verbindlich weiter mitmachen wollten.

‚Jetzt mich für die ganzen nächsten Monate verpflichten?', dachte ich. ‚Nein!'

Wenn andere mir was aufgedrückt haben, konnte ich das noch nie ab! Das klappt mit mir nur, wenn ich selber entscheiden darf. Schon früher reagierte ich sehr allergisch auf Zwang.

Gut, die Gruppenregeln finde ich in Ordnung, das kann ich unterschreiben. Ich will ja auch nicht, dass man über unsere Gespräche außerhalb der Gruppe etwas erfährt. Die anderen Regeln finde ich gut: Besonders für Ilse (du weißt noch: die Frau, die so lange und fromm sülzt) ist das gut, dass wir solche Regeln haben. Sie würde uns mit ihren Ratschlägen sonst erschlagen.

Das hatte sie aber ganz schnell begriffen …

## Ein gutes Jahr später nach Abschluss der Gruppe

Ich bin sehr froh, dass ich die Endlich-Leben-Gruppe durchgestanden habe. Zugegeben, es gab Zeiten, da ging ich nur pflichtmäßig hin. Aber: Ich hatte mich

Er betete – und diesmal das erste Mal mit allem Gefühl, das er ausdrücken konnte, dass er vor Gott und vor Menschen aufgeben wollte und seinen letzten Selbstschutz lassen wollte. Und dann kam das Ergreifende: „Gott, ich lass dich in mein Innerstes hinein, wo noch niemand rein durfte – bisher!"

In den nächsten Tagen lief das Telefon etwas heiß. Er rief fast täglich an und ich merkte ihm an, wie er gefühlsmäßig ziemlich Karussell fuhr. Immer wieder musste ich ihm versichern, dass ich ihn auch so schwach, wie er sich jetzt zeigte, als Mensch wertschätzen und lieben würde.

Fast täglich benötigte er Gebet von anderen, weil er – wie er es ausdrückte – selbst nicht mehr beten könnte und emotional in depressive Gefühle abstürzte. Da würde ihm am besten Gebet helfen. Wenn er nur wüsste, dass Gott mit ihm durch diese Wüste ging, wäre es gut.

In den nächsten Gruppentreffen ging das so weiter, er war einfach nicht mehr der Alte. Aber irgendwie schaffte er es durch diese Wochen und überraschte uns eines Abends mit Folgendem:

„Männer, in mir hat sich was verändert. Mit meiner Kapitulation fing irgendwie auch eine neue Dimension von Leben in mir an. Ich fühle etwas, was ich vorher nicht kannte. Ich fühle mich Menschen gegenüber tief verbunden."

## Kettenreaktion – Vorbilder stecken an

Von nun an staunte ich nur noch Bauklötze. Ein Mann nach dem anderen packte sein Innerstes aus. Für Männer eine gewaltige Leistung, dachte ich. Aber im gleichen Augenblick korrigierte ich mich selbst. Eine gewaltige Gnade.

Für die meisten Männer waren die Themen „Ohnmachtsgefühle zulassen" oder „schwach sein können" wie eine Offenbarung. Langsam kehrte bei meinem Co-Leiter übrigens die alte Selbstsicherheit wieder, nur irgendwie gereinigt und verändert. Er betonte immer wieder, dass er seine Sicherheit jetzt aus der Beziehung zu Gott beziehen wollte und sich nicht mehr auf die selbst erarbeitete Anerkennung von Menschen verlassen müsse.

## Der lange Weg der 12 Schritte …

Durch viele Gespräche und Gebete unter uns Männern gerade um Heilung von „vereisten Gefühlen", wie sie es nannten, wurden die meisten hellwach und manche fast euphorisch.

Ich wusste, dass sich das mit der Zeit wieder legen würde. Aber ich freute mich gerade am Ende der Gruppe riesig, dass so viele Männer einen Gefährten gefunden hatten in dieser Gruppe. Sie hatten nicht die Befürchtung, in ein Loch zu fallen, wenn die Gruppe aufhören würde. Ja, sie freuten sich, dass es wohl mit der Ehrlichkeit weitergehen würde im Alltag.

Als ich mit meinem Co-Leiter nach dem Ende dieser Gruppe Rückblick hielt, rückte er mit Folgendem raus:

„P., ich habe immer gedacht, du bist mit deinen Drogen und der Suchtabhängigkeit gerade richtig hier in der Endlich-Leben-Gruppen. Aber, dass ich selbst ohne diese Art Drogen auch von dem 12-Schritte-Weg profitieren würde …

Meine ‚Sucht' war die ‚Anerkennungs--Sucht', meine ‚Droge', eine liebenswerte und nette Fassade aufzubauen, damit andere mich nur liebten. Dabei geriet ich in eine immer größere Ich-Einsamkeit. Erst durch den Zusammenbruch meiner Fassade konnte ich anfangen, an meinen Charakterschwächen zu arbeiten, mich aus der Kraft Gottes verändern zu lassen – meine Schritte 6 und 7. Bis heute erlebe ich, dass diese Schwäche sich immer wieder meldet. Die Angst, nicht geliebt zu sein, wenn ich nicht nett bin.

Ich muss wohl noch eine Menge lernen:

Mir fällt es noch schwer, mich ganz auf die Liebe Gottes zu verlassen, und was mir noch schwerer fällt? Um der Wahrheit willen die richtige Distanz und Grenzen zu setzen, wo es nötig ist. Die angemessenen Grenzen zu meinen Mitmenschen ziehen, die für mich und die anderen gesund sind. Aber da bin ich ganz zuversichtlich."

schließlich selbst verpflichtet, regelmäßig zu kommen. Und manchmal waren ganz laue Abende dabei. Da war irgendwie die Luft raus.

Ich bin aber sehr, sehr froh!

*Eine ganze Menge Zusammenhänge sind mir bei mir selbst und meinem Verhalten aufgefallen:*

- Ich konnte Muster von früher bei meinem heutigen Verhalten wiedererkennen. Mir ging immer wieder mal auf: Hey, das hat ja alles System! Klar, das macht Sinn. Dass ich nicht darauf gekommen bin. Dazu brauchte ich wohl die Kommentare und Ermutigung der Gruppe.
- Das Schönste: Meine Symptome werden besser: Ich muss nicht mehr fressen wie eine Verrückte. Ich habe schon 10 Kilo abgenommen, hatte ich vorher nie geschafft!
- Na, ja. Das Allerschönste doch zum Schluss: Ich habe endlich begriffen, dass es bei Gott um eine Liebesbeziehung geht.

Denk jetzt nicht, damit sind alle meine anderen Probleme mit Gott verschwunden!"

## Vertrauen wächst auf ganzer Linie

Ich weiß jetzt sicher, dass ich gar nicht Leistung bringen muss, damit Gott mich liebt. Er wird mich auch nicht verdammen, wenn ich mal einen Fehler mache. Das hat mir die Gruppe beigebracht, das habe ich da förmlich aufgesogen. Ich konnte mir das vorher nie vorstellen. Dass Gott mir seine Gnade und Liebe einmal durch Menschen rübertransportieren würde – schon genial. Immer wieder der Zuspruch der anderen: ‚Gott bleibt an dir dran. Egal, wie du bist. Er liebt dich.' Das brauchte ich. Das hat in mir dieses neue, starke Vertrauen aufgebaut.

Und schon erstaunlich – hätte ich nie von mir gedacht!–, das mit dem Beten: Es macht mir einfach Spaß. Manchmal sitze ich einfach so in meinem Sessel zu Hause und Gott umgibt mich mit seiner Liebe. Ich muss nichts sagen, nichts tun oder zustande bringen. Sehr entspannend!

Ich habe den Eindruck, ich kann mit ihm umgehen wie mit einer guten Freundin. Und wenn ich mal nicht alles verstehe, was er so macht, kann ich abwarten und ihm weiter vertrauen, dass er gut ist.

Mein neues Vertrauen hat sich auf alle Beziehungen ausgebreitet. Meine Kinder sind sehr froh, eine andere Mami zu erleben. Ich bin viel entspannter, ich lasse mehr bei ihnen durchgehen. Als Kathi in der Deutscharbeit eine 6 nach Hause brachte – sie hatte unwahrscheinlich gepaukt und gebibbert vorher –, bin ich mit ihr zum Trost Eis essen gegangen. Das wäre mir vorher nie passiert. Da hätte sie Druck bekommen.

Mit meinem Mann kann ich locker abends auf dem Sofa sitzen, auch wenn die Bügelwäsche noch nicht fertig ist. Das ist neu. Ich kann auch viel besser zuhören – mein Mann schätzt das besonders an mir.

**Frau K. hat sich nach der Endlich-Leben-Gruppe einer Kleingruppe der Gemeinde angeschlossen. Dort hat sie noch andere aus der Endlich-Leben-Gruppe wiedergetroffen. Sie hat auch angefangen, ihre musikalischen Gaben zu fördern. Sie hat wieder Gitarrenunterricht genommen, damit in Zukunft die Saiten gestimmt sind beim Singen und Beten in der Gemeinde. Und eine Freundin hat sie jetzt auch noch, mit der sie sich regelmäßig trifft und persönliche Erlebnisse und Gedanken austauscht. Diese vielfältigen Angebote und Möglichkeiten ihrer christlichen Gemeinde tun ihr wohl, weil sie sich immer noch etwas unsicher fühlt. Sie weiß: Ich bin noch lange nicht fertig. Ich werde wohl mein Leben lang auf diesem Weg bleiben müssen: Immer mehr mich suchen und immer mehr Jesus finden.**

Mein Co-Leiter hat sich nach der Endlich-Leben-Gruppe einer Kleingruppe der Gemeinde angeschlossen. Dort hat er andere Männer aus seiner Endlich-Leben-Gruppe wiedergetroffen. Er hat auch weiter entdeckt, wie er mit seiner musikalischen Gabe wichtige Inhalte so ausdrücken kann, dass er und andere davon bereichert werden.

Und einen Freund hat er jetzt auch noch, mit dem er sich regelmäßig trifft und persönliche Erlebnisse und Gedanken austauscht. Das ist für ihn eine völlig neue Erfahrung. Die vielfältigen Angebote und Möglichkeiten seiner christlichen Gemeinde tun ihm gut, weil er sich immer noch etwas unsicher fühlt. Er weiß: Ich bin noch lange nicht fertig. Ich werde wohl mein Leben lang auf einem Veränderungsweg bleiben müssen: Immer mehr mich suchen und immer mehr Jesus finden.

## Was uns diese Beispiele exemplarisch zeigen …

Auch wenn die Frauen- und Männer-Geschichten sehr unterschiedlich daherkommen, zeigt sich beispielhaft, welche Prozesse gedanklich, gefühlsmäßig und beziehungsmäßig ablaufen. Und zwar im Blick auf den Beziehungsaufbau zu sich selbst, zu anderen Menschen und zu Gott.

Die Gruppe ermöglicht allen, sogar noch den GruppenleiterInnen, immer wieder ihre Wahrnehmung zu erweitern. Sie sehen sich selbst, ihre eigenen Handlungen, ihre Bewertungen, Verhaltensmuster und die Wechselwirkungen zwischen Personen in einem neuen Licht.

Die erzählten Beispiele veranschaulichen auch die Kernpunkte des Endlich-Leben-Programms:

- Wie Endlich-Leben-Gruppen sich anfühlen und ablaufen.
- Das Ziel der Endlich-Leben-Gruppe: ganzheitlicher Beziehungsaufbau.
- Gruppenprozesse: Schritte sind keine Gesetze, sondern sie ereignen sich. Es gibt keine „Techniken". Prozesse funktionieren allein auf der Basis der Gnade Gottes und der natürlichen Gesetze der Gruppe.
- Die geistliche Ebene: Gott wirkt immer mit. Er ist auf unserer Seite, selbst wenn wir es nicht merken.
- Die menschliche Ebene: Menschen mit offenen, ehrlichen Beziehungen werden einander zum Modell.
- Heilung und Veränderung sind ein Prozess – letztlich ein lebenslanger Prozess: Deswegen ist Gelassenheit möglich.

# Ablauf Endlich-Leben-Gruppentreffen

| **Zeit:** | **Inhalt** | **Beschreibung der Phasen** |
| --- | --- | --- |
| **20.00 Uhr:** | **Herzliche Begrüßung (evtl. kurze Erinnerung: die Regeln)** | Jede Gruppe hat ihre Rituale und Regeln. Bei Endlich-Leben-Gruppen sind die Regeln schwarz auf weiß nachzulesen. |
| **20.05 Uhr:** | **Geistliche Einstimmung: Lieder und Gebete** | ***1. Phase: Sein*** (vor Gott und Menschen)<br>Jede christliche Gemeinschaft hat ihre Lieder und Gebete. In Endlich-Leben-Gruppen nimmt man Rücksicht auf Suchende und Anfänger im Glauben.<br>So sein dürfen, wie man wirklich ist. |
| **20.25 Uhr:** | **1. Gesprächsrunde – das „Blitzlicht": „Wie geht es dir?"** | |
| **20.45 Uhr:** | **2. Gesprächsrunde: Inhalte rund um den Schritt**<br>• **Was ist mir wichtig**<br>• **Fragen**<br>• **Geschichten aus der letzten Woche vertiefen**<br>• **Feedback der Gruppe erfahren** | ***2. Phase: Zeigen***<br>Wo stehen wir inhaltlich?<br>Den jeweiligen Schritt vorstellen.<br>Geschichten aus dem Alltag der Teilnehmenden zum Schritte-Thema.<br><br>Die Gruppenteilnehmenden sind mir ein Spiegel durch ihr spontanes Feedback und die hilfreichen persönlichen Geschichten aus ihrem Leben.<br>Ich darf konkret um Korrektur oder Unterstützung bitten. |
| **21.30 Uhr:** | **3. Runde – Austausch über die Ziele und Hausaufgaben** | ***3. Phase: Mitnehmen***<br>Was habe ich heute gehört?<br>Was möchte ich behalten? |
| **21.40 Uhr:** | **Abschlussgebet:**<br>• **freie Gebete füreinander**<br>• **Segensgebete** | ***4. Phase: Entscheiden***<br>Mein Vertrag mit mir selbst, mit Gott oder der Gruppe. Ich mache etwas fest. Andere stehen für mich ein. |
| **22.00 Uhr:** | **Abschluss mit Vaterunser/Gelassenheitsgebet** | ***Geistlicher Schlusspunkt***<br>Jetzt gehe ich mit Gott weiter … |

# Die Gruppenregeln

**„Nur von sich reden!"**
Sage nicht: „Man kann das nicht ...",
sondern: „Ich kann das nicht!" Rede über dich!

**„Einander stehen lassen!"**
In unseren Endlich-Leben-Gruppen herrscht eine Atmosphäre von Liebe, Annahme und Vergebung. Das macht es dir möglich, Gefühle ohne Furcht vor Ablehnung zuzulassen und auszudrücken.

**„Ehrlich, offen und echt sein!"**
Auch wenn ihr euch gegenseitig stehen lassen sollt, ist deine ehrliche, offene und echte (z.B. spontane) Reaktion für die anderen Gruppenmitglieder sehr wichtig. Sie lernen daran.

Beispiel: „Kann es sein, dass du dir da etwas vormachst?", oder: „Kann es sein, dass du hier vor dir wegläufst? Ich kenne das bei mir auch, das war so ..., darf ich dir das erzählen?"

**„Bitte keine ‚billigen' Lösungen!"**
Wenn Gefühle, Aussagen oder Situationen auftreten, von denen ihr euch überfordert fühlt, weil ihr keine passende Reaktion findet, haltet das aus. Bitte keinen voreiligen „Zuspruch" oder „Trost" spenden, der nur dir selbst hilft, deine Unsicherheit zu verlieren. Beispiel: „Das wird schon wieder! Du musst nur ..." Also: Keine vorschnellen Lösungen anbieten. Jede und jeder muss die Lösungen für die eigenen Probleme selber herausfinden und verstehen können.

**„Lass Glaubensüberzeugungen stehen!"**
Diskutiere in den Gruppen nicht über (konfessionelle) Glaubensüberzeugungen. Du darfst deinem Glauben Ausdruck geben. Aber wir gestehen einander zu, unterschiedliche Auffassungen und Stile in unserer Frömmigkeit zu haben. Alle sind noch auf dem Weg! Respektiere das.

**„Was in der Gruppe gesprochen wird, bleibt dort!"**
Verschwiegenheit nach außen hilft uns allen, uns in der Gruppe zu öffnen, verletzbar und ehrlich zu werden. Eine Atmosphäre des Vertrauens ist ohne diese gegenseitige Zusicherung nicht möglich.

**„Wenn du nicht kommen kannst, melde dich vorher ab!"**
„Abstürze", schlechte Gefühle oder Scham sind kein Abmeldegrund. Komme besonders dann! Dazu ist die Gruppe schließlich da. Definiert eure Ausnahmen vorher. Das hilft zur Verlässlichkeit.

## Regeln oder Gesetze?

Weil es viele Rückfragen zu den Auslegungen der Gruppenregeln gibt, möchten wir darauf hinweisen:

Gruppenregeln sind Leitlinien. Die erfahrene Gruppenleitung orientiert sich letztlich intuitiv an den Werten und Zielen der Endlich-Leben-Gruppenarbeit.

Wir haben 6 Schlüsselworte gefunden, die solche leitenden Kernwerte bewusst machen können:

- spirituell christlich
- ganzheitlich
- beziehungsfähig
- demütig
- ehrlich
- gelassen

Je nach Phase, ob du in Schritt 1, 3 oder 12 bist, und je nach dem jeweiligen Ziel für deine Beteiligung in der Gruppe wirst du (quasi automatisch) eine spezielle Kombination dieser 6 Werte und damit eine andere Mischung deiner persönlichen Kompetenzen und Verhaltensformen im richtigen Augenblick in der Gruppe einbringen. Vertraue deiner Intuition.

## Selbsthilfegruppe und Leitung?

Endlich-Leben-Gruppen stehen Selbsthilfe-Gruppen in ihren Werten, Zielen und ihrer Kultur nahe. Sie haben eine klar definierte Leitungsrolle. Unsere GruppenleiterInnen sind von den tragenden Gemeinden ausgewählt und wirken als ModeratorInnen und bringen so möglichst die Stärke der Gruppe zum Zuge.

## Argumente für gut geordnete Abläufe

- Jede Gruppe auf der Welt hat (heimliche) Regeln.
- Unklare Regeln führen zu Beliebigkeit und Unsicherheit.
- Endlich-Leben-Gruppen orientieren sich an Regeln von Selbsthilfegruppen bzw. „Begegnungsgruppen".
- Hauptziel ist es, dass lebensförderliche Haltungen ausgelebt und erlebt werden können.
- Sollte eine dieser Regeln euer gemeinsames Leben behindern, solltet ihr sie diskutieren und an eure Situation anpassen.
- Endlich-Leben-Gruppen sind keine Bildungsveranstaltungen oder Bibelstunden. Ihr selbst seid und bleibt das wichtigste Thema. Immer.
- Diskutiert Sachfragen an anderen Orten oder in extra dafür definierten Settings, wenn es nötig erscheint.

# Selbsttest – Methode für deine Selbsteinschätzung

## Erklärung zu den 7 Selbsttest-Fragebögen

*Die sogenannten* **Selbsttest-Fragebögen** *im Arbeitsbuch werden für eine wissenschaftliche Auswertung genutzt.*

*Nur wenn wir die Daten – natürlich* **anonym** *– von Gruppenmitgliedern erhalten und statistisch auswerten können, werden wir die Qualität der Endlich-Leben-Gruppen messen können. Damit erhalten wir gute Chancen, die Gruppenarbeit immer weiter verbessern zu können.*

**Wir erwarten Antworten auf diese und andere Fragen:**

- *Bei welchen Symptomen helfen die Gruppen am besten?*
- *Effektstärke: Wie sehr helfen Endlich-Leben-Gruppen?*
- *Welche Auswirkungen auf die Religiosität der Teilnehmenden gibt es?*
- *Biografie: Gibt es Zusammenhänge zwischen Biografie und Lebensmustern?*

*Du wirst durch die Selbsttest-Fragebögen selbst einen großen Gewinn haben.*

Auf der rechten Seite findest du den ersten unserer Selbsttests. Mithilfe dieser 7 Tests im Arbeitsbuch lernst du dich selbst besser verstehen und kannst deine Situation genau einschätzen.

Alle Fragen der 7 Tests sind nach wissenschaftlichen Standards gut erprobt und ausgewertet worden. Wir wollen erforschen, ob unsere Gruppen wirklich helfen, wie gut sie helfen und bei welchen typischen Problemen oder Lebensmustern sie besonders viel oder auch gar nicht nützen. Eine gute Auswertung hilft dir aber auch selbst, dich persönlich besser zu verstehen und deine Probleme einzuordnen.

Wenn du mitmachen willst und diesen ersten und die anderen Fragebögen für deinen Endlich-Leben-Weg und die Forschung nutzen willst, gibst du deine Antworten im Internet ein. Das ist für alle Personen in **zertifizierten Endlich-Leben-Gruppen** kostenlos. Frage deine Gruppenleitung, ob ihr euch schon zertifiziert (S. s. 2) habt. Du bekommst über deine Gruppenleitung ein Passwort für die Eingabe deiner Daten. Damit deine Eingaben immer anonym bleiben und doch aufeinander bezogen werden können, definierst du dir zusätzlich einen Codenamen, den nur du allein kennst (s. S. 244). So kannst du später mit diesem Codenamen deine Auswertung zu deinen verschiedenen Fragebögen im Internet ansehen und ausdrucken.

## Gebrauchsanleitung

- wie du genau den Selbsttest im Internet ausfüllst
- wie du eine persönliche Auswertung erhältst und
- was für eine Hilfe diese Auswertung für dich ist, das bekommst du in einfachen Schritten im Internet beschrieben. Informiere dich jetzt und gehe auf unsere Seite im Internet:

## www.fragebogen.endlich-leben.net

Du hast keinen Zugang zum Internet oder bist ohne zertifizierte Gruppe? Dann lies bitte am besten sofort die Anleitung auf S. 244 durch, wie du dann verfahren kannst.

Im Gruppenleitungs-Handbuch erklären wir, warum und wie wir genau diese Fragebögen in Endlich-Leben-Gruppen einsetzen. Bestelle dir das Handbuch einfach über unsere Geschäftsstelle.

**Fon: 0 52 61-93 44 80**
**E-Mail: bestellung@endlich-leben.net**
**Henriette Seekamp, Heustr. 59, D-32657 Lemgo**

Im Gruppenleitungs-Handbuch findest du weitere Themen:

- Methoden: Welche Konzepte und Denkmodelle stehen hinter Endlich–Leben-Gruppen?
- Gründung: An was muss ich denken, um Gruppen zu gründen?
- Ablauf: Wie verläuft ein Gruppentreffen im Detail?
- Kompetenzen: Was muss eine Gruppenleitung können?

| **Codename** (siehe S. 244) | Kasten 1 | Kasten 2 | Kasten 3 | Kasten 4 |
|---|---|---|---|---|
| | | | | |



# Selbsttest: Meine Stressbelastung

## Wie hoch ist deine seelische Belastung zurzeit? (PSQ)

*Dieser Fragebogen misst deine Stressbelastung. (Dauer: 5 Min.)*

*Wenn es eine Spannung gibt zwischen deinen persönlichen Zielen und der aktuellen Umsetzung dieser Ziele in dein Leben, nennt man das auch Stress.*

*Wenn du deine Kreuze direkt im Internet eingibst, erfährst du sofort, wie hoch genau deine seelische Belastung ist.*

*Das Ergebnis zeigt dir, wie stark du selbst den Stress wahrnimmst, unabhängig davon, wie viele stressende Situationen du gerade erlebst.*

In den folgenden Fragen findest du eine Reihe von Feststellungen. Bitte lies dir jede Feststellung durch und wähle aus den vier Antworten diejenige aus, die angibt, wie häufig die Feststellung auf dein Leben ***in den letzten 4 Wochen*** zutrifft. Kreuze bitte bei jeder Feststellung das Feld mit der entsprechenden Zahl unter der von dir gewählten Antwort an.

Es gibt keine richtigen oder falschen Antworten.

Überlege bitte nicht lange!

| **In den letzten 4 Wochen gilt …** | fast nie | manchmal | häufig | meistens |
|---|---|---|---|---|
| 1. Du fühlst dich ausgeruht | ① | ② | ③ | ④ |
| 2. Du hast das Gefühl, dass zu viele Forderungen an dich gestellt werden | ① | ② | ③ | ④ |
| 3. Du bist gereizt oder grantig | ① | ② | ③ | ④ |
| 4. Du hast zu viel zu tun | ① | ② | ③ | ④ |
| 5. Du fühlst dich einsam oder isoliert | ① | ② | ③ | ④ |
| 6. Du befindest dich in Konfliktsituationen | ① | ② | ③ | ④ |
| 7. Du hast das Gefühl, Dinge zu tun, die du wirklich magst | ① | ② | ③ | ④ |
| 8. Du fühlst dich müde | ① | ② | ③ | ④ |
| 9. Du fürchtest, deine Ziele nicht erreichen zu können | ① | ② | ③ | ④ |
| 10. Du fühlst dich ruhig | ① | ② | ③ | ④ |
| 11. Du musst zu viele Entscheidungen treffen | ① | ② | ③ | ④ |
| 12. Du fühlst dich frustriert | ① | ② | ③ | ④ |
| 13. Du bist voller Energie | ① | ② | ③ | ④ |
| 14. Du fühlst dich angespannt | ① | ② | ③ | ④ |
| 15. Deine Probleme scheinen sich aufzutürmen | ① | ② | ③ | ④ |
| 16. Du fühlst dich gehetzt | ① | ② | ③ | ④ |
| 17. Du fühlst dich sicher und geschützt | ① | ② | ③ | ④ |
| 18. Du hast viele Sorgen | ① | ② | ③ | ④ |
| 19. Du fühlst dich von anderen unter Druck gesetzt | ① | ② | ③ | ④ |
| 20. Du fühlst dich entmutigt | ① | ② | ③ | ④ |

- Sorgen:
- Anspannung:
- Freude:
- Anforderungen:

Gesamtwert und Erklärungen

**Auswertung PSQ: klebe in dieses Feld die ausgedruckten Auswertungsergebnisse ein.**

**Literaturangabe:** *Perceived Stress Questionnaire (PSQ; Levenstein, S., Prantera, C., Varvo, V., Scribano, M. L., Berto, E., Luzi, C., & Andreoli, A., 1993) – German modified Lizenzinhaber: Dr. Herbert Fliege, Medizinische Klinik mit Schwerpunkt Psychosomatik, Charité, Humboldt-Universität zu Berlin, Luisenstraße 13a, D-10117 Berlin*

***www.fragebogen.endlich-leben.net**

# Hausarbeit: „Was sind deine Ziele?"

*Dieser Fragebogen hilft dir, über die wichtige Frage nachzudenken, wozu du hier in der Gruppe bist?*

*Was sind deine Ziele?*

*Ziele erkennst du daran: Du kannst sie messen oder überprüfen. Wünsche bleiben oft schwammig oder unkonkret (wie z. B.: „Ich möchte ein glücklicher Mensch werden!"), Ziele sind immer nachprüfbar. Hier einige Beispiele für Zielformulierungen:*

- *„Ich möchte von meinem Selbstverdammungs-Gefühl frei sein, das immer aufkommt, wenn ich einen Fehler gemacht habe!"*
- *„Ich möchte meinen Helfer-Zwang verlieren! Das erkenne ich daran, dass ich Nein sagen kann, wenn mich jemand um etwas bittet."*
- *„Ich möchte wieder mit meinem Partner regelmäßig über meine inneren Gedanken und Gefühle reden. Wenigstens einmal in der Woche."*

**Gründe** *kannst du eine ganze Menge haben, warum du hier bist. Aber Ziele? Was willst du konkret verändern? Was willst du erreichen? Wie soll dein Leben z. B. in einem Jahr aussehen?*

*Bedenke: Es geht jetzt nicht um irgendetwas Perfektes! Versuche so konkret wie möglich zu sein, aber so unvollkommen wie nötig.*

*Entspann dich. Du machst diese Liste für dich selbst. Nur für dich!*

konfliktfähig werden
Spannungen aushalten
Leiten lernen
offene tiefe Beziehungen leben
nicht mehr aus Angst handeln, sondern
aus Überzeugung

## Wochenübung: Sich selbst wahrnehmen üben

**Sich selbst ehrlich wahrnehmen ist gar nicht so einfach. Dazu durchbrechen wir unser altes Motto: „Augen zu und durch!" Willst du das schon? Finde es heraus.**

**Das Entscheidende in unserer Endlich-Leben-Gruppe wird durch eine neue Ehrlichkeit ausgelöst. Natürlich: Vertrauen braucht Zeit, um zu wachsen, bevor wir bereit werden, uns in unserer Gruppe mitzuteilen.**

Fang doch für dich selbst schon einmal an, dich ungeschminkter wahrzunehmen. Nimm dir diese Fragen jeden Tag einmal vor und notiere, was dir auffällt.

*Welche Symptome habe ich? Was ist mein Hauptproblem zurzeit?*

______________________________________________

______________________________________________

______________________________________________

*Wie ist das mit meinen Beziehungen? Mit welchen Menschen habe ich z. B. in letzter Zeit Kontakt (regelmäßig, unregelmäßig, überhaupt)?*

______________________________________________

______________________________________________

*Zum Stichwort Ehrlichkeit: Wer kennt mich wirklich etwas besser?*

______________________________________________

______________________________________________

*Ärger und Frust? Wie erlebe ich sie in letzter Zeit? Wieso gibt es sie?*

______________________________________________

______________________________________________

______________________________________________

*Freude? Was hat mir Freude gemacht?*

______________________________________________

______________________________________________

______________________________________________

*Habe ich meine Problematik in Beziehung mit Gott gebracht? Wie geht es mir mit dem religiösen Thema überhaupt?*

______________________________________________

______________________________________________

LANGSAM
ABER
SICHER
WERDE ICH
UM HILFE
RUFEN!

# Schritt 1 Endlich am Ende

*„Wir gaben zu, dass wir unseren Abhängigkeiten und Problemen gegenüber machtlos sind – und unser Leben nicht mehr meistern konnten!"*

## Sich der Wahrheit stellen

Mit dem ersten Schritt werden wir uns mit drei Themen auseinandersetzen:

1. Wir lernen, die Wahrheit zuzugeben (ehrlich werden).
2. Wir lernen, unser schädigendes Verhalten zu erkennen.
3. Wir lernen zuzugeben: Wir haben uns und unsere Probleme nicht im Griff.

Wenn wir diese 3 Erkenntnisse verstehen und umsetzen, nennen wir das Kapitulation.

Die meisten von uns verbinden den Begriff Kapitulation mit Krieg: Ein Feind ist zu stark und scheint fast zu gewinnen. Bevor ich mich vernichten lasse, gebe ich meinen Widerstand auf und kapituliere. Ich gebe zu: In Wahrheit bin ich schwach. Ich kämpfe jetzt nicht mehr weiter, weil es sowieso nichts bringt. Kurz: Ich gebe mich geschlagen.

Obwohl dieses Bild sehr anschaulich ist, können sich viele von uns zunächst nicht mit dem ersten Schritt anfreunden. Sie fragen sich: „Wo findet denn bei uns solch ein Krieg statt? Wir haben zwar Probleme, aber die Vorstellung, dass wir ihnen gegenüber machtlos oder irgendwie abhängig sind oder noch mehr – sogar unser Leben nicht mehr meistern können! –, erscheint vielen von uns schlicht nicht nachvollziehbar. Also so schlimm ist das alles doch gar nicht."

Um einen Zugang zu diesem ersten Schritt zu finden, werden wir uns jetzt seine einzelnen Schlüsselworte genauer ansehen.

# Erklärungen zu Schritt 1

## Schutz in der Gemeinschaft – „wir …"

**Das kleine Wörtchen „wir" in Schritt 1 drückt etwas entscheidend Neues aus: nicht mehr allein, sondern mit den anderen gemeinsam. So gibt es endlich eine Möglichkeit, die Angst vor Schritt 1 zu überwinden.**

**Für einige von uns ist es schon ein gewaltiger Schritt, überhaupt in eine solche Gruppe zu gehen. Damit müssen sie ja eingestehen, dass es in ihrem Leben irgendetwas gibt, was sie allein nicht bewältigen können. Durch die Erfahrungen der nächsten Monate werden sie erleben: „Es stimmt wirklich! In der Endlich-Leben-Gruppe bekommen wir den Mut, endlich ehrlich zu werden."**

### Unterstützung auf dem Weg – nicht mehr allein!

So sieht die Unterstützung in der Endlich-Leben-Gruppe konkret aus:

- Wir finden Menschen, die auch Probleme haben, über sie reden und sie auch noch zugeben. Wir sind nicht die Einzigen mit Problemen! Wir sind endlich nicht mehr allein in unserem Kampf.
- Das macht uns Mut, auch über unsere eigenen Dinge offen zu reden.
- Wir machen die Erfahrung: Das tut uns erstaunlicherweise gut! Der Krampf in unserem Leben beginnt sich aufzulösen.

### Ein Schutzraum für verletzte Menschen

**Die Endlich-Leben-Gruppe ist damit ein Schutzraum. Unsere Regeln und Werte helfen dabei. Wir haben sie im vorigen Kapitel kennengelernt und uns gegenseitig versichert: Das ist unsere gemeinsame Basis. Das macht uns sicherer. Wir können es wagen, uns mit unseren Schwächen zu zeigen, ohne wieder neue Ablehnung zu erfahren.**

- Hier können wir uns ohne Gefahr öffnen (Verschwiegenheit).
- Hier können und dürfen wir unserer Wahrheit ins Gesicht sehen (Ehrlichkeit).
- Hier gelten festgelegte Regeln und Werte, die uns auf dem 12-Schritte-Weg Schutz geben und eine Grundlage für Vertrauen legen.

Die Folge ist: In einer Endlich-Leben-Gruppe lernst du zuerst eins: Du darfst dich trauen, ehrlich zu werden!

Dazu gehört: Du darfst dich dir selbst stellen. Wo du bisher Nöte oder Probleme verheimlicht hast, kannst du sie vor anderen zugeben, die ähnlich betroffen sind. Du wirst die befreiende Wirkung der Ehrlichkeit erleben.

### Ein Ort von Liebe, Annahme und Vergebung

Endlich-Leben-Gruppen sind christliche Gruppen. Viele Menschen, die Endlich-Leben-Gruppen besuchten, haben hier erlebt, dass es einen liebevollen Gott gibt, der sich um die Nöte der Menschen kümmert, der uns liebt, uns annimmt und vergibt.

In unseren Gruppen gab es immer auch einige, die schlechte Erfahrungen mit Christen oder christlichen Institutionen (z. B. in Kirchengemeinden, christlichen Internaten, christlichen Gruppen, christlichen Elternhäusern) gemacht hatten. Ihre negativen religiösen Vorerfahrungen machten ihnen Mühe auch in der Endlich-Leben-Gruppe. So hatten sie sich geschworen: „Nie wieder ehrlich sein in einer christlichen Gruppe!" Zu solchen Erfahrungen gehörten z. B.:

- Menschen wird mit dem „lieben Gott" gedroht („religiöser Missbrauch!").
- Sätze wie dieser: „Du wirst nur von Gott geliebt, wenn du …" („religiöser Zwang", „Gesetzlichkeit").

Solche Erfahrungen können sehr tief sitzen. GruppenleiterInnen von Endlich-Leben-Gruppen achten deshalb besonders darauf, dass niemals religiöser Zwang in den Gruppen ausgeübt wird. Sie wissen es aus ihrer eigenen Erfahrung: Wir brauchen die bedingungslose Liebe und Vergebung Gottes!

Endlich-Leben-Gruppen machen es leichter, sich wieder auf die Herausforderung einzulassen, neu an einen guten Gott zu glauben. Vielleicht bist du noch nicht so weit, dieses Vertrauen zu riskieren. Das ist auch in Ordnung.

## „... Abhängigkeiten und Probleme ..."

**Mit dem ersten Schritt erlauben wir uns, vor uns selbst und anderen zuzugeben: Wir haben zwar Probleme, sind aber deshalb nicht schlechter, unreligiöser und schwächlicher als andere, die meinen, keine Probleme zu haben. Diese Gedanken konnten wir uns bisher nicht erlauben, weil wir uns schämten, weil wir uns schuldig fühlten und uns minderwertig vorkamen. Nun wagen wir, die genaue Art unserer Probleme anzuschauen:**

Du darfst zugeben, wo du dir selbst oder anderen durch dein bisheriges Verhalten geschadet hast. Dabei wird dir bewusst: Du kannst dein Verhalten aus eigener Kraft nicht verändern. Sonst hättest du es längst getan! Damit gibst du vielleicht zum ersten Mal zu, dass du mit deinem Willen nicht alles schaffst.

Damit entsteht die Frage: Ist unser Wille unfrei? Ja, endlich merken wir: Wie ein Zwang haben uns Verhaltensweisen im Griff, die wir im Tiefsten verachten, die wir nicht wollen oder ablehnen. Und doch sind wir ihnen gegenüber völlig machtlos, weil wir anscheinend von ihnen beherrscht werden. Das nennen wir: Wir sind abhängig.

### Abhängig? • Gefühle • Verhaltensweisen •Stoffe

Viele von uns haben festgestellt, dass sie in ganz verschiedenen Bereichen abhängig waren. Hier einige ihrer Beispiele:

*1. Abhängigkeiten im Bereich der Gefühle:*
Manche unserer Probleme hängen mit starken Gefühlen zusammen, die wir nicht in den Griff bekommen: Panikattacken, tief sitzende Angst, Selbsthassgefühle, Eifersucht, Neid auf andere, Angst vor Strafe, Angst vor Ablehnung ...

*2. Abhängigkeiten im Bereich von Verhalten:*
Einige sind abhängig von bestimmten Verhaltensweisen. Manche Fachleute nennen das *nicht stoffgebundene Suchtformen:* Dazu zählen sie Arbeitssucht, aber auch Kauf-, Liebes-, Beziehungssüchte oder Putz- und Spiel-Süchte. Das zeigt sich dann so:

- Wir arbeiten bis zur Erschöpfung.
- Wir können nicht „Nein" sagen, wo ein „Nein" Erleichterung brächte.
- Wir können uns nicht abgrenzen, vor lauter Hilfsbereitschaft gehen wir zugrunde.
- Wir können keine Hilfe annehmen, obwohl uns alles über den Kopf wächst, und bleiben dabei allein ...

Diese Liste von Verhaltensweisen, die uns ganz krank machen, ließe sich noch lange fortsetzen.

*3. Abhängigkeiten im Bereich von Stoffen:*
Einige haben Probleme mit Drogen wie Alkohol, Nikotin, Heroin oder auch Schlaftabletten, Schmerzmittel oder Aufputschmittel. Diese Abhängigkeiten führen zu den bekannten *stoffgebundenen Süchten.*

*Alle Abhängigkeiten haben eins gemeinsam:*

- Über kurz oder lang merkst du: Du bist in einem heimtückischen Kreislauf von Problemen gefangen.
- Du merkst, deine „Droge" („Selbstheilungsversuch") hilft dir nicht weiter.
- Du bemerkst Nebenwirkungen, die dir weitere unangenehme und unvorhergesehene Probleme bereiten.

## „... gaben zu, dass wir machtlos sind!"

**Der Schritt 1 hilft uns somit, unsere Selbst-Täuschung aufzugeben: Wir hätten es im Griff! In Wahrheit sind wir machtlos. Nun können wir endlich aufhören, uns selbst etwas vorzumachen! Wir dürfen ehrlich werden. Wir geben unsere Selbst-Täuschung auf. Solche Ent-Täuschung ist heilsam.**

*Was bisher geschah:* Wir waren in einem ewigen Kreislauf gefangen – wir mussten immer und immer wieder leugnen, dass da ein Problem ist.

*Was wird mit Schritt 1 anders?* Wir geben unsere Selbst-Täuschung auf: „Ja, es gibt wirklich ein Problem! Und wir können es nicht mit unseren scheinbar ‚bewährten' Maßnahmen bewältigen."

*Die Folgen:* Wir hören auf, uns selbst zu belügen, und fangen dadurch wieder eine ehrliche Beziehung zu uns selbst an.

*Das bedeutet:* Wir müssen auch den anderen nichts mehr vormachen. Typische Ängste: Wir wollen mit unserem falschen Verhalten aufhören. Aber allein der Gedanke daran macht uns schon Angst, weil wir entdecken, dass wir es nicht mehr im Griff haben und machtlos sind.

*Bisher haben wir geglaubt:* Irgendwie haben wir unser schädliches Verhalten oder unsere unangenehmen Gefühle noch im Griff. Wir haben uns der Einbildung hingegeben, mit ein wenig mehr Einsatz unseres Willens oder unserer Kräfte könnten wir doch noch die Probleme auf unsere gewohnte Art „lösen" (z.B.: durch mehr Arbeiten, Trinken, Essen, Vergnügen, Kaufen ...). Die Wahrheit ist: Wir können gar nicht so einfach aufhören!

Wir geraten in eine Krise: Nichts geht mehr.

Viele von uns sind müde geworden, zu kämpfen.

Weil unser Verhalten keine Verbesserungen mehr bringt, zwingt uns das zur Erkenntnis: Wir müssen uns mit der Wahrheit über unsere Situation auseinandersetzen!

*Unsere Krise wird zur Chance.* Alle Menschen reagieren nämlich ähnlich: Erst wenn sie keine geeignete Lösung mehr sehen, werden sie zugeben, dass sie machtlos sind und ihr Leben nicht mehr bewältigen können.

*Wir werden bereit zu Schritt 1:* Wenn wir nun bereit werden, den Ernst der Lage zu begreifen, wird unsere größte Katastrophe zu unserer Rettung dienen. Wir geben endlich zu, dass wir wirklich am Ende sind. Nur das bewegt uns dazu, nach einer anderen – bisher sicherlich ungewohnten oder unerwarteten – Hilfe Ausschau zu halten.

Der eben beschriebene Weg (Prozess) ist die eigentliche Herausforderung des ersten Schrittes! Viele von uns haben das so erlebt: Das ist der Anfang einer wirklich tief greifenden Veränderung.

## „... und unser Leben nicht mehr meistern konnten!"

Viele von uns konnten mit diesem Satz des ersten Schrittes am Anfang nicht viel anfangen: „Was heißt hier, ich kann mein Leben nicht mehr meistern? Schließlich gehe ich arbeiten, versorge die Kinder ... das bedeutet also: Ich gehöre doch nicht zu den ganz kaputten Typen!"

Nach einigem Nachdenken haben sie bemerkt: „Es gibt aber Bereiche in meinem Leben, da muss ich zugeben: Ich bin machtlos, etwas zu ändern, wo ich verzweifelt Veränderung brauche!" Das zeigte sich so:

- Einige konnten noch nach außen gut funktionieren (z.B. auf der Arbeitsstelle), aber zu Hause versanken sie in ein *Gefühlstief* und manchmal auch in ein *äußerlich sichtbares Chaos.*
- Anderen gelang es, *zeitweise* ihr Leben einigermaßen in den Griff zu bekommen, was sich später leider als Illusion herausstellte: Für eine Zeit konnten sie ihren Alkoholkonsum vermindern, ihren Ehepartner kontrollieren, ihre Wut und Nörgelei unterdrücken. Doch kurz darauf brach ihr altes, schlecht funktionierendes Verhalten („dysfunktionales Verhalten") wieder mit Macht durch.

Die Ent-Täuschung war perfekt! Das alles steckt hinter dem Gedanken: „... unser Leben nicht mehr meistern können."

## Die zwei Seiten der Kapitulation

**Zugeben der Machtlosigkeit ist aber nicht nur angstvoller Abschied von Altem und Vertrautem, mit dessen Hilfe wir bisher unser Leben zu meistern suchten, sondern auch Anfang von etwas völlig Neuem. Kapitulation ist also durchaus einer Geburt vergleichbar. Aufhören zu kämpfen schafft nämlich Raum für neues Leben. Denn so widersprüchlich es klingt: Unser verzweifeltes Bemühen, das ganze Problem nicht zuzugeben, verhinderte die Lösung. Deshalb ist es eine ungeheure Befreiung, wenn wir es wagen, zur Wahrheit zu stehen. So erfahren wir eine neue Erlaubnis zum Leben.**

### Angstvoller Abschied!

Vielleicht denkst du jetzt: Puh, das ist aber kein leichter Schritt!

„Meine eigenen Grenzen und meine Machtlosigkeit in bestimmten Lebensbereichen anzuerkennen, das macht mir Angst. Sicherlich, mein bisheriges Verhalten hat schon eine Menge Stress verursacht. Es war nicht immer einfach, aber es ging doch noch immer irgendwie weiter ..." – Was fällt uns bei dieser Aussage auf?

- *„Es ist ungewohnt!"* Mein gewohntes Verhalten aufzugeben und doch zu vertrauen, dass dann alles gut ausgehen wird, scheint mir fast unmöglich zu sein.
- *„Ich habe schon genug Sorgen!"* Ich bin schon bedient genug! Mein Leben ist verworren genug!
- *„Aufgeben kann doch keine Antwort sein!"* Jetzt auch noch kapitulieren und völlig aufgeben? Ist das nicht sogar verantwortungslos?
- *Es bringt uns unangenehme Gefühle!* Wenn ich zugebe, machtlos zu sein, fühle ich nur noch Ohnmacht und Hilflosigkeit. Und das möchte ich nicht. Das ist eine unzumutbare Forderung. Das hieße ja, dass ich klein und hilflos werden soll! Nein, niemals!
- *„Das wird ja alles noch schlimmer als vorher!"* Wenn ich aufhöre, mich zusammenzureißen, dann werde ich doch verrückt, oder das Chaos bricht dann erst recht aus, ich schaffe doch meinen Alltag überhaupt gar nicht mehr ...

### Der Anfang von etwas völlig Neuem!

Die Frage, die du dir jetzt stellen könntest, ist die: Was bringt es mir aber, wenn ich ehrlich zugebe, dass ich gegenüber meiner Not machtlos bin? Es kann dir die folgende Einsicht schenken:

- Ich muss nichts mehr verheimlichen! Es ist, wie es ist!
- Ich darf die Wahrheit zugeben: Ich schaffe es nicht allein!
- Ich erfahre Hilfe! Es gibt Menschen, die mir Mut machen und mich unterstützen.
- Ich kann doch handeln! Ich höre auf, zu jammern und zu klagen, und höre auf, mich als Opfer der Umstände, meiner Erziehung oder sonstiger widriger Umstände zu sehen.
- Ich bin mutiger, als ich dachte! Es ist eine äußerst mutige Tat, wenn ich mich meiner wahren Situation stelle und sie nicht mehr beschönige!

Und dennoch weiß ein Teil von uns: Kapitulieren ist so schwer, weil unsere Gefühle uns glauben lassen, dass wir dann endgültig versagen. Wir können uns z. B. selbst nicht mehr ins Gesicht schauen und werfen uns Willensschwäche vor.

*Beispiel: Ein Raucher hat immer wieder versprochen, sich zu bessern und die Zigaretten wegzulassen. Nach dem ersten Krach zu Hause findet er sich im Auto wieder. Verzweifelt fährt er herum und sucht nach einem Zigarettenautomaten. Wieder hat er es nicht geschafft!*

Die unheimliche Frage beschleicht uns: Haben wir nicht genug Willenskraft aufgewandt? Nein! Abhängige sind oft sehr willensstarke Menschen. Sie haben ungeheuer viel Energie, um Dinge zu schaffen – sogar trotz ihrer Sucht. Wenn wir zugeben müssen, dass wir machtlos sind, drücken wir damit nur die realistische Erfahrung aus: „Es gibt da wirklich etwas, was stärker ist als ich, etwas, was ich nicht mehr kontrollieren kann. Darum gebe ich auf!"

Die Folgen davon:

- Der Krampf hört auf: Ich brauche nicht mehr zu kämpfen
- Ich brauche mich nicht mehr selbst zu zerstören, indem ich beweisen will, dass ich es doch schaffe (heimlicher Stolz).

Viele, die den ersten Schritt vollzogen haben, berichten, dass nach dem Auf und Ab von Angst, Trauer und Zweifeln ein starkes Gefühl der Freude, der Erleichterung und der Ruhe in ihnen aufgestiegen ist.

## Der Kampf mit dem Wasserball – ein Bild:

Das Bild vom Wasserball veranschaulicht diese positive Wirkung von Schritt 1: Da ist ein Mensch, der alle seine Energie aufbringt, um einen Ball unter Wasser zu halten. Der Ball strebt immer nach oben, um über die Wasseroberfläche zu kommen. Erst wenn der Mensch im Kampf mit dem Ball müde ist und loslässt, erlebt er, wie seine Hände jetzt frei werden für etwas Neues und die Energie nicht mehr für die Verdrängung aufgebraucht wird. Der Ball steht für die Probleme, die jahrelang mit aller Kraft von uns verheimlicht, versteckt oder verdrängt wurden. Das haben wir nicht mehr nötig! Endlich am Ende!

# Angefangen und alles wird nur noch verrückter

**Als vor 4 Jahren zum ersten Mal ein Endlich-Leben-Kurs in unserer Gemeinde angeboten wurde, war ich mir hundertprozentig sicher, dass ich nie und nimmer daran teilnehmen würde. Niemals würde ich in einer Gruppe über so persönliche Fragen sprechen! Darüber brauchte ich gar nicht weiter nachdenken – das war absolut indiskutabel.**

**2 Jahre später fand ein neuer Kurs statt. Inzwischen hatte sich einiges in meinem Leben ereignet und ich spürte, dass ich es alleine nicht schaffen würde. Ich brauchte Hilfe!**

Ich hatte mich schon dazu entschlossen, bei diesem Kurs mitzumachen, als mich jemand aus der Gemeinde anrief. Sie sagte mir, dass sie sich innerlich dazu gedrängt fühle, mich zu fragen, ob ich als Co-Leiterin bei diesem Kurs einsteigen wollte.

Nach einiger Zeit sagte ich ihr zu! (Ich wusste noch nicht, auf was ich mich da eingelassen hatte ...)

Es war für mich unglaublich schwer, allein die Nähe der Gruppe zu ertragen. Ich bin Einzelkind und regele meine Sache für mich. Ich hatte mein Tagebuch, und mich mit fremden Menschen über meine Gedanken und Gefühle auszutauschen, war schlichtweg ein Albtraum. Deshalb stehen auch auf der ersten Seite meines Arbeitsbuches solche Sätze wie: „Nach der Gruppe fühle ich mich hunde-elend-schlecht" oder: „Ich finde das alles einfach zum Kotzen" oder „Ich fühle mich hier total fehl am Platz".

Mehrfach bat ich XY, mich aus der Verantwortung zu entlassen (sogar einmal mit schriftlicher „Kündigung"), aber irgendwie hat sie nicht darauf reagiert. Einfach alles hinzuschmeißen passte auch nicht zu mir. Also weitermachen!

Das erste halbe Jahr war einfach ätzend. Ich schleppte mich hin zur Gruppe und dann wieder nach Hause – haute mir eine Schlaftablette rein und versuchte den Rest der Woche nicht mehr daran zu denken. Ich heulte zu Hause wütend meinen Mann an, warum ich mich nur darauf eingelassen habe? So vieles wurde in mir aufgewühlt, warum sollte ich mir das antun – und auch noch freiwillig? Dazu noch Schuldgefühle, weil ich meiner Aufgabe als Gruppenleiterin nicht gerecht wurde.

Irgendwann habe ich aufgegeben („kapituliert") und mich innerlich dazu entschlossen, mich darauf einzulassen und nicht mehr zu blockieren. Denn was hatte ich schon zu verlieren? Ich war ja eh „am Ende mit meinem Latein" und meinen Lösungskonzepten (die gar keine waren).

Vorsichtig versuchte ich mich zu öffnen und siehe da – die Welt stürzte nicht ein. Da kam kein Donnerwetter oder vernichtendes Urteil. Keiner brach in anhaltendes Gelächter aus oder fragte, ob ich noch alle Tassen im Schrank hätte. Ich wurde ernst genommen! Ich wurde verstanden!

Plötzlich „sprangen" mich Sätze aus dem Buch an, ich verstand Zusammenhänge. Manchmal war es, als würde ein Vorhang zurückgezogen und ich „sah" die Dinge aus einem komplett anderen Blickwinkel. Ich erlebte, wie Gott zu mir redete!

Irgendwann passierte es sogar, dass ich mich auf den kommenden Gruppenabend freute! Wow!

Ich erzählte das dann auch in der Gruppe – (und diesmal durfte auch darüber geschmunzelt werden – ich habe daran gespürt, dass sich die anderen mitfreuten). Ich fing an mich mit-zu-teilen – im wahrsten Sinne des Wortes!

Mein Mann spürte die Veränderung – wobei ich es gar nicht konkret benennen könnte.

Ich fing an zu leben! Nicht dass ich vorher nicht gelebt hätte, aber plötzlich wurde alles bunter. Vorher gab es viel Schwarz und Weiß, jetzt kam die Farbe dazu. Ich stellte erstaunt fest: Die Welt ist bunt!

## Nach einem Jahr

Als das Buch durchgearbeitet war, wollten einige von uns weitermachen. Wir beschlossen, es noch mal von vorn zu beginnen. Da meine Gruppenleiterin bereits zwei neue Gruppen in Planung hatte, wurde ich selbst Gruppenleiterin. Von einer vorherigen Gruppe kamen auch noch Frauen dazu und es wurde wieder eine intensive Zeit.

Im November 2006 auf einem Kongress habe ich einer Bekannten vom Endlich-Leben-Kurs erzählt. Diese Frau hat mich vorgestern angerufen und mich gefragt, ob ich mir vorstellen könnte, einen Kurs in ihrer Kirchengemeinde durchzuführen. Sie hatte sich in der Zwischenzeit informiert und mit ihrem Pfarrer gesprochen und so kam sie mit ihrer Anfrage an mich. Nach dem Telefonat habe ich geheult – weil ich so berührt war und mich so gefreut habe. Ich darf die Hilfe weitergeben, die ich selbst empfangen habe!

# Anleitung für die Hausarbeit

**In der Regel wirst du jeden Schritt unseres Arbeitsbuches immer wieder in ähnlicher Reihenfolge bei dir zu Hause durcharbeiten. Es steckt eine innere Logik dahinter, wenn wir die folgenden 5 Gesichtspunkte nacheinander bearbeiten:**

**1. Widerstände erkennen und bearbeiten.**

*Unsere erste Reaktion ist oft Abwehr oder ein inneres Widerstreben gegen den jeweiligen Schritt. Das nehmen wir ernst. Das finden wir normal.*

**2. Den „Gewinn" unserer alten Verhaltensweisen entlarven.**

*Wir glauben, dass alles Verhalten einen Sinn oder eine Funktion hat. Irgendetwas hatte ich davon, dass ich dieses und nicht ein anderes Verhaltensmuster „gewählt" habe. Werde neugierig. Finde es bei dir heraus.*

**3. Den Gewinn eines neuen Verhaltens entdecken.**

*Wenn uns jedes Verhalten mehr oder weniger etwas bringt, dann sollten wir überlegen, was für Vorteile ein neues, geändertes Verhalten bringen könnte. In Gedanken machen wir uns damit bereit für einen neuen Schritt.*

**4. Missverständnisse ausräumen.**

*Manchmal hindern uns Missverständnisse daran, etwas Neues mit Freude zu begrüßen. Wir verhalten uns vorsichtig und misstrauisch, weil wir möglicherweise mit unserer alten Brille die Vorteile gar nicht sehen.*

**5. Wie uns die Bibel ins Leben führt.**

*Wenn der Gott der Bibel wirklich an unserem Leben interessiert ist (und davon gehen wir als Christen aus), dann sollte sich die Bibel als wertvoller Fingerzeig und Kraftquelle für unser Leben entpuppen.*
*Das überprüfen wir jeweils zu den Themen der 12 Schritte. Denke ruhig kritisch mit.*

***Für Gruppenmitglieder, die täglich an diesem Programm arbeiten wollen, empfiehlt es sich, sich jeden Tag einen dieser Abschnitte vorzunehmen. Natürlich kann jede Gruppe ihr Arbeitstempo auf die einzelnen Teilnehmer abstimmen. Gerade am Anfang, wenn viele neue Inhalte und Erfahrungen auf dich einstürzen, ist eins wichtig:***

***Finde dein Tempo heraus!***

***Tu das, was du kannst, aber überfordere dich nicht. Es gibt kein Gesetz für ein schnelleres Vorankommen. Die 12 Schritte sind keine 12 Regeln, die du abarbeiten musst. Nein, es sind 12 Erfahrungswerte, die Menschen auf ihren ganz persönlichen Veränderungswegen gesammelt haben. Darum gilt: Die 12 Schritte ereignen sich in Gottes Zeit. Lass dich darauf ein und staune, was dir geschenkt wird!***

# Den Schritt 1 durcharbeiten

## 1. Widerstand gegen Schritt 1 erkennen und bearbeiten

**Will ich wirklich ganz ehrlich werden?**

Wir alle verhalten uns manchmal völlig dumm. Wir tun etwas, das andere zerstört. Damit hindern wir uns und andere daran, zufrieden zu leben. Und das ist so, obwohl es eigentlich keiner will. In der Endlich-Leben-Gruppe sind alle willkommen, so wie sie sind. Selbst wenn sie sich wie „Idioten" benehmen. Aber hier haben wir die einzigartige Möglichkeit, nicht so bleiben zu müssen. Wir sind in dieser Gruppe, um an unseren Schwierigkeiten zu arbeiten. Und das geht so: Wir schauen uns unerschrocken unsere Verhaltensweisen an.

### Nach Jahren konnte ich es sehen

*In diesem Fall geht es um Alkohol. Sicher: Millionen Menschen in unserem Land leiden direkt oder indirekt an Alkoholmissbrauch.*

„Ich war von früher Jugend an, bis ich Mitte 30 war, ein starker Alkoholiker und habe oft vergeblich versucht, mein Trinkverhalten in den Griff zu bekommen. Abgesehen von zig klinischen Entziehungskuren versuchte ich selbst immer wieder, diese schreckliche Abhängigkeit unter meine Kontrolle zu bringen. Was habe ich nicht alles probiert! Mit jedem neuen Trinkmuster hoffte ich es zu schaffen. Z. B. nahm ich mir mit dem Trinken Folgendes vor: Nur noch am Wochenende oder nur noch ‚Wein' oder nur noch ‚zum Essen' (plötzlich hatte ich immer Hunger!) oder nur noch zu festlichen Anlässen (plötzlich hatte ich andauernd etwas zu feiern). Es klappte alles nicht. Der Selbstbetrug, diese große Lüge in meinem Leben, zu glauben, ich wäre ja noch nicht so schlimm dran und könnte zu jeder Zeit mit dem Trinken aufhören, hielt mich eisern im Griff!

Ich musste erkennen, dass ich krank war und Hilfe brauchte, dass ich es nicht in der Hand hatte, sondern dass *es mich hatte*. Ich musste, um Heilung und Befreiung zu erfahren, erst einmal vollständig kapitulieren. Das bedeutete in meiner Situation: Ich musste zugeben, es alleine, mit der eigenen Kraft, nicht zu schaffen.

*Es gibt aber viele andere Symptome, die nicht so auffällig erscheinen, aber ähnliches Leiden hervorrufen.*

Es war wie ein Wunder, als ich sehen konnte, dass ich machtlos war und dass mich die Sucht völlig im Griff hatte. Bis ich dahin kam, dauerte es Jahre und ging ‚knapp am Friedhof vorbei'. Wenn ich diesen Schritt der Kapitulation vor einigen Jahren nicht geschafft hätte, würde ich heute nicht mehr leben! Als ich dann die Gnade erlebte und diesen ‚Schlüssel' zur Heilung in die Hand nahm und endlich meine Machtlosigkeit zugeben konnte, geschah eine dramatische Befreiung in meinem Inneren. Der erste Schritt wurde für mich *der Schritt* in ein befreites Leben."

*Was ist dein wichtigstes Symptom, unter dem du leidest?*

*Jetzt mal ganz ehrlich: Findest du dich in einem der Beispiele (aus der Einführung S. 8ff. oder das hier) wieder? Stell dir vor, du würdest deine eigene Situation genauso ehrlich aufschreiben und ein anderer würde das lesen dürfen. Welche Gedanken oder Gefühle kommen dir dabei?*

*Beschreibe, was dich davon abhält, so ehrlich zu sein.*

___

___

___

## Warum gehst du eigentlich in diese Gruppe?

Einige von uns sind vielleicht durch ihre Ehepartner oder durch äußeren Druck (Arbeitgeber, die Gemeindeleitung oder Bekannte) zum Besuch der Endlich-Leben-Gruppe bewegt worden.
**Warum bist du in der Gruppe?**

*Kreuze das passende Wort in der Liste an oder ergänze sie.*

*... weil das jemand von mir möchte (z. B. Ehepartner oder Chef).*

*... weil ich eine schnelle Lösung brauche für meine Probleme.*

*... weil mich meine Symptome nerven (z. B: „Ich bin zu dick!“).*

*... weil ich die Ursache meiner Probleme kennen will, um sie dann selbst lösen zu können.*

*... weil ich endlich wissen will, wer ich eigentlich bin.*

*... weil ich keine andere Lösung habe, als mir helfen zu lassen.*

*... weil*

________________________________________

________________________________________

________________________________________

Wir können nur für uns selbst kapitulieren, so wie wir auch nur für uns selbst in die Gruppe gehen und unsere Lebensveränderung in die Hand nehmen können. Solange wir Dinge anderen zuliebe tun – und sei es für Gott, um ihm zu gefallen! –, haben wir nicht wirklich erkannt, worum es geht: Es geht endlich einmal wirklich nur um uns!

Wenn du nur auf Anraten von anderen hier bist, ist für dich wichtig, deine Bereitschaft zu überprüfen: Bin ich *von mir selbst her motiviert,* an der Gruppe teilnehmen zu wollen? Diese Klärung ist wichtig. Nur so übernimmst du Verantwortung für dich und dein Verhalten.

Einigen von uns fällt es aber immer noch schwer, für sich selbst und ihre Probleme Verantwortung zu übernehmen. Vielleicht werden sie sich noch eine Zeit wie in einer Sackgasse fühlen. Sie wollen sich zwar ändern, können es aber noch nicht und haben daher das Gefühl, sie können sich auch in Zukunft nicht ändern.

Sie erleben sich als Opfer
- der Umstände,
- ihrer heutigen familiären Situation oder
- ihrer Ursprungsfamilie.

Wenn du dich hier wiederfindest, beschreibe:

*Warum empfindest du dich als Opfer?*

________________________________________

________________________________________

Es wird dir mit den nächsten Fragen deutlich werden, dass es einen gangbaren Weg auch für deine Situation gibt.

## Die vorschnelle Anpassung

Es gibt ein Verhalten, das der Kapitulation zum Verwechseln ähnlich sieht. Aber in Wirklichkeit ist es eine Flucht vor Kapitulation. Wir nennen es: *vorschnelle Anpassung.*

Viele von uns sind in Gruppen schnell bereit, sich anzupassen. Das liegt an ihrer Angst vor Ablehnung. Sie wollen den Erwartungen der Gruppenmitglieder entsprechen und reden ihnen nach dem Mund. Dabei ist es wichtiger, sich selbst gegenüber ehrlich zu werden, als richtige Erkenntnisse „nachzubeten".

**So ist es ehrlicher:**
Wir geben in der Gruppe ehrlich zu: „Ich habe Angst, den Schritt 1 umzusetzen!" Das heißt:

1. Ich habe Angst, die Wahrheit zuzulassen!

*Welche Wahrheit über dich macht dir Angst?*

______________________________

______________________________

______________________________

2. Ich habe Angst, mein Verhalten aufzugeben!

*Womit willst du nicht aufhören?*

______________________________

______________________________

______________________________

3. Ich möchte vorschnell so tun, als wäre alles schon wieder gut!

______________________________

______________________________

______________________________

______________________________

*Beispiel: Jemand sagt z. B. schon ziemlich schnell von sich: „Ich habe jetzt nach 5 Tagen bereits das Gefühl, dass ich es schaffe, ich muss es schaffen!"*

So gut das klingen mag, musst du dennoch zu einem so frühen Zeitpunkt sehr darauf achten, keine vorschnelle Lösung zu suchen und zu glauben, es wäre jetzt alles gut.

*Suchst du auch eine schnelle Lösung?*

______________________________

______________________________

______________________________

## 2. Den Gewinn unserer alten Verhaltensweisen besser verstehen

### Was bringt es dir, nicht ehrlich zu sein?

Jedes Verhalten bringt etwas. Irgendein Gewinn ist da immer. Auch ein selbstzerstörerisches Verhalten macht auf irgendeine Weise Sinn und bringt dir etwas. Darum ist es wichtig, dass du diesem (scheinbaren) Gewinn auf die Schliche kommst. Denn in Wahrheit ist er ja höchstens ein Teilgewinn. Irgendwie wird Schmerz vermieden oder Lust gewonnen, aber du selbst gehst als ganze Person daran zugrunde. Wenn Frau A. z. B. immer dann zum Essen greift, wenn sie traurig ist (Schmerzvermeidung) oder wenn sie Langeweile hat oder sich leer fühlt (Lustgewinn), sind das Scheinlösungen für ihre wahren Bedürfnisse (Trost, Freude, Kraft).

*Kommen dir solche Scheinlösungen bekannt vor?*

___

___

___

___

Solange ich nicht zugebe, dass ich z. B. abhängig bin bzw. Probleme habe, denke ich über meinen (scheinbaren) Vorteil:

- Ich habe so eine 12-Schritte-Gruppe eigentlich nicht wirklich nötig.
- Wie gut, dass meine Probleme nicht wirklich so schlimm sind wie die der anderen.
- Eigentlich geht es mir doch ganz gut.
- Dann muss ich mich auch nicht fürchten, dass andere mein wahres Gesicht erkennen.
- Im Grund hat doch jeder sein „Süchtlein".
- Ich brauche die anderen nicht, um mir helfen zu lassen. Ich kann es selbst.
- Ich habe nicht das Gefühl, machtlos und klein zu sein.

Merkst du es? Nicht ehrlich werden, scheint also etwas zu bringen.

*Schreibe mit eigenen Worten: Was bringt es dir, deine Probleme oder Abhängigkeiten nicht zuzugeben?*

___

___

___

___

## Die Gruppe als Hilfe

**Ein Bild veranschaulicht es: Die Gruppe ist für uns wie ein Spiegel.**

Das brauchen wir und das hilft uns. Wenn wir bereit werden, den Schritt 1 zu gehen, geben wir vor der Gruppe zu, dass wir Hilfe brauchen. Hilfe ist noch nicht die Lösung des Problems. Hilfe besteht darin, dass wir uns selbst auf die Schliche kommen. Dabei kann uns die Gruppe entscheidend helfen: Andere Menschen – vor allem solche, die uns nahe stehen – können nämlich viel besser wahrnehmen, *wie* wir uns gegen die Erkenntnis der harten, unangenehmen Wahrheit über unsere Verhaltensweisen wehren.

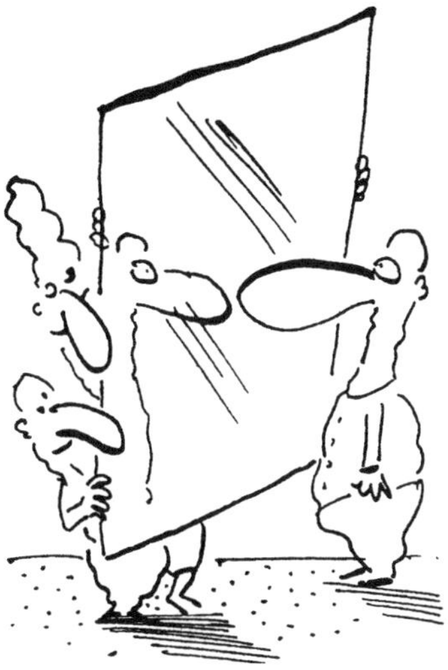

*Wie geht es dir mit der Vorstellung, dass dir da eine Gruppe von Menschen helfen soll?*

______________________________

______________________________

______________________________

Wie kann mir die Gruppe konkret helfen, meine Fehler zu erkennen? Die Gruppe hat folgende Aufgabe:

- Aufmerksam und wach meine Worte verstehen und
- auch alle nicht an Worte gebundenen Körpersignale mitkriegen (z. B. merken Gruppenmitglieder sofort, wenn deine Stimme zittert, auch wenn du vorgibst, ganz sicher zu sein);
- diese Beobachtungen können andere Mitglieder liebevoll ansprechen. Damit helfen sie dir zu merken, wo du dir selbst etwas vormachst und dich vor den unangenehmen Erkenntnissen drückst.

Du kannst auf diese Weise besser erkennen, wie trickreich du dich selbst täuschst. Sogenannte Abwehrmechanismen, d. h. deine Tricks, mit denen du unangenehme Gedanken verdrängst, können in der Gruppe wahrgenommen und angesprochen werden. Auf diese Weise hilft uns unsere Gruppe weiter.

## Eine Liste von „beliebten" Abwehrmechanismen

**Wenn wir uns vor unangenehmen Wahrheiten schützen, verleugnen wir unsere wahren Gefühle oder Gedanken. Leugnen hat viele Masken.**

**Hier findest du eine Liste von typischen „Tricks", wie Menschen sich vor der Wahrheit schützen. Welche dieser „Tricks" kennst du auch?**

### Leugnen

**Wir geben vor, dass etwas nicht existiert, obwohl es in Wirklichkeit da ist.**

Wir haben körperliche Symptome, die auf wirkliche, vorhandene Probleme hinweisen, und behaupten, dass das überhaupt kein Problem ist.

*Beispiele:*

- *Jemand wiegt 120 kg und sagt: Das liegt an meinem schweren Knochenbau.*
- *Du meldest dich krank, obwohl du nur die ganze Nacht vor dem Computer gesessen und gesurft hast und eigentlich einfach hundemüde bist.*

### Verharmlosen

**Wir erkennen zwar das Problem an, wollen aber nicht wirklich den Ernst der Lage sehen.**

*Beispiel:*

- *Wenn man einen Seitensprung zum Kavaliersdelikt erklärt, dann ist das eine Verharmlosung. Niemand braucht sich dann zu wundern, dass die Beziehung einen empfindlichen Knacks bekommen hat.*

### Anklagen

**Wir schieben jemand anderem die Schuld für das Problem zu, obwohl unser Verhalten auch nicht in Ordnung war.**

Wir leugnen zwar nicht das Problem (z. B. einen Ehekonflikt), aber die Ursache dafür schieben wir jemand anderem zu und klagen ihn dafür an.

*Beispiel:*

- *Wir haben erkannt, dass wir aus einem Elternhaus stammen, in dem es drunter und drüber ging. Das bereitet uns heute viele Probleme:*

  *- unerklärliche Ängste,*

  *- schwindeln, um angesehen zu werden,*

  *- Leistungsdruck, wenn wir in einer Gruppe sind.*

*Wir machen unsere Eltern oder auch Gott, der das zugelassen hat, für unsere Schwierigkeiten verantwortlich.*

### Entschuldigen

**Wir bringen Entschuldigungen, Alibis, Rechtfertigungen oder andere Erklärungen für unser Verhalten vor. Auch der Fall ist möglich: Wir entschuldigen das Verhalten anderer.**

*Beispiele:*

- *Eine Frau erklärt ihre emotionalen Ausraster immer mit ihrer Nationalität: „Ich bin halt eine Italienerin!"*
- *Eine Frau erklärt am Telefon auf Nachfrage, dass der Partner krank ist. Der wahre Grund seiner Abwesenheit von der Arbeit ist: Er schläft seinen Rausch aus.*

### Verallgemeinern

**Wir sprechen über die Probleme sehr allgemein.**

Z. B. benutzen wir „man", statt von uns selbst zu sprechen oder wir reden von „jeder" und „alle". Damit vermeiden wir es, uns persönlich oder gefühlsmäßig auf die Situation einzulassen.

*Beispiele:*

- *Ein Mann ist ständig traurig und läuft mit hängendem Kopf herum. Er will morgens nicht aufstehen und hat zu nichts Lust. Er sagt: „Traurig ist doch jeder mal. Wir sind doch alle mal nicht gut drauf!"*
- *Dein Freund sitzt jedes Wochenende zu Hause und trinkt. Sein Kommentar: „Was regst du dich so auf,*

*das machen doch alle! Und schließlich kann ich jederzeit aufhören, wenn ich will."*

Das ist eine Kombination aus Verallgemeinern und Leugnen.

## Ausweichen

**Wir wechseln z. B. das Thema und lenken einfach ab, weil es uns zu peinlich wird.**

*Beispiel:*

- *Eine Frau will sich mit ihrem Mann über ihre Ehe unterhalten. Er witzelt herum und spricht davon, dass er noch den Rasen mähen will. Seine Frau fühlt sich nicht ernst genommen, ist enttäuscht und gibt die Hoffnung auf eine Veränderung der Lage auf.*

## Angreifen

**Wir reagieren ärgerlich und gereizt, weil wir uns ertappt wissen.**

Wir wollen etwas auf keinen Fall vor uns oder anderen zugeben. Darum greifen wir sie mit Vorwürfen an.

*Beispiel:*

- *Der Mann wird von seiner Frau angesprochen: „Hast du die Telefonrechnung bezahlt?" Er hat es völlig vergessen. Statt es zuzugeben, fängt er an, ihr Vorwürfe zu machen: „Was du immer hast. Du lässt ständig die Bratkartoffeln anbrennen."*

*Was sind deine Tricks?*

*Was denkst du über den Vorschlag: „Ich werde meine Tricks in der Gruppe mutig ansprechen!"?*

*Stell dir vor, du bittest die Gruppenmitglieder, dass sie dir deine Tricks aufdecken, die du noch nicht wahrgenommen hast. Was fühlst du bei dieser Vorstellung?*

*Möchtest du wirklich umsetzen, die Gruppenmitglieder zu bitten, dass sie dir deine Tricks aufdecken, die du noch nicht wahrgenommen hast? Probier es aus, wenn du willst.*

## 3. Der Gewinn eines neuen Verhaltens

### Kontakt mit Gefühlen – Hilfe, ich werde lebendig!

**In dem Augenblick, wo wir kapitulieren und bestimmte Verhaltensweisen plötzlich verändern, lässt die „Betäubung" nach. Jetzt denken wir darüber nach: Wie haben wir uns betäubt? Was passiert, wenn die Betäubung nachlässt?**

Wir haben gehört, dass wir von Gefühlen, Verhalten oder Stoffen abhängig werden können. Das funktioniert deshalb so gut, weil unsere Gefühle, die Verhaltensmuster oder die Stoffe uns in eine Art von Betäubungszustand versetzen. Wie geht das? Sie lenken uns von unseren wahren Gefühlen ab. Sie machen es unmöglich, sie zu empfinden, insbesondere gilt das bei *wirklich unangenehmen* Gefühlen. Wenn wir dann versuchen, mit unserem zwanghaften oder süchtigen Verhalten aufzuhören, geraten wir direkt in ein großes Chaos. Das kann sich verschieden ausdrücken:

- ein gedankliches Chaos,
- ein gefühlsmäßiges (emotionales) Durcheinander,
- ein körperlicher Schmerzzustand.

*Wie sieht das bei dir aus (gedanklich, gefühlsmäßig, körperlich)?*

__________________________________

__________________________________

__________________________________

Solche „Abstürze" sind bei Schritt 1 ganz normal. Fürchte dich nicht davor! Wir merken jetzt: Unsere Verhaltensmuster hatten nur einen Grund: Sie sollten uns vor der verborgenen „Bedrohung" schützen: z. B. vor Gefühlen von Angst, Hilflosigkeit, Wertlosigkeit, Verlassenheit, Leere oder Schmerz. Deshalb galt das Überlebensmotto: „Alles, nur das nicht!"

### „Entzugs-Gefühle"

Wenn ein Süchtiger (z. B. nach Nikotin oder Alkohol) seinen „Stoff" nicht mehr bekommt, ihn also entzogen bekommt, nennt man das *Entzug*. Entzug geschieht auch bei Abhängigkeitsformen, die ohne Stoffe auskommen. Dann verhält es sich mit dem Entzug so:

- *Normalität:* Wir empfinden einen Zustand als „normal", selbst wenn er uns oder andere schädigt. *Beispiel:* Kinder, die mit Schlägen misshandelt wurden, erwarten solch eine Behandlung später auch in allen anderen Beziehungen.
- *Entzug*: Wenn wir etwas aufgeben sollen, was für uns „normal" ist, ist das Entzug. Wir erleben Entzugsschmerzen wie Menschen bei stofflichen Abhängigkeiten auch. Merke: Mit jedem Entzug sind Entzugsschmerzen verbunden.
- *Erklärung:* Wer ein bestimmtes Verhalten gewählt hat, um in einer schwierigen oder schrecklichen Situation zu bestehen, für den ist dieses Verhalten die *Rettung* gewesen. Er oder sie hat gelernt: „Nur so kann ich hier überleben!" *Beispiel:* Ich tue so, als gäbe es keine Probleme (ich leugne einfach die Schmerzen oder Gefahren), dann fühle ich auch keine Not. So trainieren sich einige ihre Gefühllosigkeit an. Wenn sie damit aufhören sollen oder wollen, geht das nicht ohne leidvolle Begleiterscheinungen. Das nennen wir Stress- bzw. Entzugssymptome.

Gehirnforscher haben untersucht, wie wir lernen. Sie haben dabei Gesetzmäßigkeiten entdeckt, die das so erklären: Das Gehirn hat die Hauptaufgabe, ein inneres Gleichgewicht zu halten. Wer ein gewohntes Verhalten aufgibt, verursacht im Gehirn ein Durcheinander. Das ist Ungleichgewicht und macht uns massiven Stress. Wenn wir ein übliches Verhalten aufgeben wie:

- Verhaltenssüchte (z. B. Sexsucht) oder
- das Einnehmen von Suchtmitteln oder auch
- ein typisches Verhaltensmuster (z. B. das Verhaltensmuster: „immer lieb sein müssen"), gerät das feine Gleichgewicht im Gehirn durcheinander. Das fühlt sich schrecklich an.

*Die Folgen:* Wir halten an unserer zerstörerischen Sucht oder anderen als schädlich erkannten Verhaltensweisen fest, denn wir haben *Angst vor dem Entzug.* Die Angst vor den Entzugsgefühlen (Stress, Schmerzen) ist nämlich noch größer als die Angst vor den Folgen unseres süchtigen oder unangemessenen Verhaltens. Erst wenn die Angst vor unseren selbst verursachten Leiden größer als die Furcht vor Entzug wird (also wenn der Leidensdruck größer wird als der Lustgewinn), werden wir bereit umzudenken.

*Kennst du solche Entzugsschmerzen?*

__________________________________

__________________________________

__________________________________

## Der „Grund-Schmerz"

Jeder Entzug führt zu einem zweiten, tieferen Schmerz:

- Zum einen entsteht Schmerz, wenn wir unser gewohntes Verhalten oder unser Suchtmittel loslassen (Entzugsschmerz). Denn wir verlieren die Sicherheit, die wir dadurch bisher hatten. Das ist ein Verlust, über den wir sogar ein Gefühl der Trauer bekommen können.
- Zum anderen kommt bisher verdrängter Schmerz (z. B. Scham, Groll, Wut, Verlassenheitsangst oder Todesangst) endlich an die Oberfläche. Wir nennen ihn den Grund-Schmerz. Bis dahin wurde dieser Schmerz durch das Suchtmittel bzw. unser (süchtiges) Verhalten betäubt.

*Wichtig:* Entzugsschmerzen sind für jeden Menschen unverwechselbar. Genauso wie unsere Lebensgeschichte, unsere daraus entwickelten Verhaltensweisen und Lebensmuster einzigartig sind, genauso machen wir auch unseren ganz unverwechselbaren Entzug durch. Das bedeutet: Jeder und jede von uns empfindet ihren oder seinen *für sie oder ihn schlimmsten* Schmerz anders. Darum dürfen wir fühlen, was wir fühlen, und müssen uns nicht mit den anderen vergleichen.

**Beispiel:**
War in unserem Leben z. B. Hilflosigkeit der furchtbarste Schmerz, so wird dieser auch innerhalb des Entzugs als größte Bedrohung erlebt. Das hat Folgen: Wenn eine Situation in der Gegenwart uns an alte Gefühle (z. B. große Hilflosigkeitsgefühle) erinnert, geraten wir vielleicht in Panik.

Wir stehen dann in der Gefahr, wieder in unser altes, schmerzstillendes Verhalten (z. B. Suchtmittelgebrauch) zurückzufallen. Das nennen wir *Rückfall.* Solch ein Rückfall ist verständlich: Er ist der einzige bisher „erfolgreiche Weg" für dich gewesen, diesen Schmerz auf keinen Fall wieder erleben zu müssen.

Wenn du dir diesen Hintergrund für dein Verhalten klarmachst, kannst du leichter barmherzig mit dir bleiben.

Wenn du gerade aktuell mit süchtigem Verhalten aufhörst, kannst du die Stärke deines Entzugs einschätzen. Das hilft dir beim Durchhalten dieses Entzugsschmerzes. Denn du begreifst plötzlich, dass du dich nicht anstellst oder nur zu „blöd" bist, sondern wirklich mit starken Schmerzen zu kämpfen hast. Besuche die Internetseite www.entzug.endlich-leben.net, um mehr Informationen zu erhalten.

**Für dich bedeutet das: Mit Schritt 1 entscheidest du dich mit deiner ganzen Willenskraft:**
**„Ich will wieder lebendig werden."** Der Preis ist hoch: Du spürst Gefühle und dazu gehören

- *schmerzhafte Gefühle aus der Vergangenheit (Grund-Schmerz) und*
- *schmerzhafte Stressgefühle beim Aufhören mit dem gewohnten Verhalten (Entzugsschmerz).*

*Wie geht es dir, wenn dir das jetzt klar wird?*

______________________________________________

______________________________________________

______________________________________________

## Ziel von Schritt 1: Aufhören mit dem Weitermachen im alten Schema

Manche denken: „Hauptsache, das Suchtmittel oder mein Verhaltensmuster ist weg!" Das ist aber zu kurz gedacht. Hinter jeder Sucht steckt eine Sehnsucht. Das Suchtmittel (bestimmte zwanghafte Verhaltensweisen) wird als Ersatz benutzt, um das auf andere Art zu bekommen, was ich brauche (z. B. Schutz). Wenn diese „Ersatzhandlung" aufgegeben und gelassen wird, können wir unsere Sehnsüchte auf neue und endlich auf eine gesunde Art stillen. Solche Sehnsüchte sind zum Beispiel:

- meine Sehnsucht, geschützt zu werden,
- meine Sehnsucht nach Liebe,
- meine Sehnsucht, Nähe und Annahme zu erleben.

## 4. Missverständnisse ausräumen

**Es gibt einen falsch verstandenen christlichen Glauben, der Menschen krank macht. Meistens ist er am Perfektionismus zu erkennen: Alles wirkt extrem, übertrieben und schwarz-weiß und wird dann auch noch „fromm" genannt.**

Mag sein, dass uns als „fromm" beigebracht wurde: „Du musst nur richtig glauben, mehr beten, reiß dich zusammen, kram nicht in deiner Vergangenheit, dreh dich nicht um dich selber, sei dankbar in allen Dingen, nimm dein Kreuz auf dich, lies mehr in der Bibel. Wenn du das tust, hast du auch weniger Probleme!"

Solche Sätze haben bei einigen von uns negative Verhaltensmuster ausgelöst oder schmerzvoll verstärkt und erhalten.

Aber so hat Gott es nie gemeint. Er möchte nicht, dass wir negative Umstände unseres Lebens *leugnen* und *verdrängen*. Er ist ein Gott, der Wahrheit liebt.

*Wie funktioniert die falsche Vorstellung von Gott?* Der biblische Satz „Das Alte ist vergangen!" wird mit der falschen Folgerung verbunden: „Darum krame nicht mehr in der Vergangenheit herum und denke nicht immer an das Alte!" So haben einige von uns ihre negativen Gefühle aus ihrer Geschichte (z. B. Wut, Hass) unter dem Druck „göttlicher Autorität" geleugnet. Denn was nicht sein durfte, war dann auch nicht.

Sätze wie die folgenden werden in diesem Verleugnungsmuster umgedeutet. Sie bekommen einen völlig anderen Sinn:

- *„Ich bin von Neuem geboren." (Es ist doch alles gut!)*
- *„Das Alte ist vergangen." (Stöhne nicht, reiß dich zusammen!)*
- *„Ich bin eine neue Kreatur." (Wenn was nicht stimmt, hast du nicht genug Glauben oder nicht genug gebetet!)*
- *„Christus hat mich völlig verändert." (Wenn du Wut hast, machst du was falsch. Bist du überhaupt wirklich ein Christ?)*

Normalerweise sind solche biblischen Sätze als Zuspruch Gottes und Ermutigung zu verstehen. Problematisch ist hier ihre völlig verdrehte, gesetzliche und lieblose Deutung. Es ist dann so, als wäre Gott ein Gott, der ständig auf der Lauer liegt, um unsere Fehler herauszufinden und sie anschließend streng zu bestrafen. Das ist nicht der biblische Gott!

Wahr ist: Christus kommt mit großer Gnade in unser Leben, wenn wir Christen werden. Aber trotzdem bleibt uns nicht die Arbeit zur Veränderung unserer Persönlichkeit, unserer Gewohnheiten und großen und kleinen Ticks erspart. Das ist zwar ein lebenslanger Weg, aber vom ersten Schritt an bist du auf diesem Weg Gottes geliebtes Kind – egal, wie viele Fehler du machst.

*Kommen dir diese gesetzlichen Umdeutungen bekannt vor?*

________________________________

________________________________

*Auch wenn du nicht christlich erzogen wurdest, kennst du vielleicht ebenfalls solche Sätze. Mit welchen „christlichen" Sätzen hast du Probleme?*

________________________________

________________________________

### Kämpfe und Zweifel gehören zum Glauben

Einige verwechseln den Glauben mit ihren Gefühlen. Unser Glaube gründet auf der Liebe, die Gott uns schenkt, egal, wie wir uns fühlen.

Die Tatsache, dass einige von uns noch Schmerzen aus der Vergangenheit spüren, verwirrt sie dennoch oft: „Mache ich doch irgendetwas falsch?"

Fragst du dich auch: Ist es also ein Widerspruch zu unserem Glauben, Probleme und Schmerzhaftes zugeben zu müssen? Gilt das Motto: „Ein guter Christ hat doch nicht solche Probleme!"? Wir meinen: Nein, das stimmt einfach nicht! Die Bibel ist voll von Berichten über Männer und Frauen, die damit zu kämpfen hatten, frühere Fehler, eigene menschliche Schwächen und die alltäglichen Versuchungen des Lebens zu überwinden. Gott hat ihnen in seiner Liebe zu ihnen bei solchen Kämpfen immer geholfen.

Für jeden Menschen ist es gut, sich zu erinnern und Gefühle zu spüren. Solche unangenehmen Gefühle können manchmal auf etwas aufmerksam machen, was mit mangelnder Beziehung zu Gott zu tun hat. Aber nicht jedes „verdammende Gefühl" ist ein göttlicher Hinweis auf „Sünde". Selbst wenn solche quälenden Gefühle da sind, wird trotz dieser Gefühle der Einfluss Gottes auf unser Leben nicht kleiner.

Die Realität ist die: Schmerzen und Nöte sind Hinweise dafür, dass wir einen Heilungsprozess dringend benötigen. Das 12-Schritte-Programm wird uns dabei helfen. Unser Glaubensleben ist ein Weg, und wir dürfen Schritt für Schritt weitergehen und dabei hoffen und beten: „Gott, hilf uns bei der nötigen Veränderung!"

## 5. Wie uns die Bibel ins Leben hilft

In den Endlich-Leben-Gruppen wollen wir lernen, wie uns die Bibel und die darin enthaltene *gute Botschaft* (griechisch: „Evangelium") zu einem gesunden und stabilen Leben hilft.

Viele haben als Christen jahrelang ihre Schattenseiten versteckt gehalten. Ein Grund war bei einigen auch die Furcht vor einer möglichen *Verdammung* durch Gott. Sie wagten es also nur, diesen Schritt 1 zu gehen, als sie sich wirklich sicher waren, dass sie dennoch geliebt wurden, selbst wenn die schlimmsten Dinge ans Licht kamen.

Im Rückblick und aufgrund dieser Erfahrungen können wir dich ermutigen: Gott liebt dich dennoch – selbst wenn du es noch nicht glauben kannst.

An Jesus können wir Gottes Haltung zu uns deutlich erkennen: Gott begegnet Menschen ohne Vorwürfe und Verurteilungen. Typisch für Jesus waren ja solche Szenen:

- Er aß und trank mit Sündern. Das tat keiner aus der Gruppe der „Pharisäer", einer Gruppe wirklich aufrechter „Frommer" damals (vgl. Lukasevangelium Kap. 5,27-31).
- Er suchte die Nähe eben gerade von solchen Menschen, die von allen gemieden wurden. So sprach er z.B. mit einer samaritanischen Frau. Kein Jude hätte sich auf diese verhasste Volksgruppe eingelassen (vgl. Johannesevangelium Kap. 4,1-42).
- Er berührte Aussätzige (die unter Berührungsverbot standen) und heilte sie (vgl. Lukasevangelium Kap. 5,12-16).

Dieses Verhalten von Jesus machte klar, dass er den Sünder liebt, und ließ Gottes Liebe und Annahme spüren. Für die damalige religiöse Gesellschaft lag genau in diesem Verhalten von Jesus der Skandal. Man befürchtete, dass Jesus einen falschen Eindruck von Gott vermittelte, nämlich den: Gott würde sich mit Sünde verbünden.

### „Der Gott Jesu stellt die Gesetze auf den Kopf?"

Jesus war sich sehr genau bewusst, dass sein Verhalten so missverstanden werden konnte. Er wollte den Menschen jedoch die radikale elterliche Liebe Gottes zeigen, auch wenn er selbst dabei völlig missverstanden würde. Seine Absicht war die:

- dass seine Art, mit Menschen umzugehen, Gottes bedingungslose Liebe zeigte und
- dass Menschen dadurch bewegt wurden, ihr Geschick dem liebevollen Gott Jesu anzuvertrauen.

**Diese Art des Auftretens Jesu illustriert, was Gnade Gottes meint: Du bist angenommen trotz deines „Aussatzes", deiner Gottlosigkeit oder Schuld.**

*Wie nimmst du Gott bisher wahr?*

*Was sagt dir der Begriff „Gnade"?*

| **Codename** (siehe S. 244) | Kasten 1 | Kasten 2 | Kasten 3 | Kasten 4 |
|---|---|---|---|---|
| | | | | |

# 6. Selbsttest: Unter welchen Symptomen leidest du? (KPD 38)

*Dieser Selbsttest misst verschiedene* **Symptome.** *Schätze selbst ein, unter welcher Anzahl und wie intensiv du leidest.*

Im Internet www.fragebogen.endlich-leben.net findest du noch mehr Informationen über diesen Selbsttest-Fragebogen (KPD 38) und die Schritt-für-Schritt-Gebrauchsanleitung. Wenn dich die Hintergründe der Nutzung solcher Fragebögen für die Forschung interessieren, findest du alles zur konkreten Auswahl und Auswertung in unserem Gruppenleitungs-Handbuch (Bestellung s. S. 22). Dauer: 10 bis 20 Minuten.

Nachfolgend findest du einzelne Aussagen, die sich auf dein derzeitiges Wohlbefinden beziehen. Nimm eine Einschätzung vor, inwieweit diese zurzeit zutreffen. Versuch nicht, einen möglichst guten Eindruck zu machen, sondern antworte so, wie es für dich persönlich zutrifft.

| **Inwieweit trifft die folgende Aussage zurzeit auf dich zu?** | trifft nicht zu | trifft weniger zu | trifft eher zu | trifft genau zu |
|---|---|---|---|---|
| 1. Meine körperliche Leistungsfähigkeit und meine Ausdauer sind ganz erheblich beeinträchtigt. | ⓪ | ① | ② | ③ |
| 2. Ich leide an einem anhaltenden Schwächegefühl. | ⓪ | ① | ② | ③ |
| 3. Wenn ich Beschwerden habe, bieten mir nahestehende Menschen ohne zu zögern ihre Hilfe an. | ⓪ | ① | ② | ③ |
| 4. In letzter Zeit bin ich ständig erschöpft und abgespannt. | ⓪ | ① | ② | ③ |
| 5. Um mich herum sind Menschen, an die ich mich auch in schwierigen Situationen jederzeit vertrauensvoll wenden kann. | ⓪ | ① | ② | ③ |
| 6. Ich habe oft Schmerzen. | ⓪ | ① | ② | ③ |
| 7. Ich fühle mich im Allgemeinen körperlich ziemlich unwohl. | ⓪ | ① | ② | ③ |
| 8. Wenn ich an meine derzeitigen Angelegenheiten denke, bin ich etwas beunruhigt. | ⓪ | ① | ② | ③ |
| 9. Ich blicke stets voller Zuversicht in die Zukunft. | ⓪ | ① | ② | ③ |
| 10. Es gibt Situationen, die ich meide, obwohl ich weiß, dass sie eigentlich ziemlich harmlos sind. | ⓪ | ① | ② | ③ |
| 11. Ich lasse mich manchmal von anderen etwas einschüchtern. | ⓪ | ① | ② | ③ |
| 12. Manchmal fühle ich mich niedergeschlagen. | ⓪ | ① | ② | ③ |
| 13. Ich grüble manchmal über mein bisheriges Leben nach. | ⓪ | ① | ② | ③ |
| 14. Ich bin sehr glücklich. | ⓪ | ① | ② | ③ |
| 15. Gelegentlich vergleiche ich mich mit anderen und fühle mich ein wenig als Versager. | ⓪ | ① | ② | ③ |
| 16. Wenn ich in eine schwierige Situation gerate, vertraue ich ohne jede Einschränkung auf meine Fähigkeit, sie zu meistern. | ⓪ | ① | ② | ③ |

| Inwieweit trifft die folgende Aussage zurzeit auf dich zu? | trifft nicht zu | trifft weniger zu | trifft eher zu | trifft genau zu |
|---|---|---|---|---|
| 17. Ich habe ab und zu ein Gefühl der inneren Leere. | ⓪ | ① | ② | ③ |
| 18. Ich lasse mich manchmal von anderen ein wenig ausnutzen. | ⓪ | ① | ② | ③ |
| 19. Manchmal habe ich ein Gefühl unbestimmter Gefahr oder Angst. | ⓪ | ① | ② | ③ |
| 20. Termindruck und Hektik lösen bei mir körperliche Beschwerden aus. | ⓪ | ① | ② | ③ |
| 21. Ich glaube, ich bin manchmal ein wenig ängstlich. | ⓪ | ① | ② | ③ |
| 22. Ich habe Freunde/Angehörige, die immer gut zuhören können, wenn ich mich aussprechen möchte. | ⓪ | ① | ② | ③ |
| 23. Ab und zu fällt es mir etwas schwer, eine Entscheidung zu treffen. | ⓪ | ① | ② | ③ |
| 24. Ich fühle mich dem Leben und seinen Schwierigkeiten immer gut gewachsen. | ⓪ | ① | ② | ③ |
| 25. Manchmal fühle ich mich ein wenig einsam. | ⓪ | ① | ② | ③ |
| 26. Ich bin sehr zufrieden. | ⓪ | ① | ② | ③ |
| 27. Ich bin immer gut in der Lage, meine Interessen durchzusetzen. | ⓪ | ① | ② | ③ |
| 28. Wenn ich mich ärgere, fällt es mir manchmal schwer, meine Gefühle mitzuteilen. | ⓪ | ① | ② | ③ |
| 29. Ich wünsche mir von anderen mehr Verständnis und Zuwendung. | ⓪ | ① | ② | ③ |
| 30. Es fällt mir schwer, mich anderen Menschen zugehörig zu fühlen. | ⓪ | ① | ② | ③ |
| 31. Ich fühle mich manchmal ein wenig als Außenseiter. | ⓪ | ① | ② | ③ |
| 32. Auch wenn mich etwas ziemlich aus der Fassung bringt, beruhige ich mich rasch wieder. | ⓪ | ① | ② | ③ |
| 33. Ich rege mich schnell auf. | ⓪ | ① | ② | ③ |
| 34. Ich neige manchmal dazu, alles ein wenig schwer zu nehmen. | ⓪ | ① | ② | ③ |
| 35. Manchmal bin ich ein wenig ärgerlicher, als ich zugeben möchte. | ⓪ | ① | ② | ③ |
| 36. Es fällt mir schwer, Nein zu sagen. | ⓪ | ① | ② | ③ |
| 37. Manchmal habe ich das Gefühl, dass mir alles zu viel ist. | ⓪ | ① | ② | ③ |
| 38. Manchmal wünsche ich mir, von anderen ein wenig mehr beachtet zu werden. | ⓪ | ① | ② | ③ |

## Auswertung des Fragebogens KPD 38:

Um eine Auswertung zu bekommen, musst du zu einer zertifizierten Endlich-Leben-Gruppe gehören, dann kannst du ins Internet gehen und deine Anworten dort eintragen. Es ist anonym und du bekommst sofort eine Auswertung, die du dir ausdruckst und hier ins gestrichelte Feld einklebst.

So findest du an dieser Stelle deine Selbsteinschätzung immer wieder. Später wirst du vergleichen können, wenn du keinen Fragebogen auslässt,
- welche Symptome sich verändert haben und/oder
- inwiefern die Intensität der Symptome abgenommen hat.

*Literaturangabe:*

*KPD 38 – Klinisch-Psychologisches Diagnosesystem 38*



**Zur Auswertung kommst du jetzt über**

**www.fragebogen.endlich-leben.net**

Wenn du keinen Internetzugang besitzt, kannst du alle Fragebögen zur Selbstreflexion trotzdem gut nutzen, bekommst aber keine weiteren Vergleiche und Erklärungen über dein Antwortverhalten (vgl. S. 244).

## Zusammenfassung von Schritt 1

Mit diesem Arbeitsblatt kannst du dir eine Zusammenfassung von Schritt 1 aufstellen.

Deine erarbeiteten Antworten werden dir helfen, dich konzentriert im Gruppengespräch einzubringen.

- *Was würde geschehen, wenn du von deinen Symptomen oder Verhaltensmustern bzw. deinem Suchtmittel ablassen würdest? Was ist dein „Entzugsschmerz“:*

- *Wovor hast du dabei am meisten Angst?*

- *Was bringt dir das Verhaltensmuster/Suchtmittel im für dich positiven Sinne? Dein „bisheriger Gewinn“:*

- *Welches Gefühl wird wie übermächtig in dir und drängt dich, wieder zum bisherigen Verhaltensmuster oder Suchtmittel zu greifen? Versuche, dieses Gefühl (diese Gefühle) genauer zu benennen. Dein „Grundschmerz“ leuchtet hier auf:*

- *Bist du fähig, um Hilfe zu bitten, anstatt zum Verhaltensmuster oder Suchtmittel zu greifen? Wie könntest du das praktisch umsetzen? Um nicht wieder zurückzu- fallen in dein übliches Verhalten, hilft dir:*

- *Das Verlangen nach dem Verhaltensmuster oder Suchtmittel kann zum hilfreichen Hinweis im Alltag werden: „Achtung, da kommt mein altes Muster wieder.“ Beobachte dich in den nächsten Wochen und halte „Auslöser“ schriftlich fest. Du wirst so Muster erkennen können. Welche Muster kennst du schon?*

## Selbstverpflichtung

Nachdem du die ersten Treffen mitgemacht hast, konntest du eine Menge an neuen Erfahrungen in der Gruppe sammeln. Du hast schon etwas mehr Vertrauen zu den anderen entwickelt. Diese Selbstverpflichtung kann deinen Mut zur Offenheit stärken und gibt dir und den anderen einen festeren Sicherheitsrahmen für die kommenden Schritte. Lies die Punkte durch und bearbeite gemeinsam mit den anderen das Gruppen-Arbeitsblatt, bevor du deine Unterschrift unter die Selbstverpflichtung setzt.

Ich, ____________________ verpflichte mich dazu, mit den anderen Mitgliedern dieser Gruppe das Endlich-Leben-Programm weiter zu durchlaufen. Ich erkläre mich mit folgenden Punkten einverstanden:

1. Ich werde, wenn es eben geht, an den wöchentlichen Treffen pünktlich (!) teilnehmen.
2. Ich verpflichte mich, die Gruppenregeln zu beachten, vor allem die Regel der „Verschwiegenheit"!
3. Ich bin wichtig für die Gruppe und schenke deshalb den anderen meine Aufmerksamkeit.
4. Weil ich wichtig für die Gruppe bin, will ich meine Erfahrungen, meine (neu gewonnenen) Stärken und meine Hoffnung während der Gruppentreffen einbringen.
5. Ich verpflichte mich vor allem zur Ehrlichkeit. Das hilft mir und anderen weiter.
6. Ich werde mein Bestes geben, meine Gefühle (z. B. Freude, Trauer, Bedrückung, Wut, Liebe, Hass, Schuld, Einsamkeit usw.) klar zu erkennen und mitzuteilen. Ich werde mich damit zurückhalten, meine Lebensumstände und meine Situation zu rechtfertigen.
7. Wenn mich jemand in der Gruppe z. B. verletzt hat oder ich eine Grenze ziehen muss, um mich zu schützen, will ich offen meine unangenehmen Gefühle darüber ausdrücken.
8. Ich werde meine Zeit zwischen den Gruppentreffen so einteilen, dass ich meine schriftlichen Hausarbeiten erledigen kann. Das mache ich vor allem für mich, kann aber auch anderen durch meine Erkenntnisse dienen.
9. Ich weiß: Es werden unangenehme Gefühle und Schwierigkeiten kommen, wenn ich mich an den 12 Schritten entlangarbeite. Aber damit will ich mich auseinandersetzen.
10. Ich gehe den 12-Schritte-Weg mithilfe der Gnade Gottes. Darum werde ich keinen Druck auf mich oder andere ausüben und negative Urteile vermeiden.

Ort: ____________________ Datum: ____________________

Unterschrift: ____________________

# Selbstverpflichtung – Gruppenarbeitsblatt

*Was motiviert dich, dass du dich zur Arbeit an dir selbst mithilfe der 12 Schritte entschlossen hast? Lies noch einmal den Fragebogen: „Was sind deine Ziele?" (S. 18 Einführung)*

---

---

---

*Welche Gefühle steigen in dir auf bei dem Gedanken, dass du dich jetzt zu den regelmäßigen Treffen verpflichtet hast? (Ängste, Hoffnung, Stolz, Sorgen …?)*

---

---

---

*Welche Teile der Selbstverpflichtung fallen dir leicht? Hinter welche der 10 Sätze ✔ kannst du dich leicht stellen? Warum? Trage die Nummer ein und ein Stichwort.*

| | |
|---|---|
| ✔ [ ] | ✔ [ ] |
| ✔ [ ] | ✔ [ ] |
| ✔ [ ] | ✔ [ ] |
| ✔ [ ] | ✔ [ ] |

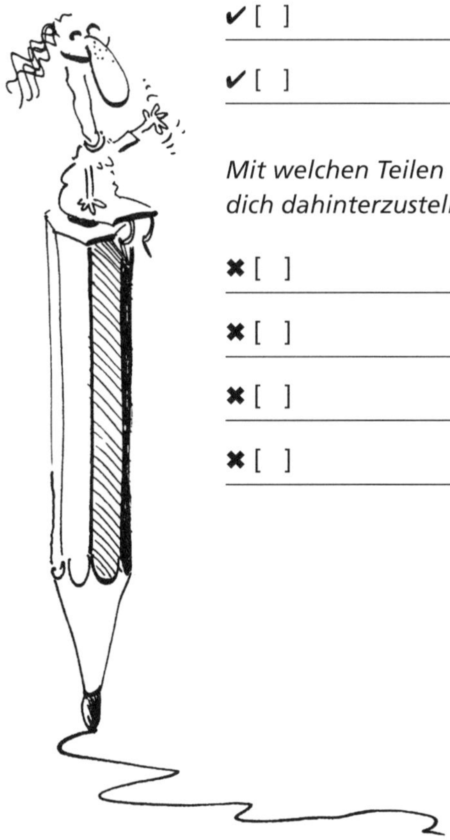

*Mit welchen Teilen der Selbstverpflichtung hast du Mühe? Warum fällt es dir schwer, dich dahinterzustellen? Trage die Nummer ein und ein Stichwort.*

| | |
|---|---|
| ✖ [ ] | ✖ [ ] |
| ✖ [ ] | ✖ [ ] |
| ✖ [ ] | ✖ [ ] |
| ✖ [ ] | ✖ [ ] |

ES MUSS DOCH IRGENDWO EINE GRÖSSERE MACHT GEBEN ?!?

# Schritt 2 Nicht mehr allein!

*„Wir kamen zu dem Glauben, dass eine Macht, größer als wir selbst, uns unsere Gesundheit wiedergeben kann."*

## Aus eigener Kraft? Müssen wir nicht!

Der zweite Schritt berührt zwei Themen:

1. Ich darf endlich erkennen: Ich muss es nicht allein schaffen!
2. Ich darf auf eine andere Kraft außerhalb von mir vertrauen.

Viele von uns bekamen durch den zweiten Schritt zum ersten Mal wieder Hoffnung, dass sich ihr Leben positiv verändern könnte.

Mit diesem Schritt festigte sich das, was im ersten Schritt begonnen hatte: Viele fingen an, Hilfe nicht mehr nur von sich selbst zu erwarten. Sie lernten, nicht mehr allein weiterzukämpfen! Die meisten unter uns hatten sich ihr ganzes Leben nur auf sich selbst verlassen. Das hatte negative Folgen: Sie hatten sich isoliert.

Schritt 2 hilft dir jetzt, genau an diesen Punkten zu wachsen:

- Einsamkeit: Du wirst ermutigt, deine Isolation aufzugeben.
- Beziehung: Du wirst lernen, Menschen in deiner Gruppe zu vertrauen.
- Vertrauen: Du wirst anfangen zu ahnen: Es gibt etwas, das ist größer als du selbst und die Menschen in deiner Gruppe.

Uns ist klar, dass dir diese Gedanken von Schritt 2 erst einmal Angst machen:
Denn Vertrauen ist ein Wagnis. Du darfst glauben lernen, dass dein Gegenüber dich nicht enttäuscht oder dein Vertrauen missbraucht. Vielleicht fragst du dich: Gibt es überhaupt eine größere Kraft, der ich mich anvertrauen kann? Am Ende des zweiten Schrittes wirst du in dir eine neue Hoffnung entdecken und anfangen zu glauben,

- dass Menschen und sogar Gott dir gegenüber gut sind!
- dass sie dir wirklich helfen wollen und können!

# Erklärungen zu Schritt 2

## Einsamkeit: Wir können nun unsere Isolation aufgeben

**Mit Schritt 1 haben wir zugegeben: Wir haben ein Problem!**

**Mit Schritt 2 geben wir zu: Wir müssen das Problem nicht allein lösen. Das ist eine ganz neue Einstellung. Denn wir kennen vielleicht bisher nur die andere Seite: alle Fragen, Ängste und Probleme mit sich allein abzumachen. Auf diese Weise haben wir uns von anderen Menschen isoliert. In Wirklichkeit braucht jeder Mensch Beziehung zu anderen. Darum finden wir in uns eine Sehnsucht nach Liebe, Annahme und Hilfe.**

### „... eine Macht, größer als wir selbst ..."

Nachdem die meisten von uns schon so viele verschiedene Lösungsversuche ausprobiert hatten, gaben sie im ersten Schritt zu: „Mit meiner Kraft bin ich am Ende! Aber was nun?" Dem Leben aus *eigener Kraft* die entscheidende Wende zu geben, war keine Lösung gewesen. Sie fragten sich nun: „Gibt es denn eine andere, eine *größere Kraft*, als ich bisher je zu hoffen gewagt habe? Eine Macht, *größer als ich selbst? Vielleicht sogar Gott?*"

Mit anderen Worten: Gibt es noch etwas anderes als mich selbst? Die logische Antwort heißt: „Ja!" Denn jeder Mensch lebt mit Menschen in Beziehung und braucht solche Beziehungen! Darum schauen wir uns jetzt 3 Richtungen an, in denen wir Beziehungen aufbauen können:

1. Die Beziehung zu mir selbst.
2. Die Beziehung zu anderen Menschen.
3. Die Beziehung zu einer Macht, die größer ist als ich selbst.

**1. Die Beziehung zu mir selbst – ich erkenne meine Ohnmacht**

Das wichtigste Ergebnis von Schritt 1 war: Du konntest zum ersten Mal einen Kontakt zu dir selbst aufnehmen. Du hast nämlich deine wahren Gefühle und Gedanken zur Kenntnis genommen. Auch wenn das sehr mühsam und unangenehm war: Du hast wirklich angefangen, eine Beziehung zu dir und deinen wahren Bedürfnissen aufzunehmen. Das ist schon ein gewaltiger Schritt im Vergleich zu vorher: Wenn du dich ernst nimmst und bereit bist, dich anzusehen, wie du bist, wirst du noch mehr interessante Dinge über dich lernen:

- was du brauchst (z. B. Hilfe, Trost),
- wie es dir geht (z. B. deine Gefühle klarer benennen und besser damit umgehen können),
- warum du so denkst, wie du denkst (deine Gedanken überprüfen: Ist das gut oder nicht gut?),
- was du eigentlich willst (z. B. warum tue ich, was ich tue?),
- warum du so und nicht anders handelst.

**2. Die Beziehung zu anderen Menschen – ich erkenne meine Ängste, Stolz, Misstrauen**

Trotz unserer neuen Erkenntnisse merkten wir: Unser Wille hat die Kraft nicht, es allein zu schaffen. Deshalb hatten wir uns ja in eine Endlich-Leben-Gruppe begeben. Am Ende von Schritt 1 drängte sich uns die Frage auf: Wie kann uns denn diese Gruppe helfen?

Wir lernten: In der Gruppe können mir die anderen sagen, was ich mir selbst nicht sagen kann. Sie sagen mir auch unschöne Erkenntnisse über mich, die ich nicht gerne höre. Sie können mir aber auch Mut machen, weil sie Beispiele erzählen, wo ihnen etwas gelungen ist, was ich mir auch wünsche.

In derselben Gruppe erlebten wir aber immer noch unsere Ängste:

- Wir hatten Angst vor den anderen,
- wir waren zu stolz, unsere Schwierigkeiten offenzulegen,
- wir erlebten uns misstrauisch und vorsichtig.

Das alles hinderte uns, den anderen nahezukommen, aus Angst, sie könnten unsere Schwachstellen entdecken und uns verletzen. Wir hatten Angst vor diesem Schmerz. Dadurch wurde uns klar: In Wahrheit können wir nicht vertrauen und fürchten uns, tiefe Beziehungen einzugehen.

**3. Die Beziehung zu einer Macht, die größer ist als ich – gibt es so etwas?**

An vielen Punkten haben viele von uns gemerkt: Menschen können nicht immer das geben, was wir eigentlich brauchen. Sie stehen nicht immer zur Verfügung, sie haben selbst auch nur eine kleine Kraft. Dadurch kamen viele in unseren Gruppen auf die Urfrage zurück: Gibt es eine höhere Macht über uns Menschen? Das ist die Frage nach Gott.

Im Grunde spielt es an dieser Stelle keine Rolle, ob du

- Vorerfahrungen mit einer höheren Macht hast,
- ob du völlig atheistisch denkst,
- ob du eine lange christliche Erziehung hinter dir hast,

- ob du bisher überhaupt nicht darüber nachgedacht hast.

Jeder Mensch steht irgendwann vor der Frage:

- Gibt es Gott überhaupt?
- Und wenn ja: Ist er gut oder nicht?
- Und wenn er gut ist: Ist er dann nur zu anderen gut oder hat er auch Interesse an mir? Will er mir helfen?

Schritt 2 empfiehlt uns, dieser Frage nicht auszuweichen.

## Beziehung: Wir lernen zu vertrauen

**Schritt 2 macht uns Angst. Denn es geht um Vertrauen. Vertrauen ist ein Wagnis. Wir dürfen glauben lernen, dass unser Gegenüber uns nicht enttäuscht oder unser Vertrauen missbraucht. Darum heißt es auch in Schritt 2: „Wir kamen zu dem Glauben ... uns unsere Gesundheit wiedergeben kann!" Auf dem Weg von Schritt 1 zu Schritt 2 lernen wir, mehr und mehr Vertrauen aufzubauen.**

Beziehungen gehören entscheidend zum Leben. Jede und jeder lernt sie in ihrer oder seiner Familie. In Familien kann eine kranke oder eine gesunde Atmosphäre herrschen. Ganz unabhängig davon, wie das Klima zu Hause war: Wir haben dort grundlegend gelernt (positiv und negativ!), wie menschliche Beziehungen funktionieren:

- wie Menschen miteinander leben,
- nach welchen Regeln sie miteinander sprechen (z.B. „Nicht zu laut!", „Nur wenn du gefragt wirst!", oder „Du darfst hier frei und ungezwungen sprechen!"),
- welchen Wert wir haben („Du bist der letzte Dreck!" oder „Schön, dass es dich gibt!"),
- wie man mit Schwierigkeiten umgeht (z.B.: Nicht darüber reden! Alkohol trinken oder schreien und ausrasten oder miteinander nach Lösungen suchen),
- wie wir mit unserer Fantasie umgehen (z.B.: Können wir sie entfalten, dürfen wir auch mal etwas Verrücktes machen ...?),
- wie auf unsere Stärken reagiert wird (z.B.: Freuen sich andere darüber oder werden sie eifersüchtig übergangen?),
- wie auf unsere Schwächen, Grenzen und Fehler reagiert wird (Werden wir als Nichtsnutz abgestempelt oder wird uns Mut gemacht? Sind Fehler erlaubt?),
- was gut und schlecht ist (z.B.: „Viel Geld zu haben, ist gut!" oder „In unser Haus kommt kein Dreck!"),
- wie wir über die restliche Welt denken (z.B.: „Gibt es noch mehr als die Familie?", „Darf ich zu anderen Erwachsenen Vertrauen fassen?"),
- woran wir glauben oder worauf wir vertrauen („Hilf dir selbst, dann hilft dir Gott!", oder: „Wer sich auf andere verlässt, ist verlassen!"),
- welche Regeln wir einhalten müssen (Gebote, Verbote, Familien-Gesetze, z.B.: „Geh nicht aus dem Haus, bevor du nicht die Betten gemacht hast!" oder „Trag ja nichts aus unserer Familie nach draußen!"),
- was Liebe ist (Wie drücken wir Liebe aus? Z.B. so: Lob, Zeit haben, Unterstützung, zärtliche Nähe geben oder keinen Körperkontakt haben).

Aus allen diesen Erfahrungen haben wir unsere Vorstellungen vom Leben gelernt. Das müssen nicht immer nur positive Vorstellungen gewesen sein, wie einige Beispiele schon gezeigt haben. Deswegen werden viele von uns umlernen müssen. Du gehst also in deiner Endlich-Leben-Gruppe mit Schritt 2 das Wagnis ein, mithilfe der Gruppe eine gesunde Art zu leben zu entdecken und einzuüben. Solches Umlernen wird dich sicherlich zunächst verunsichern. Du weißt schon aus Schritt 1: Das kann mit chaotischen, manchmal für dich lebensbedrohlich erscheinenden Gefühlen verbunden sein.

**Gesundheit bedeutet also, offene und ehrliche Beziehungen in 4 Richtungen (wie in den Beispielen deutlich wird):**

- *zu mir selbst,*
- *zu anderen Menschen,*
- *zur Umwelt*
- *und zu Gott.*

## Hintergrundinfo: Was ist eigentlich seelische Gesundheit?

Es gibt unterschiedliche Definitionen, was **Gesundheit** betrifft. Uns geht es vor allem um die seelische Gesundheit (die natürlich mit körperlicher Gesundheit eng zusammenhängt).

Mit der kurzen Erklärung rechts sind natürlich nicht alle Details zum Thema Gesundheit berücksichtigt. Du bekommst aber einen Anhaltspunkt, wie deine Arbeit mit unserem Programm deine seelische Befindlichkeit verbessern kann.

Was ist optimal? Ein Zustand möglichst ohne Beeinträchtigungen und Schmerzen? Christen glauben, dass erst im „Paradies" dieser Idealzustand perfekt erreicht wird. Wird nun unser erwünschter Optimalzustand gestört, zeigen sich bei jedem Menschen andere typische Symptome. Auf diese Symptome konzentrieren wir uns in Endlich-Leben-Gruppen zuerst.

Schon bald verlassen wir die Symptome-Perspektive und konzentrieren uns auf ausgewogene und angemessene Verhaltensmuster, die deiner seelischen Stabilität guttun. Im Gruppenleitungs-Handbuch (siehe S. 22) gibt es weitere Erklärungen zum Thema Gesundheit.

**Die Begriffe „Abhängigkeiten und Probleme" (Schritt 1) oder „geistige Gesundheit" (Schritt 2) haben gemeinsam, dass es eine Spannung gibt zwischen deinen persönlichen Zielen und der Umsetzung deiner Ziele in der Praxis. Etwas ist mehr oder weniger „unangepasst".**
**Das bedeutet: Dein konkret erlebter Alltag passt nicht zu deinen Wünschen im Kopf und Herzen.**
**Klar, das baut Spannung auf. Wir nennen diese Spannung in unserer Alltagssprache oft »Stress» oder »Frust». Wenn du ständig mit Frust rumläufst, hat das automatisch die Folge, dass deine menschlichen Grundbedürfnisse nur ungenügend befriedigt werden.**

Einer der bekanntesten Vertreter für Psychotherapieforschung, Professor Klaus Grawe (Bern), benutzte hier als Fachwort den Begriff „Inkongruenz" (was eben *»Unangepasstheit» bedeutet).* Er hat auf diese Weise ein überzeugendes Modell für seelische Gesundheit bzw. seelische Krankheit mit seinem sogenannten »Inkongruenz-Modell» beschrieben. Sein Schlüssel zum Verständnis von seelischer Krankheit sind die menschlichen Grundbedürfnisse.

### Grundbedürfnisse?

Er nennt viele gute Gründe für seine Annahme von genau vier Grundbedürfnissen (vgl. Klaus Grawe, *Neuropsychotherapie,* 2004). Dass Menschen viele andere Bedürfnisse haben, bleibt natürlich unwidersprochen. Diese vier Grundbedürfnisse aber sollten nach Grawe für das seelische Wohlbefinden nie unbefriedigt bleiben, sonst werden Menschen krank. In diesem SInne sind sie grundlegend wichtig und eben Grundbedürfnisse seelischer Gesundheit.

Für Christen stellt sich die Frage:

Steht es eigentlich in der Bibel, dass Gott den Menschen mit solchen Grundbedürfnissen schuf, die jeder und jede notwendig stillen muss, um glücklich, zufrieden und gesund zu leben? Wir wollen das hier nicht ausführlich begründen oder diskutieren (mehr dazu im Mitarbeiterhandbuch). Einige kurze Hinweise mögen erst einmal zeigen: Gott – so wie wir ihn jedenfalls verstehen – hilft die nun im Folgenden beschriebenen vier Grundbedürfnisse angemessen zu stillen:

### • Bindung/Beziehung:

Gott ermöglicht es, dass eine gute, vertrauensvolle Bindung zu ihm und zu Menschen aufgebaut werden kann, indem er seinen Geist der Liebe in das menschliche Herz sendet (Römerbrief, Kap. 5, Vers 5). Auch für die Befriedigung der anderen Grundbedürfnisse lässt sich aus der biblischen Tradition eine Vielzahl an Beispielen finden.

### • Kontrolle/Orientierung:

Menschen sollen die Erde pflegen und bewahren, tätig sein und kreativ gestalten. Dazu sind Geschick und Fertigkeiten aller Art nötig. Kurz: Kontrolle über das Handeln. Der gesamte Heilsplan Gottes, die Antworten auf Sinnfragen und Erklärungen für das Leiden in dieser Welt helfen Menschen, Orientierung besonders auch in Krisen zu bekommen.

### • Selbstwert erhalten:

Gott – wie er sich in Jesus offenbart hat – geht auf Verachtete und von Menschen ausgegrenzte Personen zu und gibt ihnen eine neue Würde vor sich selbst und den Menschen. Das ist Ausdruck seiner Gnade und Liebe. Darum gehört es zum Menschsein, den Selbstwert zu schützen und möglichst zu erhöhen.

### • Lustgewinn/Unlustvermeidung:

Wenn das Wirken Gottes sich genau darin zeigt, dass „Gerechtigkeit, Friede und Freude im Heiligen Geist" (vgl. Römerbrief, Kap. 14, Vers 17) erlebt werden, bedeutet das für Menschen immer auch einen „Lustgewinn" im Unterschied zu einer Umgebung, die von Unfrieden, Streit, Zerstörung oder Gewalt beherrscht wird. Auch Essen, Trinken, sexuelle Ausdrucksformen, geistige und körperliche Genüsse sind gute Gaben Gottes.

## In Balance leben …

Natürlich liegen diese vier Grundbedürfnisse auch mal in Spannung miteinander. Wenn nur eines dieser Grundbedürfnisse sich verselbstständigt und „Amok läuft", werden die anderen dadurch zurückgedrängt und werden auf diese Weise vernachlässigt.

Wenn der Begriff „Begierde" bei Paulus als der Inbegriff für Sünde erscheint (vgl. Römerbrief, Kap. 7, Vers 8), lässt sich das vielleicht auch so verstehen:

Die „Lustgewinnung" (Bedürfnis Nr. 4) verselbstständigt sich, läuft gewissermaßen „Amok" ohne Rücksicht auf andere Bedürfnisse und verhindert, dass die anderen drei Bedürfnisse, wie z. B. eine gesunde Beziehungsfähigkeit, Selbstwert-Erfahrungen und eine gesunde Kontrolle bzw. ein Lebenssinn angemessen aufrechterhalten werden.

Ziel eines seelisch gesunden Lebens ist es also, dass die vier Grundbedürfnisse in angemessener Balance sind.

Keines darf unterbewertet werden, keines darf überbewertet werden. Eine Überbetonung geht immer auf Kosten der jeweils anderen Grundbedürfnisse. Sucht kann aus dieser Perspektive auch als Gefangenschaft in einem der Grundbedürfnisse verstanden werden. Darum fühlt sich in der Entstehung einer Sucht das Verhalten auch zuerst „richtig", nämlich befriedigend und hilfreich an, bis es Amok läuft und alles beherrscht.

**Als Faustregel gilt also: Wenn die vier menschlichen Grundbedürfnisse ausgewogen befriedigt werden, ist seelische Gesundheit zu erwarten.**

## Merke

• Heilung und Gesundheit sind zum Megatrend unserer Gesellschaft geworden.

• Endlich-Leben-Gruppen orientieren sich an einer wissenschaftlich anerkannten Definition von seelischer Gesundheit und setzen sie in Verbindung mit biblisch-christlichen Überzeugungen.

• Die Bibel unterscheidet Heil und Heilung. Darum gibt es für Christen mehr als gesund werden: mit Gott im Einklang leben und sterben. Von ihm geliebt und geborgen sein. Selbst kranke Menschen können ein wertvolles und erfülltes Leben führen.

• Menschen werden nie perfekt und völlig gesund sein. Nicht in dieser Welt. Auch verletztes Leben ist lebenswert und wird von Gott geliebt und umhegt. Er wird am Ende alle Tränen abwischen. Das ist unsere Hoffnung (lies in der Bibel Offenbarung 21).

# Gott ist anders – wie ich Gnade entdeckte

**Zu keinem Zeitpunkt in meinem Leben stand ich „mit dem Rücken" zur Religion. In einem christlichen Elternhaus, mit Religionsunterricht, Jungschar, Freizeiten, Konfirmation usw., wuchs ich mit Gott auf. Gleichzeitig – so empfinde ich es heute – führte ich mein Leben, insbesondere meine Probleme, an ihm vorbei. Mein starres Gottesbild zwang mich zur Leistung und Wohlgeordnetheit.**

**Gnade war, dass mir immer wieder Menschen, Christen, in den Weg geschickt wurden, die offensichtlich ein anderes Gottesbild hatten, einen befreiten Umgang mit ihrem Glauben pflegten, so ganz anders, als ich es bisher in kirchlichen Kreisen und im Elternhaus kennengelernt hatte.**

Gnade war, dass diese Menschen mich vorbehaltlos in ihre Kreise aufnahmen. Ich lief mit und staunte. Mein gequältes Herz und mein ruheloser Verstand beruhigten sich und wurden offen für Veränderungen.

Gnade war, dass genau zu diesem Zeitpunkt das Endlich-Leben-Programm vorgestellt wurde und ich teilnehmen konnte.

Die Begegnung mit Gott, Jesus und meinen Glaubensgeschwistern unter dem 12-Schritte-Programm änderte vieles in meinem Leben. Ich musste hart mit mir arbeiten, mein Gottesbild revidieren und erzürnte mich auch über das, was mir aus kirchlichen Kreisen und im Elternhaus bisher vermittelt wurde. Jenen Christen ging es nicht anders als mir auch: gequält vom Alltag des Lebens, verwundet im Herzen und ohne Vertrauen im Herzen auf das, was uns durch Jesus geschenkt wurde.

Wozu dann das alles? Ich lernte Menschen kennen, die wegen ihrer Befreiung durch Jesus „strahlten" und mir durch ihre Worte und durch die Arbeit mit dem Programm geistige Wege eröffneten, die ich vorher nicht gehen und denken konnte.

Gnade ist, erfahren zu haben und als Gewissheit im Herzen zu tragen, dass ich so, wie ich bin, angenommen und geliebt bin. Dass nicht mein Äußeres und meine weltlichen Erfolge dafür Voraussetzung sind. Angenommen sein nicht durch Leistung.

So banal und einfach die Erkenntnis klingt. Ich jedenfalls konnte das vorher so für mich nicht denken.

Gnade ist, dass ich mehr zu mir selbst gefunden habe, eine tiefe Gelassenheit und Ruhe durch meine Liebe zu Jesus in mir spüre; meine Zukunftsängste ablegen konnte. Ich bemühe mich um mein Leben und das meiner Kinder. Ich versuche, es klug und umsichtig zu gestalten und Ziele zu erreichen. Klappt es trotz aller Bemühungen nicht so, wie ich denke, dass es hätte werden sollen, so kann ich heute abgeben, was ich sonst verkrampft festgehalten hätte. denn ich trage heute in mir die Gewissheit: Wir sind alle in Gottes Hand! Er wird mich leiten!

Gnade erhoffe ich weiterhin. Ich bin erst am Anfang. Klein und zaghaft waren bisher meine Schritte. Mit Gottes Hilfe aber werde ich mutiger werden.

Gnade erhoffe ich weiterhin für noch mehr Nähe zu Gott. Manchmal bin ich noch traurig, wenn ich mich weit von ihm weg fühle. Der Alltag holt mich immer wieder ein. Zu sehr getrennt ist noch mein geistiges Innenleben und mein Glaube von dem, was nach außen davon zu spüren ist. „Strahlen" tu ich noch nicht!

# Den Schritt 2 durcharbeiten

## 1. Widerstand gegen Schritt 2 erkennen und bearbeiten

### „... wir kamen zu dem Glauben ..."

Viele von uns haben bei Schritt 2 gemerkt, dass sie mit diesem Teil von Schritt 2 große Probleme hatten. In Wahrheit waren sie sehr misstrauisch und dachten: Das kann doch nicht stimmen. Viele von ihnen wurden auch durch frühere negative Erfahrungen darin bestärkt, dass weder Menschen geschweige denn Gott es wirklich gut mit ihnen meinten. Vielleicht denkst du so ähnlich. Deshalb geht es in der Gruppe zuerst einmal darum, dein Grundmisstrauen zu erkennen und abzubauen.

Bei vielen von uns zeigte sich das Misstrauen in der Gruppe z. B. so:

- Sie konnten sich in der Gruppe schlecht öffnen.
- Sie nahmen körperliche Spannungen während der Gruppentreffen wahr (Magendruck, Kopfschmerzen usw.).
- Sie nahmen wahr, dass sie vor einigen Personen in der Gruppe große Angst hatten.
- Sie nahmen wahr: Bei jeder Entscheidung, sich zu öffnen, kam ihnen die Frage „Was denken wohl die anderen, wenn ich das von mir erzähle?"
- Sie entdeckten eine tiefe Scham in sich, sodass sie gar nicht reden konnten.
- Sie fühlten sich in der Gruppe irgendwie fremd und den anderen nicht zugehörig.

*Welcher dieser Sätze hat dich angesprochen?*

______________________________________________

______________________________________________

______________________________________________

Doch nicht nur in der Gruppe nahmen viele von uns ihr Misstrauen wahr, sondern sie merkten: Es existiert sogar anderen Menschen und Gott gegenüber, ja sogar ihnen selbst gegenüber.

Misstrauen gegen uns selbst zeigte sich z. B. so: Einige hatten ihre Probleme (Essprobleme, Eheprobleme usw.) wahrgenommen. Als sie es zugeben wollten, kamen ihnen folgende Gedanken: „Vielleicht ist das alles auch gar nicht so schlimm, vielleicht bin ich jetzt in einer schlechten Phase, es kann sein, dass ich übertrieben habe in meiner Darstellung. Vielleicht bestätigen die andern mich darin, dass ich ein Problem habe, weil ich es einseitig dargestellt habe."

Misstrauen gegen Gott oder Menschen hatte bei einigen folgende Ausdrucksformen: Sie hatten große Angst, sich auf einen Gott einzulassen, und lebten nach dem bekannten Motto: „Hilf dir selbst, dann hilft dir Gott!"

Menschen gegenüber prägte sie z. B. der Satz: „Wer sich auf andere verlässt, ist verlassen!"

### „... dass eine höhere Macht als wir selbst ..."

Aber nicht nur Misstrauen machte vielen von uns Angst, sondern auch die Vorstellung, sich auf eine höhere Macht als uns selbst zu verlassen, löste bei vielen von uns eine große Unsicherheit aus. Ihr Leben lang hatten sie sich auf ihre eigenen Möglichkeiten verlassen. Jede und jeder hatte da ganz unterschiedliche Sätze (Überzeugungen) im Kopf:

- Lass keine Gefühle zu und du kannst weiterleben.
- Lass niemanden so nah an dich heran, dann kann dir auch nichts passieren.
- Verlass dich nur auf deinen eigenen Willen, dann hast du alles in der Hand.
- Ein bisschen Schwindeln hat mich noch immer durchgebracht.
- Mit meiner Droge (meinem typischen Verhaltensmuster bzw. meiner „Krücke") bin ich bisher am sichersten durchs Leben gekommen.

*Wo findest du eine dieser Lebenslügen in deinem Leben?*

________________________________________

________________________________________

________________________________________

### „... Gesundheit wiedergeben kann"

Die oben genannten Sätze (Überzeugungen) machten für viele von uns ihr „Leben" aus. Sie hatten sich an ihre „Krankheit" gewöhnt. Es funktionierte doch! Dass dadurch in Wahrheit die Beziehungen zu sich selbst, Menschen, Umwelt und Gott eingeschränkt wurden, wurde ihnen nicht bewusst. Sie waren in ihrem (kranken) Überlebenssystem gefangen. Schritt 1 und 2 halfen ihnen jetzt dabei, diese Lüge zu erkennen. In Wahrheit verhinderten diese lebensverhindernden Überzeugungen (wir nennen sie Lebenslügen) nämlich ein gelassenes Leben. Das zeigte sich bei ihnen ja z. B. in ihren Nöten, in körperlichen Folgen ihrer Probleme und Abhängigkeiten oder durch Beziehungsstörungen mit schmerzhaften Nebenwirkungen.

Es wird dir nicht leichtfallen, im Blick auf deine Lebenslügen umzudenken und, wie in Schritt 1 bereits gelernt, die Wahrheit zuzulassen. Es ist nicht leicht, aber möglich! Deine Gruppe wirkt hier sehr unterstützend. Du wirst an anderen wahrnehmen: Dieser Weg ist zu schaffen! Aber eben nicht allein.

*Wie geht es dir bei der Vorstellung, die altbewährten Lebenslügen aufzugeben?*

________________________________________

________________________________________

________________________________________

## 2. Den Gewinn unserer alten Verhaltensweisen entlarven

Jedes Verhalten – und sei es noch so krank machend – hat uns jeweils einen Gewinn gebracht, wie wir bereits bei Schritt 1 erklärt haben. Es ist wichtig, diesen (scheinbaren) Gewinn zu entlarven, weil er in Wahrheit gar kein Gewinn ist.

- Welchen Gewinn hätten wir denn, wenn wir Schritt 2 nicht mitgehen würden? Hier einige eigene Erfahrungen: Auf jeden Fall bräuchten wir uns nicht von anderen helfen zu lassen. Wir wären also nicht hilflos. Wir könnten weiter auf unsere alten Hilfsmittel vertrauen und kämen nicht in die peinliche Lage, jemanden (Menschen oder Gott) um etwas bitten zu müssen.

- Wir könnten auf unsere scheinbare Freiheit und Unabhängigkeit vertrauen und hätten nicht das unangenehme Gefühl, von anderen Menschen oder Gott abhängig zu sein.
- Außerdem müssten wir nicht die Angst durchstehen, von anderen abgelehnt zu werden.
- Wir brauchten auch nicht die Vorstellung aufzugeben: Ich habe die Kontrolle über alles! (Andernfalls würde dies uns nur den Gefühlen von Ohnmacht und Angst ausliefern. So, als würde man uns den Boden unter den Füßen wegziehen.)
- Die Vorstellung, wir müssten uns nicht auf eine unbekannte „Kraft" einlassen, hat etwas Beruhigendes. Ich behalte alles selbst im Griff und liefere mich nicht aus, niemand kann mir dann etwas antun.

*Was hat dir dein altes Verhalten gebracht?*

______________________________

______________________________

______________________________

## 3. Den Gewinn des neuen Verhaltens entdecken

Für viele von uns war es eine Ermutigung, sich klar und deutlich auszumalen, wie ihr Leben sich zum Guten verändern könnte. Solch eine Vorstellung machte ihnen Mut, sich den schmerzhaften Veränderungsprozessen zu stellen.

### Gemeinschaft – mit mir, Gott und den Menschen

Wie du vielleicht selbst schon in deiner Endlich-Leben-Gruppe erfahren hast, ist der größte Unterschied zu vorher schlicht der: Hier sind endlich Menschen, die dich so akzeptieren, wie du bist. Wo hast du solch eine Annahme trotz aller deiner Macken schon vorher erlebt?

Vielleicht hast du auch gemerkt: Für deine Not gibt es in der Gruppe ein offenes Ohr, du darfst ausreden, darfst Menschen das anvertrauen, was dir allein immer zu schwer war. Du erlebst Unterstützung in deiner Not. Du kannst sogar wiederholt mit demselben Mist ankommen und wirst trotzdem geliebt.

### Vertrauen (liebesfähig werden und Liebe bekommen)

In Schritt 2 haben viele von uns in ihrer Gruppe erlebt, dass sie mit der Zeit immer mehr Vertrauen zu den anderen aufbauen konnten.

Untereinander machten sie folgende wertvolle Erfahrungen:

- Sie nahmen sich Zeit füreinander.
- Sie nahmen einander ernst.
- Sie interessierten sich füreinander.
- Sie nahmen einander wichtig.
- Sie sagten sich ehrlich die Wahrheit, auch wenn es unbequem wurde.
- Sie setzten sich gegenseitig ehrlich Grenzen, beschönigten nichts.

Diese Erfahrungen, die hier geschildert werden, sind nichts anderes als ein Ausdruck von gegenseitiger Liebe.

Ähnliche Erfahrungen wirst du auch in deiner Gruppe machen. Das Resultat: Du bekommst die Liebe, die du dir immer ersehnt hast, und du wirst selbst fähig werden, anderen wohlzutun und für andere wichtig zu sein.

## Freiheit von allen Gefangenschaften: Funktionieren müssen, Drogen, Lügen

Auf unserem 12-Schritte-Weg haben viele von uns die für sie wichtigste Erfahrung ihres Lebens gemacht: Sie wurden frei von Abhängigkeiten und Zwängen. Sie mussten nicht mehr irgendwelche Drogen nehmen, sich auf Lügengebäude verlassen, in zwanghaften Verhaltensmustern funktionieren oder sich in ihrer Isolation einrichten. Diese Entwicklung hing ganz entscheidend daran, dass sie anfingen, sich nicht mehr allein auf sich selbst oder ihre Hilfsmittel zu verlassen. Sie akzeptierten, dass sie sich auf eine höhere Macht als sich selbst verlassen mussten.

Bevor du beim Lesen einen Schreck bekommst, mach dir einmal klar: Der Gedanke, sich einer höheren Macht anzuvertrauen, ist überhaupt nichts Neues. Das hast auch du selbst in deiner größten Einsamkeit schon getan. Vielleicht ist es dir nur nicht so bewusst. Hier die Erklärung:

Die Funktion einer höheren Macht hat nämlich alles das, worauf du dein Leben aufbaust. Also: Woran du dein Herz hängst, das ist in Wahrheit dein Gott! Das ist deine höhere Macht!

Vielleicht klingt das etwas überzogen? Aber in Wahrheit hat deine höhere Macht (z. B. Droge, Schmerzmittel, Verhaltensweise, Fluchtmechanismus usw.) dein ganzes, uneingeschränktes Vertrauen bekommen. Wenn es dir mulmig oder unwohl wurde, hast du ganz selbstverständlich danach gegriffen. Im größten Stress war sie eine zuverlässige Hilfe und hat dich aus der Bedrängnis gerettet. Und das hat sie Tag um Tag getan. Du hast über Jahre gelernt, dass du dich voll auf sie verlassen konntest. Die einzige Not sind ihre Nebenwirkungen: In Wahrheit wurden deine Grundbedürfnisse nicht gestillt, bekamst du keine Liebe, musstest alles allein schaffen und bist in der Isolation gelandet. Das ist der Anfang vom Tod.

Die Frage bei der „höheren Macht" ist also nicht: Ob du dich überhaupt einer höheren Macht anvertrauen willst. Das hast du ja schon längst entschieden. Die Frage heißt: Welcher höheren Macht willst du dich anvertrauen?

*Woran hast du dein Herz bisher gehängt?*

Jetzt geht es darum umzulernen, sich der richtigen höheren Macht anzuvertrauen. Voraussetzung dafür ist natürlich: Diese Macht muss gut sein. Und das unter allen Umständen! Sonst wäre es töricht, sich ihr anzuvertrauen. Und: Diese Macht sollte deine Grundbedürfnisse stillen können, sodass du seelisch gesund leben kannst.

Ob der Gott, wie er uns in der Bibel gezeigt wird, wirklich diese Kriterien erfüllt, werden wir im nächsten Abschnitt klären.

## 4. Missverständnisse ausräumen

In unseren Endlich-Leben-Gruppen gab es immer wieder Menschen, die eine intensive christliche Erziehung hinter sich hatten, mit dem christlichen Glauben aber nichts mehr anfangen konnten, weil dieser Gott sie mit ihren Problemen irgendwie alleingelassen hatte. In Wahrheit hatte Gott sie nicht alleingelassen. Aber aufgrund ihrer schlimmen Lebenserfahrungen wurden ihre Beziehungen zu sich selbst, zu anderen und zu Gott so zerstört, dass sie sich von Gott verlassen fühlten.

Andere in der Gruppe hatten mit dem Gott der Christen nur indirekt zu tun bekommen. Sie kannten Christen, deren Vorbild sie nicht folgen wollten: Alles war steif, eng, wirkte zwanghaft und perfekt.

Durch unsere Lebenserfahrungen haben wir alle eine eigene Vorstellung, wer diese höhere Macht ist, die wir Gott nennen – ob wir an sie glauben oder nicht.

Es geht im Augenblick überhaupt noch nicht darum, dass du schon an eine höhere Macht glaubst, sondern nimm jetzt erst einmal wahr, welches Bild du von Gott hast.

Wir werden dir zwei Menschen vorstellen, die beide völlig verschiedene Bilder von Gott entwickelt haben. Unsere Frage an dich ist: Kannst du dich mit einer dieser Personen identifizieren?

Jesus erzählt von einem Vater mit seinen zwei Söhnen. Der Vater in dieser Geschichte steht für Gott. In der Geschichte stehen die zwei Söhne für zwei unterschiedliche Reaktionen von Menschen auf Gott.

Nachdem der jüngere Sohn sich über Nacht mit seinem Teil des Erbes aus dem Staub gemacht hatte, blieb der ältere Sohn mit dem Vater allein zurück. Details über das Zusammenleben auf dem Landgut kennen wir nicht. Aber einige Sätze aus dem Mund des älteren Sohnes sprechen Bände über seine Vorstellung vom Vater. Wenn du die Geschichte im Lukasevangelium Kap. 15,25-32 nachliest, findest du den Gesamtzusammenhang. Viele von uns besitzen ähnliche Bilder von Gott:

- *Der strafende Gott:* Ich muss etwas tun, damit ich von Gott geliebt werde. Wenn ich es nicht tue, erwartet mich Strafe.
  Der entsprechende Satz des älteren Sohnes aus der Geschichte dazu: „So viele Jahre habe ich gemacht, was du wolltest, war immer schön brav, nie habe ich mich beklagt …"

- *Gott, der Perfektionist:* Ich muss alles richtig machen (Bei Problemen muss ich nur richtig beten, damit sie weggehen. Ich darf keine Sünden begehen, muss richtig glauben …).
  Der entsprechende Satz des Älteren dazu: „… ich habe dein Gebot nie übertreten!"

- *Der ferne und lieblose Gott:* Das, was ich wirklich brauche, gibt mir Gott nicht! Ich muss mich selbst darum kümmern.
  Der entsprechende Satz des Älteren dazu: „… Aber mich hast du nie wirklich wahrgenommen. Ich habe nie erlebt, dass du mir deine Liebe gezeigt hast. Für mich hast du nie ein Festessen ausgegeben!"

- *Der willkürliche und ungerechte Gott:* Gott handelt willkürlich. Einigen tut er gut, mir nicht. Er hat seine Lieblinge.
  Der entsprechende Satz des Älteren dazu: „Aber sieh dir das jetzt mit meinem Bruder an. Kaum kommt der zurück, kriegt der alles von dir … Dabei hat er die ganze Zeit gemacht, was er wollte, und hat sich nicht im Geringsten um dich gekümmert. Ihm schmeißt du jetzt alles hinterher: Festessen, neue Klamotten, seine alten Rechte und noch mehr … Du bist einfach ungerecht!"

Einige von uns konnten sich in den Sätzen des älteren Sohnes wiederfinden. Auch sie hatten aufgrund ihrer Lebenserfahrungen ein entsprechendes Bild von Gott. In der Gruppe fingen sie an, dieses Bild zu hinterfragen.

*Welches von den vier Bildern Gottes kommt dir nah?*

______________________________

______________________________

______________________________

Vielleicht trifft keines dieser Bilder auf deine Gottesvorstellung und Beziehung zu. Willst du wissen, was du im Detail über Gott und deine Religiosität denkst? Wir haben einen Religions-Selbsttest für dich auf den Seiten 65-69. Nutze ihn und die internetgestützte Auswertung.

## 5. Wie uns die Bibel ins Leben führt

Die Beziehung des Vaters zum jüngeren Sohn erzählt Jesus in seiner Geschichte, um uns zu zeigen, wie Gott in Wahrheit zu uns ist. Du kannst diesen Teil im Lukasevangelium Kapitel 15, Vers 11-24 nachlesen:

Als Schweinehirt am tiefsten Punkt seines Lebens angekommen, bekommt der Sohn in der Fremde eine unbändige Sehnsucht nach einem Zuhause. Er erinnert sich: Annahme, Liebe, Leben habe ich bei meinem Vater zu Hause erfahren. Dort hatten alle immer genug zum Leben.

Er entscheidet sich nach innerem Ringen (Luther übersetzt: er „ging in sich"): „Ich will mich aufmachen und zu meinem Vater gehen und zu ihm sagen: Vater, ich habe gesündigt gegen den Himmel und vor dir. Ich bin hinfort nicht mehr wert, dass ich dein Sohn heiße; mache mich zu einem deiner Tagelöhner!" (V. 17-18). Trotz seiner Angst, abgelehnt und bestraft zu werden, geht er zum Vater zurück. Dort gibt es wenigstens etwas zu beißen. Er würde sich das Recht schon erarbeiten, dort sein zu dürfen.

Jesus schockiert seine damaligen Zuhörer. Denn die Reaktion des Vaters auf die Rückkehr seines Jüngsten erzählt er so: Von fern schon sieht der Vater, der auf seinen Sohn gewartet hat, wie er sich müde nach Hause schleppt. Der Vater läuft ihm entgegen – für einen würdigen Orientalen eine unmögliche Vorstellung! Er umarmt seinen Sohn, als wäre nichts gewesen. Seine Liebe drückt er darin aus, dass sie ein großes Willkommensfest feiern.

Das Sündenbekenntnis des Sohnes beantwortet er mit einer menschlich gesehen unwahrscheinlichen Reaktion: Er gibt ihm den Siegelring zurück. Das bedeutet: Du sollst wieder mein Sohn sein mit allen Sohnesrechten.

Die Geschichte gipfelt in dem Ausruf des glücklichen Vaters: „Dieser mein Sohn war tot und ist wieder lebendig geworden; er war verloren und ist gefunden worden" (V. 24).

Die Zuhörer Jesu wurden beschämt, als sie die Bedeutung dieser Geschichte begriffen: Das Leben als Sohn oder Tochter Gottes ist ein unverdientes Geschenk. Gott, der Vater, ist nicht nachtragend – sondern sein Herz ist übervoll von Barmherzigkeit und Liebe. Nicht zufällig wurde diese Geschichte das bekannteste Gleichnis für die Liebe Gottes.

*Welche Gefühle melden sich bei dir, wenn du an „Vater" und „Liebe" denkst? Begründe sie.*

________________________________________

________________________________________

________________________________________

*Gibt es Auswirkungen deines Vaterbilds auf dein Gottesbild?*

________________________________________

________________________________________

________________________________________

# Selbsttest: „Welche Einstellung hast du zur Religion?" (R-S-T)

**Hier ein weiterer wissenschaftlicher Fragebogen. Gib die Antworten im Internet ein. Dann wirst du eine Erklärung erhalten, die dir hilft, besser zu verstehen, welche Rolle Religion in deinem Leben spielt.**

Am Ende des Endlich-Leben-Programms wirst du eine Verbindung z. B. von deinen Gottesbildern zu deinen Lebensmustern und Beziehungen herstellen können.
Gib deine Ergebnisse direkt im Internet* ein oder fülle erst diese Seite aus und gehe dann zu…

❶ ***www.religionstest.endlich-leben.net**
Du kannst den Fragebogen sofort direkt im Internet ausfüllen und dann ausdrucken.

Du erhältst dann sofort und anonym deine persönliche Auswertung und bekommst eine schriftliche Erklärung, was dein Ergebnis bedeutet.
Lies bitte die genaue Gebrauchsanweisung auf unserer Seite im Internet!*
Im Gruppenleitungs-Handbuch gibt es weitere Erklärungen, warum und wie wir genau diesen Fragebogen (RST Religions-Struktur-Test) im Endlich-Leben-Programm einsetzen. Antworte ohne langes Nachdenken, was dir richtig erscheint.
Dauer: **30 bis 40 Minuten**

| ❷ **Sind Sie mit Ihrer leiblichen Mutter aufgewachsen, als Sie zwischen 6 und 12 Jahre alt waren?** ○ ja ○ nein ( ➔ *bitte weiter mit dem Fragenblock 3)* | nie | selten | gelegentlich | oft | sehr oft |
|---|---|---|---|---|---|
| 1. Wie oft ging Ihre Mutter damals mit Ihnen zu Gottesdiensten? | ① | ② | ③ | ④ | ⑤ |
| 2. Wie oft betete Ihre Mutter damals mit Ihnen zusammen? | ① | ② | ③ | ④ | ⑤ |
| 3. Wie oft sprach Ihre Mutter damals mit Ihnen über religiöse Fragen? | ① | ② | ③ | ④ | ⑤ |
| ❸ **Sind Sie mit Ihrem leiblichen Vater aufgewachsen, als Sie zwischen 6 und 12 Jahre alt waren?** ○ ja ○ nein ( ➔ *bitte weiter mit dem Fragenblock 4)* | | | | | |
| 1. Wie oft ging Ihr Vater damals mit Ihnen zu Gottesdiensten? | ① | ② | ③ | ④ | ⑤ |
| 2. Wie oft betete Ihr Vater damals mit Ihnen zusammen? | ① | ② | ③ | ④ | ⑤ |
| 3. Wie oft sprach Ihr Vater damals mit Ihnen über religiöse Fragen? | ① | ② | ③ | ④ | ⑤ |

| ❹ **Wie interessant, wichtig oder wahrscheinlich sind für Sie die folgenden Inhalte?** *(Bitte gehen Sie bei diesen und allen weiteren Fragen von Ihrer persönlichen Vorstellung von „Gott" aus.)* | gar nicht | wenig | mittel | ziemlich | sehr |
|---|---|---|---|---|---|
| 1. Wie sehr interessieren Sie sich dafür, mehr über religiöse Fragen zu erfahren? | ① | ② | ③ | ④ | ⑤ |
| 2. Wie wichtig ist für Sie das persönliche Gebet? | ① | ② | ③ | ④ | ⑤ |
| 3. Wie wichtig ist für Sie die Frage nach dem Sinn des Lebens? | ① | ② | ③ | ④ | ⑤ |
| 4. Wie hoch ist Ihrer Ansicht nach die Wahrscheinlichkeit, dass Gott wirklich existiert und nicht nur eine menschliche Idee ist? | ① | ② | ③ | ④ | ⑤ |
| 5. Wie wichtig ist Ihnen die Teilnahme am Gottesdienst? | ① | ② | ③ | ④ | ⑤ |
| 6. Wie wichtig ist für Sie, religiöse Fragen von verschiedenen Seiten aus zu betrachten? | ① | ② | ③ | ④ | ⑤ |
| 7. Wie hoch ist Ihrer Ansicht nach die Wahrscheinlichkeit, dass es ein Leben nach dem Tod gibt? | ① | ② | ③ | ④ | ⑤ |
| 8. Wie sehr sind Sie in Ihrer Religiosität auf der Suche? | ① | ② | ③ | ④ | ⑤ |
| 9. Halten Sie es für wahrscheinlich, dass Menschen nach ihrem Tod in einem anderen Menschen wiedergeboren werden? | ① | ② | ③ | ④ | ⑤ |

**❺ Wie oft kommen die folgenden Ereignisse und Situationen bei Ihnen vor?**
(Antworten Sie bitte ganz nach Ihrem Gefühl)
Wie oft

| | nie | selten | gelegentlich | oft | sehr oft |
|---|---|---|---|---|---|
| 1. … denken Sie über religiöse Fragen nach? | ① | ② | ③ | ④ | ⑤ |
| 2. … beten Sie? | ① | ② | ③ | ④ | ⑤ |
| 3. … nehmen Sie an Gottesdiensten teil (auch über Radio oder TV)? | ① | ② | ③ | ④ | ⑤ |
| 4. … setzen Sie sich kritisch mit religiösen Lehren auseinander, denen Sie grundsätzlich zustimmen? | ① | ② | ③ | ④ | ⑤ |
| 5. … erleben Sie Situationen, in denen Sie das Gefühl haben, | | | | | |
| a) dass Gott Ihnen etwas mitteilen will? | ① | ② | ③ | ④ | ⑤ |
| b) dass Gott in Ihr Leben eingreift? | ① | ② | ③ | ④ | ⑤ |
| c) mit allen eins zu sein? | ① | ② | ③ | ④ | ⑤ |
| 6. … überdenken Sie einzelne Punkte Ihrer religiösen Einstellungen? | ① | ② | ③ | ④ | ⑤ |
| 7. … praktizieren Sie Meditationstechniken, die in östlichen Religionen (z. B. Buddhismus) entwickelt wurden? | ① | ② | ③ | ④ | ⑤ |
| 8. … denken Sie über Leid und Ungerechtigkeit in der Welt nach? | ① | ② | ③ | ④ | ⑤ |
| 9. … nehmen Sie an spirituellen Ritualen oder religiösen Handlungen aus nicht christlichen Traditionen teil? | ① | ② | ③ | ④ | ⑤ |

**❻ Bei den folgenden Fragen geht es um Ihre Gefühle Gott gegenüber.**
Wie oft erleben Sie Situationen, in denen Sie folgende Gefühle in Bezug auf Gott haben:

| | nie | selten | gelegentlich | oft | sehr oft |
|---|---|---|---|---|---|
| 1. Vertrauen | ① | ② | ③ | ④ | ⑤ |
| 2. Ehrfurcht | ① | ② | ③ | ④ | ⑤ |
| 3. Furcht/Schrecken | ① | ② | ③ | ④ | ⑤ |
| 4. Freude | ① | ② | ③ | ④ | ⑤ |
| 5. Schuld | ① | ② | ③ | ④ | ⑤ |
| 6. Geborgenheit | ① | ② | ③ | ④ | ⑤ |
| 7. Ärger | ① | ② | ③ | ④ | ⑤ |
| 8. Glück | ① | ② | ③ | ④ | ⑤ |
| 9. Scham | ① | ② | ③ | ④ | ⑤ |
| 10. Hoffnung | ① | ② | ③ | ④ | ⑤ |
| 11. Zorn | ① | ② | ③ | ④ | ⑤ |
| 12. Dankbarkeit | ① | ② | ③ | ④ | ⑤ |
| 13. Versagen | ① | ② | ③ | ④ | ⑤ |
| 14. Verehrung | ① | ② | ③ | ④ | ⑤ |
| 15. Angst | ① | ② | ③ | ④ | ⑤ |
| 16. Befreiung von Schuld | ① | ② | ③ | ④ | ⑤ |

*Sie haben vorhin eingeschätzt, wie oft bestimmte Ereignisse und Situationen bei Ihnen vorkommen. Bitte sagen Sie uns nun, wie häufig dies in der Regel in Bezug auf Gebet und Gottesdienst ist.*

**❼ Wie häufig nehmen Sie in der Regel an Gottesdiensten teil – auch über Radio oder Fernsehen?**

○ nie ○ höchstens einmal im Jahr ○ ein paar Mal im Jahr ○ etwa einmal im Monat ○ alle 14 Tage ○ etwa einmal in der Woche ○ mehrmals in der Woche

**❽ Wie häufig beten Sie in der Regel?**

○ nie (*➔ bitte gehen Sie in diesem Fall weiter zu dem Fragenblock 10 auf der nächsten Seite)*

○ höchstens einmal im Jahr ○ ein paar Mal im Jahr ○ etwa einmal im Monat ○ mehrmals im Monat ○ etwa einmal in der Woche ○ etwa mehrmals in der Woche ○ etwa einmal am Tag ○ mehrmals am Tag

**❾ Im persönlichen Gebet können sehr unterschiedliche Inhalte vorkommen. Wie oft kommen in Ihren Gebeten folgende Inhalte vor?**
(Antworten Sie bitte ganz nach Ihrem Gefühl)

| | nie | selten | gelegentlich | oft | sehr oft |
|---|---|---|---|---|---|
| 1. Bitte um Unterstützung bei der Lösung eines Problems | ① | ② | ③ | ④ | ⑤ |
| 2. Unzufriedenheit mit Gott | ① | ② | ③ | ④ | ⑤ |
| 3. Die Richtung für Ihr weiteres Leben | ① | ② | ③ | ④ | ⑤ |
| 4. Bitte, dass Gott Ihnen eine Belastung abnimmt | ① | ② | ③ | ④ | ⑤ |
| 5. Bitte für andere Menschen | ① | ② | ③ | ④ | ⑤ |
| 6. Eine Strafe, die Sie von Gott befürchten | ① | ② | ③ | ④ | ⑤ |
| 7. Enttäuschung über Gott | ① | ② | ③ | ④ | ⑤ |
| 8. Lob Gottes | ① | ② | ③ | ④ | ⑤ |
| 9. Bitte, dass Gott für Sie ein Problem löst | ① | ② | ③ | ④ | ⑤ |
| 10. Eine Strafe, die Gott Ihnen auferlegt hat | ① | ② | ③ | ④ | ⑤ |
| 11. Eine Entscheidung, die Sie fällen müssen | ① | ② | ③ | ④ | ⑤ |
| 12. Angst, von Gott im Stich gelassen zu werden | ① | ② | ③ | ④ | ⑤ |
| 13. Ärger über Gott | ① | ② | ③ | ④ | ⑤ |
| 14. Dankbarkeit Gott gegenüber | ① | ② | ③ | ④ | ⑤ |
| 15. Angst, dass Gott sich von Ihnen abwendet | ① | ② | ③ | ④ | ⑤ |
| 16. Verehrung Gottes | ① | ② | ③ | ④ | ⑤ |
| 17. Führung durch Gott | ① | ② | ③ | ④ | ⑤ |
| 18. Hadern mit Gott | ① | ② | ③ | ④ | ⑤ |
| 19. Bitte, dass Gott Ihnen hilft, mit einer Situation fertig zu werden | ① | ② | ③ | ④ | ⑤ |
| 20. Bitte um Vergebung | ① | ② | ③ | ④ | ⑤ |

**⑩ Menschen können mit Gott sehr unterschiedliche Erfahrungen machen. Wie oft machen Sie folgende Erfahrungen?**
Wie oft erleben Sie Situationen, in denen Sie das Gefühl haben, dass …

| | nie | selten | gelegentlich | oft | sehr oft |
|---|---|---|---|---|---|
| 1. … Gott Ihnen hilft? | ① | ② | ③ | ④ | ⑤ |
| 2. … Gott Sie bestraft? | ① | ② | ③ | ④ | ⑤ |
| 3. … Sie vor Gott versagen? | ① | ② | ③ | ④ | ⑤ |
| 4. … Gott Ihnen vergibt? | ① | ② | ③ | ④ | ⑤ |
| 5. … Gott Sie im Stich lässt? | ① | ② | ③ | ④ | ⑤ |
| 6. … Gott Ihr Gebet erhört?* *(*Wenn Sie nie beten, dann lassen Sie diese Frage aus.)* | ① | ② | ③ | ④ | ⑤ |
| 7. … Gott Ihnen Kraft gibt? | ① | ② | ③ | ④ | ⑤ |
| 8. … Gott auf Ihr Gebet in irgendeiner Form antwortet?* *(*Wenn Sie nie beten …)* | ① | ② | ③ | ④ | ⑤ |
| 9. … Sie vor Gott schuldig werden? | ① | ② | ③ | ④ | ⑤ |
| 10. … Gott sich von Ihnen abwendet? | ① | ② | ③ | ④ | ⑤ |
| 11. … Gott Sie von Schuld befreit? | ① | ② | ③ | ④ | ⑤ |
| 12. … Ihr Gebet etwas bewirkt?* *(*Wenn Sie nie beten, dann lassen Sie diese Frage aus.)* | ① | ② | ③ | ④ | ⑤ |
| 13. … Gott zu Ihnen barmherzig ist? | ① | ② | ③ | ④ | ⑤ |
| 14. … Gott alle Schuld von Ihnen nimmt? | ① | ② | ③ | ④ | ⑤ |

**⑪ Gehören Sie an Ihrem Wohnort einer Gemeinde Ihrer Religionsgemeinschaft an?**
○ nein ( ➔ *bitte machen Sie weiter mit dem Fragenblock 12)*
○ ja ( ➔ *bitte beantworten Sie zuerst die folgenden Fragen):*

| | gar nicht | wenig | mittel | ziemlich | sehr |
|---|---|---|---|---|---|
| 1. Ich fühle mich in meiner Gemeinde geborgen. | ① | ② | ③ | ④ | ⑤ |
| 2. Ich habe in meiner Gemeinde gute Bekannte. | ① | ② | ③ | ④ | ⑤ |
| 3. Wenn ich Hilfe brauche, kann ich auf Unterstützung aus meiner Gemeinde bauen. | ① | ② | ③ | ④ | ⑤ |
| 4. In meiner Gemeinde habe ich sehr enge Freunde. | ① | ② | ③ | ④ | ⑤ |
| 5. Es gibt in meiner Gemeinde Menschen, mit denen ich gut über persönliche Probleme reden kann. | ① | ② | ③ | ④ | ⑤ |

**⓬ Wenn man Leid erfährt, kann man versuchen, dies durch den Glauben an Gott zu bewältigen. Wie ist das bei Ihnen? Wie oft haben Sie, wenn Sie Leid erfahren, die folgenden Gedanken zum Leid?**
Wenn Sie bei der Bewältigung von Leid nie an Gott denken, dann kreuzen Sie einfach jedes Mal „nie" = ① an.

| | nie | selten | gelegentlich | oft | sehr oft |
|---|---|---|---|---|---|
| 1. Leid ist Teil eines größeren Plans, den Gott für die Welt hat. | ① | ② | ③ | ④ | ⑤ |
| 2. Leid ist eine Strafe Gottes. | ① | ② | ③ | ④ | ⑤ |
| 3. Leid ist eine Aufforderung Gottes, als Mensch zu reifen. | ① | ② | ③ | ④ | ⑤ |
| 4. Im Leid leidet Gott mit uns Menschen. | ① | ② | ③ | ④ | ⑤ |
| 5. Leid ist eine Möglichkeit, Gottes Ruf zu folgen, für andere Menschen da zu sein. | ① | ② | ③ | ④ | ⑤ |
| 6. Leid ist ein Weg zu einer tieferen Beziehung mit Gott. | ① | ② | ③ | ④ | ⑤ |

## Auswertung des Fragebogens R-S-T

**Klebe an dieser Stelle die Auswertung deiner Fragebogeneingabe aus dem Internet www.religionstest.endlich-leben.net hier in dieses Arbeitsbuch ein.**
**So findest du später an dieser Stelle deine Selbsteinschätzung wieder.**
**Am Ende von Schritt 12 wirst du merken, welche Veränderungen deiner Religiosität messbar geworden sind.**

**Literaturangabe:** *Huber, Stefan (2008): Der Religiositäts-Struktur-Test (R-S-T). Systematik und operationale Konstrukte. In Wilhelm Gräb & Lars Charbonnier (Hrsg.), Individualisierung – Spiritualität – Religion: Transformationsprozesse auf dem religiösen Feld in interdisziplinärer Perspektive (S. 137-171). Münster: Lit-Verlag. (Studien zu Religion und Kultur Bd. 1)*

# Schritt 3 Sich Gott geben

*„Wir fassten den Entschluss, unseren Willen und unser Leben der Sorge Gottes – soweit wir ihn verstanden haben – anzuvertrauen."*

## Wir entscheiden uns, uns Gott anzuvertrauen

Schritt 3 berührt zwei Themen:

1. Wille:
   Mit diesem Schritt geht es um eine Willensentscheidung.
2. Vertrauen:
   Ich fange an zu glauben, Gott kann und will für mich sorgen!

Viele von uns haben mit diesem Schritt eine wirkliche Befreiung erlebt. Sie haben neu verstanden, wie sie ihren Willen einsetzen können: Sie konnten nämlich den Willen weg vom schädigenden Verhalten hin zu Gottes befreiender Kraft umlenken.

Es war wie ein Wunder: Vorher hatten sie sich ihr ganzes Leben lang auf sich selbst verlassen. Jetzt konnten sie sich entscheiden, sich auf Gott zu verlassen.

Schritt 3 hat vielen geholfen, aus ihrer Einsamkeit in eine Beziehung zu Gott zu treten! Sie konnten ihren Eigenwillen aufgeben und die Sorge für ihr Leben nun Gott überlassen.

Wie Schritt 2 löst dieser 3. Schritt auch Ängste aus, dass Gott enttäuschen oder ihr Vertrauen missbrauchen könnte.

Gerade dann, wenn es darum geht, wirklich Vertrauen zu wagen, zeigen sich solche Ängste. Viele von uns haben aber erlebt, dass sie trotzdem anfangen konnten, Gott zu vertrauen.

Warum?

Im Schritt 3 begriffen sie, „Gott ist bedingungslos für mich! Ich darf mich ihm vorbehaltlos anvertrauen und ihm glauben":

- Gott ist mir gegenüber gut.
- Gott wird mir wirklich helfen.

So hatte Jesus seinen himmlischen Vater nämlich dieser Welt gezeigt: als einen liebenden Gott.

# Erklärungen zu Schritt 3

## „Wir fassten den Entschluss …" – Unser Wille will plötzlich das Gute

**Mit Schritt 1 haben wir zugegeben, dass wir unsere Probleme nicht mit unserem Willen im Griff haben (Kapitulation).**

**In Schritt 2 haben wir verstanden, dass es eine größere Kraft gibt als wir selbst, die unsere Probleme lösen kann. Uns wurde klar: Nur mit unserem Willen allein schaffen wir es nicht.**

**Mit Schritt 3 lernen wir: Wir dürfen den Willen weg vom schädigenden Verhalten hin zu Gottes befreiender Kraft umlenken. Wir haben uns unser ganzes Leben auf uns selbst verlassen. Wir entscheiden uns jetzt, uns auf Gott zu verlassen.**

Viele unserer Gruppenteilnehmer haben etwas von der liebevollen Gegenwart Gottes durch die Gruppe erfahren. Anderen ist wie durch ein Wunder Gottes Liebe nahegekommen. Allen gemeinsam war eins: Sie nahmen plötzlich wahr: Gott ist gut. Er ist für mich. Er will für mich das Beste. Darum konnten sie den Mut aufbringen, Gott von seiner wahren Seite zu sehen, und den Gedanken wagen, sich Gott – als der größeren Kraft – zu überlassen.

Das war nur möglich, weil sie erfahren hatten,

- dass sie so kommen durften, wie sie sind.
- dass sie so angenommen wurden, ohne Bedingungen (z. B.: Erst musst du dich ändern, dann darfst du hier dabei sein!).
- dass eine liebevolle Atmosphäre herrscht, wo Gott ist.

## „… uns der Sorge Gottes anzuvertrauen"

### Ist Gott wirklich gut?

**Vertrauen ist ein Wagnis. Um Schritt 3 also gehen zu können, brauchen wir die tiefe Gewissheit: Gott wird uns nicht enttäuschen oder zurückweisen oder unser Vertrauen missbrauchen.**

**Die zentrale Frage ist: Wird Gott seine größere Kraft wirklich für mich einsetzen? Tut er es auch da, wo ich wiederholt erfahre: Hier ändert sich nichts? Wie finde ich zu solch einem Vertrauen zu Gott – zum ersten Mal oder wieder neu? Dieses Thema ist so wesentlich, dass wir uns jetzt noch einmal mit dem Gottesbild auseinandersetzen werden.**

### Gott vertrauen trotz schlechter Erfahrungen?

Wir tragen eine Menge schlechter Erfahrungen mit uns herum. Einige haben negative Ansichten über ihre Welt und Gott entwickelt. Das haben wir in Schritt 2 ausführlich durchdacht: Gibt es überhaupt einen guten Gott? Ist er nicht in Wahrheit lieblos, gleichgültig und hart? Mit dieser Einstellung wird es uns schwerfallen, uns Gott anzuvertrauen. Wir haben eher Angst und Misstrauen.

Einige von uns haben schlechte Erfahrungen gemacht, die ihr Gottesbild geprägt haben:

1. Beispiel: Wenn sie als Kind extreme Ausdrucksformen von Gewalt erlebt hatten, zogen sie in der Regel den Schluss: „Ich darf niemandem und nichts vertrauen – auch Gott nicht!"

2. Beispiel: Andere waren von Christen enttäuscht worden. Durch gesetzliche und falsche Vorstellungen über Gott hatten solche Christen

- sie unter Druck gesetzt und verurteilt,
- die Liebe Gottes von bestimmten Bedingungen abhängig gemacht (z. B.: Du musst erst perfekt …, dann …!),
- ihnen vorgemacht, alles sei in Ordnung, es gebe keine Fehler bei ihnen, und wenn es welche gab, wurden sie „fromm" wegerklärt („Scheinheiligkeit"). Das machte ihnen den Glauben fast unmöglich. Deshalb wollen wir uns noch einmal fragen:

### Wer ist Gott eigentlich?

Die Welt ist voller Menschen, die sich Gott ganz unterschiedlich vorstellen. Woher sollen wir genau wissen, wie er wirklich ist?

Um das herauszufinden, ein Vergleich: Wenn du wissen willst, ob etwas gut oder schlecht ist, musst du das ausprobieren. Das machen wir in allen Bereichen unseres Lebens so. Bei der Sache mit Gott ist das schwierig, weil er unsichtbar ist. Wir können jedoch den Weg wählen: Menschen aufzusuchen, die etwas von Gott erzählen und sich gewiss sind, mit ihm verbunden zu sein.

1

2

Genau das hast du in deiner Gruppe erfahren:

- Du hast Christen kennengelernt, die sagen, dass ihr Gott ein barmherziger, liebevoller und gnädiger Gott ist.
- Du hast erlebt, wie sie mit Gott in Kontakt treten (beten).
- Du hast die Gemeinschaft als eine liebevolle, freiwillige Beziehung erlebt.

Du konntest prüfen, ob dir die Atmosphäre und Werte, die in deiner Gruppe herrschten, Mut zu einem neuen, befreiten Leben machten. Solch eine Gruppenatmosphäre ist nicht aufgrund menschlicher Liebe entstanden, sondern durch denselben Geist, den Jesus selbst in sich trug: Die Christen nennen ihn deshalb den Heiligen Geist.

In diesem Geist hatte Jesus eine einmalige Beziehung zu Gott: Er sagte zu ihm „Abba", was übersetzt „lieber Papi" heißt. So hat Jesus seinen himmlischen Vater dieser Welt vorgestellt. Keine andere Religion hat solch ein inniges, familiäres Bild von Gott entworfen.

Jesu Leben zeigte: Er hat alles dafür getan, dass Menschen geholfen wird. Er kümmerte sich in rührender Weise um die Ausgestoßenen, Randfiguren und Kranken. Er heilte alle, die zu ihm kamen und um Hilfe baten. Er hat niemanden weggeschickt mit irgendeiner fadenscheinigen Erklärung. Durch sein ganzes Reden und Verhalten, seine Heilungswunder und Befreiungstaten wurde die Vaterliebe Gottes für die Menschen sichtbar.

Dieses Wissen über das Wesen Gottes macht uns Mut, er wird auch für uns alles Nötige tun. Er steht auf unserer Seite. In seiner Nähe geschieht Gutes: Sich ihm anzuvertrauen bedeutet also echtes, lebendiges Leben.

Seine Nachfolgerinnen und Nachfolger leben bis heute in diesem Heiligen Geist. Das kannst du überprüfen. Wie? Herrscht unter den Christen eine barmherzige Atmosphäre von Annahme, Liebe und Vergebung? Das bedeutet sicher, dass die Leiterinnen und Leiter von christlichen 12-Schritte-Gruppen nicht in allen Dingen perfekt sein müssen oder immer alles richtig machen werden (sie sind auch nur Menschen). Aber sie orientieren sich an diesem barmherzigen und selbstlosen Geist Jesu.

Also in diesem Sinne bieten christliche 12-Schritte-Gruppen einen großen Schutz für dich: Du musst dich nicht auf Menschen und ihr Können verlassen, sondern auf Gottes Liebe, die in ihrer Mitte wirkt. Das Geheimnis von Endlich-Leben-Gruppen besteht gerade darin: Das Zentrum ihrer Gemeinschaft ist Jesus Christus.

## Gott achtet unseren Willen

Christen haben durch Jesus begriffen: Gott ist eine Person, nicht nur eine unpersönliche Kraft. Wie Jesus zu seinem Vater eine Beziehung lebte und das durch Gebete und Vertrauen zu seinem himmlischen Vater ausdrückte, so dürfen wir das auch tun.

Der entscheidende Punkt in einer gesunden Beziehung ist die Achtung des Willens. So stellen sich die Testfragen: Achte ich auf den Willen des anderen? Respektiere ich, wenn er etwas anderes will als ich? Lasse ich ihm seine Freiheit? Gott tut genau das, wenn er in eine Beziehung zu uns eintritt. Er manipuliert uns und unseren Willen nie. Er respektiert, wenn wir Nein sagen. Er achtet unsere Entscheidungen, auch wenn sie verkehrt sind.

Darum ist es so wichtig, uns zu entscheiden, ob wir einen Willensentschluss fassen, unser Leben Gott anzuvertrauen, oder ob wir dies verweigern. Mit Schritt 3 drücken wir ein „Nein" und ein „Ja" aus:

- „Nein" zum schädigenden Verhalten!
- „Ja" zur Fürsorge und Hilfe Gottes, die wir durch Jesus Christus zugesagt bekommen!

Ein solcher Entschluss benötigt eine Ausdrucksform. Einer Person gegenüber können wir eine Beziehung letztlich nur aufnehmen, indem wir mit ihr sprechen. Bei Gott ist das ebenso: Beten ist Sprechen zu Gott und damit nichts anderes als eine Beziehungsaufnahme mit ihm.

### Motivation zur Beziehungsaufnahme mit Gott

Viele von uns haben mit Schritt 3 aus ihrer Einsamkeit – ihrem tiefsten Schmerz – und ihrer Verlassenheit herausgefunden, indem sie eine Beziehung zu Gott aufgenommen haben. Ihre Isolation hörte endlich auf! Liebe und neue Kraft bekamen einen neuen Stellenwert in ihrem Leben.

## „... soweit wir ihn verstanden haben"

Viele von uns haben sich gefragt, als sie vor dieser Entscheidung standen: „Muss ich von Gott vorher alles verstanden haben? Darf ich keine Zweifel mehr haben?"

Nein! Nicht umsonst steht in unseren Schritten die Formulierung: „Gott, soweit wir ihn verstanden haben!"

Ein Beispiel zeigt uns, was damit gemeint sein kann:

„Zu diesem Zeitpunkt hatte ich noch keine Ahnung von Gott, außer der, dass eine Bekannte mir von Jesus erzählt hatte. Ich hatte mich fürchterlich geärgert über den Anspruch von Jesus Christus an die Menschen, der einzige Weg zu Gott zu sein. Irgendwann später einmal lud ich meine Bekannte zum Essen ein. Ich lebte in einem kleinen Ein-Zimmer-Apartment und war zu diesem Zeitpunkt mit einem Freund zusammen. Wir hatten starkes schwarzes Haschisch (mit Opium vermischt) geraucht, und mein Freund war im ‚Land der Pflanzen' und nicht mehr ansprechbar. Während des Kochens kam mir plötzlich folgender Satz über die Lippen: ‚Esther, wenn der Gott wirklich lebt, von dem du mir erzählt hast, dann soll er mir jetzt beweisen, dass er mehr Macht hat als dieser Stoff hier!' Danach stopfte ich mir demonstrativ eine Pfeife und rauchte sie. Zu meinem Erstaunen verfehlte sie ihre Wirkung und so stopfte ich mir eine weitere. Auch diese zeigte keine Wirkung. Ich sah hinüber zu meinem Freund, der dort halb im Koma lag, und dachte bei mir: Also am Stoff kann es ja wohl nicht liegen! So rauchte ich eine weitere Pfeife. Letzten Endes hatte ich dann 5 Pfeifen geraucht und war anschließend so klar im Kopf wie schon jahrelang nicht mehr! Ich dachte zurück an die letzten 10 Jahre meines Lebens und konnte mich nicht erinnern, je einmal so klar im Kopf gewesen zu sein!

Heute, im Rückblick, kann ich sagen: Obwohl ich Gott nicht kannte, antwortete er mir ganz deutlich auf meine ‚Herausforderung'. Er liebt die Menschen und will mit ihnen in Beziehung treten. Das war damals meine erste bewusste Begegnung mit der Kraft von Jesus Christus, obwohl ich nicht wusste, dass er es war."

Woran liegt es, dass sich Gott auf solche abenteuerlichen „Herausforderungen" einlässt? Es hängt damit zusammen, dass es bei einer Beziehung um den Kontakt zu einer Person geht, nicht um das Sammeln von mehr „Wissen" über die Person. Darum brauchst du für Schritt 3 eigentlich nur die Kenntnis des „Namens" Gottes und ein erstes Grundvertrauen.

Der Begriff Gott ist ein allgemeiner Begriff für eine zunächst undefinierte höhere Macht, der in den Religionen verschieden verstanden wird. Gott – wie ihn Christen von Anfang an verstanden haben – hat sich in der Person des Jesus von Nazareth gezeigt.

Darum lautet das christliche Bekenntnis zu Gott: Jesus ist Gott!

Die Formulierung „Gott, wie wir ihn verstehen" bedeutet in unseren Endlich-Leben-Gruppen also nicht:

- religiöse Beliebigkeit (jeder kann sich einfach seinen Gott ausdenken ...) oder
- Religionsvermischung (Gott ist doch in allen Religionen irgendwie da ...) oder
- Unpersönlichkeit (Gott ist doch in seiner Schöpfung irgendwie vorhanden, z.B. irgendwie Teil der Natur oder als kosmische energetische Kraft).

Die Formulierung hat für uns eine positive Bedeutung: Wir respektieren uns innerhalb der Gruppe alle gegenseitig in unserem momentanen Stand, was die je eigene Beziehung zu Jesus betrifft. Die Gruppenmitglieder haben sich gemeinsam auf den Weg begeben, Gott zu entdecken, und haben aufgrund ihrer Lebensgeschichten unterschiedliche Erfahrungen, die ihre Sichtweisen prägen.

GruppenleiterInnen achten darauf, dass jede und jeder auf dem Weg die Chance hat, Gott immer besser kennenzulernen. Das führt schließlich dazu, dass jede und jeder aus eigener, langsam gereifter Überzeugung diesem Bekenntnis zustimmen kann.

In Endlich-Leben-Gruppen leben Gruppenleiterinnen und Gruppenleiter in einer lebendigen Beziehung zu Jesus Christus – wenn auch in unterschiedlichen Reifegraden.

## Vertrauen aufbauen im Knast?

**Eigentlich hatte ich gar nicht vor, an der Endlich-Leben-Gruppe teilzunehmen. Denn ich konnte mir unter dem 12-Schritte-Programm nichts vorstellen und war auch der Meinung, dass es mir „nichts bringt" bzw. nichts für mich ist. Es war der N. in der JVA, der mir die Endlich-Leben-Gruppe nahelegte und auch meinte, dass es was für mich wäre. Ich könnte ja mal teilnehmen. Es bestünde kein Zwang, und wenn es mir nicht gefällt, dann kann ich ja jederzeit aussteigen. Also ging ich hin.**

Heute bin ich N. sehr dankbar, dass er mich überredete, dort teilzunehmen. Auch wenn ich noch nach 2 Gruppentreffen skeptisch war, hatte ich das Gefühl, dass es nicht schlecht wäre, weiterzumachen. Ich hätte ja immer noch jederzeit aufhören können.

Je länger der Kurs dauerte, merkte ich eine langsame Veränderung in und mit mir. Es war eine sehr positive Veränderung, die mein Leben, meine Einstellung zum Leben, meine Gedanken, mein Verhalten und vieles mehr änderte.

Seit ich in der JVA bin, war ich sehr verschlossen, mied jeden neuen Kontakt und war oft allein. Mit Hilfe der Gruppe lernte ich, Vertrauen aufzubauen zu mir völlig fremden Menschen. Das war eine völlig neue Erfahrung für mich. Ich vertraute mich Fremden an und wurde nicht enttäuscht, hintergangen oder verletzt. Im Gegenteil, mit der Zeit wuchs das Vertrauen und das „Zusammengehörigkeitsgefühl". Es wurde ein freundschaftliches Verhältnis, eine ehrliche Beziehung, ein Team, das zusammenhält und Kraft gibt.

Mit Hilfe der Endlich-Leben-Gruppe fand ich auch wieder zurück zum Gebet, zu Gott und auch wieder zu mir. Ich weiß jetzt, dass es mir mit Gottes Hilfe an nichts fehlen wird. Auch kann ich mich wiedererkennen, wenn ich heute in den Spiegel schaue.

Vor einem ¾ Jahr war es anders. Da schaute ich in den Spiegel und erkannte mich nicht, so als ob ich durch mich hindurchsehen würde. Durch die Endlich-Leben-Gruppe habe ich gelernt, jeden Tag zu genießen, was ich auch tue. Auch habe ich gelernt, trotz meiner Tat, mit meinen Gedanken, Gefühlen, Schmerz, Trauer und Leid umzugehen. Mir wurden die Augen geöffnet, mein Leben anders und besser zu leben, als ich es bisher tat. Endlich leben trifft bei mir zu.

Jetzt freue ich mich schon auf den zweiten Durchgang. Wie heißt es so schön: Man – sorry: ich! – lerne nie aus!

Endlich-Leben-Gruppe 2006/2007 JVA Stadelheim

# Den Schritt 3 durcharbeiten

## 1. Widerstand gegen Schritt 3 erkennen und bearbeiten

### Eine harte Sprache? Eine leere Floskel?

Der Unterschied von Schritt 2 zu Schritt 3 ist gewaltig. In Schritt 2 konntest du noch eine gewisse Distanz aufrechterhalten. Das Thema „höhere Macht" war vielleicht sogar interessant oder neu für dich. Aber alles blieb letztlich noch offen. Mit Schritt 3 verändert sich der Anspruch. Die Formulierung klingt in deinen Ohren vielleicht viel zu radikal: „Unser Wille soll aufgegeben werden? – Fürchterlich! Das hört sich nach abhängig werden an!"

*Kannst du dir diese Nähe zu Gott als etwas Positives vorstellen?*

Andere hören den Schritt 3 aufgrund ihrer jahrelangen christlichen Tradition und finden ihn belanglos oder sie denken: „Das klingt wie eine leere Floskel. Wie soll Gott mir helfen, mit dem ich doch schon so lange lebe? Dann hätte er es doch schon längst tun können!"

Für dich geht es um die Frage:

*Willst du dich neu darauf einlassen? Was geht in dir vor, wenn du dir das vorstellst?*

### Angst vor Entscheidungen?

Mit Willensentscheidungen hatten viele von uns schon genug Probleme. Vielleicht ist es dir auch so gegangen. Dann war es für dich wahrscheinlich eher normal, schwierigen Entscheidungen auszuweichen.

Bedenke: Keine Entscheidung zu treffen, ist auch eine Entscheidung – die Entscheidung für den Jetztzustand. Und das bedeutet: weitermachen wie bisher. Und die Folge? Wenn dein Leben sich bisher schwierig gestaltet hat, wird es nicht irgendwie von selbst besser werden. Üblich ist eher das: Es wird immer schlimmer. Es lohnt sich also nicht, auf ein unbestimmtes Wunder zu warten. Also: Keine Entscheidung ist auch eine Entscheidung – nämlich auf lange Sicht eine für den Tod!

*Wie wird sich dein Leben ohne eine Änderung aller Wahrscheinlichkeit nach weiterentwickeln?*

### Systemwechsel: „Vom Überlebens-System zum Leben!"

Eine Lebensveränderung betrifft immer unterschiedliche Bereiche: Denken, Handeln, Fühlen. So wird auch Schritt 3 kein rein gedanklicher Schritt bleiben können. Er verändert dich radikal, weil er alles betrifft, was dein Leben ausmacht. Da ist es normal, wenn du auch besonders ausgeprägt Widerstand in dir wahrnimmst: unangenehme Gefühle; ein Durcheinander von Gedanken; Unsicherheit, was du eigentlich wirklich willst ...

Lass dich nicht davon abhalten – alles Neue macht unsicher! Die alten Sicherheiten aufzugeben, erzeugt Panik! Dein Gefühl von Allmacht und scheinbarer Freiheit, deine Kontrollillusion – das schienen die wichtigsten Merkmale deines bisherigen Lebens zu sein! Dieses Leben aufzugeben, fühlt sich an wie Sterben, in Wahrheit aber bedeutet es Leben! Darum ist dein innerer Widerstand zuerst einmal normal und nicht verwunderlich.

*Was denkst du, was dich hindert, diesen Widerstand aufzugeben?*

______________________________

______________________________

______________________________

## 2. Den Gewinn unserer alten Verhaltensweisen entlarven

### Der Vorteil der Kontrollillusion

Bisher hattest du durch dein Überlebensmotto „Fühle nicht!" viele Vorteile: Die Schmerzen, Alltagssorgen oder beunruhigenden Situationen waren unter Kontrolle. Einige hatten sich den Konsum eines 100%igen Schmerzmittels angewöhnt: ihre Droge. Andere benutzten ein bestimmtes Verhalten mit dem gleichen Effekt: Es wirkte! Das brachte ihnen die falsche Sicherheit zu denken: „Ich habe es im Griff!"

*Beschreibe dein Hilfsmittel, um dem Schmerz auszuweichen!*

______________________________

______________________________

______________________________

*Wo hast du den Eindruck, du hättest es „im Griff"?*

______________________________

______________________________

______________________________

## Der Vorteil des Allmachtsgefühls

Deine „Droge" oder dein Verhaltensmuster schufen dir einen gewissen „Rauschzustand". Die Auswirkung war nämlich: Du konntest dich groß fühlen – wo du ohne „Droge" in Wahrheit Not oder Versagen erlebt hättest. Das Urproblem der Menschheit, zumindest wie es im Schlüsseltext am Anfang der Bibel beschrieben wird, ist genau das: Jeder will allmächtig sein wie Gott! (Vgl. die verlockende Perspektive der Schlange im sogenannten Paradies. „Ihr werdet sein wie Gott!", 1. Mose 3,5.) Die Tragik: Das kann nicht lange gut gehen. Menschen sind eben nicht Gott. Irgendwann kommt dann der Absturz. Spätestens dann, wenn die Droge oder das Verhaltensmuster nicht mehr wirkt. Dann herrscht genau das Gegenteil von Allmacht: völlige Ohnmacht und Verzweiflung.

Was könnte der vordergründige Gewinn dieses „Allmachtswahns" für dich sein, wenn doch der Absturz zu erwarten ist? – Nun, du musst dich nicht mit deinen Grenzen auseinandersetzen. Die Wahrheit, dass du nur eine begrenzte Macht, Kraft oder Freiheit besitzt, kannst du (eine Zeit lang) von dir fernhalten. Dein Bedürfnis nach Kontrolle wird über Gebühr stark.

*Beschreibe, wo du konkret von Allmachtssehnsucht (Bedürfnis nach umfassender Kontrolle) fasziniert bist:*

________________________________________

________________________________________

________________________________________

________________________________________

## Autonomie: Völlig selbstbestimmt sein wollen

Was ist der Vorteil für dich, wenn du glaubst, völlig selbstbestimmt (autonom) handeln zu können? Es ist wahrscheinlich der Rauschzustand, der bei den Gedanken entsteht: „Ich mache, was ich will. Keiner kann mir reinreden. Ich fühle mich als eigener Herr!" Was für Vorteile könnte ein Mensch haben, der ein verletztes Bindungsbedürfnis in sich trägt? – Vielleicht wirkt Autonomie deshalb so positiv, weil ich mich nicht in die Hände anderer ausliefern muss, die vielleicht mit mir machen, was mich verletzt oder mein Leben einschränkt. Wenn du aber länger nachdenkst, entdeckst du die Nachteile: „Ich werde mein eigener Sklave. Ohne Alternative gebunden an mich selbst. Ich werde zum Sklaven meiner Gefühle, die ich vermeide. Ich werde Sklave der ‚Droge', die ich verzweifelt brauche."

*Beschreibe die konkreten Vor- und Nachteile deiner Versuche, selbstbestimmt zu leben:*

________________________________________

________________________________________

________________________________________

________________________________________

________________________________________

## 3. Den Gewinn des neuen Verhaltens entdecken

### Endlich Beziehung pur!

Wenn du noch einmal zurückdenkst, war deine größte Not die Einsamkeit. Du warst isoliert von anderen Menschen und von Gott. Du warst es gewohnt, allein zu sein, alleine für dich zu entscheiden und zu sorgen. Nicht selten hast du mit Verlassenheitsgefühlen gekämpft. Mit Schritt 3 wird sich das jetzt ändern: Du erlebst, was Beziehung „pur" bedeutet: Gemeinschaft mit Menschen und sogar mit Gott selbst! Eine Gemeinschaft, die geprägt ist von Liebe. Das ist Glück!

*Er sorgt für mich!*
Viele von uns haben bei Schritt 3 genau das erlebt, was sie sich immer gewünscht haben: Es gibt einen, der wirklich für mich sorgt, der für mich da ist! Dass das auch noch Gott ist, übertrifft alle bisherigen Vorstellungen. Die Auswirkungen in ihrem Leben haben sie bald wahrgenommen: Eine unbekannte Gelassenheit ist in ihnen eingekehrt.

Sie staunten über sich selbst: „Ich werde ja ganz ruhig! Ich muss ja gar nicht mehr für alles selber sorgen. Gott sorgt ja! Er trägt mich wirklich!" Eine Frau hat diese Erfahrung in einer Geschichte zum Ausdruck gebracht:

### Spuren im Sand

**„Eines Nachts hatte ich einen Traum:
Ich ging am Meer entlang mit meinem Herrn.
Vor dem dunklen Nachthimmel erstrahlten,
Streiflichtern gleich,
Bilder aus meinem Leben.
Und jedes Mal sah ich zwei Fußspuren im Sand,
meine eigene und die meines Herrn.
Als das letzte Bild an meinen Augen vorübergezogen war,
blickte ich zurück.**

**Ich erschrak, als ich entdeckte,
dass an vielen Stellen meines Lebensweges
nur eine Spur zu sehen war.
Und das waren gerade die schwersten Zeiten meines Lebens.
Besorgt fragte ich den Herrn:
‚Herr, als ich anfing, dir nachzufolgen,
da hast du mir versprochen,
auf allen Wegen bei mir zu sein.
Aber jetzt entdecke ich,
dass in den schwersten Zeiten meines Lebens
nur eine Spur im Sand zu sehen ist.
Warum hast du mich alleingelassen,
als ich dich am meisten brauchte?'**

**Da antwortete er: ‚Mein liebes Kind,
ich liebe dich und werde dich nie alleinlassen,
erst recht nicht in Nöten und Schwierigkeiten.
Dort, wo du nur eine Spur gesehen hast,
da habe ich dich getragen.'"**

**(Margaret Fishback Powers)**

### Gefühle haben bedeutet: Leben!

Der große Gewinn bei Schritt 3 zeigt sich im Blick auf deine Gefühlswelt: Du darfst lebendig werden, d. h. deine Gefühle tauen auf. Die eingefrorenen Gefühle werden wach. Wo vorher nur taube Gefühle, Schmerzen oder eine große Leere herrschten, wirst du entdecken, wie schön sich Leben anfühlen kann. Auch wenn du verstärkt schmerzhafte Gefühle erlebst, verachte diese Seite des neuen Lebens nicht. Du wirst ein ganzer Mensch, der fähig wird, wieder alle Gefühle wahrzunehmen, seien sie schön oder schmerzhaft. Keine Angst: Das anfängliche Gefühlsdurcheinander wird sich mit der Zeit normalisieren.

Du wirst auf jeden Fall eine ganz neue Energie in dir spüren! Das ist dein neuer Reichtum.

### Ersatzhandlungen sind vorbei!

Deine ganze Energie wird frei, dich auf ein neues, gesundes Verhalten im Leben auszurichten. Bedenke, welch eine Energie es verbrauchte, deine Mauern, die Selbstschutz- und Selbsthilfemaßnahmen aufrechtzuerhalten. Z. B. musst du nicht mehr misstrauisch jeden Satz der anderen auf die Goldwaage legen und hinterfragen oder jeden Liebeserweis kritisch von dir weisen und dich wieder misstrauisch fragen: „Was will der oder die wieder von mir!" Solch eine Energieverschwendung ist nicht mehr nötig. Das ist deine neue Freiheit: Du kannst und darfst auf deine „Droge" verzichten und endlich leben!

## Gebet – Schritt 3 wird konkret

### Warum beten?

Wir haben nun verstanden: Gott ist eine Person, viel mehr als nur eine unpersönliche Kraft. Zu einer Kraft kannst du keine Liebesbeziehung aufbauen. Eine Energie (z. B. Elektrizität) kannst du zwar wahrnehmen, sie sogar benutzen, aber sie ist dir niemals ein Gegenüber. Das Entscheidende einer liebevollen Beziehung ist das wechselseitige Gespräch und die gegenseitige Achtung.

- Um genau diese Liebesbeziehung zu Gott geht es jetzt!
- Wo du bisher nur dich selbst hattest, darfst du diese Einsamkeit jetzt loswerden und dich auf eine Beziehung mit Gott einlassen und zu ihm sprechen.
- Weil diese Liebesbeziehung wechselseitig ist, darfst du damit rechnen, von ihm seine Liebe und Zuwendung geschenkt zu bekommen.

### Gibt es eine zwanghafte Regel, wie oft du beten musst?

Obwohl sich das für dich vielleicht komisch anhört, haben sich andere auch schon Gedanken darüber gemacht, wie oft sie überhaupt beten sollen, müssen oder dürfen.

Einen Freund oder eine Freundin fragst du wahrscheinlich nicht, wie oft du mit ihr oder ihm reden musst. In einer freundschaftlichen Beziehung entwickelt sich der Wunsch nach mehr Gemeinschaft und Gespräch ganz natürlich. So ist es auch normal, dass du mit Gott mehr reden möchtest, wenn sich die Beziehung vertieft.

Es gibt auch die Erfahrung: Wenn zwei Menschen sich sehr vertraut sind, genießen sie es auch, einfach schweigend nebeneinanderzusitzen. So kann es dir auch mit Gott ergehen. Finde deine Beziehungsgestaltung zu ihm heraus.

## Was genau kannst du beten?

Wir haben unterschiedliche Menschen in unseren Gruppen kennengelernt:
- Manche hatten ein ganzes Leben lang mit der Sehnsucht nach einer Beziehung zu Gott gelebt, aber nicht gewusst, wie sie diese Beziehung konkret aufnehmen konnten.
- Manche wollten bewusst mit Gott nichts mehr zu tun haben, weil sie sich enttäuscht und betrogen fühlten.
- Manche hatten schon eine jahrelange Beziehung zu Gott, fanden aber keine Form, ihm ihre wirkliche Problematik anzuvertrauen.

Trotz dieser unterschiedlichen Voraussetzungen fanden sie alle den Mut, ihrer Sehnsucht nach Frieden, Gelassenheit und Gemeinschaft mit Gott nachzugeben.

Außerdem war ihnen wichtig, dieser Sehnsucht Worte zu geben, um ihren Entschluss, die Beziehung mit Gott aufzunehmen, festzumachen.

Das ist sehr verständlich. Denn es ist ein entscheidender Unterschied, einen Gedanken nur zu denken oder ihn laut auszusprechen. Indem wir einen Gedanken nämlich laut aussprechen,
- wird er uns selbst klarer,
- bemerken wir unsere Zweifel oder Fragen, die wir noch haben,
- unterstreichen wir unsere Ernsthaftigkeit: Ich stehe wirklich dazu!,
- legen wir uns selbst fest.

Wenn du mit Gott redest, dann darfst du ihm alles erzählen, wie du es einem guten Freund oder einer Freundin gegenüber tätest. Du darfst ihn mit einbeziehen in all deine Wünsche und Sehnsüchte. Jesus Christus kommt mit seinem Heiligen Geist in unser Leben, wenn wir ihn darum bitten. Durch die Sehnsucht in unserem Herzen lässt er uns wissen, dass er darauf schon lange wartet.

## Eine Formulierungshilfe

Für diejenigen, die solch ein Gebet einmal kennenlernen wollen, haben wir hier ein Beispiel, wie andere ihr Gebet in Worte gefasst haben. Ist das dein Gebet?

**Jesus Christus,**
**ich will mein Leben nicht mehr allein meistern!**

**Ich will mit dir zusammen leben.**
**Ich weiß: Bisher habe ich nur auf mich selbst gehört.**

**Mein Denken, mein Wille und meine Gefühle**
**waren mir Maßstab für alles.**
**Dein Denken und dein Wille waren mir fremd.**
**Ich übergebe dir jetzt mich selbst,**
**damit du mich veränderst.**

**Zu mir selbst gehören auch alle bösen**
**und mir noch unbekannten Seiten.**

**Bitte schenk mir deinen Heiligen Geist,**
**deine Kraft, deine Liebe und deine Führung.**

**Ich habe noch etwas Angst,**
**aber ich will dir vertrauen, dass du gut zu mir bist.**

**Bitte, lenke ab jetzt meine Schritte.**
**Amen.**

## Muss ich mich besonders „verrenken" beim Beten?

Es gibt in verschiedenen christlichen Traditionen sicherlich alle möglichen Gebetsformen und Haltungen, die Menschen zum Beten einnehmen. Nimm deine eigene Haltung ein. Es kommt hier jetzt nicht auf eine bestimmte Form an, sondern auf ein schlichtes, ehrliches Gebet aus deinem Herzen.

Manche haben solch ein Gebet wie oben oder ein ähnliches mit ihren eigenen Worten in der Gruppe ausgesprochen. Anderen war es wichtig, es zu zweit zu tun. Wir ermutigen dich, es wenigstens vor einem Menschen deines Vertrauens laut auszusprechen. Das hat folgende Vorteile für dich:

- Er oder sie kann dich dann bestärken, wenn du später einmal daran zweifelst, ob du diesen Schritt wirklich getan hast.
- Diese Form hilft dir auch, zu glauben: Ich habe mir nichts vorgemacht. Ich stehe wirklich zu meinem Entschluss, mich der Sorge und Liebe Gottes anzuvertrauen.
- Wenn du mögliche Gefühle wie Angst oder Scham empfindest, lass dich nicht daran hindern, so zu beten. Es ist normal, wenn dein Herz klopft. Es geht allen so! Dein Gebetspartner kann dich in dieser Situation ermutigen zu beten.

## Was mache ich, wenn ich hin und her gerissen bin?

Vielleicht bist du in diesem Augenblick noch nicht ganz sicher, ob du das alles wirklich willst. Dann lass dir Zeit! Höre auf die Sehnsucht in deinem Herzen und lass dich nicht hindern, weiter an diesem Programm mitzuarbeiten.

Eins wollen wir dir aber zusprechen: Du musst nicht perfekt sein wollen und warten, bis alle Widerstände gegen diesen Schritt 3, alle deine Unsicherheit oder deine Ängste verschwunden sind – das wird nie kommen! Dafür gibt es mindestens zwei Gründe:

- *Das Gefühl „Ich muss jetzt sterben"*

Schritt 3 hat ziemlich viel mit Gefühlen zu tun. Schließlich vertraust du dich einem dir noch nicht ganz bekannten Gott an. Dieser Schritt kann sich wie ein „Sterbenmüssen" anfühlen, weil du deine Schutzmechanismen und vertrauten Grundhaltungen (Vertraue niemals, habe keine Gefühle, rede nicht!) aufgeben willst.

- *Die Stimme des „Versuchers"*

Wir können dir einen Gedanken nicht ersparen. Für Jesus selbst bestand in seinem irdischen Leben die Herausforderung, entweder sich Gott ganz anzuvertrauen oder aber dem Gegenspieler Gottes nachzugeben. Die Bibel nennt ihn „Satan", „Teufel" (wörtlich griechisch „diabolos", der Durcheinanderbringer) oder auch „Versucher". So wurde Jesus in den Augenblicken, wo er sich entscheiden musste, vom „Versucher" bearbeitet, nicht Gottes Willen zu folgen (z. B. nach der Taufe, Lukas 4,2-13). Nach seinen Leidensankündigungen (Markus 8,32-33) musste Jesus gegen die Widerworte des Jüngers Petrus ankämpfen. Da sagte er zu Petrus: „Weiche von mir, Satan!", und meinte: Deine Aussage zieht mich von Gottes Weg fort, deine Gedanken sind also eigentlich vom „Satan" bzw. „Teufel" durcheinandergebracht worden.

Dir wird es ähnlich gehen. Es gibt in dir „Stimmen", die dir ausreden wollen, dich ganz auf Gott einzulassen. Das ist also normal. Das ist auch ein Teil deines Kampfes jetzt. Martin Luther hat es einmal in dieses Bild gebracht: Der Mensch sei wie ein Reittier, das entweder von Gott oder vom Teufel geritten werde.

Es geht also um deine wichtige Entscheidung, möglichst eindeutig von Gott geführt, gelenkt und erfüllt zu werden. Sicherlich werden wir in diesem Leben immer mit der Versuchung ringen.

Habe Mut! Dieses innere Ringen wird erst ruhiger, wenn du den Schritt hinter dir hast. Vielen von uns schenkten die Erfahrungen ihrer Gruppenmitglieder im ersten und zweiten Schritt den Mut, über alle Zweifel und Gefühlseinwände hinweg eine Entscheidung für eine solche eindeutige Beziehung mit Gott zu fällen.

## 4. Missverständnisse ausräumen

Missverständnisse haben zu tun mit deinen alten „Glaubensvorstellungen": Allmachtsillusion, Autonomieglaube, Kontrollillusion.

### Missverständnis Nr. 1: Ab jetzt läuft alles gut!

Vielleicht denkst du jetzt: „Nun ist alles in Ordnung. Ich habe ja gebetet. Gott macht jetzt alles gut!", und wunderst dich, wenn das nicht so ist.

Im Grunde hast du recht. Es ist wirklich alles gut, weil Jesus da ist und er dir versprochen hat, dir immer zu helfen. Das meint aber nicht, dass ab jetzt nie wieder etwas schieflaufen darf oder wird.

### Missverständnis Nr. 2: Jetzt darf nichts mehr schieflaufen!

Vielleicht denkst du aber auch: „Aber jetzt darf nichts mehr schieflaufen!" Im Grunde hast du recht: Gott will nicht, dass dir etwas Negatives passiert.

Deine falsche Deutung ist: Wenn aber etwas schiefläuft, habe ich nicht richtig gebetet. Richtig ist: Gottes Liebe ist nicht an richtiges oder falsches Beten gebunden. Das wäre gesetzlich und kontrollierend. So ist Gott nicht. Andererseits lässt er der Menschheit sehr viel Spielraum für eigene Entscheidungen – selbst für falsche.

Wenn aber etwas schiefläuft, darfst du sicher sein: Jesus leidet mit dir an deiner Seite, auch wenn du die Umstände (noch) nicht verstehst. Das ist eine Wahrheit, die sich bewähren wird. Persönliche Rückfälle sind nicht wünschenswert, können aber dennoch eine wichtige Funktion haben (mehr davon in Schritt 10).

### Missverständnis Nr. 3: In Wahrheit muss ich doch alles selbst machen!

Vielleicht denkst du aber auch: „Ich habe Gott ja alles erzählt, aber er greift einfach nicht ein! Deshalb muss ich mich wieder selbst um alles kümmern, um es hinzukriegen. Nach dem Motto: Hilf dir selbst, dann hilft dir Gott!"

Weil du bisher keine Erfahrungen gemacht hast, wie Gott dir deine Nöte oder Sorgen abnimmt, bist du immer noch der Überzeugung, dass du dich letztlich um alles selber kümmern musst. Vielleicht hättest du nur einen Hauch mehr Geduld gebraucht?

### Missverständnis Nr. 4: Jetzt ist und bleibt alles gut!

Es hat sich eine Menge durch diesen Schritt getan: Vielleicht ist bei dir nie gekannte Freude oder Friede eingekehrt? Vielleicht hat sich einiges sogar schon geändert.

Bedenke: Schritt 3 ist nur der Anfang eines Prozesses. Aber: Wichtig wird für dich werden, immer wieder dabeizubleiben, dein Leben der Fürsorge Gottes anzuvertrauen und – wachsam zu sein! Es wäre töricht zu denken, dass du keine Rückfälle erleiden könntest. Entspanne dich: Rückfälle in altes Verhalten und Denken sind schmerzhaft, aber zu akzeptieren, wenn sie denn passieren.

Eine wichtige Hilfe für die Praxis: Es reicht, wenn du nur Tag für Tag in Angriff nimmst!

Wir müssen dazu stehen, dass Rückfälle vorkommen, und unseren Willen nur für diesen einen Tag einsetzen: „Nur für heute ..." (siehe Schritt 10). Wichtig bleibt: Wende Schritt 3 konkret an – es hilft wenig, nur darüber nachzudenken! Denke daran: Du hast dich für den Gott geöffnet, dem alle Dinge möglich sind. Er wird dich durchtragen, selbst wenn dein Wille versagt und du nicht mehr vertrauen kannst. Er ist ganz auf deiner Seite und will dir selbst beim Glauben helfen.

## 5. Wie uns die Bibel ins Leben hilft

Eine der bekanntesten Geschichten, in denen von Jesus erzählt wird, wie er Menschen begegnete, ist die Einladung des verhassten Zolleintreibers Zachäus aus dem Städtchen Jericho:

*(1) Und Jesus ging nach Jericho hinein und zog hindurch. (2) Und siehe, da war ein Mann mit Namen Zachäus, der war ein Oberer der Zöllner und war reich. (3) Und er begehrte, Jesus zu sehen, wer er wäre, und konnte es nicht wegen der Menge; denn er war klein von Gestalt.*

*(4) Und er lief voraus und stieg auf einen Maulbeerbaum, um ihn zu sehen; denn dort sollte er durchkommen.*

*(5) Und als Jesus an die Stelle kam, sah er auf und sprach zu ihm: Zachäus, steig eilend herunter; denn ich muss heute in deinem Haus einkehren. (6) Und er stieg eilend herunter und nahm ihn auf mit Freuden.*

*(7) Als sie das sahen, murrten sie alle und sprachen: Bei einem Sünder ist er eingekehrt. (8) Zachäus aber trat vor den Herrn und sprach: Siehe, Herr, die Hälfte von meinem Besitz gebe ich den Armen, und wenn ich jemanden betrogen habe, so gebe ich es vierfach zurück.*

*(9) Jesus aber sprach zu ihm: Heute ist diesem Hause Heil widerfahren, denn auch er ist Abrahams Sohn. (10) Denn der Menschensohn ist gekommen, zu suchen und selig zu machen, was verloren ist.*

Lukasevangelium 19,1-10

In dieser Begegnung mit Jesus wendet sich das Schicksal eines isolierten, beziehungsunfähigen, schuldverstrickten und so von Menschen und Gott getrennten Mannes. Er erlebt die vergebende Liebe Gottes an sich.

### Wichtig sind die Wendepunkte und Überraschungen in dieser Geschichte:

- Der Zöllner wird zu diesem verhassten Außenseiter nicht einfach nur aus menschlich verständlichen Gründen, weil er mit der Besatzungsmacht, den Römern, kooperiert. Die Menschen der biblischen Zeit sahen noch mehr dahinter: Zachäus war zum *Kollaborateur der widergöttlichen, satanischen Mächte* geworden, die hinter den Aktionen der Römer standen. Darum wurde er auch aus wichtigen religiösen Gründen geächtet. Ihnen war nämlich klar: Entweder wir stehen auf der Seite Gottes oder wir leben unter dem Einfluss des „Herrn dieser Welt" (vgl. Galaterbrief 1,4), dem Teufel. Deshalb hatte sich nach ihrem Verständnis der Stand der Zöllner von Gott selbst getrennt – und so auch vom Gottesvolk und Gottes heilvollen Gesetzen.
- *Jesus lädt sich ein:* Als Jesus – sehr humorvoll beschrieben! – unter dem Baum stehen bleibt, auf dem sich der Zöllner wie auf einem Ausguck versteckt hält, passiert das Gegenteil von dem, was alle erwarten: Keine Beschimpfung, kein Verdammungswort, sondern: „Darf ich dein Gast sein, Zachäus?" Jesus ergreift die Initiative und lädt sich ein. Ja, er beschwört ihn fast: „Ich *muss* heute bei dir einkehren!"
- Zachäus *akzeptiert die Einladung*: Ein kleiner Schritt für ihn vom Baum herunter, aber ein gewaltiger Schritt aus der Atmosphäre der Ablehnung und Einsamkeit hinaus in ein neues Leben. Das Wesen des unheiligen Geistes ist es, Menschen zu isolieren von anderen Menschen, von Gott und sogar von sich selbst.
- *Die Gemeinschaft mit Jesus verwandelt ihn:* In seinem Hause drückt sich die Liebe Jesu in Zachäus' völliger Kehrtwendung aus: Er erklärt feierlich seine Bereitschaft, alles Unrecht wiedergutzumachen, das gestohlene Geld mehrfach zu erstatten und so wieder dem Mosegesetz zu entsprechen. Darin beweist sich seine Abkehr von den widergöttlichen Einflüssen (z.B. Geldgier, Machtgier, religiöse und menschliche Isolation), die ihn bis dahin fasziniert und gefangen gehalten hatten.
- Er beginnt ein neues Verhalten. Ja, noch mehr: Er verschenkt sein Geld an Arme, ein Zeichen der barmherzigen Liebe Gottes, die ihn selbst getroffen hat. Diese Liebe fließt weiter zu anderen hin.

Wir lernen zuerst einmal: Zachäus wird von der unverdienten Gnade überrascht. Er, den niemand mehr wollte, erlebt Liebe, Annahme und Vergebung – durch Gott selbst. Menschen hatten ihm diese Annahme verweigert (die „Frommen" murren: Bei einem Sünder ist er eingekehrt!).

Seine Reaktion ist schlicht logisch: Überwältigt von einer neuen, bis dahin unbekannten Liebe, lässt er die Nähe zu Jesus zu – bis hinein in seinen persönlichsten Bereich, sein Zuhause! Und das verändert ihn.

## Gemeinsam vor Gott innehalten …

Diese Geschichte zeigt, wie zwei Menschen Jesus in ihr Leben einladen und sich buchstäblich auf einen Schlag ihre Perspektive verändert, sie haben völlig neue Brillen auf:

„Meine Frau und ich sind sehr unterschiedliche Charaktere und ab und zu geht es bei uns etwas ‚italienisch' zu. Das heißt die Konversation bleibt nicht sachlich, jeder will recht behalten und vertritt emotional und vehement seine Meinung. In solch verhärteten, ausweglosen Situationen haben wir gelernt, über alle unsere Gefühle hinweg innezuhalten, nebeneinander auf die Knie zu gehen und Jesus um Hilfe zu bitten. Immer wieder haben wir dann ein großes Wunder der Veränderung des eigenen Herzens erlebt! Plötzlich war uns beiden das Rechthabenwollen gar nicht mehr so wichtig. Plötzlich wurde es möglich, den anderen mit den Augen der Liebe zu sehen und auf das vermeintliche eigene Recht zu verzichten. Die Liebe zum anderen hatte plötzlich den höheren Stellenwert. Wir konnten uns vergeben und fragten uns dann oft: Was war eigentlich los? Was, wegen so einer Kleinigkeit wollte ich recht behalten? Das ist ja geradezu lächerlich … Unsere Erfahrung war also immer wieder die: Wenn wir Jesus in unsere ausweglose Situation hineinbaten und ihm Raum ließen, dann löste sich unser Konflikt sehr oft regelrecht in Luft auf!"

*Frage: Kannst du im Blick auf deine Hinwendung zu Jesus Ähnliches wahrnehmen? Wie war die Begegnung mit Jesus bei dir?*

# Schritt 4 Endlich das Ganze sehen

***„Wir machten eine furchtlose Inventur in unserem Inneren."***

## Wir sehen uns im Zusammenhang mit dem Ganzen

Mit dem vierten Schritt beginnt das Abenteuer, sich selbst in einem neuen Horizont kennenzulernen. Es geht dabei um einen tieferen Einblick in das, was mit Schritt 1 bis 3 geschehen ist:

1. Wir haben angefangen, unsere Schwächen und Stärken kennenzulernen und zuzugeben, und begreifen das jetzt in einem größeren Zusammenhang.
2. Wir haben unsere gestörte Beziehung zu Gott wahrgenommen und mit Schritt 3 grundlegend eine Beziehung aufgenommen. Auch das werden wir jetzt in einem größeren Zusammenhang vertieft verstehen.
3. Wir haben angefangen, unsere Beziehungsprobleme im Blick auf andere Menschen wahrzunehmen, und werden jetzt auch diese in einem größeren Zusammenhang erkennen.

Mit einem größeren Gesamtzusammenhang meinen wir:
- Es gibt eine Wir-Tradition, in die jeder Mensch hineingestellt ist.
- In dieser Tradition trägt Gott alle Beziehungen in dieser Welt.

Schritt 4 hilft uns deshalb,
- die Lebenslüge zu entlarven, dass wir mit Gott, Menschen und uns selbst gar nicht verbunden seien,
- aus unserer Selbst-Täuschung (Lügen über uns selbst) auszubrechen,
- die unangenehmen Wahrheiten über uns zu verstehen und auszuhalten,
- uns über die guten Seiten an uns zu freuen.

Natürlich ist das alles nicht nur angenehm. Schritt 4 macht einigen Angst:
- Sie wollen nichts Schreckliches über sich erfahren.
- Sie wollen ihre Selbst-Täuschung, die sie bis dahin schützte, nicht verlieren.
- Sie begegnen ihren Gefühlen, z.B. Schmerzen, Zorn, Groll.
- Sie fragen sich: Liebt Gott mich trotz allem immer noch?

Schritt 4 ist der Schritt der Wahrheit.

Das bedeutet: Auf der Basis, von Gott geliebt zu sein, haben wir Mut, eine furchtlose Bestandsaufnahme zu machen.

# Erklärungen zu Schritt 4

## Der Begriff „Wir …"

### Wir alle leben in einer Wir-Tradition

Viele von uns hatten ein völlig falsches Bild von sich selbst und kannten ihre Stärken und Schwächen nicht, weil sie die Beziehung zu Gott aus ihrem Leben ganz oder teilweise ausgeblendet hatten. Das führte zu gefährlichen Fehleinschätzungen: Sie dachten, dass sie Dinge gut machen würden, aber die Folge davon war: Alles wurde immer schlimmer! Was war das Problem? Sie hatten eine „falsche Brille" auf! Sie wussten aber nicht, warum. Sie waren sich ihrer Wir-Tradition nicht bewusst!

Auch wenn jeder Mensch ein Einzelwesen ist, lebt er als Mensch in einer Wir-Tradition.

Wir sind in einer Familie groß geworden, in der Normen, Werte, Regeln, Verbote, Gebote usw. herrschten. Das alles hat uns geprägt. Wir haben eine Beziehung zu den Themen und Werten unserer Familientraditionen aufgenommen und haben sie auch in einer ganz bestimmten Atmosphäre erlebt (der typische „Stallgeruch" unserer Familie).

Übrigens: Der Beziehungsaufbau fing schon im Mutterleib an, wo wir, eng verbunden, eine intensive Zweierbeziehung mit der Mutter (und indirekt sogar schon mit deren Umwelt) hatten. Kein Mensch kann sich dem entziehen.

Jede Familie wiederum lebt immer in dem größeren Zusammenhang einer Gesellschaft und Kultur.

Vielen von uns war dieser Zusammenhang nicht klar. Sie haben sich selbst isoliert wahrgenommen und nicht genug berücksichtigt, dass alles, was sie wahrnehmen, denken oder fühlen, aus einer langen Tradition von Erfahrungen entstanden ist. So deuteten sie ihre Beziehung zu sich selbst, Menschen, Umwelt und Gott nicht aus diesem Lebenszusammenhang.

Sie hatten z. B. an einzelnen Symptomen herumgedoktert und waren enttäuscht, wenn keine Änderungen möglich waren. Sie bemerkten nicht den Zusammenhang zu ihrer Geschichte. Genauso konnten sie auch nicht wahrnehmen, inwieweit Gott in dieser Geschichte anwesend war.

### Gott ist dabei

Einige hatten Gott nur mit einer negativen Beziehung, z.B. als strafenden Gott denken können. Für andere spielte Gott überhaupt keine Rolle in ihrem Denken und Leben. Sie hatten ihre Beziehung zu ihm völlig aus dem Bewusstsein ausgeblendet. Durch Schritt 3 haben sie es gewagt, neu zu denken: Gott ist ja dabei!

Die Tatsache ist: Im Grunde ist es Gott, der Liebe unter Menschen ermöglicht. Christen glauben: Jede echte, wahre, ehrfürchtige Beziehung zwischen Menschen ist nur möglich, weil der Geist Gottes sie schenkt (ob das Menschen wahrnehmen oder nicht).

Du kannst in der Atmosphäre deiner Endlich-Leben-Gruppe Jesus und seine liebevolle Art der Beziehung zu Menschen wiederfinden. Jesu Geist zeigt sich heute noch in Wahrheit, Annahme, Barmherzigkeit und Vergebung. Damit ist er das Urbild und das Maß aller guten Beziehungen.

Mit Schritt 4 beginnen wir, aufgrund unserer neuen, liebevollen Beziehung zu Gott (Schritt 3) auch alles, was uns betrifft, neu wahrzunehmen: Beziehungen zu uns selbst, zu anderen und zur Umwelt.

### Und wenn du nur bis Schritt 3 gehst?

Wahrscheinlich ginge es dir so: Du entdeckst Fehler oder Fehlverhalten und erwischst dich dabei, wie du immer wieder (fast zwanghaft) dieselben Fehler wiederholst, ohne zu lernen, wie es anders geht. Die Folge davon wäre: Du würdest dich über dich selbst ärgern, dich vielleicht verdammen oder verleugnen und schließlich das Handtuch werfen. Also: Schritt 4 ist sehr wichtig, um nicht immer wieder wie blind über deine Symptome zu stolpern! Deine Symptome haben eine Geschichte. Die wollen wir verstehen.

### Ein tragischer Irrtum

Viele tragen in sich die Hoffnung: Wenn ich nur richtig glaube, wird sich alles andere automatisch ändern. Das ist ein Wunschtraum. In Wirklichkeit verändern Menschen sich nur,

- wenn sie sich selbst im größeren Zusammenhang erkennen und damit die Ursachen ihrer Symptome verstehen lernen;
- wenn sie schrittweise üben, ihre Beziehungen besser zu gestalten;
- wenn sie erleben, dass Gott ihnen mit seiner großen Liebe zur Seite steht und ihnen Kraft zum Handeln gibt.

Wie Gott in unser Leben konkret eingreift, uns heilt und verändert, das vertiefen wir mit Schritt 6 und 7. Jetzt geht es um eine erste „Bestandsaufnahme".

### Unsere Gruppe schafft eine neue Wir-Tradition

Eine der wichtigsten Veränderungen hat schon lange begonnen: Du hast gelernt, dich anderen Menschen in deiner Gruppe ehrlich mitzuteilen. Dort erzählst du deine Erfolge und Misserfolge. Du bist nicht mehr so isoliert wie früher.

In der Gruppe haben einige von uns zum ersten Mal erlebt: Sie wurden trotz ihrer Art und trotz ihrer Fehler angenommen. Mit Schritt 3 haben sie darüber hinaus eine Tür in ihrem Leben für das unendliche Reservoir an Liebe von Gott geöffnet. Einige waren davon so überwältigt, dass eine große Freude und Kraft in sie eingezogen ist.

All diese Erfahrungen gehören zur neuen, gesunden Form einer gottgeprägten Wir-Tradition.

Die alte, ungesunde Wir-Tradition war dagegen geprägt von Isolation, Selbst- und Fremdzerstörung, Selbstsucht und einsamem Stolz. Diese alte Welt wird damit mehr und mehr aufgehoben.

## „... furchtlose Inventur"

### Liebt Gott mich weiterhin?

Es gibt sicherlich viele Ängste. Die tiefste Angst ist: Gott könnte die Beziehung zu mir endgültig abbrechen, weil ich seine Liebe einfach nicht verdiene. Welche Namen bekommt diese Angst?

- Angst, von Gott verlassen zu werden,
- Angst vor Gottes Strafe,
- Angst, einen fürchterlichen Fehler zu machen,
- Angst, alleingelassen zu werden,
- Angst vor Liebesentzug Gottes.

Diese Ängste sind existenziell so bedrohlich, dass sie treffend mit dem Begriff „Angst vor Verdammung" zusammengefasst werden können, was übersetzt heißt: „Ich kann machen, was ich will, es wird nie wieder gut!" Im Blick auf die Inventur hat solche Angst fatale Folgen. Sie flüstert dir ein: „Wenn du dich auf die Inventur einlässt, dann ziehst du dir Gottes Verdammnis zu!"

Wie kommen solche verkehrten Gedanken zustande? Die Beziehung zu Gott ist hier durch die Lüge gestört: Gott verdammt, wenn die Wahrheit über mich herauskommt. Ich muss also die Wahrheit verstecken. Gleichzeitig behalte ich ein diffuses Schuldgefühl. Das wieder bestätigt mir, dass Gott mich wohl zu Recht verurteilt und ich verdammenswürdig bin. So wird der Kreislauf der Verdammnis geschlossen.

Natürlich gibt es auch berechtigte Schuldgefühle aufgrund von wirklicher Schuld. Innerhalb des Verdammungskreislaufes handelt es sich jedoch um ein „neurotisches" oder irrationales Schuldgefühl.

Der Grund: Die Möglichkeit einer Vergebung scheint völlig ausgeschlossen. Betroffene rechnen nicht mit dem christlichen, gnädigen Gott. Ja, sie können überhaupt nicht mehr zwischen möglichen berechtigten oder unberechtigten Schuldgefühlen unterscheiden. Sie sind fixiert auf die Angst vor Verdammnis, mit den dazugehörenden falschen Schuldgefühlen. Das passt nicht zu einer gesunden Beziehung zu Gott. Richtig ist: Wer sich mit Schritt 3 Gott, seiner Liebe und Fürsorge anvertraut, darf aus der Gewissheit leben: Gott ist auf meiner Seite, egal mit welcher Schuld ich auch immer beladen bin.

Warum behalten einige von uns dann solche Verdammungsgefühle, obwohl sie doch mit dem Verstand zu gleicher Zeit wissen: Jesus ist *für sie*? Sie hängen noch – gegen alles Kopfwissen – an Scham- oder Schuldgefühlen, die sie früher so erlernt haben.

Als Kinder haben nämlich einige in ihrer Familie erlebt, dass ihnen die Liebe der Eltern entzogen wurde, wenn sie nicht „artig" waren. Vielleicht wurde das sogar noch „religiös" verpackt: „Der liebe Gott straft dich, wenn du einen Fehler machst!" So wird ein zerstörerisches Familienmuster mit Gott verknüpft. Viele von uns kennen solche Verknüpfungen zwischen kranken Familienmustern und Gottesvorstellungen, die sie zwar vom Kopf her überwunden haben, aber gefühlsmäßig noch nicht auflösen können. Sie fühlen sich weiterhin auch von Gott verdammt.

Wenn du dich in diesen Problemen wiederfindest, erinnere dich zuerst an die Wahrheit von Schritt 3: Gott, wie wir ihn verstanden haben, ist ein barmherziger, vergebender und liebender Gott. Ein Schlüsselsatz aus der Bibel bestätigt das, denn der Apostel Paulus hat genau auf diese Frage eine eindeutige Antwort gegeben: „Es gibt keine Verdammnis für die, die in Christus Jesus sind!" (Römerbrief 8,1). Gott hilft nur zu gerne! Gerade wenn du in einem Gefühlschaos steckst, leidet er mit dir. Seine Liebe hängt nicht von deinen momentanen Gefühlszuständen ab. Sie ist allein begründet in dem, was er durch Jesus tat: Er erniedrigte sich selbst bis zum Tod, ja zum Tod am Kreuz (vgl. Philipperbrief 2,5-11). Gott hat sich auf seine Liebe zu uns festnageln lassen – selbst wenn wir noch „feindlich" gesinnt sein sollten.

### Deine Inventur wird von Gottes Liebe geführt

Wichtig bei allen Details der kommenden Inventur: Gottes Liebe bleibt die treibende Kraft für deine Inventur. Du musst mit Schritt 4 eben nicht alle unangenehmen Details deines Lebens ans Licht zerren. Wir können dich beruhigen:

- In den Gruppen soll nichts, was noch nicht zum Anschauen reif ist, aufgedeckt werden. Im Gegenteil: Jesus selbst hilft dir, das herauszufinden, was jetzt wichtig für dich ist.
- Die Gruppen-Grundregel gilt weiterhin: Jede und jeder in der Gruppe bestimmt selbst, wie viel sie oder er von sich einbringen will.
- Einige haben die Erfahrung gemacht: Eine Erforschung ihres Innenlebens, bei der sie ihre Verbindung zur Liebe Gottes verlieren, stürzt sie natürlich wieder in die alten Verdammnisängste, kann so ihre „Nüchternheit" gefährden und einen Rückfall zur Folge haben.

Wenn also Schritt 4 dich von der Liebesbeziehung zu Jesus trennt und du die Kontrolle verlieren solltest, darfst du die Unterstützung deiner Gruppe in Anspruch nehmen, damit du aus dem üblichen Verdammungskreislauf herausfinden kannst.

### Rede über das, was dir Angst macht!

Rede furchtlos über mögliche Ängste vor und während Schritt 4 in deiner Gruppe. Das Aussprechen deiner Ängste klärt deine Gedanken und hilft dir so, dich selbst besser zu verstehen. Deshalb ist die Gruppe in dieser Phase gerade so wichtig. Du könntest vielleicht denken: Ich kann ja die Inventur für mich alleine machen. Richtig ist, dass du zunächst einmal ganz ehrlich nur zu dir selbst wirst. Aber unterschätze nicht, wie wichtig die Hilfe der anderen für dich ist, die dir Mut machen wird.

## Der Begriff „Inventur"

*Was ist eigentlich eine Inventur?* Der Begriff „Inventur" wird oft in der Geschäftswelt gebraucht. Es geht um eine objektive Bestandsaufnahme: Positives und Negatives kommt in den Blick. „Objektiv" meint in diesem Zusammenhang natürlich: Wir bewerten alles möglichst wahrheitsgetreu.

Stell dir vor, du bist Inhaber eines Geschäftes. Am Ende des Jahres willst du wissen, welche Waren noch vorhanden sind. Du wirst deine Waren danach sichten, was sich gut verkauft und was liegen geblieben ist. So bekommst du einen Überblick über den Bestand und den Wert der Waren. Was schlecht, alt und unverkäuflich ist, wird entfernt.

## „... in unserm Innern"

**Es geht in Schritt 4 um zwei Formen der Selbsterkenntnis:**

- **um eine Detailerkenntnis,**
- **um Gesamtzusammenhänge von uns selbst.**

Alles, was wir in unserem Inneren vorfinden – also Gefühle, Gedanken, Wünsche, Bewertungen – hat eine Geschichte und einen bestimmten Sinn. Wir verhalten uns aus unserer Sicht – ob bewusst oder unbewusst – immer sinnvoll. Bevor wir den Sinn oder die Gesamtzusammenhänge aber verstehen, müssen wir natürlich die einzelnen Bestandteile, Gefühle, Gedanken usw. wahrnehmen.

Wenn du nun eine Inventur deines inneren Wesens durchführst, wirst du in deinem Fühlen, Denken und Verhalten immer wiederkehrende Muster entdecken.

*Was ist ein Muster?* Etwas, das immer wieder gleich durchgeführt wird, nennt man ein Muster. Solche Verhaltens- oder auch Denkmuster hast du aus gutem Grund entwickelt: Sie halfen dir! Das bedeutet: Der Sinn jedes Musters liegt schlicht darin: Es bringt dir irgendetwas (z. B. es schützt dich, es lässt dich leben, es gibt dir Befriedigung). Viele Muster (Gewohnheiten) sind gut! Manche Muster beeinflussen unsere Persönlichkeitsentwicklung negativ. Solche Muster nennen wir „Überlebensstrategien". Dahinter steckt der Gedanke, dass sie irgendwann einmal „gut" waren im Sinne von hilfreich zum Überleben in schwierigen Zeiten.

## Der falsche Gewinn von Überlebensstrategien

Menschen entwickeln nur Verhaltensweisen, die ihnen bewusst oder unbewusst nützlich erscheinen. Für manche Muster müssen wir aber einen Preis zahlen, der den Nutzen langfristig weit übersteigt:

| Muster wirken z. B. so: | Der Preis des Musters: |
|---|---|
| Schmerzlindernd | Gefühle werden vermindert oder gar nicht mehr gefühlt (bis hin zu körperlicher und seelischer Schmerzunempfindlichkeit). Der Preis ist hier z. B. Gleichgültigkeit oder Lethargie. |
| tröstend | Manchmal werden Erinnerungen verdrängt (z. B. traumatische, schockartige Erlebnisse). Auslöser (wie Gerüche, ähnliche Bilder oder Geräusche wie bei dem Schock) werden geschickt vermieden, Panikgefühle betäubt (z. B. mit Alkohol). Oft ist der Preis, sich in Süchte zu verstricken. |
| schützend | Menschen isolieren sich von anderen und von sich selbst, z. B. durch bestimmte Rollen („Heldenrolle", „der Böse" usw.). Der Preis ist innere Einsamkeit. |

Letztlich ist der Preis zu hoch! Überlebensmuster aufrechtzuerhalten bedeutet: Wir haben uns von der Wahrheit und damit von der Wirklichkeit getrennt – und damit von uns selbst! Oder anders gesagt: Wir haben die Beziehung zu uns, anderen Menschen, Gott und Umwelt verschlechtert oder sogar ganz verloren! Das ist es übrigens, was in der Bibel mit dem Wort „Sünde" benannt wird: Verlust der göttlichen Wirklichkeit.

## Nicht alles, was früher geholfen hat, ist auch heute noch hilfreich

*Wie entstehen „Überlebensmuster"* genau? Einige aus unseren Gruppen haben berichtet: In ihrer Kindheit mussten sie immer lügen, um in ihrer Familie überleben zu können. Ein Beispiel: *„Der Vater, ein Alkoholiker, wurde im Rauschzustand unberechenbar aggressiv. Weil wir als Kinder uns nie sicher waren, wie er reagieren würde, haben wir uns als ‚Vorsichtsmaßnahme' angewöhnt, ihm nach dem Mund zu reden und ihm in allem recht zu geben. So fingen wir an zu lügen. Lügen wurde für uns als Selbstschutz überlebenswichtig.*

Später, im Erwachsenenalter, war solch ein Verhalten nicht mehr nötig, weil die Situation sich völlig verändert hatte. Wir waren nun erwachsen und nicht mehr abhängig und hätten uns sicherlich anders vor unberechenbaren Menschen schützen können. Trotzdem fiel es uns schwer, unser Lügen-Müssen abzustellen. Es war eine tief verwurzelte Überlebensstrategie geworden, die wir in Krisen immer wieder anwendeten."

Was ist also das Problem mit Mustern? Zum Problem werden Muster dann, wenn sie wie zwanghaft wiederholt werden müssen und – statt zu helfen – schädliche Wirkungen haben. Aus Überlebensstrategien werden unter der Hand letztlich Todesstrategien.

### Wie ein Ritter in seiner Rüstung

Ein Bild erklärt es noch viel besser: Es ist fast so, als hätten sie als Kinder eine Ritterrüstung angezogen, die sie damals vor Verletzungen schützen sollte. Über die Jahre sind sie gewachsen und stecken nun in einer viel zu engen Rüstung, die ihnen jetzt alles Leben abschneidet und sie immer mehr handlungsunfähig macht. Also: Was damals ein Schutz war (die Rüstung), drückt ihnen heute den Atem ab und nimmt ihnen den Lebensraum.

Einerseits ist dann die beste Nachricht: „Du darfst diese alte Rüstung ablegen!" Andererseits spricht die Gewohnheit dagegen: „Ich habe mich so sehr daran gewöhnt, sie zu tragen, und glaube immer noch an ihren Schutz."

## Der Begriff „machten ..."

### Die Methode der Inventur

Im Abschnitt „Durcharbeiten der Schritte" bekommst du eine genaue Anleitung für die folgenden Punkte:

1. Wichtige Details aus deinem Leben erkennen.
2. Den Zusammenhang mit der Wir-Tradition und Gott erkennen, der in Liebe schon immer für dich da war.

Eine wichtige Frage ist: Wie machen wir jetzt die Inventur ganz praktisch? Wir werden uns auf diesem Weg Hilfsmittel, Listen, Fragebögen usw. zunutze machen. Alles, was wir tun und wie wir es tun, wollen wir dabei der Führung des Heiligen Geistes unterstellen. Darum ist das Gebet ein wichtiger Teil der Inventur. Das ist uns sehr wichtig! Denn wir haben auch erlebt: Menschen können leicht methodengläubig werden und von Hilfsmitteln das erwarten, was nur Jesus Christus schenken kann.

### Das Ziel der Inventur

Das Ziel der Inventur ist es, uns in einem Gesamtzusammenhang zu verstehen. Dabei werden wir alles, was zerstörerisch ist, endlich klar erkennen, um es in Schritt 5 zu bekennen und im weiteren Prozess der 12 Schritte davon schrittweise frei zu werden. Eins bleibt gewiss: Wir wollen und können nie perfekt werden. Es ist ein lebenslanges Wachsen zu Gott hin.

Damit ist das Ziel des 4. Schrittes, alles zu erkennen, was die gesunde Beziehung zu Jesus Christus, mir selbst und anderen Menschen verhindert. Unser Motto lautet also: Wir suchen uns und finden Jesus.

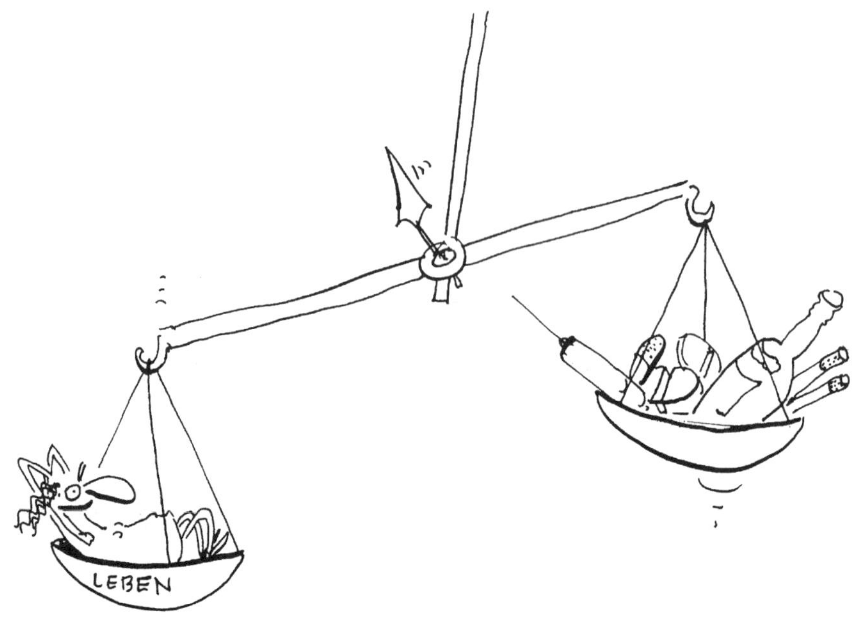

# Den Schritt 4 durcharbeiten

## 1. Missverständnisse bei Schritt 4 ausräumen

**Es gibt einige typische Missverständnisse, die dazu führen, dass einige von uns Schritt 4 ablehnen oder misstrauisch sind, ob sie sich darauf einlassen wollen.**

### Bedeutet Verstehen schon Veränderung?

Einige denken vielleicht, eine rein verstandesmäßige Erkenntnis ihrer Fehler brächte schon die Befreiung.

Selbst wenn sie das komplizierte System, bestehend aus Gefühlen, Verstand, menschlichen Rollen usw., sehr gut verstanden haben, erleben einige doch, dass die ersehnte Veränderung trotz aller Bemühungen ausbleibt.

Spätestens an diesem Punkt wird den Betroffenen klar, dass sie gewissermaßen gefangen sind. An dieser Stelle bekommt das Thema Abhängigkeit und Sucht ein konkretes Gesicht. Aus biblischer Sicht steckt hinter solchen Abhängigkeiten letztlich die Menschen versklavende und zerstörende Macht des Bösen. Darum – so glauben Christen – kann die Gebundenheit durch die Macht des Bösen nicht allein mit menschlicher Verstandes- und Willenskraft gelöst werden, sondern braucht eine göttliche Macht, einen Befreier. In der Bibel heißt es darum: Jesus ist gekommen, um die Werke des Teufels zu zerstören.

Verstehen ist sicherlich eine gute Voraussetzung für Veränderungen, greift aber nur begrenzt bei Abhängigkeiten. Darum hat sich der geistliche Weg des 12-Schritte-Programms weltweit so erfolgreich bei der Hilfe gegen Süchte gezeigt.

### Angst vor einer Schritt-4-Inventur aufgrund von falschen Deutungen

Einige Christen legen biblische Aussagen ohne Rücksicht auf den Zusammenhang aus und haben daher Schwierigkeiten mit der Schritt-4-Inventur. Diese falschen Interpretationen werden dann zu immer gültigen Glaubenssätzen mit göttlicher Autorität. Deshalb sind sie fest davon überzeugt, dass Gott ihnen eine solche Inventur verbiete.

Beispiele für solche falsche Deutungen sehen vielleicht so aus:

| Bibelverse | Falsche Deutungen |
|---|---|
| „Das Alte ist vergangen." 2. Korintherbrief 5,17 | Kram nicht in der Vergangenheit! |
| „Wer seine Hand an den Pflug legt und *sieht zurück,* der ist nicht geschickt für das Reich Gottes." Lukasevangelium 9,62 | Zurückschauen wird als „in der Vergangenheit kramen" gedeutet. Inventur ist deshalb also Sünde („nicht geschickt für das Reich Gottes ..."). |
| „Sagt Dank Gott, dem Vater, allezeit für alles, im Namen unseres Herrn Jesus Christus." Epheserbrief 5,20 | Du musst immer (!) positiv denken und nichts Negatives denken oder aussprechen. Das ist Unglaube! |
| „Seid dankbar in allen Dingen; denn das ist der Wille Gottes in Christus Jesus an euch." 1. Thessalonicherbrief 5,18 | Du sollst nicht auf deine Gefühle achten, achte nur auf das Wort Gottes (auf den Willen Gottes). Streng deinen Willen an, das Gefühl folgt deinem Willen. Wenn du nur willst, dann geht das schon. |

### Das Hilfsmittel ist mein Heilmittel

Das ist ein Missverständnis, das sich auch schnell einschleicht: Die Verwechslung von Mittel und Zweck. Alle Listen, Fragebögen und sonstigen Hinweise können nur Werkzeuge (Mittel) sein, um dem eigentlichen Ziel zu dienen (Zweck), Jesus Christus näherzukommen und von ihm verändert zu werden.

### Wenn ich *alles* erkannt habe, bin ich *ganz* gesund

Die Grundannahme hinter dieser Behauptung beruht auf einem eindimensionalen, technokratischen Denkschema: Der Mensch funktioniert wie eine Maschine nach dem Ursache-Wirkungs-Prinzip. Wenn ich alle Fehler (Ursache) gefunden und repariert habe, dann läuft sie wieder einwandfrei (Wirkung). So ist es z. B. eine verbreitete Irrmeinung, dass alle Probleme ihre Wurzeln in irgendeiner Kindheitsstörung hätten. Es gibt auch Ursachen für Störungen, die im Hier und Jetzt liegen, z. B. ein aktueller Schock, ein traumatisches Erlebnis oder eine aktuelle Beziehungsstörung zum Partner oder zu Gott.

Eine Person ist etwas völlig anderes als eine Maschine und viel komplexer. Deshalb ist es wichtig, systemisch zu denken. Das bedeutet: Alle einzelnen Elemente wirken aufeinander. Deshalb gilt der Grundsatz: Je mehr ich von mir (und meinem Lebensumfeld) kennenlerne, desto mehr wird mir auch das bleibende Geheimnis meiner Person bewusst werden.

### *Ich* mache die Inventur

Hier wird das Wort „ICH" und „machen" mit der Vorstellung von Machbarkeit verbunden. Der Irrtum liegt darin, dass eine entscheidende Dimension, nämlich die Gottesbeziehung, ausgeblendet wird. Jeder, der sich dem Machbarkeitswahn ausliefert, rechnet nicht mit dem Eingreifen Gottes und will sich durch eigene Leistung, z. B. mithilfe von „Techniken", selbst heilen. Das Geheimnis einer christlichen Inventur hat Jesus seinen Jüngern so vermittelt: „Ich werde euch meinen Geist senden und der wird euch in alle Wahrheit leiten."

## 2. Wie uns die Bibel ins Leben führt

Ein Ausschnitt aus einem Brief des Apostels Paulus zeigt uns den Horizont, in dem unsere Inventur heilend wirken wird.
Beachte die Atmosphäre und Stimmung in diesen Briefzeilen. Außerdem achte schon einmal beim ersten Lesen auf die Art, wie Paulus hier spricht:

(17) Der Gott unseres Herrn Jesus Christus, der Vater der Herrlichkeit, gebe euch den Geist der Weisheit und der Offenbarung, ihn zu erkennen.

(18) Und er gebe euch erleuchtete Augen des Herzens, damit ihr erkennt, zu welcher Hoffnung ihr von ihm berufen seid, wie reich die Herrlichkeit seines Erbes für die Heiligen ist

(19) und wie überschwänglich groß seine Kraft an uns ist, die wir glauben, weil die Macht seiner Stärke bei uns wirksam wurde,

(20) mit der er in Christus gewirkt hat. Durch sie hat er ihn von den Toten auferweckt.

Epheserbrief 1,17-20

## „Erleuchtete Augen des Herzens …"

Vielleicht hast du sofort bemerkt, wie begeistert Paulus sich ausdrückt. Die Begriffe klingen überschwänglich und du siehst förmlich das Glänzen in den Augen des Apostels, als er diese „Schätze" der guten Nachricht hier ausbreitet.

Zuerst einmal wird Gott „Vater der Herrlichkeit" genannt – viel von dem himmlischen Glanz schimmert hier durch. Auch die folgenden Begriffe lassen viel von der Schönheit Gottes und seinen Plänen und Geschenken für uns ahnen: „wie reich die Herrlichkeit seines Erbes für die Heiligen", wie „überschwänglich groß seine Kraft an uns" ist, „Geist der Weisheit und Offenbarung". Die Atmosphäre dieses kurzen Abschnitts atmet den Reichtum und die Schönheit der göttlichen Welt.

Wir machen dich deshalb hier darauf aufmerksam, weil viele von uns so sehr an den Mangel ihres Lebens gewöhnt waren, dass sie keine Augen mehr dafür hatten, wie verschwenderisch liebevoll Gott sich ihnen gegenüber zeigen möchte.

Bei deiner Inventur benötigst du gerade diese göttliche Sicht, um dich selbst und deinen Wert angemessen zu sehen.

Eine solche Sichtweise wird dir übrigens vom Heiligen Geist selbst geschenkt. Darum betet Paulus ausdrücklich „(V. 17) Gott … gebe euch den Geist der Weisheit und der Offenbarung, ihn zu erkennen. (V. 18) Und er gebe euch erleuchtete Augen des Herzens, damit ihr erkennt, zu welcher Hoffnung ihr von ihm berufen seid …"

Lass einmal dieses Gebet des Paulus in dir nachklingen: „Er gebe dir erleuchtete Augen des Herzens …!" Ich stelle mir dabei vor, wie die matten, glanzlosen Augen meines Herzens plötzlich hell werden. Und sofort bekommt alles, was ich sehe, eine andere Tiefendimension, Farbe, Leben und etwas von dem göttlichen Glanz. Fast könnte es sein, als würden wir Gottes Augen für einen Augenblick geliehen bekommen, damit wir uns selbst, die anderen Menschen und unsere Beziehungen aus seiner Perspektive wahrnehmen. Und diese Perspektive ist voller Hoffnung.

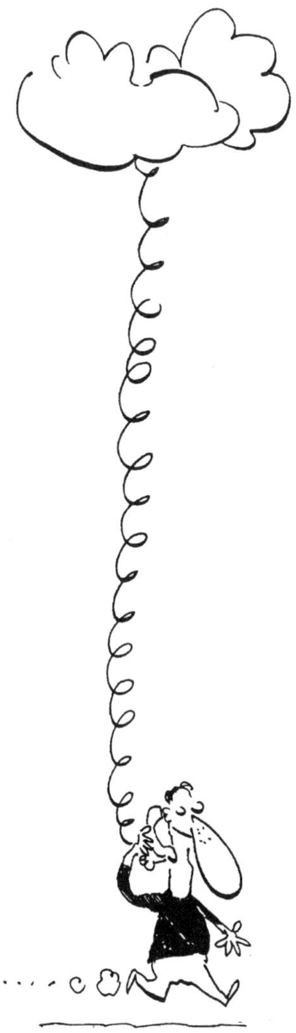

## Kraft, die Tote erwecken kann …

Für ihn gibt es sogar noch Hoffnung, wo wir nur das bittere Ende und das endgültige Aus sehen – den Tod. Gott durchbricht diese absolute Grenze durch seine große, schöpferische Kraft, indem er Jesus von den Toten auferweckt. Mit genau derselben Kraft beginnt er in uns zu wirken. Wenn also die Kraft des Heiligen Geistes in uns ist, dann ist ihm alles möglich. Seelische Wunden, Bitterkeit, tiefe Resignation und Müdigkeit, jahrelang wirksame innere Schwüre und Erstarrungen durch Festlegungen und Bindungen … all diese Todesboten werden von ihm überwunden. An ihre Stelle wird ein bisher ungekannter Optimismus treten: Es gibt Hoffnung für mich, es gibt eine Hoffnung gegen allen Todesgeruch, alle Todeszeichen und Lähmungen, denen ich ausgesetzt war! Neues wird aufbrechen!

## Inventur aus himmlischer Perspektive machen

Ich komme ins Schwärmen, wenn ich diese Briefzeilen des Paulus lese und im Geist den Apostel so für mich beten lasse. Deine Inventur in Schritt 4 lebt von dieser himmlischen Atmosphäre, den strahlenden Augen Gottes über dir, seinem geliebten Kind. Er teilt deine Sehnsucht und wünscht sich nur das: „Erkenne mich und meine liebevollen Geschenke! Nimm dich selbst im Licht dieser Hoffnung wahr!"

So erlebst du eine Tiefenbegegnung mit dir selbst im Raum seiner Liebe. Vergiss diesen Horizont nie, gerade dann nicht, wenn du sehr schmerzhaften Bereichen in dir begegnest. Gott sieht viel mehr von dir, als du in solchen Augenblicken wahrnehmen kannst. Es ist nur zu verständlich: Schmerzhafte Gefühle werden deinen Blick einengen, du wirst wieder gefesselt von Trauer oder Angst. So geht dir die Weite in der Liebe Gottes verloren. Beachte: Selbst solche Phasen werden dir letztlich nicht schaden können.

Gottes Liebe für dich bleibt – auch wenn du sie nicht spürst oder einen Augenblick lang nicht wahrnehmen kannst.

*Schreibe dein persönliches Gebet um „erleuchtete Augen des Herzens" auf. Nimm das „Mustergebet" des Paulus als Vorbild. Formuliere mit eigenen Worten deine Sehnsucht:*

______________________________

______________________________

______________________________

______________________________

______________________________

______________________________

## Der Jesus-Prozess

### Die Beziehung zu uns – Gottes größte Sehnsucht

**Jeder Mensch ist einmalig, eine Idee Gottes schon vor seiner Geburt, gewollt, begabt und geliebt von seinem Schöpfer. So ist jede und jeder sogar ein „Ebenbild Gottes", wie die biblische Tradition es nennt. Damit ist unsere einmalige Bezogenheit auf Gott gemeint. Diese Ebenbildlichkeit hat aber einen Riss bekommen. Es gibt zu viel Abstand zu Gott. Herz und Denken sind oft meilenweit von ihm entfernt. Darum bleibt unsere Hauptaufgabe: unsere Ebenbildlichkeit Gottes wieder zu gewinnen. Das bedeutet Rettung und Leben pur! Wie soll das gehen?**

Jesus Christus repräsentiert das Bild Gottes in menschlicher Gestalt! Damit wird er zum maßgebenden Menschen überhaupt. Durch sein Sterben und Auferstehen ist der Geist des Lebens gegenüber Zerstörung und Tod zum Ziel gekommen. Die Bibel nennt Tod in einem Atemzug mit der „teuflischen", durcheinanderbringenden Macht, auch oft „unheiliger" oder „unreiner", „dämonischer" Geist genannt. Wir bevorzugen den Begriff „Un-Geist", weil damit deutlich wird, dass er das genaue Gegenteil von Heiligem Geist darstellt, das Wesen und Handeln Gottes also verkehrt. Dieser Un-Geist beeinflusst Menschen, zu Egozentrikern und einsamen, verlorenen Kreaturen zu werden. Dem Un-Geist hat Jesus seinen Geist, den Heiligen Geist, entgegengesetzt und ihn in die Menschheit ausgegossen: So entstand die Kirche Jesu. Sie ist der besondere Ort, wo sich die verlorenen Töchter und Söhne Gottes wieder sammeln können, wo sie miteinander und mit Gott in Beziehung kommen: der Ort der Vaterliebe Gottes! Der Ort der Menschwerdung als Gottes Ebenbilder.

### Die Beziehung zu Gott – Gottes Sehnsucht in uns

Der Heilige Geist wirkt in uns Menschen so: Er weckt in uns die Sehnsucht, zum „Vater" zurückzufinden. Auf diesem Weg zu Gott finden wir dann uns selbst. Warum? Weil wir unsere Gott-Ebenbildlichkeit zurückgeschenkt bekommen. Wie geht das? Die Liebe Jesu tut dieses einzigartige Werk, Beziehung zu Gott zu schaffen. Und genau diese Liebe ist durch den Geist Gottes in die Herzen derer gegossen, die an Jesus glauben. Deine Aufgabe bleibt jetzt die: Geh diesem Ziehen des Heiligen Geistes nach! So wirst du mehr und mehr in das Bild Jesu, des Sohnes Gottes, verwandelt. Dies bleibt dein lebenslanger Prozess – der Jesus-Prozess!

## Jesus in uns entdecken und die Spuren des Un-Geistes erkennen

Die Schritt-4-Inventur ist nun ein weiterer Schritt, um diesen Prozess bewusst zu unterstützen. Du kommst jetzt in die Vertiefungsphase der 12 Schritte: Du wirst in deiner Lebensgeschichte immer mehr Jesus und seinen Geist der Liebe entdecken. Du wirst zur gleichen Zeit aber auch die Verzerrungen des Ebenbildes Gottes immer deutlicher erkennen. Konkret sieht das so aus: Du nimmst dein Misstrauen, Verletzungen aus deinen Familien- und anderen menschlichen Wir-Traditionen wahr, du begreifst, was in diesen Erfahrungen zerstörerische Spuren des Un-Geistes sind. All das wirst du verwandeln lassen von der heilenden Kraft des Heiligen Geistes.

Gott selbst wird diesen Prozess erst am letzten Tag dieser Welt vollenden.

Bis dahin bleibt alles unvollendet, eben „Stückwerk". Aber eines wird jetzt schon deutlich: Gewissermaßen als Anzahlung auf eine unendliche Herrlichkeit, die Gott für seine Kinder bereithält, erleben wir jetzt schon liebevolle Beziehungen untereinander in der Gemeinde Jesu mit den christlichen Schwestern und Brüdern. Hier lernen wir, wie Gott die Gemeinschaft unter Menschen und mit ihm selbst eigentlich gemeint hatte. Hier üben wir das neue Leben aus der Gnade ein und merken: Wir sind gewollte, geliebte und einmalig begabte Kinder unseres himmlischen Vaters. So steht es im Markusevangelium 10,29-30: *„Jesus sprach: Wahrlich, ich sage euch: Es ist niemand, der Haus oder Brüder oder Schwestern oder Mutter oder Vater oder Kinder oder Äcker verlässt um meinetwillen und um des Evangeliums willen, der nicht hundertfach empfange: jetzt in dieser Zeit Häuser und Brüder und Schwestern und Mütter und Kinder und Äcker mitten unter Verfolgungen – und in der zukünftigen Welt das ewige Leben."*

Zwei Missverständnisse können dazu führen, diesen wunderbaren Weg Gottes mit uns zu verpassen:

### a) Vermeidungsstrategie

Inventur ist völlig falsch verstanden, wenn nur schnell alles „Falsche" weg soll: Du wirst dann oberflächlich und möglichst schnell irgendwelche vermeintlichen Fehlhaltungen, Lebensmuster oder deine „Sünden" (damit meinst du dann unmoralische Verhaltensweisen) aufdecken, um sie möglichst schnell loszuwerden. Wenn das deine einzige Sorge ist, dich darauf zu konzentrieren, ja nichts falsch zu machen, sitzt du in einer Falle: Die Angst-vor-Fehlern-Falle! So vermeidest du das freie, erfüllende (sicherlich auch risikoreiche) Leben aus der Gnade Gottes. Aber Fehlhaltungen und Lebensmuster in Ruhe anschauen und verstehen ist jetzt deine erste Aufgabe.

### b) Selbstmitleidsfalle

Das Gegenteil verfehlt die Mitte und das eigentliche Ziel der Inventur genauso: Wenn du deine Fehler oder Störungen immer anstarrst, deine Wunden und Charakterfehler betrachtest und dich dann als Opfer deiner Geschichte oder Umwelt bemitleidest und über die verpassten Möglichkeiten trauerst und aus dem Trauern gar nicht mehr herauskommst ... Dann sitzt du in der Selbstmitleidsfalle.

Menschen, deren einziges Ideal es ist, vollkommen und gesund zu sein, werden daran verzweifeln, wenn es nicht ideal läuft. In dieser Schöpfung gibt es nun aber keine hundertprozentige seelische und körperliche Gesundheit. Christen wissen: Die gesamte Schöpfung bleibt so lange noch vom Tod – und damit von Krankheit – geprägt, bis der große Tag der Auferstehung kommt. Bis dahin seufzt die ganze Kreatur und sehnt sich nach ihrer Erlösung. Und mit ihr wir Christen.

### Jesus suchen und sich selbst in der eigenen Geschichte finden

Der Jesus-Prozess verläuft anders: Er gelingt dann, wenn du deine Person, deine Rollen und Verhaltensmuster für die liebevolle Gegenwart des Heiligen Geistes öffnest. Das geschieht zuerst dadurch,
- dass du alles wahrhaftig und ungeschminkt aufdecken lässt und
- dass du alles in diesem größeren Zusammenhang mit der liebevollen Gegenwart Gottes in dir siehst.

Unser Hauptziel bleibt also das: die Beziehung zu Jesus Christus zu vertiefen! Durch sie werden wir die Menschen, die wir von Gott her sein sollten. Vergiss diese große Perspektive nicht, wenn du dich den einzelnen Details deines Lebens zuwendest!

Inventur verstehen wir also so: Du wirst all das aufspüren, was dem Modell Gottes entspricht, oder aber das, was diesem Lebensentwurf widerspricht. Merke: Wo der Heilige Geist Gottes wirkt, ist Beziehung, Wertschätzung, Lebenssinn und Lebensfreude. Der Un-Geist – die Bibel nennt ihn auch „Geist der Lüge" – schafft hingegen Trennung, Isolation, Geringschätzung, Chaos und Sinnlosigkeit, Kälte und Tod.

Um das Gute oder Schlechte jetzt klarer zu erkennen, werden wir dich anleiten, dein Leben in diesem göttlichen Gesamtzusammenhang neu zu sehen.

## Den Gesamtzusammenhang erkennen

### Regeln für die Inventur

*Verschaffe dir einen Überblick*

Du lebst jetzt aus dem neuen oder erneuerten Bewusstsein, dass du eine Beziehung zu Jesus hast und er zu dir! Das macht dein Leben aus. Darum kannst du gelassen anschauen, was du bisher für „dein Leben" gehalten hast. Deine Verhaltensmuster und deine typischen Überlebensstrategien zu erkennen, ist zwar nicht das letzte Ziel deiner Inventur, du brauchst aber die Erkenntnis darüber:

- *Welche Verhaltensmuster, Denkmuster und Rollen habe ich entwickelt?*
- *Welchen Sinn hatten die Muster und Rollen bisher?*
- *Welchen Platz bekommen sie im neuen Horizont der Liebe Gottes? Passen sie, sind sie noch angemessen oder sinnvoll?*

Du wirst also unterschiedlichste Erkenntnisse über dich sammeln und in den oben beschriebenen größeren Zusammenhang zur Liebe Gottes stellen. Wie geht das konkret?

### Schreibmaterial bereitstellen, Internetzugang starten und dir Zeit nehmen!

- *Bitte Gott um seine Hilfe beim Nachdenken und Schreiben und Ausfüllen der Fragebögen und Selbsttests.*

- *Nimm dich und deine Beobachtungen ernst.*

- *Mache die Inventur in deinem Zeitrhythmus: Es ist besser, einige wenige Punkte pro Tag sorgfältig und gründlich durchgearbeitet zu haben, als alle auf einmal und dann nur oberflächlich.*

## Am Anfang steht dein Gebet um „erleuchtete Augen des Herzens"

Wir empfehlen am Anfang folgendes Gebet: „Jesus, zeige mir, was ich über mich und dich und die Beziehungen zu meinen Nächsten sehen und verstehen soll."

Du erinnerst dich: Paulus betete für seine Glaubensgeschwister: „Der Gott unseres Herrn Jesus Christus gebe euch erleuchtete Augen des Herzens, damit ihr erkennt, zu welcher Hoffnung ihr von ihm berufen seid, wie reich die Herrlichkeit seines Erbes für die Heiligen ist und wie überschwänglich groß seine Kraft an uns ist, die wir glauben."

Nimm dieses Gebet und mach es immer wieder beim Durcharbeiten der Inventur zu deinem persönlichen Gebet.

## Wie höre ich die Stimme Jesu?

Sei einfach ganz entspannt: Du „hörst" Jesus schon viel mehr, als du es vielleicht bisher wahrgenommen hast. Es ist ganz natürlich, dass er zu Menschen spricht – und das auf vielfältige Weise. Du wirst übrigens mehr und mehr Übung darin bekommen (bei Schritt 11 werden wir uns mit diesem Thema weiter beschäftigen). Mit „Hören" meinen wir also:

- Jesus spricht ganz schlicht durch unser Denken. Wenn du ihn etwas fragst, kannst du z. B. eine Antwort in deinen Gedanken erwarten. Dabei nutzt er auch die Denkhilfen, Fragebögen oder Denkanstöße dieses Arbeitsbuches.
- Oder er unterstreicht eine Wahrheit, die du schon lange kanntest, indem sie dir bewusster wird oder dich ganz neu betrifft. Vielleicht kommt dir auch Zuspruch oder Herausforderung aus dem Lesen der Bibel oder geistlichen Liedern in Erinnerung, etwas, was dich einfach nicht mehr loslässt.
- Dein Gebet um „erleuchtete Augen des Herzens" wird dich während der ganzen Inventur begleiten. Vertraue Jesus, dass er genau das tut: Du darfst einfach mit offenen Augen in der Gegenwart leben und wahrnehmen, wie du deine Beziehungen konkret erlebst.

## Behalte im Blick, in Beziehung zu Jesus zu bleiben

Entscheidend wird während deiner ganzen Inventur sein, die Beziehung zu Jesus aufrechtzuerhalten. Vertrau darauf: Jesus selbst wird dich auf alle Fälle festhalten und durchtragen. Beziehung zu Jesus bedeutet, in seiner Liebe, die er zu dir hat, schlicht zu bleiben. Dieses Geheimnis ist im1. Johannesbrief 4,16 so beschrieben: *Gott ist die Liebe; und wer in der Liebe bleibt, der bleibt in Gott und Gott in ihm.*

Sei gewiss: Nichts wird dich von der Liebe Gottes trennen. Jede (Selbst-)Anklage – und sei sie noch so berechtigt gewesen – ist um Jesu Tod am Kreuz willen aufgehoben. Paulus sagt es in einem Bild: Der Schuldbrief des Anklägers sei am Kreuz Jesu angeheftet und so für immer zerrissen (vgl. Kolosserbrief 2,14+16). Das ist die bleibende Grundlage für deine furchtlose Offenheit gegenüber all dem, was er dir zeigen wird.

Die größte Sehnsucht Gottes bleibt also seine Beziehung zu dir. Er wird alles daransetzen, dass ihr zusammenbleibt. Gott macht dich so auch fähig, mehr und mehr die Beziehung zu dir selbst und zu anderen positiv zu gestalten. Darum liegt die Erfüllung deines Lebens darin: Du wirst Gott lieben können von ganzem Herzen, von ganzer Kraft und von ganzem Gemüt und deinen Nächsten wie dich selbst (vgl. Markusevangelium 12,29+30).

## 4. Deine Lebensinventur

### Wie hast du dein „Leben" erlernt?

Unser Leben setzt sich aus vielen einzelnen Verhaltensmustern und Werten wie ein Puzzle zusammen. Um ein Gesamtbild sichtbar werden zu lassen, helfen dir jetzt die folgenden Fragebögen und Fragen. Du wirst begreifen, was „Leben" bisher für dich eigentlich bedeutet hat.

*So findest du deine Definition für „Leben" heraus:*
*Schreibe alles auf, was dir einfällt. Hüte dich vorerst vor Bewertungen (Das ist schlecht oder jenes ist gut!). Nimm schlicht die Realität deiner Familie wahr, wie sie in deiner Erinnerung abgespeichert ist. Liste alles sachlich und möglichst neutral auf:*

### Deine Ursprungsfamilie

**Für die folgenden Tests ist es immer wichtig, die Fragen in Ruhe der Reihe nach zu beantworten und keine der Fragen auszulassen. Solltest du dir bei der Antwort einmal nicht sicher sein: Es gibt keine falschen oder richtigen Antworten, sondern nur solche, die für dich zutreffend sind.**

**Kannst du dich nur schwer zwischen den verschiedenen Antwortmöglichkeiten entscheiden, kreuze bitte die an, die dir als Erste in den Sinn kommt oder die am ehesten zutrifft. In vielen Fällen hilft es, zügig und schnell zu antworten.**

**Du kannst diese Tests auch gleich im Internet machen und dir die Ergebnisse ausdrucken lassen. Gehe zur Internetseite www.fragebogen.endlich-leben.net**

**Bitte deine Hausarbeit möglichst ohne Zeitdruck erledigen und auf mehrere Tage verteilen!**

# Biografischer Fragebogen: Wie habe ich mich entwickelt? (BIFA)

Bei diesem Test handelt es sich um eine Selbsteinschätzung zu einigen Aussagen, die deine Meinungen und Interessen betreffen, sowie persönliche Angaben über deine Befindlichkeit und Person. Dauer: **15 bis 30 Minuten**

Du kannst diesen Fragenbogen (BIFA) entweder direkt auf dieser Seite oder gleich im Internet ausfüllen. Dann wirst du direkt nach Eingabe deiner Daten ein Ergebnis zum Ausdrucken erhalten. Gehe ins Internet: **www.fragebogen.endlich-leben.net**

Jeder Mensch hat seine eigenen Ansichten und Auffassungen über sich und sein Leben, es gibt hier also keine richtigen und falschen Antworten. Die Beantwortung der Fragen ist natürlich nur dann sinnvoll, wenn du nach bestem Wissen antwortest. Überlege also bitte nicht erst, welche Antwort wohl den besten Eindruck macht, sondern antworte so, wie es deiner Meinung nach zutrifft. Wähle bitte eine der nebeneinander dargestellten Antwortalternativen. Durch mehrere Antwortmöglichkeiten haben wir versucht, die Beantwortung möglichst individuell zu gestalten. Aber auch das hat Grenzen. Es wird daher wohl einige Fragen geben, deren Beantwortung für dich nicht ganz einfach sein wird. Kreuze trotzdem immer eine Antwort an, die am ehesten bei dir zutrifft. Es sind zwei Pole vorgegeben, die Zeichen (−−) und (++), dazwischen finden sich jeweils die Abschwächungen (−) bzw. (+). Entscheide selbst, wie stark die jeweilige Aussage auf dich zutrifft und kreuze das entsprechende Symbol an. Dabei haben die Symbole folgende Bedeutungen:

⊖⊖ = trifft überhaupt nicht auf mich zu ⊖ = trifft nur wenig auf mich zu
⊕ = trifft etwas auf mich zu ⊕⊕ = trifft ganz genau auf mich zu

Beispiel: Häufig könnte ich die Welt umarmen. ⊖⊖ **X** ⊕ ⊕⊕

Im Beispiel ist „⊖" angekreuzt, das heißt in Worten: „Es kommt selten vor, dass ich die ganze Welt umarmen könnte." Bevor du nun beginnst, die folgende Auskunft:
„Ich habe die Anweisung verstanden und bin entschlossen, offen zu antworten."

Ja o Nein o heutiges Datum: ____________________

**❶ Inwieweit trifft die folgende Aussage auf deine Eltern zu?**

| | trifft überhaupt nicht auf mich zu | trifft nur wenig auf mich zu | trifft etwas auf mich zu | trifft ganz genau auf mich zu |
|---|---|---|---|---|
| 1. Ich selbst hatte immer das Gefühl, von meinem Vater, meiner Mutter oder anderen Erziehungspersonen innerlich abgelehnt zu sein. | ⊖⊖ | ⊖ | ⊕ | ⊕⊕ |
| 2. Gelegentlich hatte ich das Empfinden, dass ich nicht so recht in meine Familie hineingehören würde. | ⊖⊖ | ⊖ | ⊕ | ⊕⊕ |
| 3. Ich wurde daheim oft wegen Dingen bestraft, die ich nicht getan hatte. | ⊖⊖ | ⊖ | ⊕ | ⊕⊕ |
| 4. Ich hatte selten Streit mit meinen Familienangehörigen. | ⊖⊖ | ⊖ | ⊕ | ⊕⊕ |
| 5. Oft hatte ich das Gefühl, als wäre zwischen mir und meinem Vater, meiner Mutter oder anderen Erziehungspersonen gleichsam eine Wand. | ⊖⊖ | ⊖ | ⊕ | ⊕⊕ |
| 6. Mein Vater, meine Mutter oder andere Erziehungspersonen hatten dauernd an mir etwas auszusetzen. | ⊖⊖ | ⊖ | ⊕ | ⊕⊕ |
| 7. Mein Vater, meine Mutter oder andere Erziehungspersonen waren für mich da, wenn ich Probleme hatte. | ⊖⊖ | ⊖ | ⊕ | ⊕⊕ |
| 8. Es kam häufig vor, dass mich mein Vater, meine Mutter oder andere Erziehungspersonen vor anderen Kindern und Jugendlichen bloßstellten. | ⊖⊖ | ⊖ | ⊕ | ⊕⊕ |
| 9. Zu Hause fühlte ich mich nicht wohl, weil wir kein gutes Familienleben hatten. | ⊖⊖ | ⊖ | ⊕ | ⊕⊕ |
| 10. Zu meinem Vater, meiner Mutter oder anderen Erziehungspersonen hatte ich eine ziemlich vertrauensvolle Beziehung. | ⊖⊖ | ⊖ | ⊕ | ⊕⊕ |

**❶ Inwieweit trifft die folgende Aussage auf deine Eltern zu?**

| | trifft überhaupt nicht auf mich zu | trifft nur wenig auf mich zu | trifft etwas auf mich zu | trifft ganz genau auf mich zu |
|---|---|---|---|---|
| 11. Mein Vater, meine Mutter oder andere Erziehungspersonen konnten mir nur schwer verzeihen, wenn es wegen mir Unannehmlichkeiten gab. | ⊖⊖ | ⊖ | ⊕ | ⊕⊕ |
| 12. Mein Vater, meine Mutter oder andere Erziehungspersonen stritten sich mehr als andere Leute. | ⊖⊖ | ⊖ | ⊕ | ⊕⊕ |

**❷ Inwieweit trifft die folgende Aussage als Kind oder Jugendlicher auf dich zu?**

| | trifft überhaupt nicht auf mich zu | trifft nur wenig auf mich zu | trifft etwas auf mich zu | trifft ganz genau auf mich zu |
|---|---|---|---|---|
| 1. Als Kind oder Jugendlicher konnte ich meine Leistung steigern oder beibehalten, wenn ich mit anderen in Konkurrenz stand. | ⊖⊖ | ⊖ | ⊕ | ⊕⊕ |
| 2. In der Schule hatte ich Schwierigkeiten, eigene Ideen in Worte zu fassen. | ⊖⊖ | ⊖ | ⊕ | ⊕⊕ |
| 3. In meiner Kindheit und Jugend hat es viele Situationen gegeben, in denen ich mich nicht wohlfühlte. | ⊖⊖ | ⊖ | ⊕ | ⊕⊕ |
| 4. Ich würde mich als Pechvogel in meiner Kindheit und Jugend bezeichnen. | ⊖⊖ | ⊖ | ⊕ | ⊕⊕ |
| 5. In meiner Kindheit und Jugend wurde ich häufig von Schuldgefühlen geplagt. | ⊖⊖ | ⊖ | ⊕ | ⊕⊕ |
| 6. Als Kind und Jugendlicher habe ich oft unter Gedanken gelitten, die ich nur mühsam wieder abstellen konnte. | ⊖⊖ | ⊖ | ⊕ | ⊕⊕ |
| 7. Als Kind und Jugendlicher hat es mir Spaß gemacht, für ein Problem neue Lösungswege zu suchen. | ⊖⊖ | ⊖ | ⊕ | ⊕⊕ |
| 8. In meiner Kindheit und Jugend ist es mir leichtgefallen, anderen meine Ideen zu unterbreiten und ihre Verwirklichung durchzusetzen. | ⊖⊖ | ⊖ | ⊕ | ⊕⊕ |
| 9. In meiner Kindheit und Jugend kam es häufig vor, dass sich andere an meiner Meinung orientierten. | ⊖⊖ | ⊖ | ⊕ | ⊕⊕ |
| 10. In meiner Kindheit und Jugend habe ich oft Verbesserungsvorschläge gemacht. | ⊖⊖ | ⊖ | ⊕ | ⊕⊕ |
| 11. In meiner Kindheit und Jugend ist es mir leichtgefallen, Menschen schnell für mich zu gewinnen. | ⊖⊖ | ⊖ | ⊕ | ⊕⊕ |
| 12. Wenn ich als Kind oder Jugendlicher Situationen abschätzen sollte, die nicht ganz überschaubar waren, traf mein Urteil meistens zu. | ⊖⊖ | ⊖ | ⊕ | ⊕⊕ |
| 13. In meiner Kindheit oder Jugend habe ich das Wesentliche einer Sache sofort erkannt. | ⊖⊖ | ⊖ | ⊕ | ⊕⊕ |
| 14. In meiner Kindheit und Jugend habe ich häufig sehr schnell aufgegeben. | ⊖⊖ | ⊖ | ⊕ | ⊕⊕ |
| 15. In meiner Kindheit und Jugend habe ich mich im Vergleich zu anderen häufig geärgert. | ⊖⊖ | ⊖ | ⊕ | ⊕⊕ |

| ❸ Inwieweit trifft die folgende Aussage auf dein Verhalten in der Schule zu? | trifft überhaupt nicht auf mich zu | trifft nur wenig auf mich zu | trifft etwas auf mich zu | trifft ganz genau auf mich zu |
|---|---|---|---|---|
| 1. In schulischen Dingen war ich immer sehr faul. | ⊖⊖ | ⊖ | ⊕ | ⊕⊕ |
| 2. In der Schule war ich immer sehr ehrgeizig. | ⊖⊖ | ⊖ | ⊕ | ⊕⊕ |
| 3. Eigentlich saß ich in der Schule nur meine Zeit ab. | ⊖⊖ | ⊖ | ⊕ | ⊕⊕ |
| 4. Ich machte meine Hausaufgaben eigentlich nur selten. | ⊖⊖ | ⊖ | ⊕ | ⊕⊕ |
| 5. Ich ging immer sehr gerne zur Schule. | ⊖⊖ | ⊖ | ⊕ | ⊕⊕ |
| 6. Für gewöhnlich beteiligte ich mich mit Interesse am Unterricht. | ⊖⊖ | ⊖ | ⊕ | ⊕⊕ |
| 7. Wenn ich nach der Schule nach Hause kam, erledigte ich als Erstes meine Hausaufgaben. | ⊖⊖ | ⊖ | ⊕ | ⊕⊕ |
| **❹ Inwieweit trifft die folgende Aussage auf deine Beziehungen zu Kindern zu?** | | | | |
| 1. Seit meiner frühesten Kindheit spielte ich häufig mit anderen Kindern. | ⊖⊖ | ⊖ | ⊕ | ⊕⊕ |
| 2. In der Schulzeit war ich eigentlich immer in den sogenannten „Klassenclan" integriert. | ⊖⊖ | ⊖ | ⊕ | ⊕⊕ |
| 3. Mit meinen Schulkameraden habe ich mich auch außerhalb der Schule häufig getroffen. | ⊖⊖ | ⊖ | ⊕ | ⊕⊕ |
| 4. In der Schule war ich bei meinen Mitschülern eigentlich immer anerkannt. | ⊖⊖ | ⊖ | ⊕ | ⊕⊕ |
| 5. Im frühen Kindesalter habe ich meine Zeit fast nur mit gleichaltrigen Kindern verbracht. | ⊖⊖ | ⊖ | ⊕ | ⊕⊕ |
| 6. Innerhalb unserer Schulklasse hielten wir zusammen wie „Pech und Schwefel". | ⊖⊖ | ⊖ | ⊕ | ⊕⊕ |

Bitte überprüfe nochmals, ob du keine Fragen ausgelassen oder aus Versehen eine Seite übersprungen hast.

| Codename (siehe S. 244) | Kasten 1 | Kasten 2 | Kasten 3 | Kasten 4 |
|---|---|---|---|---|
| | | | | |

# Selbsttest: Mit wie viel Kontrolle erreiche ich meine Ziele? (SEO)

Bei diesem Test handelt es sich um eine Selbsteinschätzung zu deinen typischen Mustern, wie du Kontrolle über dein Leben hast. Dabei fragen wir nach der Art, wie du Ziele angehst und erreichst.
Es gibt dabei grob 3 Typen von Menschen:
- Kontrollierte
- Kontroll-Freaks
- Kontroll-Looser

Dauer: **10 bis 20 Minuten**
Name: Skalen zur Erfassung von Ordnungsbezogenheit (SEO).
Du kannst diesen Fragebogen entweder direkt auf dieser Seite oder gleich im Internet ausfüllen. Dann wirst du direkt nach Eingabe deiner Daten ein Ergebnis zum Ausdrucken erhalten.

Hier findest du Aussagen über deine Ansichten, Interessen und Meinungen. Kreuze jeweils dahinter an, ob du diesen Aussagen zustimmst („ja" ankreuzen) oder nicht („nein" ankreuzen). Es geht darum, Angaben über deine Berufsvorstellungen, Lebensansichten und deine eigene Person zu erhalten. Da jeder Mensch eine eigene Auffassung von sich und seinem Leben hat, gibt es keine falschen oder richtigen Antworten. Dieser Fragebogen ist natürlich nur dann sinnvoll, wenn du die Aussagen ehrlich beantwortest. Deswegen überlege bitte nicht zuerst, welche Antwort wohl den „besten Eindruck" macht, sondern beantworte die Aussagen so, wie es deiner Meinung nach zutrifft. Wenn es Schwierigkeiten gibt, eine Aussage zu beantworten, kreuze bitte trotzdem immer eine Antwort an, die am ehesten bei dir zutrifft. Antworte bitte ganz nach deinem Gefühl. **Teil ❶**

| | trifft zu | trifft nicht zu |
|---|---|---|
| 1. Wenn ich ein wichtiges Ziel im Leben erreichen möchte, verfolge ich diese Absicht konsequent, auch wenn das Ziel in weiter Ferne liegt. | ja | nein |
| 2. Hohe Anforderungen sind für mich ein Anreiz zu höheren Leistungen. | ja | nein |
| 3. Ich habe eine große Ausdauer, wenn es gilt, ein gestecktes Ziel zu erreichen. | ja | nein |
| 4. Mir ist berufliche Fortbildung wichtig. | ja | nein |
| 5. Mir sind Gespräche mit Kapazitäten auf meinem Arbeitsgebiet sehr wichtig. | ja | nein |
| 6. Man kann mich leicht beim Ehrgeiz packen. | ja | nein |
| 7. Ich stelle hohe Anforderungen an mich selbst. | ja | nein |
| 8. Ich lasse in einer Sache, für die ich mich einmal entschieden habe, nichts unversucht. | ja | nein |
| 9. Ich versuche, an meinem Arbeitsplatz neue Vorstellungen zu verwirklichen. | ja | nein |
| 10. Ich würde mich als einen ehrgeizigen Menschen bezeichnen. | ja | nein |
| 11. Wenn ich eine Aufgabe nicht befriedigend abgeschlossen oder ein Ziel nicht erreicht habe, versuche ich alle Möglichkeiten zu nutzen, um es doch noch zu schaffen. | ja | nein |
| 12. Ich möchte in der Zukunft noch so manches in die Tat umsetzen. | ja | nein |
| 13. Ich weiß recht genau, wie ich sein möchte und wo mir Erfolg wichtig ist, und ich bemühe mich so gut ich kann, diese Vorstellungen in die Tat umzusetzen. | ja | nein |
| 14. Ich strenge mich sehr an, wenn ich ein schwieriges Problem zu lösen habe, weil ich glaube, auf diese Art Erfolg zu haben. | ja | nein |

**Teil ❷**
**Inwieweit trifft die folgende Aussage auf deine Art, mit Kontrolle umzugehen, zu?**

| | trifft zu | trifft nicht zu |
|---|---|---|
| 1. Ich plane lieber voraus, als dass ich etwas dem Zufall überlasse. | ja | nein |
| 2. Pflichterfüllung ist für mich oberstes Lebensprinzip. | ja | nein |
| 3. Es entspricht meinem Temperament, ein geordnetes Leben zu führen. | ja | nein |
| 4. Ich sorge dafür, dass meine Arbeit sorgfältig geplant und organisiert ist. | ja | nein |
| 5. Ich habe gerne einen geregelten Tagesablauf. | ja | nein |
| 6. Wenn ich etwas Wichtiges vorhabe, dann treffe ich meist schon lange im Voraus meine Vorbereitungen. | ja | nein |
| 7. Man sollte nach meiner Meinung die Freizeit erst dann richtig genießen, wenn man seine Pflichten restlos erfüllt hat. | ja | nein |
| 8. Es entspricht meinem Charakter mehr, etwas sofort und genau zu tun, wie man es von mir erwartet, als augenblicklichen Einfällen nachzugeben. | ja | nein |
| 9. Unvorhergesehene Ereignisse stören mich im Allgemeinen sehr. | ja | nein |
| 10. Ich bin der Auffassung: Gut geplant ist halb gewonnen. | ja | nein |
| 11. Ich lege großen Wert auf Pünktlichkeit. | ja | nein |
| 12. Ich mache es mir zum Prinzip, mich durch nichts von der Arbeit abhalten zu lassen. | ja | nein |
| 13. Mir ist es lieber, wenn innerhalb eines Arbeitsbereiches die Aufgaben konstant bleiben. | ja | nein |
| 14. Ich plane meine Reisen immer im Voraus unter Festlegung eines genauen Reiseweges, von dem ich dann nur ungerne abweiche. | ja | nein |
| 15. Das Beste, was man tun kann, ist, gut zu planen und sich zu bemühen, damit alles so bleibt oder wieder so wird, wie es in der Vergangenheit war. | ja | nein |

**Teil ❸**

| | | |
|---|---|---|
| 1. Manchmal quält mich der Gedanke, im Leben nicht zurechtzukommen. | ja | nein |
| 2. Ich werde oft unruhig und möchte etwas tun, ohne genau zu wissen, was. | ja | nein |
| 3. Manchmal denke ich, dass mit mir nichts anzufangen ist. | ja | nein |
| 4. Oft habe ich Angst, den mir gestellten Aufgaben nicht gewachsen zu sein. | ja | nein |
| 5. Ich beschäftige mich oft mit vielem gleichzeitig, weshalb ich mich hin und her gerissen fühle. | ja | nein |
| 6. Ich denke mir oft Dinge aus, die ich dann doch nicht verwirkliche. | ja | nein |
| 7. Mir bereitet der Gedanke, dass es Wichtigeres gegeben hätte, selbst dann ein unbefriedigtes Gefühl, wenn ich viel getan habe. | ja | nein |
| 8. Manchmal habe ich keinerlei Hoffnung für die Zukunft mehr. | ja | nein |
| 9. Ich hatte schon ab und zu das Gefühl ohnmächtigen Zornes, weil ich dachte, alles Bisherige umsonst getan zu haben. | ja | nein |
| 10. Ich arbeite oft innerlich gehetzt. | ja | nein |
| 11. Meine Gedanken wandern oft umher, obwohl eigentlich Konzentration erforderlich wäre. | ja | nein |
| 12. Mich quält manchmal der Gedanke, im Angesicht des Todes sagen zu müssen, dass mein Leben umsonst war. | ja | nein |
| 13. Meine Pläne sind oft so voller Schwierigkeiten, dass ich sie später wieder aufgebe. | ja | nein |
| 14. Termine bringen mich leicht in Hetze. | ja | nein |
| 15. Ich verbringe zu viel Zeit mit unwichtigen Dingen. | ja | nein |
| 16. Meistens kann ich mich nicht so recht für eine bestimmte Sache entscheiden, weil ich zu viele lohnende Ziele und Möglichkeiten entdecke. | ja | nein |

Trage hier deine Ergebnisse zu den Fragen oben ein. Du hast wie immer alle 3 Teile des Fragebogens beantwortet?

- Teil 1: Deine Ja-Punkte (Kontrollierte):
- Teil 2: Deine Ja-Punkte (Kontroll-Freaks):
- Teil 3: Deine Ja-Punkte (Kontroll-Looser):

Direkt nach Eingabe deiner Daten im Internet erhältst du ein kommentiertes Ergebnis zum Ausdrucken.

| Codename (siehe S. 244) | Kasten 1 | Kasten 2 | Kasten 3 | Kasten 4 |
|---|---|---|---|---|
| | | | | |

# Selbsttest: Welche Konfliktlösungsstile habe ich entwickelt? (KLSE)

Bei diesem Test handelt es sich um eine Selbsteinschätzung zu den typischen Weisen, wie du in deiner Familie Konfliktlösungen erlebt hast.

Wir gehen davon aus, dass du schon als Kind diese Lösungen als Modell für dich übernommen hast.
Dauer: **5 bis 10 Minuten**

Du kannst diesen Fragebogen (KLSE) entweder direkt auf dieser Seite oder gleich im Internet* ausfüllen. Dann wirst du direkt nach Eingabe deiner Daten ein Ergebnis zum Ausdrucken erhalten.
*Gehe ins Internet:
**www.fragebogen.endlich-leben.net**

Im folgenden Abschnitt soll untersucht werden, wie in deinem Elternhaus mit Konflikten umgegangen wurde.
Wähle bitte eine der nebeneinander dargestellten Antwortalternativen aus, die am ehesten zutreffend ist und kreuze sie an.
Antworte bitte ganz nach deinem Gefühl.

| | trifft genau zu | trifft zu | trifft kaum zu | trifft nicht zu |
|---|---|---|---|---|
| 1. Streitigkeiten wurden bei uns nicht mit Schimpfen und Schreien ausgetragen. | ① | ② | ③ | ④ |
| 2. In unserer Familie ging es harmonisch und friedlich zu. | ① | ② | ③ | ④ |
| 3. In unserer Familie regten wir uns schon über Kleinigkeiten auf. | ① | ② | ③ | ④ |
| 4. Bei uns zu Hause kam es kaum vor, dass einem mal der Kragen platzte. | ① | ② | ③ | ④ |
| 5. Wenn es bei uns mal Meinungsverschiedenheiten gab, ließen wir es gar nicht zum großen Krach kommen. | ① | ② | ③ | ④ |
| 6. In unserer Familie wurden Meinungsverschiedenheiten ganz sachlich geregelt. | ① | ② | ③ | ④ |
| 7. Wenn wir in der Familie stritten, warfen wir uns alles an den Kopf, was wir uns schon längst mal sagen wollten. | ① | ② | ③ | ④ |
| 8. Wenn wir in der Familie eine Meinungsverschiedenheit hatten, zog sich häufig einer der Gesprächsteilnehmer mit trauriger oder vorwurfsvoller Miene zurück. | ① | ② | ③ | ④ |
| 9. Ich fühlte mich oft schuldig, weil ich durch einen Streit meine Mutter traurig gemacht hatte. | ① | ② | ③ | ④ |
| 10. Ich fühlte mich oft schuldig, weil ich durch einen Streit meinen Vater traurig gemacht hatte. | ① | ② | ③ | ④ |
| 11. Meinungsverschiedenheiten wurden bei uns nicht offen angesprochen. | ① | ② | ③ | ④ |
| 12. Meine Eltern waren und sind stolz darauf, für mich das Beste getan zu haben. | ① | ② | ③ | ④ |
| 13. Bei uns in der Familie wurde es nicht gern gesehen, wenn man sagte, dass einem etwas nicht passte. | ① | ② | ③ | ④ |
| 14. In unserer Familie war es eher so, dass man seine Gefühle nicht zeigte. | ① | ② | ③ | ④ |

| Codename (siehe S. 244) | Kasten 1 | Kasten 2 | Kasten 3 | Kasten 4 |
|---|---|---|---|---|
| | | | | |



# Selbsttest: Welche Bindungsstile habe ich entwickelt? (BBE)

Bei diesem Test handelt es sich um eine Selbsteinschätzung zu deinen typischen Bindungsmustern mit jeweils 18 Fragen.
Du kannst die Bindung zu deiner Mutter oder deinem/r heutigen Partner/in befragen.
Dauer: **20 bis 40 Minuten**

Du kannst diesen Fragebogen (BBE) entweder direkt auf dieser Seite oder gleich im Internet ausfüllen. Dann wirst du direkt nach Eingabe deiner Daten ein Ergebnis zum Ausdrucken erhalten. Gehe ins Internet:
**www.fragebogen.endlich-leben.net**

| Mit diesem Fragebogen sollen verschiedene Typen von engen, persönlichen Beziehungen erfasst werden. Im Folgenden bitten wir dich, den Charakter deiner Beziehung zu deinem Partner/in und zu einem deiner Eltern (z. B. Mutter) anhand der Fragen zu beschreiben. (Antworte bitte ganz nach deinem Gefühl.) | gar nicht | wenig | teils-teils | ziemlich | völlig |
|---|---|---|---|---|---|
| a) Hattest du schon einmal eine feste Beziehung zu einem Partner/einer Partnerin? | Ja ☐ | | | nein ☐ | |
| b) Bist du zurzeit in einer festen Beziehung zu einem Partner/einer Partnerin? | Ja ☐ | | | nein ☐ | |
| ... wenn ja, wie lange besteht diese Beziehung schon? | ... | Jahre und ... | | Monate | |
| ... wenn nein, wie lange bestand deine letzte feste Beziehung? | ... | Jahre und ... | | Monate | |
| Dieser Teil umfasst 14 Aussagen, die sich zur Beschreibung deiner Beziehung zu deiner Mutter eignen könnten. Sollte deine Mutter nicht mehr leben, überspringe diesen Teil. Lies bitte jede dieser Aussagen aufmerksam durch und überlege, ob diese Aussage deine Beziehung zu deiner Mutter in den letzten Monaten zutreffend beschreibt oder nicht. Zur Bewertung jeder der 14 Aussagen steht dir eine fünffach abgestufte Skala zur Verfügung. Lasse bitte keine Aussage aus; wenn dir einmal die Entscheidung schwerfallen sollte, kreuze trotzdem immer eine Antwort an, und zwar die, welche noch am ehesten zutrifft. | | | | | |
| 1. Ich kann mich gut auf meine Mutter verlassen. | ① | ② | ③ | ④ | ⑤ |
| 2. Ich mache mir Sorgen, von meiner Mutter nicht akzeptiert zu werden. | ① | ② | ③ | ④ | ⑤ |
| 3. Ich treffe wichtige Entscheidungen ohne meine Mutter. | ① | ② | ③ | ④ | ⑤ |
| 4. Um etwas richtig genießen zu können, muss meine Mutter immer dabei sein. | ① | ② | ③ | ④ | ⑤ |
| 5. Ich finde es einfach, meiner Mutter gefühlsmäßig nahezukommen. | ① | ② | ③ | ④ | ⑤ |
| 6. Ich habe Schwierigkeiten, mich auf meine Mutter ganz zu verlassen. | ① | ② | ③ | ④ | ⑤ |
| 7. Ich vermeide es, von meiner Mutter abhängig zu sein. | ① | ② | ③ | ④ | ⑤ |
| 8. Wenn ich Probleme habe, muss meine Mutter für mich da sein. | ① | ② | ③ | ④ | ⑤ |

Fortsetzung von voriger Seite:
Lasse bitte keine Aussage aus; wenn dir einmal die Entscheidung schwerfallen sollte, kreuze trotzdem immer eine Antwort an, und zwar die, welche noch am ehesten zutrifft.

| | gar nicht | wenig | teils-teils | ziemlich | völlig |
|---|---|---|---|---|---|
| 9. Ich fühle mich unwohl, wenn ich meiner Mutter nahekomme. | ① | ② | ③ | ④ | ⑤ |
| 10. Wenn ich Probleme habe, kann ich sie sehr gut ohne meine Mutter lösen. | ① | ② | ③ | ④ | ⑤ |
| 11. Ich kann meiner Mutter nie nahe genug sein. | ① | ② | ③ | ④ | ⑤ |
| 12. Ich fühle mich von meiner Mutter akzeptiert. | ① | ② | ③ | ④ | ⑤ |
| 13. Es ist wichtig für mich, unabhängig von meiner Mutter zu sein. | ① | ② | ③ | ④ | ⑤ |
| 14. Ich kann Probleme nur mit meiner Mutter lösen. | ① | ② | ③ | ④ | ⑤ |

**Teil 2:** Wie genau trifft jede der vier folgenden Beschreibungen auf dich zu:

| | gar nicht | wenig | teils-teils | ziemlich | völlig |
|---|---|---|---|---|---|
| 1. Ich finde, dass es ziemlich leicht für mich ist, meiner Mutter gefühlsmäßig nahe zu sein. Es geht mir gut, wenn ich mich auf meine Mutter verlassen kann und wenn sie sich auf mich verlässt. Ich mache mir keine Gedanken darüber, dass ich allein sein könnte oder dass meine Mutter mich nicht akzeptieren könnte. | ① | ② | ③ | ④ | ⑤ |
| 2. Ich empfinde es manchmal als ziemlich unangenehm, meiner Mutter nahe zu sein. Ich möchte eine Beziehung, in der ich meiner Mutter nahe bin, aber ich finde es schwierig, ihr vollständig zu vertrauen oder von ihr abhängig zu sein. Ich fürchte manchmal, dass ich verletzt werde, wenn ich mir erlaube, ihr zu nahe zu kommen. | ① | ② | ③ | ④ | ⑤ |
| 3. Ich möchte meiner Mutter gefühlsmäßig sehr nahe sein, aber ich merke oft, dass sie keine so große Nähe will wie ich. Es geht mir nicht gut, wenn ich ohne enge Beziehung bin, aber ich denke manchmal, dass meine Mutter mich nicht so sehr schätzt wie ich sie. | ① | ② | ③ | ④ | ⑤ |
| 4. Es geht mir auch ohne enge gefühlsmäßige Bindung gut. Es ist sehr wichtig für mich, mich unabhängig und selbstständig zu fühlen, und ich ziehe es vor, wenn ich nicht von meiner Mutter und sie nicht von mir abhängig ist. | ① | ② | ③ | ④ | ⑤ |

**Teil 3:** Beschreibe jetzt bitte ganz analog deine Beziehung zu deinem Partner **in den letzten Monaten.**
Wenn du zurzeit keine feste Beziehung hast, beschreibe bitte deine letzte feste Partnerbeziehung.

Um unnötigen Verbrauch von Papier zu vermeiden, haben wir nur eine geschlechtsneutrale Version des Fragebogens erstellt. Der allgemeine Begriff „Partner" bezeichnet daher entweder deinen Partner oder deine Partnerin. Wenn du in noch keiner festen Beziehung standest, fülle folgende zwei Seiten bitte nicht aus.

| | gar nicht | wenig | teils-teils | ziemlich | völlig |
|---|---|---|---|---|---|
| 1. Ich kann mich gut auf meinen Partner verlassen. | ① | ② | ③ | ④ | ⑤ |
| 2. Ich mache mir Sorgen, von meinem Partner nicht akzeptiert zu werden. | ① | ② | ③ | ④ | ⑤ |
| 3. Ich treffe wichtige Entscheidungen ohne meinen Partner. | ① | ② | ③ | ④ | ⑤ |
| 4. Um etwas richtig genießen zu können, muss mein Partner immer dabei sein. | ① | ② | ③ | ④ | ⑤ |
| 5. Ich finde es einfach, meinem Partner gefühlsmäßig nahezukommen. | ① | ② | ③ | ④ | ⑤ |
| 6. Ich habe Schwierigkeiten, mich auf meinen Partner ganz zu verlassen. | ① | ② | ③ | ④ | ⑤ |
| 7. Ich vermeide es, von meinem Partner abhängig zu sein. | ① | ② | ③ | ④ | ⑤ |
| 8. Wenn ich Probleme habe, muss mein Partner für mich da sein. | ① | ② | ③ | ④ | ⑤ |
| 9. Ich fühle mich unwohl, wenn ich meinem Partner nahekomme. | ① | ② | ③ | ④ | ⑤ |
| 10. Wenn ich Probleme habe, kann ich sie sehr gut ohne meinen Partner lösen. | ① | ② | ③ | ④ | ⑤ |
| 11. Ich kann meinem Partner nie nahe genug sein. | ① | ② | ③ | ④ | ⑤ |
| 12. Ich fühle mich von meinem Partner akzeptiert. | ① | ② | ③ | ④ | ⑤ |
| 13. Es ist wichtig für mich, unabhängig von meinem Partner zu sein. | ① | ② | ③ | ④ | ⑤ |
| 14. Ich kann Probleme nur mit meinem Partner lösen. | ① | ② | ③ | ④ | ⑤ |

Fortsetzung von voriger Seite:

**Teil 4:**
Beschreibe jetzt bitte ganz analog deine Beziehung zu deinem Partner **in den letzten Monaten.**

| | gar nicht | wenig | teils-teils | ziemlich | völlig |
|---|---|---|---|---|---|
| 1. Ich finde, dass es ziemlich leicht für mich ist, meinem Partner gefühlsmäßig nahe zu sein. Es geht mir gut, wenn ich mich auf meinen Partner verlassen kann und wenn er sich auf mich verlässt. Ich mache mir keine Gedanken darüber, dass ich allein sein könnte oder dass mein Partner mich nicht akzeptieren könnte. | ① | ② | ③ | ④ | ⑤ |
| 2. Ich empfinde es manchmal als ziemlich unangenehm, meinem Partner nahe zu sein. Ich möchte eine Beziehung, in der ich meinem Partner nahe bin, aber ich finde es schwierig, ihm vollständig zu vertrauen oder von ihm abhängig zu sein. Ich fürchte manchmal, dass ich verletzt werde, wenn ich mir erlaube, ihm zu nahezukommen. | ① | ② | ③ | ④ | ⑤ |
| 3. Ich möchte meinem Partner gefühlsmäßig sehr nahe sein, aber ich merke oft, dass er keine so große Nähe will wie ich. Es geht mir nicht gut, wenn ich ohne enge Beziehung bin, aber ich denke manchmal, dass mein Partner mich nicht so sehr schätzt wie ich ihn. | ① | ② | ③ | ④ | ⑤ |
| 4. Es geht mir auch ohne enge gefühlsmäßige Bindung gut. Es ist sehr wichtig für mich, mich unabhängig und selbstständig zu fühlen, und ich ziehe es vor, wenn ich nicht von meinem Partner und er nicht von mir abhängig ist. | ① | ② | ③ | ④ | ⑤ |



## Was mache ich mit den Fragebögen in Schritt 4?

**Biografischer Fragebogen (BIFA auf S. 101ff.)**
**Ziele (SEO auf S. 104-105)**
**Konfliktlösungsstile (KLSE auf S. 104)**
**Bindungsstile (BBE auf S. 105ff.)**

Zu jedem dieser 4 Fragebögen bekommst du ein Ergebnis, wenn du deine Antworten im Internet eingibst. Diese Ergebnisse kannst du ausdrucken bzw. abschreiben und klebst/trägst sie dann gebündelt in Schritt 5 ein (gehe dazu auf S. 128).

Wenn du keinen Internetzugang hast, kannst du dort intuitiv die Früchte deines persönlichen Nachdenkens und Austauschens mit den Gruppenmitgliedern schriftlich festhalten.

Die Fragen in den Fragebögen werden dir helfen, eine Verbindung von deiner Ursprungsfamilie (dein Leben-Lern-Modell) und deiner Art, wie du heute mit Kontrolle (Ordnung) und Konflikten umgehst (Konfliktlösungsstile) bzw. wie du heute noch in engen Beziehungen reagierst (Bindungsstile), besser zu verstehen.

# Die Atmosphäre deiner Wir-Tradition

Jetzt geht es um einen ganz anderen Blickwinkel als in den letzten Fragebögen. Alle Beobachtungen, die du bisher aufgelistet hattest, bekommen eine ganz eigene Gewichtung, wenn du sie unter der Fragestellung betrachtest:
*Welche Atmosphäre herrschte vor?*

Es hat ein eigenes Gewicht, wenn deine Familie z. B. musisch sehr interessiert war: Du hattest das Vorrecht, Klavierunterricht zu bekommen, wofür du natürlich täglich üben musstest. Der Unterschied ist, ob du ein zweiter Mozart werden solltest oder einfach zur Freude an deinem Klavierspiel motiviert wurdest. An den atmosphärischen Unterschieden wirst du die dahinterstehenden Haltungen spüren. Entweder ist Musikmachen dann mit viel Druck, Zwang, Streitgesprächen oder mit Freiheit, Freude und normalem erzieherischen Grenzensetzen verbunden. Beachte: Atmosphäre lässt sich nicht an den scheinbar „guten Worten" oder dem „wirklich richtigen Verhalten" deiner Eltern wahrnehmen.

## Manipulation in „Liebe"

„Ich hatte als Kind oft versucht, von zu Hause ‚abzuhauen'. Als junger Erwachsener fragte ich mich, wieso ich damals immer weglaufen wollte. Mit 19 Jahren ging ich dann zur Handelsmarine. Nach der Seemannsschule fuhr ich zur See und war damit dann tatsächlich weit weg! Wenn ich längeren Landurlaub hatte und zu Hause war, bekam ich regelmäßig, so circa nach einer Woche, verschiedene körperliche Beschwerden. Es stellten sich Herzschmerzen, hoher Blutdruck und Atemnot ein. Für mich war dieses Phänomen unerklärlich. Ich war eigentlich ‚kerngesund', aber wenn ich zu Hause war, wurde ich nach kurzer Zeit ‚todkrank'! Es war mir ein Rätsel, denn ich wusste mich geliebt von meinen Eltern und hatte sozusagen ein gutes Zuhause. Heute im Rückblick ist mir klar, dass ich einer Atmosphäre unbewusster Manipulation ausgesetzt war. Meine Mutter manipulierte die ganze Familie mit ihren Krankheiten, ohne dass ihr das selbst bewusst war. Es geschah alles nur ‚in Liebe'. Wie sollte ich mich denn da wehren? Mir blieb nur die Möglichkeit, immer wieder das Weite zu suchen! So ist mir heute klar, dass sich bei mir psychische Störungen ganz konkret in ‚echten' körperlichen Symptomen zeigten. Es wurde mir buchstäblich ‚zu eng' zu Hause.

Wie sah die Manipulation konkret aus? Wenn meine Mutter sagte: Ich bin nicht böse! (= Inhalt der Aussage), waren doch der Vorgang (wie sie es sagte) und der Zusammenhang (in dem sie es sagte) ‚böse': Ich hörte, dass sie gut sei und es mit uns allen nur gut meinte, fühlte aber, dass es sich ‚böse' anfühlte. So musste ich zwischen Kopf und Herz etwas aufteilen. Ein unlösbarer innerer Konflikt entstand in mir. Reaktion: Ich musste eins von beiden verleugnen oder verrückt werden."

### Fragen zur Atmosphäre deiner Wir-Traditionen

*Wie war die Grundstimmung im Hause? (Gespannt, gereizt, gleichgültig, fröhlich, gelassen, liebevoll, unheimlich, depressiv?)*

___

___

___

*Gab es ständig vorhandene – aber unausgesprochene – Sätze? („Du bist schon wieder …"; „Du-bist-doof-Stimmung"; oder ein Grundbefehl, Grundverbot?) Du übersetzt dir nämlich atmosphärische Wahrnehmungen in Sätze, um sie zu begreifen.*

---

---

---

*Gibt es ein Grundgefühl (Klima), wenn du an deine Familie denkst? (Annahme, Ablehnung, Kälte, Wärme; rau, sanft usw.?)*

---

---

---

*Welche „Wahrheiten" haben deine Eltern über dir ausgesprochen? („Wahrheiten" sind: immer wieder aufgefrischte Sätze, Festlegungen, Verheißungen.)*

---

---

---

## Jetzt ein zweiter Arbeitsdurchgang zur Atmosphäre:

Wie bewertest du die oben genannten Details eurer häuslichen Atmosphäre?

*Die Atmosphäre bei uns war mehr oder weniger … (kreuze an!)*

| **positiv** | **1** | **2** | **3** | **4** | **5** | **6** | **7** | **negativ** |
|---|---|---|---|---|---|---|---|---|
| geistlich | | | | | | | | ungeistlich |
| förderlich | | | | | | | | hinderlich |
| gut | | | | | | | | schlecht |
| locker | | | | | | | | angespannt |
| geborgen | | | | | | | | schutzlos |

*Deine Verhaltensweisen, Rollen:*
Der nächste Fragenkomplex verlässt das größere System der Familie und wendet dein Augenmerk allein auf dich selbst.

Du wirst am besten das besondere Profil deiner Verhaltensweisen, Muster und Rollen in deinem konkreten Lebenszusammenhang der Familie herausfinden.

*Wie war dein Grundgefühl in deiner Familie?*

*Was hast du am meisten vermisst?*

*Was war dir am wichtigsten?*

*Worüber hast du dich am meisten gefreut?*

*Was war dein schönstes Erlebnis?*

*Was war dein schlimmstes Erlebnis? (Beschreibe: Ich habe eine Klassenarbeit aus Versehen nicht abgegeben, sondern eingesteckt! Begründung: Warum war das eine Katastrophe? Ich hatte fürchterliche Angst vor einer Strafe der Lehrerin.)*

*Was hast du über Gott gedacht? Wie war dein Grundgefühl ihm gegenüber?*

*Beschreibe Situationen, wo du dich angenommen fühltest, zutiefst geliebt um deiner selbst willen.*

## Schwüre – „Nie wieder so was … !"

„Ich hatte in meiner Kindheit (mit ca. 7 Jahren) einen guten Freund, mit dem ich durch dick und dünn ging. Ich litt seit meiner frühesten Kindheit an einem schweren Sprachfehler und stotterte sehr stark. Irgendwie fing mein Freund ab und zu an, auch ein wenig zu stottern. Vielleicht geschah es aus Sympathie, ich weiß es nicht. Seine Mutter verbot ihm dann strikt, weiterhin mit mir zu verkehren. Mein Freund kam nie mehr. Für mich brach eine Welt zusammen! Heute, als erwachsener Vater, kann ich diese Reaktion der Mutter gut nachvollziehen: die Angst um die Gesundheit des eigenen Kindes. Für mich damals war es aber wie ein schwerer Schock. Aufgrund meines Sprachfehlers wurde mir die Freundschaft zu meinem Freund verwehrt! Ich muss in diesem Moment einen inneren Schwur abgelegt haben, der etwa wie folgt lautete: ‚So etwas wird mir nie wieder geschehen! Nie wieder werde ich das Risiko eingehen, eine Beziehung aufzunehmen, in der mein ganzes Herz steckt! So will ich nie wieder verletzt werden!' In der Folge wurde ich total beziehungsunfähig und jede neue Bekanntschaft ging in die Brüche, sobald sie anfing, in die Tiefe zu gehen.

Die Heilung meiner Beziehungsfähigkeit geschah durch zwei Dinge: Erstens erkannte ich eines Tages durch ein inneres Bild, geschenkt vom Geist Gottes, dieses ursächliche Geschehen und die Folge davon. Ich wusste jetzt also, wie und worum ich beten sollte. Ich bat Gott um Heilung meiner Gefühle. Zweitens: Die jahrelange Vertiefung meiner Beziehung zu Jesus und das Wissen, dass er mich nie verlassen wird, machte es möglich, dass ich in Beziehungen langsam wieder das Risiko der Offenheit und Hingabe eingehen konnte.

Ich wusste zutiefst: Jesus ist treu und er wird mich nie verlassen! Diese Gewissheit machte mich neu fähig, das Risiko einer engen und vertrauten Beziehung zu einem anderen Menschen einzugehen, im vollen Bewusstsein, wieder enttäuscht werden zu können. Das Ergebnis meiner Heilung ist, dass ich nun seit 17 Jahren glücklich verheiratet bin."

*Kennst du ähnliche innere Schwüre bei dir?* *Ja ( )* *Nein ( )*

*Beschreibe Situationen, wo du dich zutiefst abgelehnt fühltest. (Situation, deine Deutung, deine Gefühle, deine Reaktion: welcher Herzensschwur?)*

___

___

___

*Gab es eine Grundstimmung für dich in deiner Familie? (Warst du eher ängstlich, fröhlich oder …?)*

___

___

*Wenn du Geschwister hast: Wie beschreibst du deine Beziehung zu ihnen?*

___

___

___

*Wodurch konntest du dich am besten entspannen? (Essen, Fernsehen …?)*

___

___

*Was hat dir am meisten Selbstbestätigung gegeben?*

___

___

*Gab es eine Verhaltensweise, in die du immer wieder hineingeschlüpft bist? (Z. B. die/der Lustige, die/der Liebe, Starke oder Aggressive, Böse, Gute, Pflichtbewusste usw. sein wollen oder müssen?)*

___

___

___

*Kennst du Verhaltensweisen, die du auch in anderen Gruppen (Schule, Freunde, Sportverein usw.) immer wieder „angezogen" hast?*

___

___

___

*Hattest du irgendwann das Gefühl, diese Verhaltensweise nicht mehr ändern zu können (ihre Wiederholung ist für dich normal geworden)?*

___

___

___

*Was macht eine Rolle zum Problem?*
Wichtig ist: Die Rolle wird immer dann zum Problem, wenn sie starr ist und du sie als unabänderlich empfindest. Dann kannst du in verschiedenen Situationen nicht umschalten und dich angemessen verhalten.

*Würdest du deine Rolle eher als festgelegt oder flexibel bezeichnen?*

___

___

## Bewertung dieser Ergebnisse im Horizont der Liebe Gottes

Wenn du dir deine Antworten in Fragenbogenform oder im eigenen Text (S. 101-114) noch einmal vergegenwärtigst und jetzt im Rückblick neu bewertest, kommst du zu klareren Erkenntnissen über innere Zusammenhänge:

*Wie geht es dir mit der Vorstellung, dass Jesus diese Geschichte mit dir gelebt hat und in allem dabei war, auch wenn du ihn nicht kanntest?*
(Mit dieser Frage findest du möglicherweise heraus, wo dein Vertrauen auf Gott zerbrochen ist. Sei ehrlich zu dir selbst und verschönere diese Situation nicht. Halte es auch aus, wenn du keine Antwort findest. Nimm deine Gefühle und Gedanken wahr und wisse: Gott hält deine eventuellen Anklagen oder Grollgefühle aus!)

*Was passt von dem allen nicht zu der Liebe Gottes, wie du sie heute erlebt und verstanden hast?*

*Siehst du Zusammenhänge zwischen dem Erlebten in deiner Ursprungsfamilie und deinem jetzigen Verhalten (in deiner heutigen Familie, bei der Arbeit, im Umgang mit anderen Menschen)?*

*Was belastet dich heute noch von all dem, was hier abgefragt wurde?*

*An welcher Stelle wünschst du dir eine Veränderung durch Jesus? Du selbst kannst da vielleicht erst mal gar nichts machen.*

### Dein Spiegel – wie dir die Gruppe hilft

Wie du gemerkt hast, kannst du deine Art, wie du in Beziehungen reagierst, deine Lieblingsrollen und typischen Verhaltensmuster (z. B. wie du in Konflikten reagierst) nur in einem konkreten menschlichen Zusammenhang verstehen.

Du kannst dein Verhalten nicht allein – nur mit dem Endlich-Leben-Arbeitsbuch bewaffnet – für dich selbst erforschen und herausfinden. Du hast es sicher schon bemerkt, wie dringend du die Gruppe als eine Art Spiegel benötigst: Hier kannst du auch in eine neue Wir-Tradition hineinwachsen und alle diese Themen in der Gruppe ansprechen und Positives einüben.

Die Gruppe ist nicht nur ein Übungsraum, quasi dein neues Lebenssystem. In ihr erlebst du dich auch neu im Blick auf

- deine Verhaltensweisen,
- welche Werte dir heute wichtig sind,
- wie du in Krisen und Herausforderungen reagierst (deine typischen Rollen) und welche Bewertungen du ihnen gibst,
- die Funktionen, denen deine Rollen dienen.

Das alles erlebst du jetzt in der Atmosphäre des Heiligen Geistes, der Liebe Gottes. Es ist wie eine neue „Brille“, die du durch ihn bekommst: Er hilft dir, die ungeistliche Atmosphäre des Un-Geistes zu entlarven. Das ist deshalb so wichtig, weil du so die Lügen des unheiligen Geistes erkennen kannst und ihnen nicht länger Glauben schenken musst.

| Codename (siehe S. 244) | Kasten 1 | Kasten 2 | Kasten 3 | Kasten 4 |
|---|---|---|---|---|
| | | | | |

## 6. Selbsttest: 1. Update: Unter welchen Symptomen leidest du?

*Dieser Selbsttest misst verschiedene* **Symptome.**

**Check deinen inneren Stand noch einmal ab!**

Jetzt zum Abschluss von Schritt 4, bevor du deine gebündelten Erkenntnisse in die Tat umsetzt, solltest du noch einmal innehalten und dir 15 Minuten Zeit für einen Zwischenstand nehmen. Fülle diesen Fragebogen entweder im Buch oder sofort im Internet aus. Auf jeden Fall solltest du die Daten im Internet unter **www. fragebogen.endlich-leben.net** eingeben, damit du deine Entwicklung wahrnehmen kannst. Es kann sein, dass durch die intensive Beschäftigung mit deiner Geschichte viele Gefühle und neuer Stress aufkommen. Fürchte das nicht.
Trage das Datum von heute ein: ____________________

Nachfolgend findest du einzelne Aussagen, die sich auf dein derzeitiges Wohlbefinden beziehen. Nimm eine Einschätzung vor, inwieweit diese zurzeit zutreffen. Versuch nicht einen möglichst guten Eindruck zu machen, sondern antworte so, wie es für dich persönlich zutrifft.

| Inwieweit trifft die folgende Aussage zurzeit auf dich zu? | trifft nicht zu | trifft weniger zu | trifft eher zu | trifft genau zu |
|---|---|---|---|---|
| 1. Meine körperliche Leistungsfähigkeit und meine Ausdauer sind ganz erheblich beeinträchtigt. | ⓪ | ① | ② | ③ |
| 2. Ich leide an einem anhaltenden Schwächegefühl. | ⓪ | ① | ② | ③ |
| 3. Wenn ich Beschwerden habe, bieten mir nahestehende Menschen, ohne zu zögern, ihre Hilfe an. | ⓪ | ① | ② | ③ |
| 4. In letzter Zeit bin ich ständig erschöpft und abgespannt. | ⓪ | ① | ② | ③ |
| 5. Um mich herum sind Menschen, an die ich mich auch in schwierigen Situationen jederzeit vertrauensvoll wenden kann. | ⓪ | ① | ② | ③ |
| 6. Ich habe oft Schmerzen. | ⓪ | ① | ② | ③ |
| 7. Ich fühle mich im Allgemeinen körperlich ziemlich unwohl. | ⓪ | ① | ② | ③ |
| 8. Wenn ich an meine derzeitigen Angelegenheiten denke, bin ich etwas beunruhigt. | ⓪ | ① | ② | ③ |
| 9. Ich blicke stets voller Zuversicht in die Zukunft. | ⓪ | ① | ② | ③ |
| 10. Es gibt Situationen, die ich meide, obwohl ich weiß, dass sie eigentlich ziemlich harmlos sind. | ⓪ | ① | ② | ③ |
| 11. Ich lasse mich manchmal von anderen etwas einschüchtern. | ⓪ | ① | ② | ③ |
| 12. Manchmal fühle ich mich niedergeschlagen. | ⓪ | ① | ② | ③ |
| 13. Ich grüble manchmal über mein bisheriges Leben nach. | ⓪ | ① | ② | ③ |
| 14. Ich bin sehr glücklich. | ⓪ | ① | ② | ③ |
| 15. Gelegentlich vergleiche ich mich mit anderen und fühle mich ein wenig als Versager. | ⓪ | ① | ② | ③ |
| 16. Wenn ich in eine schwierige Situation gerate, vertraue ich ohne jede Einschränkung auf meine Fähigkeit, sie zu meistern. | ⓪ | ① | ② | ③ |

| Inwieweit trifft die folgende Aussage zurzeit auf dich zu? | trifft nicht zu | trifft weniger zu | trifft eher zu | trifft genau zu |
|---|---|---|---|---|
| 17. Ich habe ab und zu ein Gefühl der inneren Leere. | ⓪ | ① | ② | ③ |
| 18. Ich lasse mich manchmal von anderen ein wenig ausnutzen. | ⓪ | ① | ② | ③ |
| 19. Manchmal habe ich ein Gefühl unbestimmter Gefahr oder Angst. | ⓪ | ① | ② | ③ |
| 20. Termindruck und Hektik lösen bei mir körperliche Beschwerden aus. | ⓪ | ① | ② | ③ |
| 21. Ich glaube, ich bin manchmal ein wenig ängstlich. | ⓪ | ① | ② | ③ |
| 22. Ich habe Freunde/Angehörige, die immer gut zuhören können, wenn ich mich aussprechen möchte. | ⓪ | ① | ② | ③ |
| 23. Ab und zu fällt es mir etwas schwer, eine Entscheidung zu treffen. | ⓪ | ① | ② | ③ |
| 24. Ich fühle mich dem Leben und seinen Schwierigkeiten immer gut gewachsen. | ⓪ | ① | ② | ③ |
| 25. Manchmal fühle ich mich ein wenig einsam. | ⓪ | ① | ② | ③ |
| 26. Ich bin sehr zufrieden. | ⓪ | ① | ② | ③ |
| 27. Ich bin immer gut in der Lage, meine Interessen durchzusetzen. | ⓪ | ① | ② | ③ |
| 28. Wenn ich mich ärgere, fällt es mir manchmal schwer, meine Gefühle mitzuteilen. | ⓪ | ① | ② | ③ |
| 29. Ich wünsche mir von anderen mehr Verständnis und Zuwendung. | ⓪ | ① | ② | ③ |
| 30. Es fällt mir schwer, mich anderen Menschen zugehörig zu fühlen. | ⓪ | ① | ② | ③ |
| 31. Ich fühle mich manchmal ein wenig als Außenseiter. | ⓪ | ① | ② | ③ |
| 32. Auch wenn mich etwas ziemlich aus der Fassung bringt, beruhige ich mich rasch wieder. | ⓪ | ① | ② | ③ |
| 33. Ich rege mich schnell auf. | ⓪ | ① | ② | ③ |
| 34. Ich neige manchmal dazu, alles ein wenig schwer zu nehmen. | ⓪ | ① | ② | ③ |
| 35. Manchmal bin ich ein wenig ärgerlicher, als ich zugeben möchte. | ⓪ | ① | ② | ③ |
| 36. Es fällt mir schwer, Nein zu sagen. | ⓪ | ① | ② | ③ |
| 37. Manchmal habe ich das Gefühl, dass mir alles zu viel ist. | ⓪ | ① | ② | ③ |
| 38. Manchmal wünsche ich mir, von anderen ein wenig mehr beachtet zu werden. | ⓪ | ① | ② | ③ |

OKAY LEUTE...
ICH KOMM JETZT
AUS MEINER
HÜLLE RAUS

# Schritt 5 Endlich dazu stehen

***„Wir gaben Gott, uns selbst und einem anderen Menschen gegenüber unverhüllt unsere Fehler zu."***

## Wir stehen zu uns, wie wir sind

Der fünfte Schritt ist eine vertiefte Beziehungsaufnahme zu mir selbst, Gott und anderen Menschen. Mit Schritt 5 stehen wir zu dem, was wir in Schritt 4 erkannt haben:

Wir geben uns selbst und unsere Geschichte Gott. Unser Leben gehört ihm ganz.
Wir empfangen für Schuld Vergebung und danken Gott für Stärken.

Schritt 5 ermutigt uns, gerade auch zu den unangenehmen Wahrheiten über uns vor Gott und Menschen zu stehen. Die Selbst-Täuschung ist damit endlich vorbei!

Das zentrale Thema von Schritt 5 ist, Vergebung zu erfahren und sich selbst und anderen zu vergeben.

Wie geht das konkret?
- Termin mit einem Teilnehmer festmachen.
- Die Schritt-5-Vorbereitung mitbringen.

Schritt 5 macht Angst:
- Es ist nicht leicht, sich anderen anzuvertrauen.
- Was passiert mir, wenn ich vorbehaltlos zu mir stehe?
- Wir begegnen vertieft Gefühlen von Schmerz, Zorn, Groll, Scham.
- Angst vor Ablehnung durch Gott und Menschen.

Schritt 5 führt in die Befreiung:
Wir erleben Entlastung von aller Schuld und Annahme von Gott.

# Erklärungen zu Schritt 5

## „Wir gaben … unsere Fehler zu"

**Mit Schritt 4 fingen wir an, unsere Fehler zunächst vor uns selbst zuzugeben. Mit Schritt 5 geht es darum, diese auch vor Gott im Beisein von mindestens einem Menschen zuzugeben. Durch einen Menschen bekommen wir den Zuspruch der Vergebung Gottes persönlich zugesagt. Dies baut unsere Selbstachtung wieder auf und hilft uns, auf die Schritte 6 und 7 zuzugehen, wo wir Gott bitten werden, unsere Unzulänglichkeiten wegzunehmen.**

Der Begriff „Fehler" weist hier nun auf deinen Schuldanteil hin. Dieser Schuldanteil ist oft verschlüsselt. Manche bevorzugen den Begriff „Sünde". Aber selbst in der Bibel (im Alten und Neuen Testament) gibt es eine Vielzahl von Worten, die benutzt werden, um die große Störung zwischen Menschen untereinander und zwischen Mensch und Gott zu bezeichnen: Fehltritt, Übertretung, Frevel, Schuld, Übeltat, Ungehorsam … Erst durch Gottes Anwesenheit kannst du diese Begriffe als „Sünde" verstehen. Wie kommt das?

Bei „Sünde" und „Gerechtigkeit" geht es zuerst nicht um deine subjektiven Befindlichkeiten oder Gefühle, sondern um zentrale Elemente unseres sozialen Netzes. In diesem Netz – ja in dessen Mitte steht für religiöse Menschen auch Gott. Denn er handelt gerecht und niemals sündig. An Gott und seinem Wesen zeigt sich, was „Sünde" und „Gerechtigkeit" meint. Wir wissen nur, was „Sünde" oder „Gerechtigkeit" eigentlich ist durch die Verhaltensnormen, wie sie in der Bibel als göttliches Gesetz überliefert wurden. Gerechtigkeit, Gebot und Gesetz sowie Gott und Leben stehen darum auf der einen Seite, Ungerechtigkeit, Übertretung, Sünde und Tod auf der anderen.

### Zuspruch zählt vor Gott

Wir lesen nun den unglaublichen Zuspruch in der Bibel: „Es gibt keine Verdammnis mehr für die, die an Jesus Christus glauben!" Deswegen ist der Weg offen, auch die schlimmsten Erlebnisse und Taten Gott anzuvertrauen. Paulus beschreibt es im Brief an die Römer, Kapitel 8 ab Vers 32, sehr anschaulich so: Der Ankläger (so wird biblisch der Teufel auch bezeichnet) ist vom Thron Gottes vertrieben worden. Damit kann er uns nicht mehr anklagen. Jesus ist an seine Stelle gestellt und nunmehr wie ein Anwalt zu unserem Fürsprecher geworden. Jesus ist für uns!

Das bedeutet: Nichts kann dich mehr trennen von der Annahme und Liebe Gottes! Wenn es stimmt und der Ankläger seine Rechte verloren hat, vor Gott zu sprechen, wer kann dich dann noch verklagen? Niemand! Das ist die Grundlage dafür, dass eine Liebesbeziehung zu Gott für immer möglich ist.

Paulus und anderen urchristlichen Theologen bedeutete der Tod Jesu am Kreuz deshalb so viel, weil nach ihrem Verständnis dort sich die Weltgeschichte für immer entschieden hat. Jesus hat sich zwischen die gottfeindliche Macht (Sünde oder Satan) und Gott gestellt – das hat ihn zerrissen und ihm das Leben gekostet.

Als **unser** Stellvertreter wurde er von Gottes Zorn über alle teuflische Bosheit und Rebellion getroffen. Als **Gottes** Stellvertreter war er der Gemeinheit und Gewalt der Menschen und der hinter ihnen wirkenden geballten satanischen Macht ausgeliefert. So wurde er grausam getötet. Darum steht nach christlicher Überzeugung Jesus als ein Vermittler zwischen Menschen und Gott. Schließlich hat Gott Jesus aus dem Tod auferweckt und damit dokumentiert: Die Macht von Tod und Teufel ist besiegt.

Das hat Folgen für uns Menschen: Solange wir verwickelt in unsere Schuld wie Sklaven der Sünde unfähig zur Veränderung waren, lebten wir wie im Gefängnis. Die gute Nachricht kommt aus Jesu Mund: Dein Schuldgefängnis ist offen. Alle, die durch den Un-Geist in dieser Welt zu Rebellen gegen Gott wurden, dürfen jetzt aus ihren Zellen treten. Nichts hält sie mehr. Die Anklage gegen sie ist gefallen. Warum? Der Urheber aller Gottesfeindschaft, der Teufel, ist aufgeflogen und als Macht besiegt. Darum ist jeder Schuldbrief zerrissen. Darum hat sich jede Anklageschrift erledigt. Das ist Grundlage für die Macht göttlicher Vergebung.

### Dem Ankläger das Anrecht nehmen

In dem biblischen Szenario ist der Teufel als Staatsanwalt Ankläger vor dem Thron Gottes. Das Zugeben deiner Fehler hat nun eigentlich nur den einen Grund: dem Ankläger das Anrecht wegzunehmen, dich neu zu verklagen in der alten Sache. Er hat so nicht mehr das Recht, dich mit neuen Beschuldigungen zu fesseln. Du kannst ihm so mit dem Argument entgegentreten: Ich habe alles bekannt vor Gott und Gott selbst hat den Zuspruch gegeben: „Alles ist dir vergeben, jede Trennung von mir ist aufgehoben." Dieser Zuspruch zählt.

### Geheimnisse kommen ans Licht

Du darfst also mit Schritt 5 die Aspekte deines Wesens und deiner Geschichte aufdecken, die du lange vor dir selbst verborgen und mit dir als Last herumgeschleppt hattest, weil du dich schuldig fühltest. Ein Motto aus der 12-Schritte-Tradition besagt: „Wir sind genauso krank wie unsere verschwiegenen Geheimnisse!"

Solch ein Bekenntnis ist also ungeheuer befreiend. Es ist so, wie wenn du nach einer langen Haft aus dem Gefängnis heraustreten darfst – in ein neues Leben!

## „Vor Gott, uns selbst und einem anderen Menschen ..."

**Mit Schritt 5 nimmst du vertieft Beziehung auf zu dir selbst, Gott und anderen Menschen. Schritt 5 führt dich zu einer Tiefenbegegnung mit dir selbst:**

Indem ich vor einem anderen Menschen und vor Gott mich selbst (mit meiner Beziehung zu mir und meiner Geschichte) öffne, erlebe ich in nie gekannter Weise Beziehung. Wieso? Nun, einige von uns sind mit Lügen aufgewachsen:

- Du darfst nicht reden,
- du darfst nicht vertrauen,
- du darfst nicht fühlen und wahrnehmen, was da wirklich ist.

Für sie war dieser Schritt 5 besonders heilsam, da sie durch das Zugeben vor einem Menschen und Gott genau diese Festlegungen durchbrachen. Sie erlebten damit die Erlösung von dem, was sie immer befürchten mussten: Übertreten dieser (falschen menschlichen) Gebote bringt eben keine Strafe mit sich! Im Gegenteil. Sie begegneten Gottes Liebe, Gnade und Annahme. Dadurch vertiefte sich ihre Beziehung zu Gott umso mehr. Sie bekamen Vertrauen. Du wirst es merken: Alle Befürchtungen, die dein Vertrauen verhindert hatten, sind grundlos. Das stärkt deine tiefe Verbundenheit mit Gott.

## Warum ehrlich werden vor Menschen?

Schritt 5 führt in eine neue Ehrlichkeit und Echtheit anderen gegenüber. Indem wir Fehler und Fehlhaltungen vor einem Menschen zugeben, haben wir die folgenden Vorteile:

### Die positiven Seiten

- Ein anderer Mensch kann uns helfen, an Gottes Liebe und Annahme zu glauben, auch wenn die Angst sehr groß ist, abgelehnt oder bestraft zu werden.
- Durch den Vergebungszuspruch bekommen wir ein erfahrbares Zeichen der Liebe und Annahme Gottes, es wird uns auf den Kopf zugesagt: „Dir ist vergeben!"
- Wir haben zu guter Letzt einen Zeugen, der uns später, wenn wir an unserer Vergebung durch Gott zweifeln sollten, wieder daran erinnern kann: Du hast alles vor Gott bekannt, und dir ist vergeben worden!
- Wir lassen einen Menschen an unserem Innersten teilhaben. Damit durchbrechen wir unsere tiefste Isolation und Einsamkeit.

## Eine Lebensbeichte mit radikalen Folgen

Ein junger Mann rief mich an und bat um ein Seelsorgegespräch. Er fragte einige Male nach, ob er denn auch dann kommen könne, wenn es sich um etwas ganz, ganz Schlimmes handelte. Ich machte ihm Mut zu kommen und sagte ihm, dass es für Gott nichts gebe, was er nicht vergeben könnte. Nach einigen vergeblichen „Anläufen" (aus Angst verschob der junge Mann immer wieder unser Treffen) kam doch einmal dieses Gespräch zustande. Ich hörte dann eine schreckliche Lebensgeschichte mit vielen Höhen und Tiefen. Aber der eigentliche Grund, um den es ging, war eine fürchterliche Sache, die sich vor langen Jahren irgendwo in der Welt, weit weg von hier, zugetragen hatte.

Durch sehr unglückliche Umstände hatte dieser junge Mann in einem wüsten Kampf, in einer Eifersuchtsgeschichte, einen anderen jungen Mann umgebracht. Diese Geschichte blieb unentdeckt. Jahrelang schleppte er dieses schreckliche Geheimnis mit sich herum und wurde immer kränker.

Vor einiger Zeit kam dieser junge Mann zum Glauben an Jesus Christus und erlebte viel Heilung und Befreiung. Große Mühe hatte er jedoch zu glauben, dass Gott ihm auch diesen unglücklichen Mord vergeben würde. Als er dann aber einmal mit dieser ganzen Last zu mir kam und sie endlich abladen konnte, geschah eine unglaublich großartige Befreiung.

Ich erzählte ihm die biblische Geschichte des Ehebruchs und Mordes von David. Er fing an zu erfassen, dass Gott auch ihm diese schreckliche Tat wirklich vergeben würde, wenn er sie Gott bekannte. Dieser Gedanke setzte eine unbändige Hoffnung und Glauben in ihm frei.

Ich konnte ihn mit den Worten ermutigen: „Als Zeuge vor Gott habe ich dein Bekenntnis gehört und darf dir also aufgrund der Zusage Jesu, der alle Schuld vergibt, wenn sie ein Mensch bekennt, Vergebung zusprechen – im Namen Jesu!"

Das Gesicht dieses jungen Mannes veränderte sich vor meinen Augen derart deutlich, dass ich zweimal hinsehen musste, um zu glauben, was ich da sah!

Er hatte wirklich erfasst, was Vergebung ist, und konnte mit seinem ganzen Sein die Liebe Gottes in sich aufsaugen und endlich Frieden finden. Ihm war alles vergeben, und der Friede Gottes kam über ihn und erhellte sein ganzes Gesicht. Ich habe selten eine derartig dramatische Wandlung durch Bekenntnis und Vergebung in einem Menschen erlebt, und auch mir stand dadurch die unermessliche Liebe Gottes ganz neu vor Augen.

### Die schwierigeren Aspekte

**Es fällt uns schwer, unsere stolze Fassade abzulegen und uns selbst endlich ungeschminkt als Schuldige zu sehen. Warum?**

- Unsere Selbstachtung möchte nicht, dass der „gute Ruf" leidet. Schritt 5 kann insofern auch eine demütigende Erfahrung sein.
- Schließlich sind wir gefordert, völlig ehrlich zu sein und uns in unserer Schwachheit zu zeigen.
- Wir können andern nicht mehr länger etwas vormachen. Dadurch, dass wir unsere Maske verlieren, fühlen wir uns schutzloser.

**Wir fürchten uns davor, dass die unverhüllte Wahrheit belastende Folgen für unser weiteres Leben hat:**

- Andere könnten uns ablehnen oder verurteilen,
- sie könnten uns nicht mehr lieben,
- sie könnten uns nicht mehr vertrauen.
- Mit Schritt 5 stellen wir uns diesen Ängsten und überwinden sie.

## Der Begriff „unverhüllt"

Es geht um eine offene, ehrliche und genaue Darstellung unseres Fehlverhaltens:

- konkrete Taten,
- schräge Gedanken (die noch nicht Taten wurden),
- selbstzerstörerische Gefühle,
- irregeführte Wünsche und Sehnsüchte.

Indem wir uns zu diesen Taten, Gedanken, Gefühlen und Sehnsüchten bekennen und uns darin nicht mehr als Opfer böser Umstände sehen, übernehmen wir neu die Verantwortung für uns als Person.

Damit hören wir auf, die Dinge zu beschönigen oder mithilfe von Halbwahrheiten zu verharmlosen!

Das Mittragen der Gruppe und die Gebete anderer Menschen sind in dieser Phase eine Quelle für die Erfahrung von Liebe, Annahme und Vergebung.

## Ich konnte mir selbst nicht vergeben

Ich bin durch einen Bekannten, einen Drogensüchtigen, der immer in diese Gruppen gegangen ist, eingeladen worden. Er hat mich so lange genervt, bis ich selbst dabei war. Ich war am ersten Abend eigentlich nicht zurechnungsfähig, aber ich kriegte mit: Die Leiter standen zu ihren Schwächen – und das hat mich beeindruckt. Auch die gesamte Atmosphäre hat mir Mut gegeben, einen letzten Versuch mit Jesus zu wagen.

Vorher hatte ich Erfahrungen in Selbsthilfearbeiten (AA-Gruppen, -Häuser usw.) und z.T. bei christlichen Therapien und Psychiatrien (mehrere Monate in verschiedenen Institutionen) gemacht. Vielleicht musste ich im Rückblick erst noch mal richtig abstürzen, um völlig kapitulieren zu können. Die Therapien haben mir nicht helfen können, weil ich zu sehr in die Vergangenheit und Lügen verwickelt war, dass es mir nicht möglich war, zu meiner Vergangenheit zu stehen. Ich habe dort nicht die Hilfe bekommen, die ich gebraucht hätte. All diese Therapieprogramme haben mir zwar viel beigebracht und doch ...

Wegen Heroinmissbrauch landete ich auf der Intensivstation. Dort wurde die Entscheidung von meinem Endlich-Leben-Gruppenabend in meinem Herzen fest. Ich erkannte den Ernst der Lage und begann einen Entzug mit der Hilfe von Jesus. Ich habe viel gebetet und viele spürbare Antworten erlebt (z.B. Vergebung erfahren). In einer christlichen Entzugsinstitution machte ich einen dreiwöchigen Entzug unter fachlicher Aufsicht. Jemand aus der Endlich-Leben-Gruppe hat mir geholfen und mich begleitet, dass ich dort ankam.

Ab dann besuchte ich jede Woche die Endlich-Leben-Gruppe, fand dort Leute, die an mich geglaubt haben. Nach einem halben Jahr schon bekam ich Verantwortung in Gruppenleitung.

Hinzu kam, dass ich essbrechsüchtig und magersüchtig war. Die Diagnose der Klinik: Polytoxikomanie mit Borderlinesyndrom. Deshalb war ich nicht fähig, zu mir zu stehen. Ich konnte niemandem ins Gesicht schauen, musste mich immer neu betäuben, um überhaupt vor mir zu bestehen. In der Endlich-Leben-Gruppe erlebte ich in sehr tiefer Weise Vergebung. Dadurch konnte ich neu mit mir anfangen.

Ein weiteres Schlüsselerlebnis: Ich hatte immer das Gefühl, meine Probleme sind so blöd, ich bin so banal. Ich habe mich so geschämt, dazu zu stehen, dass ich so blöd bin. In der Gruppe habe ich zum ersten Mal gecheckt, dass ich nicht die Einzige bin.

Besonders der Glaube, dass Gott das, was er an mir getan hat, auch anderen schenken kann, schenkt mir viel Hoffnung für scheinbar hoffnungslose Menschen in unseren Gruppen. Ich sage mir seitdem: „Siehst du, meine Exzesse haben doch zu was Gutem gedient."

# Den Schritt 5 durcharbeiten

## 1. Widerstand erkennen und bearbeiten

Die Versuchung ist groß, den Schritt 5 vor sich herzuschieben. Darum hat es vielen von uns geholfen, möglichst bald nach Schritt 4 mit einer Vertrauensperson einen festen Termin abzumachen. Damit legten sie sich fest und konnten sich so persönlich weiterentwickeln.

Mögliche Gründe, warum du dich vor Schritt 5 fürchten könntest:

- Ich will mein Gesicht nicht verlieren.
- Ich schäme mich viel zu sehr, wenn das herauskommen würde, was ich über mich weiß. Das kann ich niemandem sagen!
- Ich habe Angst, die anderen werden mich nicht annehmen.
- Ich habe schlechte Erfahrungen mit Beichten gemacht.
- Ich fürchte, andere sind mit meiner Situation überfordert.
- Ich habe Angst, dass die gefürchtete Verdammung eintritt.
- Ich kämpfe mit meinen inneren Schwüren: nicht reden, nicht vertrauen, nicht fühlen!

Erschrick nicht über solche Gedanken. Sei dir bewusst, dass es um einen geistlichen Kampf geht. Das bedeutet: Der „Vater der Lüge" (so wird der Teufel in Johannes 8,44 auch genannt) möchte natürlich nichts lieber, als „seine" Anrechte auf die Menschen zu behalten. Der Heilige Geist Gottes in dir kämpft mit dem zerstörerischen Un-Geist, der seine heimlichen Plätze in deinem Leben nicht verlassen möchte.

*Welche Gründe könnten dich zögern lassen, Schritt 5 praktisch zu tun?*

____________________________________________

____________________________________________

____________________________________________

## 2. Der Gewinn unseres neuen Verhaltens

Es gibt viele gute Gründe, die dich beflügeln werden, diesen Schritt zu wagen:

- Dadurch, dass du zu dir stehst, werden neue Energien frei, die du bisher sinnlos zum Verheimlichen vergeudet hast.
- Die Wahrheit wird dir deutlicher.
- Du kannst deine Schuld besser eingrenzen und vom Guten unterscheiden.
- Scham und Schuldgefühle werden aufhören und dein schlechtes Gewissen bedrückt dich nicht mehr.
- Du gewinnst mehr Selbstachtung, weil du zu dir stehen lernst.
- Du kannst dich selbst wieder im Spiegel ansehen.
- Du darfst, vielleicht zum ersten Mal, deine Lebensgeschichte ungeschminkt erzählen.
- Du hast es nicht mehr nötig, Gott und andere dafür anzuklagen, was dir zugestoßen ist. Endlich kannst du deine Geschichte so annehmen, wie sie wirklich ist, nämlich mit dem heilenden Gott verbunden.

- Du bekommst ein tieferes Vertrauen zu dir selbst, Gott und Menschen geschenkt.
- Es ist eine Art „Demutsübung", die dir helfen wird, deine Schutz- und Verteidigungsmechanismen loszulassen.
- Du kannst dich annehmen, wie du bist, weil du Annahme erfahren hast.
- Die Liebe zu Jesus, deinem Erlöser, wird intensiviert.

*Worauf freust du dich nun bei Schritt 5?*

___

___

___

## 3. Wie uns die Bibel ins Leben führt

Der israelitische König David wurde von Gott besonders mit Gnade beschenkt. Vom unbedeutenden Hirtenjungen stieg er auf zum wichtigsten König in der israelitischen Geschichte. Bemerkenswert ist, wie ehrlich über David in der Bibel berichtet wird. Seine persönlichen Niederlagen und seine Sünde werden nicht verschwiegen. Der Hintergrund für sein flehentliches Gebet um Vergebung und Erneuerung der Gottesbeziehung ist ein Ereignis, durch das er sich schuldig gemacht hatte. Er war in die Ehe von Batseba eingebrochen und, um seine Sünde zu vertuschen, hatte er auch noch ihren Ehemann Uria umbringen lassen.

Sein Gebet ist in die Geschichte als der 4. Bußpsalm Davids eingegangen (Psalm 51). Er betete ihn, nachdem der Prophet Nathan zu ihm gekommen war und ihm im Namen Gottes seine Schuld vor Augen geführt hatte. David wusste: Gott hat mich durchschaut. Nichts von meinen Taten ist vor ihm zu verheimlichen.

### Aus Psalm 51

Der Hintergrund für ein Sündenbekenntnis vor Gott ist der Gedanke von Vers 6: *„An dir allein habe ich gesündigt."* David hatte zwar Batsebas Mann betrogen und ihn töten lassen, bekennt aber ausdrücklich: Gott, an dir allein habe ich gesündigt, weil Gott das Zentrum des sozialen Netzes der Menschen ist.

Warum unterscheiden wir „Sünde" und „Schuld"?

**„Schuld"** bezeichnet das Fehlverhalten gegenüber anderen Menschen oder gegenüber sich selbst, das sich aus moralischen Normen ergibt.

Das biblische Konzept **„Sünde"** bezeichnet, inwieweit Gott damit verletzt wird. Das ist gewissermaßen die geistliche Wurzel jeder Schuld. Hinter dem schuldigen Verhalten verbirgt sich eine Grundhaltung: „Übermütig" oder „hochmütig" tue ich so, als könnte ich autark, selbstbestimmt, ohne Gott leben und handeln. Das ist „Hoch"-Mut. Wenn das der Kern aller „Sünde" ist, dass wir uns quasi selbst zu Gott machen und uns zum Maßstab für alles erheben und damit Gott demütigen bzw. ihn als Gott missachten, dann ist „Sünde" nicht nur moralisch schlecht, sondern ein feindlicher Akt gegen Gott.

**„An Gott allein habe ich mich versündigt"**

*Gott, sei mir gnädig nach deiner Güte, und tilge meine Sünden nach deiner großen Barmherzigkeit.*

*Wasche mich rein von meiner Missetat, und reinige mich von meiner Sünde;*

*denn ich erkenne meine Missetat, und meine Sünde ist immer vor mir.*

***An dir allein habe ich gesündigt und übel vor dir getan, auf dass du Recht behaltest in deinen Worten und rein dastehst, wenn du richtest.***

### „Reinige mich, wasche mich schneeweiß"

Siehe, ich bin als Sünder geboren und meine Mutter hat mich in Sünden empfangen.

*Siehe, dir gefällt Wahrheit, die im Verborgenen liegt und im Geheimen tust du mir Weisheit kund.*

***Entsündige mich** mit Ysop, **dass ich rein werde; wasche mich, dass ich schneeweiß werde.***

*Lass mich hören Freude und Wonne, dass die Gebeine fröhlich werden, die du zerschlagen hast.*

*Verbirg dein Antlitz vor meinen Sünden und tilge alle meine Missetat.*

Die Sehnsucht, gereinigt zu werden, beschreibt etwas von den Gefühlen, die Schuld in Menschen hervorbringen kann. Im Bild von Verschmutzung oder Verunreinigung wird dargestellt, dass „Sünde" nicht nur eine abstrakte, gedankliche Größe ist, sondern so real den Menschen verändert wie ein ekliger Dreck auf einem Körper. So wird der Mensch sich selbst fremd: „Das bin ich nicht! So möchte ich nicht bleiben!"

Damit hat das Schuldigwerden an anderen immer auch eine Auswirkung auf dich selbst, den Täter, die Täterin – selbst dann, wenn deine Tat für andere unsichtbar, unerkannt oder eben ungreifbar bleibt. In Wahrheit merkst du selbst etwas von der Störung, die dich immer auch zu Gott beziehungsunfähig macht. Vielleicht kannst du es nur noch nicht vor dir selbst zugeben.

So wie etwas Schmutziges, Unreines oder Ekliges abstoßend wirkt, so wird der Sünder sich Gott, anderen und sogar sich selbst gegenüber abstoßend, unberührbar und unerträglich fühlen.

Wenn du solche Gefühle kennst, dann spiegeln sie also etwas von der ungreifbaren Realität, die hinter jeder Schuld steht. Du erinnerst dich? Es ist der unheilige, unreine oder auch widergöttliche und rebellische Geist. Der Un-Geist. Er verführt uns Menschen zu einsamem Hochmut.

Das Neue Testament teilt mit der Spätantike die Auffassung, dass dieser Un-Geist übermenschlich ist, eine zerstörerische Geistmacht, und bezeichnet ihn mit unterschiedlichen Namen. Einer von ihnen ist „Teufel". Diese Macht trennt Menschen von Gott. Deshalb hat Jesus seinen Auftrag auch darin gesehen, *unreine Geister* auszutreiben (Matthäus 10,1) oder *böse Mächte* zu binden (Matthäus 18,18).

Vergebung der Sünde ist biblisch gesehen also

- nicht einfach nur ein Gnadenzuspruch Gottes: „Ich bin dir nicht mehr böse!",
- sondern beinhaltet zugleich eine Befreiung von dem dahinterstehenden verunreinigenden Geist, der Menschen umgibt, beeinflusst und in die Isolation treibt. Befreiung von der Macht der Sünde.

### „Gib mir einen neuen, beständigen Geist"

***Schaffe in mir, Gott, ein reines Herz und gib mir einen neuen, beständigen Geist.***

***Verwirf mich nicht von deinem Angesicht und nimm deinen Heiligen Geist nicht von mir.***

*Erfreue mich wieder mit deiner Hilfe und mit einem willigen Geist rüste mich aus.*

*Herr, tu meine Lippen auf, dass mein Mund deinen Ruhm verkündige.*

*Denn Schlachtopfer willst du nicht, ich wollte sie dir sonst geben, und Brandopfer gefallen dir nicht.*

*Die Opfer, die Gott gefallen, sind ein **geängsteter Geist, ein geängstetes, zerschlagenes Herz wirst du, Gott, nicht verachten.***

*Tu wohl an Zion nach deiner Gnade, baue die Mauern zu Jerusalem.*

*Dann werden dir gefallen rechte Opfer, Brandopfer und Ganzopfer; dann wird man Stiere auf deinem Altar opfern.*

In diesem Teil des Psalms zieht sich wie ein roter Faden ein Thema durch: Die Befreiung von Sünde schafft Raum für den Heiligen Geist. Dieser Raum war vorher durch den Un-Geist besetzt. Das macht einen entscheidenden Unterschied aus: Der heilige, reine Geist Gottes macht Menschen heilig und rein, indem er in sie kommt und sie ausfüllt.

Wenn du also um Vergebung bittest, hat das ganzheitliche Folgen: Gott befreit dich von diesem unheiligen Geist. Das tut er, indem er mit seinem Heiligen Geist kommt und bei dir einzieht. Die Bitte um Vergebung ist also nicht zu trennen von der Bitte um die Erfüllung mit dem Heiligen Geist.

Menschen in der Bibel haben sich in Machtsphären wahrgenommen: Sie erlebten sich im Wirkbereich der widergöttlichen Machtsphäre und/oder der Sphäre des Heiligen Geistes, der Orte oder Personen mit der Liebe Gottes füllen konnte.

Die logische Folge ist: Wo der Heilige Geist einzieht, bekommt er prägende Kraft und der menschliche Geist wird so willig („williger Geist", V. 14), sich an Gott und seinen Maßstäben zu orientieren.

### „Ein geängsteter Geist" und „ein zerschlagenes Herz"?

Die Abkehr von dem rebellischen, eigensüchtigen Geist zeigt sich für David so: *„Die Opfer, die Gott gefallen, sind ein geängsteter Geist, ein geängstetes, zerschlagenes Herz wirst du, Gott, nicht verachten"* (V. 19).

Sofort reagieren einige von uns an dieser Stelle wieder mit ihrer Befürchtung: Also wird Gott meine Persönlichkeit doch zerschlagen? Einige hören hier den Auftrag: Ich muss also ängstlich und zerschlagen sein. Dann erst ist Gott zufrieden mit mir.

Nur, was soll denn da wirklich geängstigt oder zerschlagen werden?

Wir legen diese Verse so aus: Diese unheilige Koalition, der Un-Geist in unserem Herzen soll zerschlagen werden. Nur so kann unser Herz von seiner hohen, einsamen und selbstherrlichen Position herunterkommen. Vielleicht fühlt sich das beängstigend an. Aber in Wahrheit zielt der Heilige Geist nur auf den Widerstand gegen Gott. Diese Rebellion wird zerschlagen. Das kann Kampf bedeuten. Zurück bleibt aber ein von Gott geliebter, ihm angenehmer und mit ihm verbundener Mensch.

Das zeigt sich auch bei David im nachfolgenden Vers 20: „Tu wohl an Zion nach deiner Gnade, baue die Mauern zu Jerusalem." David erwartet Gottes Wohltaten, nämlich dass Gott persönlich (innerlich) und politisch (äußerlich) das Leben fördert und Schutz (Mauern Jerusalems) vor allen menschen- und gottfeindlichen und allen zerstörerischen Mächten bietet. Diese Aussicht entfesselt eine starke Hoffnung.

## 4. Vorbereitung auf Schritt 5

### Bereite dich auf Schritt 5 so vor:

- Bitte Jesus Christus, gegenwärtig zu sein, um dir zu helfen, die Einsichten aus deiner Schritt-4-Inventur zu ordnen. Bitte ihn, dich bei diesem Schritt zu führen und zu unterstützen.
- Du wirst entdeckt haben, dass in deiner Lebensgeschichte nicht alles deine Schuld ist. Wenn du aber zu dir stehst, wie du geworden bist, und damit deine Stärken und Fehler und die deiner Familie vor Gott bringst, werden Familiengeheimnisse und Festlegungen aufgelöst.
- Es ist sehr wertvoll, hier sorgfältig zu sein. Nimm dir Zeit.
- Die Fragen auf dem folgenden Arbeitsblatt S. 131 helfen dir, alles herauszufiltern, was Schuld oder Sünde in deiner Schritt-4-Inventur ist und was nicht.
- Lies zum Mutmachen das Lebensbeispiel auf der rechten Seite.

# Lebensbeichten im Gefängnis? Das geht doch nie!

**Ein Teilnehmer in einer Endlich-Leben-Gruppe im Gefängnis:**
**Äußerst skeptisch gegenüber jeder Art von „Programm" oder „Schritten", die ein Leben verändern können sollen, war ich zwar tendenziell dagegen, aber als neugieriger Mensch ...**

Die „inhomogene" Zusammensetzung der 12 (inhaftierten) Teilnehmer erwies sich rasch als Bereicherung statt als Schwierigkeit. Alle waren ebenso neugierig wie ernsthaft dabei, aber auch ebenso skeptisch wie ich.

Die montäglichen, etwa 90 Minuten dauernden Gruppentreffen fanden rasch in den guten Rhythmus von Musik mit Gesang, Gebet, Blitzlicht-Runde („Wie geht's dir?"), Arbeit am aktuellen Schritt und wieder (Gelassenheits-)Gebet. Die Gruppenregeln akzeptierten alle problemlos und wir machten sie uns auch bald zu eigen.

Die Leiterin und ich gingen bei ersten sensiblen Themen etwas mit „gutem Beispiel" voran und gaben Persönliches preis, schenkten Vertrauensvorschuss. Sofort schlossen sich andere an und nach und nach begannen auch die Schweigsamen, Passiven, sich zu öffnen.

So etwa ab Schritt 3 empfand ich persönlich die Gruppe tatsächlich als Hilfe, als einen echten Mehrwert für mich, im Vergleich zu einem natürlich auch möglichen Selbststudium. Es war ein echtes Wir-Gefühl entstanden (so hatten wir z. B. auch gelernt, uns zu streiten und wieder zu versöhnen), eine durchweg positive Gruppendynamik.

Ich spürte, dass ich tatsächlich bei einigen der 14 Ziele, die ich für mich bei der Einführungsphase konkretisiert hatte, vorankam! Meine Skepsis war wie weggeblasen, hatte sich als reines Vorurteil gegen die Worte „Programm" und „Schritte" disqualifiziert. Nun war ich vollends froh, zugesagt zu haben.

Die für mich bewegendste Phase war die Vorbereitung und Durchführung der Lebensbeichten zwischen uns (Schritt 5), gerade angesichts der besonderen Schwierigkeiten für und unter Gefangenen. Immerhin vier von sieben Teilnehmern trauten sich das, aber auch die anderen profitierten von den Diskussionen darüber.

Die spürbar praktischste Auswirkung hatte das Programm in den Schritten 8 und 9, der Beziehungsklärung und Wiedergutmachung. Hier lagen jetzt vollends tiefe und teils lang verschüttete Probleme der Teilnehmer auf dem Tisch und wurden nun behutsam und vertrauensvoll miteinander erlebt und gemeinsam ein Stück getragen. Sensibles Helfen und das Zulassen dieser Hilfe waren für mich eine berührende Erfahrung.

(Bericht eines Häftlings und Co-Leiters einer Endlich-Leben-Gruppe in einem deutschen Gefängnis)

## Bedürfnis: Bindung/ Beziehung

Dieses wichtige Grundbedürfnis ist bei vielen verletzt. Statt einer sicheren, vertrauensvollen Beziehung entwickeln viele dann:

- Angst vor Bindung (du vermeidest Bindung)
- abhängige Bindung (du klammerst/kontrollierst)
- unabhängige „Bindung" (du isolierst dich)

Trage in das Schaubild ein, welche Bindungsstile du bei dir entdeckt hast.

Was mir auffällt:

________________________________________

________________________________________

Trage/klebe hier die Ergebnisse von Fragebogen BBE, BIFA 4 ein.

Deine Computerauswertung wird ganz genau darstellen, welche Vorstellung über Bindungsstile du erlernt hast.

Trage/klebe hier die Ergebnisse von Fragebogen KLSE ein.

## Bedürfnis: Lust erleben/Unlust vermeiden

Dieses Grundbedürfnis wird vor allem körperhaft als Wohlgefühl erlebt. Gute gegenüber unangenehmen Gefühlen werden gesucht.

Beispielhaft wird das sichtbar an der Art, wie du gelernt hast, mit Konflikten umzugehen. Unterschiedliche Konfliktlösungsstile bringen unterschiedliche Gefühle hervor:

- Konflikte aufsteigern, eskalieren lassen (Wut, Zorn)
- beleidigter Rückzug (Scham, unterdrückte Wut, Schuld)
- so tun, als wäre alles o. k., Konflikte vermeiden (macht Gefühle unfühlbar, du erstarrst innerlich).

Was mir auffällt:

________________________________________

________________________________________

Deine Computerauswertung wird die Konfliktlösungsstile deiner Familie ganz genau darstellen.

## Bedürfnis: Selbstwert erhöhen/schützen

Wenn dieses Grundbedürfnis verletzt wird, verlieren Menschen ihre Würde und fühlen sich wertlos, manchmal sogar ohne das Recht zu leben.

Wie dein Selbstbewusstsein (bzw. deine Selbstunsicherheit) von Kindertagen her aufgebaut/zerstört wurden, zeigt der Fragebogen zur Biografie (BIFA).

- Tabelle schulisches Engagement: Motivation/Leistung
- Tabelle: belastende oder unbeschwerte Kindertage
- Fragebogen SEO: Tabelle: selbstmotiviert Ziele erreichen.

Deine Computerauswertung wird deine Selbstwerteinschätzung ganz genau darstellen.

Was mir auffällt:

________________________________________

________________________________________

Trage/klebe hier die Ergebnisse von Fragebogen BIFA 2,3/SEO 1 ein.

Trage/klebe hier die Ergebnisse von Fragebogen BBE 2/BIFA 1/SEO 2,3 ein.

## Bedürfnis: Kontrolle/Orientierung

Bei Suchtproblemen, aber auch Ängsten (z. B. Panik ohne ersichtlichen Grund) wird das Kontrollbedürfnis verletzt.

Viele entwickeln dann ersatzweise übermäßige Kontrollversuche:

- Fragebogen zur Biografie: Tabelle 1: ungünstige Umstände in Kindertagen
- Fragebogen SEO: Tabelle: rigide Zielgerichtetheit (Kontrollsüchtige)
- chaotische Kontrolle/Desorganisation: lässt Kontrollverluste erleben

Was mir auffällt:

Deine Computerauswertung wird dir ganz genau darstellen, welches Kontrollverhalten für dich normal ist.

________________________________________

________________________________________

## Zusammenschau der Ergebnisse aus den Schritten 1 bis 4

### Was war dein Grundschmerz (1)?

Lies die Erklärung von Schritt 1 auf S. 42-43.

### Welche Atmosphäre/Machtsphäre (2) herrschte?

Es geht um die Kraft hiner deinem Grundschmerz. Lies noch einmal Schritt 4 S. 111ff.

### Wie sah deine Bindungsfähigkeit aus? (3) BBE

*Kannst du deine Bindungsstile mit deinen typischen Mustern in Beziehungen mit einem aussagekräftigen Begriff bezeichnen? Das ist dein* **Hauptabwehrmechanismus (3).** *Mit deinem Rollenspiel/Bindungsstil konntest du dafür sorgen, dass deine Grundbedürfnisse nach Bindung, Kontrolle, Wert und Lustgefühlen (vgl. Schritt 2 auf S. 56-57) wenigstens teilweise gestillt wurden. Solche Rollenmuster sind z. B.: Held, Mauerblümchen, Rebell, schwarzes Schaf, Clown, … (siehe auch deine Ergebnisse der Fragen zu deinen Bindungsstilen S. 128)*

### Welche Konfliktlösungen hast du gelernt? KLSE

*Welche weiteren* **Lebensmuster (4) besonders in Konflikten,** *die deinem Hauptabwehrmechanismus dienen oder eng mit ihm zusammenhängen, hast du erkannt? Diese Muster dienten als Überlebensmuster oder Überlebensstrategien, mit denen du dir geholfen hast, möglichst gut die Interessen deiner Grundbedürfnisse zu leben. In der Regel waren sie dir sehr nützlich und wirkten hilfreich, obwohl sie dir oder anderen meist mehr schadeten oder zerstörerische Nebenwirkungen entfalten (siehe S. 128).*

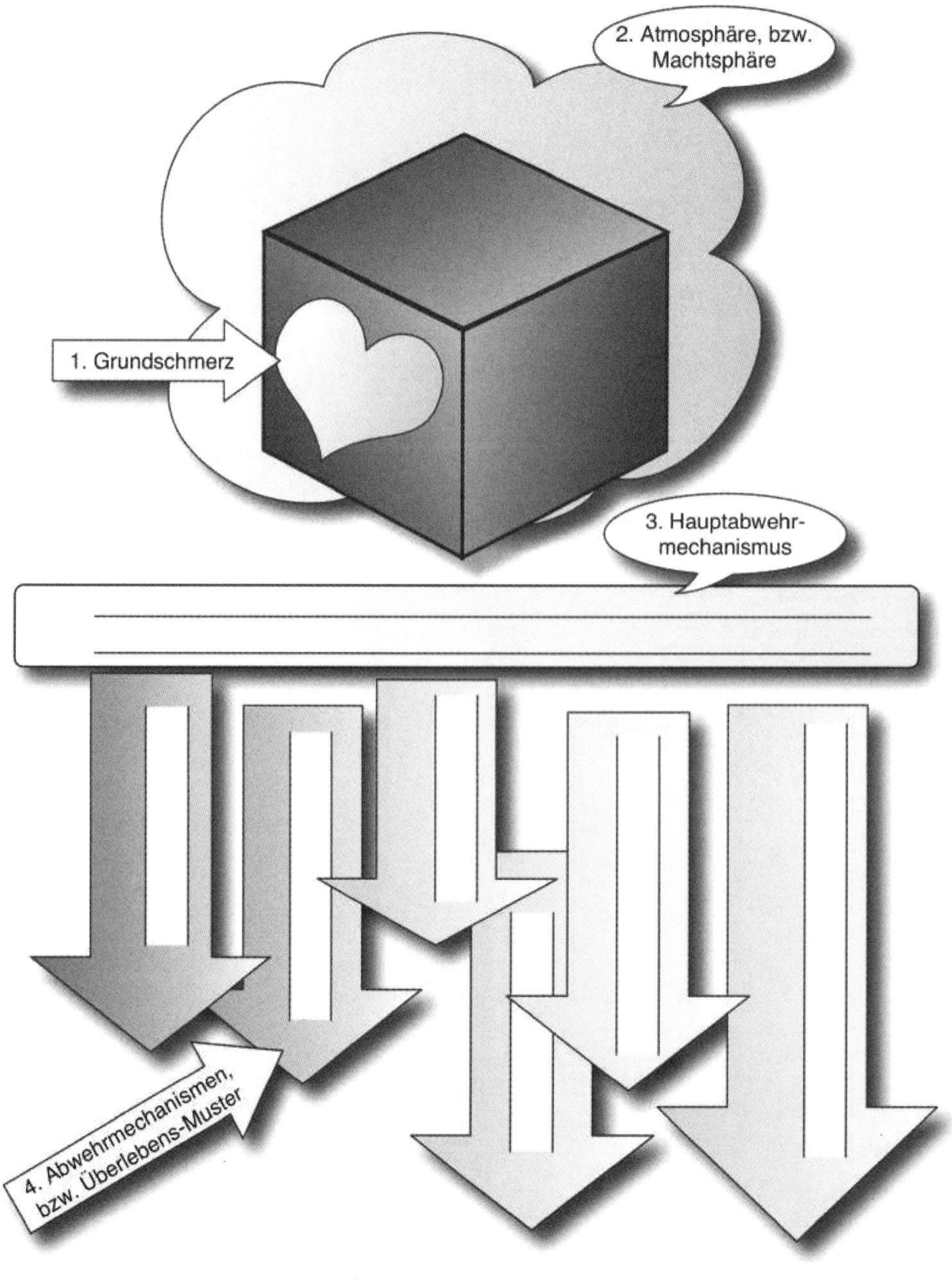

## Arbeitsblatt: Was sind meine Schuldanteile oder meine Sünde?

Wenn du deinen Überblick ausgefüllt hast, kommen wir zu deinen Schuldanteilen. Es geht jetzt um die Folgen dieses Abwehrsystems für alle deine Beziehungen. Im Blick auf deine Beziehungen hatte dein Grundschmerz samt den Überlebensmustern tief greifende, ganzheitliche Folgen für deine Beziehungsaufnahme zu Gott, zu anderen Menschen und zu dir selbst. Dabei warst du nicht nur Opfer, sondern auch Mithandelnder. Vielleicht reaktiv, vielleicht proaktiv (Motto: „Präventiv greife ich schon mal an"). Dein Verhalten war oft gut gemeint, vielfach bewusst schädigend und böse, auf jeden Fall hat es im Beziehungsnetz Gott–Mensch–Mensch manchmal mehr oder auch weniger Schaden bewirkt.

Die Folgen deiner Sünde haben auf jeden Fall eine

- Handlungsebene (Taten, Verhalten, unterlassenes Verhalten),
- gedankliche Ebene (Bewertungen, Sätze, Festlegungen, innere Stimmen),
- Gefühlsebene (Atmosphäre und Kraft),
- Willensebene (Sehnsüchte, Wünsche, Pläne),
- körperliche Ebene (Verspannungen, Schmerzen, Körperhaltungen, Schwächeempfindungen).

Die Körper-Ebene begleitet deinen Beziehungsaufbau oft unbewusst wie eine ständige Begleitmusik, die sagt, dass „da etwas stimmt" oder „nicht stimmig ist". Trage deine Ergebnisse in die Liste unten ein. Du findest hier zuerst eine Beispiel-Liste, die es dir leichter machen soll, deine eigenen Begriffe herauszufinden.

| Ich als „Held" | Taten | Gedanken | Gefühle | Sehnsüchte | Körper |
|---|---|---|---|---|---|
| gegen Gott | Gute Taten vor Gott ist ein Muss. | Er will viel Leistung. | Ich fühl mich alleine, wenn's drauf ankommt. | Ich werde mein Leben schon alleine schaffen, ich bin gut. | beim Beten zusammengebissene Zähne |
| gegen Menschen | Neid entwickeln | Andere kriegen es besser hin, Aufmerksamkeit und Anerkennung zu grabschen. | Ich bin ein verkanntes Genie. Keiner merkt es nur … | Wenn ich erst 2 Autos und eine Villa habe, werden es alle sehen, was in mir steckt. | Kopfschmerz vor/nach Treffen mit bestimmten Personen |
| gegen dich selbst | maßlos arbeiten | Ohne mich geht's hier nicht. | Ich bin herrlich und kompetent. | Wenn andere endlich sehen, dass ich wer bin, bin ich glücklich | ein störendes Ohrgeräusch (Tinnitus) |

| Ich als … | Taten | Gedanken | Gefühle | Sehnsüchte | Körper |
|---|---|---|---|---|---|
| gegen Gott … | | | | | |
| gegen Menschen | | | | | |
| gegen dich selbst | | | | | |

## 5. Umsetzung von Schritt 5 vorbereiten

### Wähle deine Vertrauensperson für Schritt 5 aus der Gruppe aus

Wähle einen Menschen deines Vertrauens aus der Gruppe für dein Sündenbekenntnis aus. Wenn du innerhalb deiner Gruppe eine solche Person nicht findest, kannst du dir auch eine Vertrauensperson außerhalb der Gruppe suchen.

Es ist von Vorteil, aber nicht zwingend, jemanden zu wählen, der mit diesem Programm vertraut ist.

## Zwei Missverständnisse zu „Beichte"

### Wir machen die Beichte mit uns allein ab

Vielleicht geht es dir so, dass du denkst: Es genügt doch, meine Sünden nur Gott zu bekennen. Das ist zugegebenermaßen ein möglicher Gedanke. Das wäre aber im Sinne des 12-Schritte-Programms nicht ratsam.

Es ist wahr, dass Gott allein die Sünde vergibt. Auch wenn dies richtig ist, will uns das 12-Schritte-Programm helfen, auf drei Beziehungsebenen weiterzukommen: nämlich auf der göttlichen und der menschlichen Beziehungsebene, zu uns selbst und anderen. Wenn du deine Sünden vor einem Menschen aussprichst, heißt das:

1. Auf der menschlichen Beziehungsebene zeigst du den großen Mut, dich vor einem anderen zu öffnen. Du hast den Vorteil, konkret zu erleben, dass dich eine Person trotz deiner Schuld und Sünde annimmt und dir Vergebung zuspricht.
2. Auf der Beziehungsebene zu dir selbst bestätigt dir die Gegenwart einer anderen Person, dass dieses Geschehen wirklich stattfindet. Du hast einen Zeugen.
3. Auf der geistlichen Beziehungsebene bedeutet die Gegenwart einer Person eine wichtige Unterstützung. Die Vertrauensperson ist in diesem Augenblick ein Stellvertreter Gottes, der dir Befreiung und Vergebung in der Vollmacht Jesu zuspricht.

Viele von uns haben das folgende Phänomen erlebt: Sie konnten sich gut vorstellen, Gott allein die Fehler zuzugeben, aber sobald sie es vor einem Menschen tun wollten, waren sie wie blockiert. Das ist Stolz. Es macht Angst, das Gesicht zu verlieren.

Vor einem Menschen alles auszusprechen, hat für sie bewirkt, dass sie aus ihrer Isolation und Einsamkeit herausfanden. Indem sie vor einem anderen Menschen ihre Schuld und Sünde öffentlich bekannten, dokumentierten sie vor sich selbst, wie ernst sie es meinten.

### Jetzt ist alles gut für alle Zeit

Für viele von uns war es wichtig, sich deutlich zu machen: Mit Schritt 5 ist noch lange nicht alles in Ordnung. Es ist nicht leicht, unsere alten Verhaltensmuster alle auf einmal zu ändern. Vielleicht wollen wir es auch noch gar nicht (Schritt 6 und 7 werden darauf eingehen).

Es gilt: Was du vor Gott zugegeben und als Sünde bekannt hast, ist dir vergeben! Zusätzlich ist die Kraft des lebensverändernden Heiligen Geistes ins Spiel gekommen. Aber Sünden bekennen und Fehler und Schwächen verändern sind zweierlei.

Wer das gleichsetzt, muss von dem Irrtum ausgehen: Jetzt gibt es keine Rückfälle in altes Verhalten mehr. Erinnere dich: Veränderung, Heilung und Gelassenheit kommen Schritt für Schritt! Auch „Buße" ist ein Prozess. Mit der Vergebung fängt er an, mit Heilung von Lebensmustern geht er weiter und mit Wiedergutmachung schließt er ab. Gott wird jetzt nach Schritt 5

Offenbarung schenken, dass du die nötigen Folgeschritte gehen kannst. Bitte ihn darum.

*Gnade Gottes schenkt Gelassenheit*
Auf der Grundlage, dass wir angenommen sind, braucht es zum Glück keine schnellen (billigen) Lösungen mehr zu geben. Das Motto „Schnell, schnell alles weg!" wirkt doch nur dann, wenn du die Gefühle „Nicht angenommen sein" oder „Angst vor Strafe" fürchten musst. Wenn du Schritt 5 abgeschlossen hast, muss also nicht ab jetzt alles gut sein.

Dafür gibt es Gründe, die wir in Schritt 6 ausführlich erklären werden. Hier in Kürze eine Aufzählung:
- Wenn du mit dem Willen bekannt hast, kann es eine Weile dauern, bis das Gefühl nachkommt.
- Gott arbeitet an dir, wenn du es zulässt. Vielleicht musst du noch Prozesse durchlaufen, die dir bisher nicht klar waren.
- Über allem steht die Gnade Gottes: Sein Zeitplan entspricht nicht unserem.

## 6. Die Lebensbeichte – ein Vorschlag für den Ablauf

Suche dir mit deiner Vertrauensperson einen Ort, wo ihr nicht abgelenkt werdet (schalte z. B. das Handy aus). Denke daran:
- Es geht in Schritt 5 ausschließlich darum, die Punkte zu bekennen, die dir klar geworden sind (siehe Arbeitsblätter S. 128-131).
- Steh vor Gott und einem Menschen mit deiner Lebensgeschichte, den guten und den schlechten Seiten. Bekenne ihm alles und ergreife damit die Verantwortung für dein bisheriges Leben und deine Zukunft.
- Es geht nicht darum herauszufinden, wie Defekte entstanden sind (sodass du wieder eine Entschuldigung oder Rechtfertigung für dein Verhalten formulierst).
- Es geht bei Schritt 5 nicht um ein Seelsorge- oder Beratungsgespräch. Es ist schlicht und einfach das Bekenntnis deiner Wahrheit vor Gott und einem Menschen.

**Regeln für die Vertrauensperson**

- Für die Vertrauensperson ist es wichtig, geduldig zuzuhören. Nimm den anderen genauso bedingungslos an, wie Gott es auch tut.
- Wenn dir etwas unklar ist, habe den Mut, nachzufragen. Es ist gut, wenn beide sich sicher sind, die Punkte klar verstanden zu haben.
- Sprich am Schluss dem Beichtenden die Vergebung im Namen Jesu zu und ermutige ihn, sie anzunehmen.
- Behandle das Besprochene vertraulich. Es steht unter dem Seelsorge-Geheimnis. Sei dir bewusst: Nichts zerstört Offenheit und Freundschaft mehr als missbrauchtes Vertrauen.

Gott kennt dich bereits. Ihm brauchst du nichts vorzumachen. Du bist dabei zu lernen, demütig, ehrlich und mutig zu leben.

Starte die Lebensbeichte mit Punkt ① rechts:

## ① Lebensbeichte Ablaufvorschlag

***„Herr, ich weiß, dass du mich durch und durch kennst.
Ich bin jetzt bereit, mich dir gegenüber ehrlich und demütig zu öffnen
mit all meinem verletzenden Verhalten, meiner Ichbezogenheit
und meinem ganzen Wesen.
Danke, dass du mich an diesen Punkt gebracht hast, wo ich vor dir meine Schuld zugeben darf.
Nimm mir die Angst, erkannt und abgelehnt zu werden.
Nimm mein Leben unter deinen Schutz und deine Führung."***

Sprich jetzt vor Gott und der Vertrauensperson aus, was dir bei der Schritt-4-Inventur bewusst geworden ist. Benutze die Ergebnisse deiner Notizen S. 128-131.

## ② Dein konkretes Bekenntnis

**!**

## ③ Das Abschlussgebet

*Deine Bitte um Vergebung:*

„Du großer, barmherziger Gott,
sei mir gnädig, hab Erbarmen mit mir!
Lösche meine Vergehen aus!
Meine schwere Schuld – wasche sie ab,
und reinige mich von meiner Sünde!

Denn ich erkenne mein Unrecht,
meine Schuld steht mir ständig
vor Augen.

Gegen dich habe ich gesündigt –
gegen dich allein!
Was du als böse ansiehst,
das habe ich getan.
Darum bist du im Recht,
wenn du mich verurteilst,
dein Urteil wird sich als wahr erweisen."

Aus Davids Psalm 51 in der Bibelübersetzung „Hoffnung für alle"

*Zuspruch durch die Vertrauensperson:*

In der Heiligen Schrift heißt es: *„Wenn wir Jesus unsre Sünden bekennen, so ist er treu und gerecht, dass er uns die Sünden vergibt"* (1. Johannesbrief 1,9). Gott hat dir alles vergeben.

*④ Deine Bitte um Reinigung:*

*„Reinige mich von meiner Schuld,
dann bin ich wirklich rein;
wasche meine Sünde ab,
und mein Gewissen ist wieder
weiß wie Schnee!"*

Benenne jetzt deine konkreten Gefühle, die Gott berühren und reinigen möge.

*Zuspruch durch die Vertrauensperson:*

Im 1. Johannesbrief 1,9 heißt es auch: ***„Wenn wir Jesus unsre Sünden bekennen, so ist er treu und gerecht und reinigt uns von aller Ungerechtigkeit."*** Sei gereinigt im Namen Jesu!

*⑤ Das Gebet um Befreiung vom Un-Geist:*

Ich sage mich los im NAMEN JESU von dem unheiligen Geist, der hinter all meinen Sünden und Abhängigkeiten steht. Er hat keine Macht mehr über mich, weil Jesus für mich einsteht. Er umgibt mich von allen Seiten und schützt mich.

*Zuspruch durch die Vertrauensperson:*

Jesus sagt: ***„Wahrlich, ich sage euch: Was ihr auf Erden binden werdet, soll auch im Himmel gebunden sein, und was ihr auf Erden lösen werdet, soll auch im Himmel gelöst sein. Wahrlich, ich sage euch auch: Wenn zwei unter euch eins werden auf Erden, worum sie bitten wollen, so soll es ihnen widerfahren von meinem Vater im Himmel. Denn wo zwei oder drei versammelt sind in meinem Namen, da bin ich mitten unter ihnen"*** (Matthäus 18,18-20).

*⑥ Gebet um Erfüllung mit Heiligem Geist:*

„Erschaffe in mir ein reines Herz, o Gott; erneuere mich und gib mir Beständigkeit! Stoße mich nicht von dir und nimm deinen Heiligen Geist nicht von mir! Schenk mir Freude über deine Rettung und mach mich bereit, dir zu gehorchen!"

*Zuspruch durch die Vertrauensperson:*

Jesus verspricht: ***„Wenn nun ihr, die ihr böse seid, euren Kindern gute Gaben geben könnt, wie viel mehr wird der Vater im Himmel den Heiligen Geist geben denen, die ihn bitten"*** (Lukasevangelium 11,17).

⑦ *Bitte um Heilung von allen Folgen der Sünde:*

*„Heile mich, Herr, so werde ich heil!*
*Hilf du mir, dann ist mir geholfen!*
*Denn du bist mein Ruhm"*

Prophet Jeremia 17,14

Benenne jetzt konkret, was Gott in dir heilen möge.

*Zuspruch durch die Vertrauensperson:*

*„Lobe den Herrn, meine Seele,*
*und was in mir ist, seinen heiligen Namen!*
*Lobe den Herrn, meine Seele,*
*und vergiss nicht, was er dir Gutes getan hat:*
*der dir alle deine Sünde vergibt*
*und heilet alle deine Gebrechen,*
*der dein Leben vom Verderben erlöst,*
*der dich krönet mit Gnade und Barmherzigkeit,*
*der deinen Mund fröhlich macht*
*und du wieder jung wirst wie ein Adler."*

aus Davids Psalm 103

## ⑧ Zum Abschluss

Danke zum Abschluss Gott, dass er dir vergeben hat. Freue dich auch über dich selbst, dass du den Weg zu dieser Lebensbeichte endlich geschafft hast, und danke Gott für seinen Frieden, den er dir schenkt.

*Vertrauensperson schließt mit dem Segen:*

**„Der Friede Gottes, der höher ist als eure Vernunft, bewahre eure Herzen und Sinne in Christus Jesus."**

Philipperbrief 4,7

*Beschreibe deine Gefühle, nachdem du Schritt 5 jetzt abgeschlossen hast.*

Wenn du wieder allein daheim und zur Ruhe gekommen bist, kannst du über alles nachdenken, was du gesagt und erlebt hast.

Die beiden Fragen werden dir helfen, ein wenig Ordnung in dein aufgewühltes Herz zu bringen.

*Welche Schwierigkeiten hattest du, dich einem anderen mitzuteilen?*

# Schritt 6 Bereit für Veränderung

***„Wir waren völlig bereit, alle diese Charakterfehler von Gott beseitigen zu lassen."***

## Wir werden bereit, Veränderung zuzulassen

Mit dem sechsten und siebten Schritt vertiefen wir, was in den Schritten 1 bis 5 erarbeitet wurde. Schritt 6 lässt uns auf zwei Aspekte schauen, die eng zusammengehören:

- Wir werden bereit, unsere Kontrollillusion loszulassen. Das war unsere Wurzelsünde.
- Parallel dazu werden wir bereit, unsere Beziehung zu Gott vertiefen zu lassen.

Mit Schritt 6 wächst unsere Offenheit für Gottes Handeln.

Mit Schritt 6 vertiefen sich die folgenden Erkenntnisse:

Es geht um die Beziehung zu Gott und nicht um eine Reduktion unserer störenden Symptome allein.

Tiefe Lebensveränderungen können wir nicht erzwingen.

Veränderung ja – aber wie?

Wir fangen an zu begreifen, wie Veränderung eigentlich vor sich geht. Dabei wird uns deutlich, welche Rolle Gott spielt und was unser aktiver Beitrag dazu ist.

Schritt 6 macht unter Umständen Angst:
Wir fürchten, dass wir die Kontrolle über unser Leben verlieren.

Schritt 6 ist aber auch ein Schritt zu neuer Gelassenheit.
Das bedeutet: Wir fangen an zu glauben,

- dass Gott mit unseren Schwierigkeiten umgehen kann,
- dass wir uns Gott vertrauensvoll überlassen dürfen.

# Erklärungen zu Schritt 6

## Ein kurzer Rückblick über die Schritte 1 bis 5

Nachdem wir die Schritte 1 bis 5 durchgearbeitet haben, denken einige vielleicht, wir könnten hier aufhören. In Wirklichkeit liegt aber noch viel Arbeit vor uns und die besten Veränderungen werden noch kommen.

Wir fassen noch einmal zusammen: In Schritt 1 und 2 erkannten wir unsere Ohnmacht und kamen zu der Erkenntnis, an eine Macht zu glauben, die größer ist als unsere eigene. In Schritt 3 übergaben wir unseren Willen und unser Leben Gottes Führung und Fürsorge. Die Schritte 4 und 5 schufen eine Atmosphäre, die es uns ermöglichte, uns mit uns selbst auseinanderzusetzen, demütig zu werden und unsere Fehler vor Gott, vor uns selbst und vor einem anderen Menschen zuzugeben.

Die Grundlage für den Veränderungsprozess, die wir damit gelegt haben, kann in uns die Illusion hervorrufen, jetzt sei alles in Ordnung! Die folgenden Schritte seien nur noch Randpunkte.

Durch diesen Trugschluss wurden viele von uns nur daran gehindert, geistlich weiterzuwachsen und die in ihnen verborgenen Fähigkeiten zu entwickeln.

**Es ist tatsächlich so, dass die Schritte 1 bis 5 dir geholfen haben, die richtige Richtung einzuschlagen und ein solides Fundament zu legen. Mit Schritt 6 kommst du nicht mehr daran vorbei, deine Gewohnheiten und deinen Lebensstil wirklich zu verändern. Du wirst nun darauf vorbereitet, deinen Lebensstil völlig von Gott verändern zu lassen.**

## „… von Gott beseitigen zu lassen“

### Wie wird Veränderung mit Gottes Hilfe möglich?

Das Geheimnis einer Lebensänderung hat etwas damit zu tun, dass wir mit Gott zusammenwirken: Gott ergreift die Initiative, er führt, er zeigt die Richtung, während wir unserem Wunsch nach Veränderung durch unser Wollen und Handeln Ausdruck geben.

Anders ausgedrückt: Alles, was wir brauchen, ist der Wille, Gott die Führung zu überlassen. Gott zwingt sich uns niemals auf. Er wartet, bis wir ihm in unserem Leben Raum geben. Er spricht uns zu: Ich werde dich niemals im Stich lassen oder verraten – wie du es vielleicht bei Menschen erlebt hast.

Niemand erwartet von dir, dass du deine Charakterfehler allein beseitigst. Das hast du erfolglos jahrelang probiert. Deine Aktivität besteht nun darin, die Kontrollillusion über dein Leben aufzugeben und Gott handeln zu lassen. Im tiefsten Sinne bedeutet das, dich – so wie du jetzt bist – loszulassen und dich Gott anzuvertrauen.

### Die Aktion an der richtigen Stelle!

Mit Schritt 6 lernen wir,

- unsere Aktivität in die richtige Richtung (auf Gott hin) zu lenken
- und in richtiger Weise (Hingabe statt Kontrolle) einzusetzen.

Deine eigentliche Handlung besteht also darin, alle verzweifelten Änderungsversuche aufzugeben. Wir bleiben hiermit bei der Wahrheit von Schritt 1: „Gib deine Kontrolle auf, du hast es nicht im Griff! Immer noch nicht!“

Es hat sich aber etwas Entscheidendes verändert: Du hast jemanden gefunden, der es kann! Die Schritte 2 bis 5 waren insofern ein nötiger Umweg: Mit Schritt 6 kommen wir zu unseren Charakterfehlern zurück, die wir vertieft (Schritt 4) erkannt haben und zu denen wir stehen (Schritt 5). Jetzt geht es darum, auf das Eingreifen Gottes zu vertrauen und sich darauf einzulassen (die richtige Aktion!).

Schritt 3 war kein einmaliger Akt, sondern du beginnst jetzt, die Beziehung zu Gott mehr und mehr aufzubauen. Schritt 3 ist ein wichtiger Anfang eines lebenslangen Prozesses. Du wirst auf diesem Weg immer mehr die Kontrolle über dein eigenes Leben verlieren und gerne bereit werden, die alte Ichkontrolle loszulassen. Es war sowieso eine Illusion, du könntest dein Leben allein meistern!

### Loslassen als gottloser Zwang

Wie geschieht eigentlich Veränderung? Was muss ich tun? Einige kannten die Aufforderung: Du musst deine Schwächen oder Fehler „loslassen“. Sie fühlten sich aber schlichtweg überfordert. Und waren deshalb mutlos geworden.

Diese Aufforderung klang nämlich wie ein übermenschliches Gesetz, etwa so: „Du musst jetzt deine

Lebensmuster oder noch mehr deinen Charakter loslassen! So als würde jemand dazu auffordern: Hör doch endlich auf mit diesen Verhaltensmustern, die du in Schritt 4 erkannt und in Schritt 5 bekannt hast!" Gerade daran waren sie bisher ja immer gescheitert!

Eine „fromme" Variante dieser gesetzlichen Forderung klingt fast magisch: „Bitte einfach Gott und er wird dir deine Fehler nehmen!"

Im ersten Fall wird alle Aktivität vom Menschen erwartet. Im zweiten Fall soll Gott alles tun, damit Veränderungen eintreten können.

## Gott und Mensch wirken zusammen … aber wie?

Die Wahrheit liegt diesmal nicht in der Mitte, sondern in einem logischen Widerspruch:

Wenn wir mit Gott zusammenwirken, begeben wir uns auf einen Weg, bei dem wir als Menschen mit aller unserer Kraft ganzen Einsatz zeigen – so als gäbe es Gott nicht. Wir investieren Vertrauen bzw. Glaube an Gott, wir nehmen unseren ganzen Willen zusammen, wir engagieren uns mit aller Leidenschaft, die wir haben.

Auf der anderen Seite stimmt auch diese Wahrheit: Gott wirkt *alles* – als gäbe es unseren Glauben nicht.

Mit all seiner Gnade und Kraft setzt er sich für unser Heil ein. Das wird besonders an der Mitte des Neuen Testaments deutlich – an den Tagen von Kreuzigung und Auferstehung Jesu: Am Kreuz hat Jesus – ohne uns – alles Heil und alle Vergebung für uns erkämpft. Menschen konnten und können dem nichts mehr hinzufügen. Noch deutlicher zeigt sich unsere menschliche Ohnmacht in der Auferstehung. Gott hat als Schöpfer etwas Undenkbares vollbracht: Ein Toter bekommt ein völlig neues, leibhaftes und unzerstörbares Leben.

Also ganzer Einsatz des Menschen auf der einen Seite (= 100 %) für die eigene Veränderung – und ganz Gnade bei Gott, 100 % geschenkte Hilfe von Gott?

Mathematisch gesehen sind 200 % unmöglich. Geistlich ist es doch möglich.

Der Denkschlüssel liegt hier: Wie stellen wir uns vor, dass der heilige Geist Gottes in uns wirkt?

Der Heilige Geist ist zwar erfahrbar in uns wirksam, lässt sich aber nicht von uns kontrollieren. Im Heiligen Geist schafft Gott sein Werk mit uns. Er schließt uns aber in sein Wirken mit ein. So werden z. B. Glaube und Liebe ganz zu unserer Sache, sind aber genauso ganz Geschenke dieses Heiligen Geistes in unseren Herzen.

Das ist also das Geheimnis bei unserem Veränderungsprozess: Gott selbst steuert ihn, und wir lassen uns mit unserer ganzen Person auf ihn ein. Wenn Gott ihn nicht steuern würde, wären wir ganz allein auf unseren guten Willen angewiesen. Wenn wir gar nichts dazu beitragen könnten, wären wir willenlose Marionetten Gottes. Beides ist nicht der Fall.

Sogar wenn ich meine Reaktion verweigere, wird Gott sich immer weiter um mich bemühen, mich also weiterhin lieben, bis ich auf sein liebevolles Werben endlich eingehe. Er respektiert sogar meinen Widerstand, selbst wenn es ihn schmerzt!

**Kleines theologisches Begriffslexikon:**
Der niederländische reformierte Theologe A. A. van Ruler hat dafür den Begriff **„theonome Reziprozität"** eingeführt, um uns vor dem Irrtum zu bewahren, Menschen könnten als gleichberechtigte Partner mit Gott zusammenwirken (lat. „cooperatio"). Die Beziehung zwischen Gott und uns bleibt immer „theonom", d. h. „Gott-bestimmt" (das Gegenteil wäre „autonom" = „ich-bestimmt"). Sie wird so von ihm durch das Wirken des Heiligen Geistes in allen Aspekten gesteuert. Gleichzeitig ist es eine Wechselbeziehung („Reziprozität"), die davon lebt, dass ich als Mensch auf das Leiten Gottes reagiere.

## „Wir waren völlig bereit …"

Diese Formulierung im Schritt 6 bekommt nun eine völlig neue Dimension:

Gott ist also derjenige, der alles tun wird. Aber er tut es nicht ohne unsere Einwilligung. Das heißt praktisch: Unser Einsatz ist hier gefragt, uns ihm ständig immer wieder auszuliefern.

Unsere Not ist aber oft die: Wir hören auf, alles von Gott zu erwarten, und leben wieder mit der alten Kontrollvorstellung, nach dem Motto: „Ich muss mein Leben also doch mit eigener Kraft ändern." Das ist die Sklavenbeziehung. Gott fordert und ich muss gefälligst gehorchen.

Gott wünscht sich eine ganz andere Art von Beziehung zu ihm. Du darfst Kind sein! Das sieht praktisch so aus: Du setzt deinen Willen dafür ein, alles zu tun oder zu lassen, um ihn machen zu lassen. Gleichzeitig zeigt er dir dann, was du machen kannst oder sollst. Dein Gebet könnte so lauten: „Vater, ich kann mich nicht allein ändern, bereite du den Weg, den ich gehen kann."

Du merkst an unseren etwas hilflosen Erklärungsversuchen, dass es hier für dich darum geht, eine lebendige Beziehung zu Gott leben zu lernen. Und Beziehung lässt sich nun mal nicht kontrollieren, wir haben Gott eben nicht im Griff! Du darfst aber darauf vertrauen, dass er gesagt hat: Ich bin die Liebe!

Dein Beziehungsaufbau zu Gott geschieht, während du täglich das hier vorgeschlagene Programm durcharbeitest, unabhängig davon, ob du im Augenblick eine Auswirkung wahrnehmen kannst oder nicht. Nimm deine wachsende Beziehung zu Jesus Christus dennoch ernst, auch wenn deine Probleme noch nicht weg sind. Es geht nicht darum, dass du um jeden Preis geheilt wirst, sondern darum, dich in eine Liebesbeziehung einzuleben. Deine Heilung ist wie ein wunderbarer Nebeneffekt deiner vertieften Beziehung zu Jesus.

## „… von Gott beseitigen zu lassen"

Selbst wenn auf dem Weg von Schritt 1 bis 5 noch keine deutliche Veränderung an Symptomen geschehen sein sollte, dein Vertrauen auf einen fürsorglichen, liebenden Gott (das sich in der Gruppenerfahrung widerspiegelt) ist gewachsen. Das Geheimnis bleibt: Veränderungen im tiefsten Kern können nicht erzwungen werden. Darum musste deine Bereitschaft erst wachsen, dich von Gott verändern zu lassen. Wenn deine Gewissheit in dir sagt: Ja, Gott wird mich besser trösten, schützen und versorgen, als es meine bisherigen Schutzmechanismen, mein Suchtmittel oder meine Überlebensmuster taten!

Dann bist du bei Schritt 6 angekommen und bereit für den Schritt 7, Gott selbst die Schlüssel zum Herzen zu übergeben. Beide Schritte hängen eng zusammen. Das erläutern wir später mehr.

## Der Begriff „Charakterfehler"

Der Begriff „Charakterfehler" hatte sich seit 1939 in der 12-Schritte-Tradition eingebürgert, um die zerstörerischen Verhaltensmuster zu benennen. Er bezeichnet damit auch die unterschiedlichen Symptome von Störungen, die sich so eng mit unserem Ich verbunden haben, dass sie sich in unser Wesen eingeprägt haben. „Charakter" kommt aus dem Griechischen und heißt dort „Prägestempel".

Psychologisch und neurologisch wissen wir 80 Jahre später sehr viel mehr über die Zusammenhänge, was uns wie prägt. Die Bindungsforschung kann erklären, wie schon das neugeborene Kind von einer sicheren oder unsicheren Bindung unterschiedlich profitiert, lange bevor es bewusst seine Beziehung reflektieren kann. Aus christlicher Sicht wird das Bild noch um eine Facette erweitert: Der Mensch soll anders als das Tier nicht einfach nur egozentrisch funktionieren, sondern ist von Gott herausgerufen, über sich selbst hinauszuwachsen. Gerade die Egozentrik führt zu allen weiteren Fehlformen menschlichen Verhaltens und Wollens. Die Grundlage aller Charakterfehler ist also ein autonomer und damit beziehungslos oder unabhängig von Gott handelnder Mensch, der sein eigener Gott sein will. Der Kirchenvater Augustin lehrte deshalb: Hochmut (lateinisch „superbia") ist die Wurzel aller Trennung von Gott – die „Wurzelsünde"! In unserer heutigen Kultur muss alles immer supergroß, superstark, superperfekt oder superschön usw. sein. Woran erinnert das? Was steckt wohl hinter dem Zwang zu Superlativen? Der menschliche Zug zur Allmächtigkeit, die „superbia"?

# Den Schritt 6 durcharbeiten

## 1. Widerstand gegen Schritt 6 bearbeiten

### Kontrolle gegen Beziehung? Ein Bedürfnis läuft Amok.

An diesem Punkt unseres Programms erkennst du deutlich, wie nötig Veränderungen sind, um in einer vertrauensvollen Beziehung zu Jesus, Menschen und dir selbst zu leben. Aber zwischen der Erkenntnis, dass Veränderung nötig ist, und der Bereitschaft, diese auch zuzulassen, liegen Welten. Der Raum zwischen „Erkenntnis" und „Bereitschaft" ist nicht selten mit Furcht besetzt. Diese Furcht zu verlieren, ist das Hauptziel dieses Schrittes.

„Kontrolle über alles"? Das ist sicherlich das falsche Motto, um unser berechtigtes Grundbedürfnis nach Orientierung und Kontrolle zu stillen. Wenn sich dieses eine Grundbedürfnis aber gegen die anderen drei* isoliert und verselbstständigt und so zu einer Art Kontrollwahn wird, wird das Gute der Kontrollvorstellung pervertiert. In Kontrollsucht drückt sich die Wurzelsünde aus, der Beziehung zu Gott nicht zu vertrauen und stattdessen alles selbst im Griff haben zu wollen (bzw. müssen). Das Ergebnis ist der rücksichtslos autonome, egozentrische Mensch.

*Lies dir noch einmal unsere Definition seelische Gesundheit in Schritt 2 durch: die **vier Grundbedürfnisse** des Menschen (S. 56-57).

Eine ausgewogene Befriedigung unserer Grundbedürfnisse ist unsere Lebensaufgabe. Aber dazu hilft uns genau unser Vertrauen auf Gott. Er möchte unser Leben tragen und uns mit allem versorgen und uns schützen, wo wir es nötig haben. Es geht nicht darum, die Kontrolle als grundsätzlich „böse" Verhaltensweise aufzudecken und zu bekämpfen, sondern die Übertreibung als „böse" zu verstehen und zu bearbeiten.

Was ist die tiefere Wurzel eines Kontrollwahns? Die Lüge des Un-Geistes, der schreit: „Du musst Gott sein! Du musst die Kontrolle behalten. Gott hilft dir sowieso nicht!" Solch ein Misstrauen gegen Gott macht seelisch krank. So verhindert dieser Un-Geist, dass dein Bedürfnis nach Beziehung – nicht nur zu Gott – befriedigt wird.

### Angst vor Gott

Bei vielen von uns hat die Vorstellung, die Kontrolle völlig aufzugeben, die Angst ausgelöst: „Dann werde ich ja völlig abhängig von Gott und seinem Willen."

- Muss ich jetzt immer fragen, was Gott will?
- Bezieht sich das auf alle Lebensbereiche?
- Zählt mein Wille jetzt gar nichts mehr?
- Und wenn Gott es nicht gut mit mir meint?

Wenn du bereit bist, alles Gott zu überlassen, verlierst du zwar die Möglichkeit, dich selbst, andere und damit dein Leben zu kontrollieren. Aber war das überhaupt möglich? Lebst du mit dieser Vorstellung nicht eine Kontrollillusion aus, die sich nie erfüllen lässt?

Erinnere dich immer wieder:

1. Gott will eine liebevolle Beziehung zu dir. Und dazu benötigt er dich als sein Gegenüber. Er wird niemals dein Ich, deine Person auslöschen. Du bist ihm immer wertvoll und kostbar. Er lässt dir den nötigen Spielraum für eine gesunde Kontrolle.
2. Und er meint es immer gut! Das ist der unverrückbare Maßstab, bei jedem Bereich, den wir ihm anvertrauen. Du kannst dich darauf verlassen, dass Gott dir nur das wegnehmen wird, was dir schadet.

Natürlich wird es dir zuerst schwerfallen, alles, was du bisher mit dir allein abgemacht hast, in die Beziehung zu Gott hineinzunehmen:

- alles, was du denkst (auch „verbotene" Gedanken?),
- alles, was du fühlst (auch die „bösen" Gefühle?),
- alles, was du willst (auch die „bösen" Triebe?).

*Überlege dir einmal: In welchen Situationen hast du jetzt schon keine Angst mehr, dass Gott dein Leben in die Hand nimmt?*

_______________

_______________

_______________

_______________

_______________

## 2. Den Gewinn entdecken – drei Übungen

### Übung 1: Den Wachstumspunkt finden

Viele von uns waren zu diesem Zeitpunkt ihres Veränderungswegs verwirrt. Sie fragten sich: „Ich finde in dem Gewühl der Probleme und möglichen Änderungen keinen Anfang. Wo soll ich beginnen, mich zu ändern?" Das machte sie mutlos, überhaupt anzufangen. Vor lauter Überforderung gaben sie auf und wurden ganz passiv.

Wenn es dir ähnlich geht, hilft dir der Gedanke: Gott behält den Überblick! Er kann und wird dir klarmachen, an welcher Stelle du bereit werden sollst für Veränderungen, die er dann schenken will.

**Achte also darauf, was dir von Gott gezeigt wird.**

Wo hat Gott schon gesprochen? Welche Fingerzeige hat er gegeben?

Du kannst es z. B. daran erkennen, wenn du darüber nachdenkst, was Gott schon alles Gutes getan hat.

*Was könnte ein Hinweis darauf sein, dass Gott zu dir gesprochen hat?*

______________________________

______________________________

______________________________

*Was ist dein Wachstumspunkt, an dem es losgehen soll?*

______________________________

______________________________

______________________________

### Übung 2: Beziehungsübung

**Mit dieser Übung arbeitest du an deiner Fähigkeit, mit Gott zu sprechen. Die Haltung, in der du mit Gott in Beziehung stehst, ist entscheidend.**

Bedenke noch einmal, mit welcher Haltung du bisher Menschen, dir selbst und Gott begegnet bist. Jedes der vier Grundbedürfnisse kann sich verselbstständigen als 1. Beziehungssucht, 2. Kontrollwahn, 3. Selbstbestätigungszwang oder 4. Zwang zu guten Gefühlen bzw. die Vermeidung von schlechten (Sucht). Jetzt geht es darum, eine ganz neue Haltung einzunehmen: *Demut.* Es ist der Mut, deine Übertreibung als solche zu bekennen, vom „hohen Ross" (Stichwort „superbia") herunterzusteigen und Gott einzuladen, dich neu in eine Balance zu bringen. Er wird dein Friede sein.

Hier ein Tipp: Demütig beten!

Wenn du betest: „Lieber Gott, mach mich geduldiger, entspannter, freier", so drückst du ihm gegenüber eine Forderung aus. Du sagst ihm nur, was du von ihm verlangst.

Betest du aber: „Lieber Gott, ich bin ungeduldig! Ich bin so angespannt, so unfrei! Verändere du mich bitte!", so offenbarst du die Wahrheit über dich selbst: Ich bin an dieser Stelle schwach. Es ist ein feiner Unterschied. Aber in der Art, wie du betest, kann sich schon deine neue Haltung zeigen: Demütig gibst du deinen wahren Zustand zu und bekennst deine Charakterschwäche. Gleichzeitig drückst du die Bereitschaft aus, die Wurzel deiner Störung von Gott verändern zu lassen. Das Wurzelproblem ist nämlich gar nicht Geduld oder andere Charakterprobleme, sondern dass ein Grundbedürfnis Amok läuft. Eine tragende Beziehung zu Gott wird viele Symptome beeinflussen. Wenn du die „superbia" durch Demut ersetzt, legst du auch deine Wunschvorstellung von dir selbst ab, du könntest alles im Griff haben, wenn du nur Geduld hast. Bittest du aber Gott zu handeln und lässt dabei offen, wie er es für richtig hält, kann er dich mit möglichen neuen Lösungen überraschen. Bleib offen für seine Führungen!

*Übe an deinen Beispielen, wie der Unterschied im Gebet (in der Beziehung zu Gott) formuliert wird: Gott möge dir deine Wünsche erfüllen oder du wirst bereit für seine Pläne und Absichten mit dir.*

________________________________________

________________________________________

________________________________________

## Übung 3: Unterschiedliche Grade der Bereitschaft zur Veränderung wahrnehmen

**Mit dieser Übung gibst du dir selbst den weiten Raum, langsam in der Bereitschaft zu wachsen, dich von Gott verändern zu lassen. Dein alter Zwang zum Perfektionismus bzw. deine bisherigen Schwarz-Weiß-Lösungsversuche werden dadurch überwunden.**

Wenn du dich jetzt darauf einstellst, deine Charakterfehler und Schwächen aufzugeben, merkst du besonders, wie vertraut und nützlich sie dir bis heute sind.

Sie haben dir bisher nämlich „geholfen":

- Du musstest nicht hilflos oder wertlos werden,
- du konntest deine Ohnmacht überspielen oder verstecken,
- du musstest deine (schmerzhaften) Gefühle nicht spüren,
- du musstest die Nähe von Menschen nicht zulassen,
- du musstest niemanden fragen und konntest alles allein entscheiden.

Du arbeitest jetzt weiter daran, den falschen Gewinn deines alten, gewohnten Verhaltens zu durchschauen und bereit zu werden, ihn nicht mehr zu wollen. Das ist eine wichtige Voraussetzung für kommende Veränderungen. Das ist nun die Liste der 5 unterschiedlichen Bereitschaftsphasen:

*1. „Das werde ich nie aufgeben!"*
Wenn wir sagen: „Ich werde mich sowieso nie verändern und ich werde … nie aufgeben können", fixieren wir unser Problem. Durch diese Haltung verschließen wir uns gegenüber Gottes rettender Gnade und setzen unseren Selbstzerstörungsmechanismus fort.

*2. „Ich will noch nicht ganz ran!"*
Bei einigen Verhaltensweisen sind wir vielleicht noch nicht ganz bereit, sie loszulassen. Sie erscheinen uns nützlich. So sagen wir: „Ich kann … noch nicht aufgeben."

*3. „Ich will es mal versuchen"*
Mit dieser Äußerung stellst du dir theoretisch vor, dass du ein neues Verhalten irgendwann einmal ausprobieren könntest. Du planst aber keinen Termin ein, es zu tun.

*4. „Ich werde es spätestens in 6 Monaten tun"*
Jetzt kannst du dir in bestimmten Situationen schon konkreter vorstellen, dass du wirklich dein altes Verhaltensmuster in Kürze ablegen könntest.

*5. „Ich will es heute tatsächlich tun"*
Jetzt stehst du an der Schwelle zu Schritt 7 und bist bereit, es nun zu riskieren.

Für alle unterschiedlichen Grade an Veränderungsbereitschaft gilt das Gleiche: Wenn dein Vertrauen zu Gott wächst, wirst du mehr und mehr fähig, dich dafür zu entscheiden, seinen Willen wirklich zu wollen.

*Beschreibe an verschiedenen Beispielen, in welcher der 5 Phasen du stehst, altes Verhalten aufzugeben.*

*Wie erlebst du in letzter Zeit in deinen ersten zaghaften Versuchen, „bereit zu werden", Gottes Ermutigung?*

## 3. Die So-tun-als-ob-Übung

**Die folgende Übung soll dir helfen, dich darauf vorzubereiten, deine Charakterfehler aufzugeben.** Wir stellen hier einige grundlegende Charakterfehler vor, die in der christlichen Tradition als Wurzelsünden bezeichnet wurden. An diesen 7 Beispielen kannst du die So-tun-als-ob-Übung ausprobieren.

*Die So-tun-als-ob-Übung:* Stell dir vor, was es mit dir macht, wenn du das ... nicht mehr hättest oder wenn du das ... nicht mehr tun würdest.

*Warum machst du diese Übung?* Du wirst bei diesem gedanklichen Experiment wahrnehmen, welche Gefühle oder Gedanken sich hinter der eigentlichen Handlung verbergen. Außerdem kann es hilfreich sein, auch über mögliche Vorteile einer Änderung nachzudenken.

Du kannst Verhaltensweisen auswählen, die du schon überwunden hast, oder solche, bei denen du immer noch Mühe hast, sie loszuwerden. Erinnere dich: Auch gerade das, was sich zum Guten entwickelt hat, kann dir – indem du jetzt noch einmal darüber nachdenkst – viel über dich sagen.

### Hochmut

- **Unangemessene Selbstüberschätzung,**
- **verächtliches Verhalten anderen gegenüber.**

*Nenne ein Beispiel, wo du hochmütig bist.*

*Tu jetzt so, als ob du von der ständigen Beschäftigung mit dir selbst geheilt wärst. Was löst das in dir an Gedanken, Gefühlen oder Handlungen aus? Trage es in die Spalten rechts ein.*

*Gedanken:*

*Gefühle:*

*Handlungen:*

## Habsucht

- **Selbstsucht,**
- **übermäßige Gewinnsucht,**
- **nie genug bekommen,**
- **Wertsteigerung durch Besitz?**

*Nenne ein Beispiel, wo du habsüchtig bist!*

*Tu jetzt so, als ob du von deinem starken Verlangen nach materiellen Dingen geheilt wärst!*

*Was löst das in dir aus?*

*Gedanken:*

*Gefühle:*

*Handlungen:*

*Könntest du dir auch Vorteile vorstellen?*

## Wollust

- **Unzucht (unmoralische Beziehung),**
- **Sucht nach guten Gefühlen,**
- **zügelloses, unangemessenes sexuelles Verhalten.**

*Nenne ein Beispiel, wo deine Lust dich verzehrt!*

*Tu jetzt so, als ob du von deinen unangemessenen sexuellen Aktivitäten geheilt wärst!*

*Was löst das in dir aus?*

*Gedanken:*

*Gefühle:*

*Handlungen:*

*Könntest du dir auch Vorteile vorstellen?*

## Lüge

- **Betrug, Hochstapelei,**
- **betrügen und täuschen,**
- **rechtfertigendes Verhalten durch unehrliche Erklärungen, Leugnen, Lügen.**

*Nenne ein Beispiel, wo du unehrlich bist!*

*Tu jetzt so, als ob du stattdessen die Wahrheit sagen würdest!*

*Was löst das in dir aus?*

*Gedanken:*

*Gefühle:*

*Handlungen:*

*Könntest du dir auch Vorteile vorstellen?*

## Gefräßigkeit

- **Genusssucht,**
- **Begierde,**
- **übermäßiges Essen oder Trinken.**

*Nenne ein Beispiel, wo deine Esssucht oder Gier dich völlig im Griff hat!*

*Tu jetzt so, als ob du von deinem Fressanfall geheilt wärest!*

*Was löst das in dir aus?*

*Gedanken:*

*Gefühle:*

*Handlungen:*

*Könntest du dir auch Vorteile vorstellen?*

## Neid

- **Eifersucht, eifrig bewachen, was andere mir wegnehmen könnten,**
- **schmerzvolles oder grollerfülltes Sichsehnen nach einem Vorteil oder Nutzen, den ein anderer genießt,**
- **dasselbe haben wollen, was andere besitzen, zur Selbstwertsteigerung.**

*Nenne ein Beispiel, wo du neidisch bist!*

________________

________________

________________

________________

*Tu jetzt so, als ob du von deinem Verlangen, alles haben zu müssen, wie der oder die andere, geheilt wärest!*

*Was löst das in dir aus?*

*Gedanken:*

________________

________________

*Gefühle:*

________________

________________

*Handlungen:*

________________

________________

*Könntest du dir auch Vorteile vorstellen?*

________________

________________

## Faulheit

- **Trägheit,**
- **Abneigung gegen Aktivität und Anstrengungen,**
- **energie- und leblos sein,**
- **Vermeiden von Verantwortung,**
- **Vermeiden von Risiko.**

*Nenne ein Beispiel, wo du träge bist!*

________________

________________

________________

________________

________________

*Tu jetzt so, als ob du aktiv und produktiv wärest!*

*Was löst das in dir aus?*

*Gedanken:*

________________

________________

*Gefühle:*

________________

________________

*Handlungen:*

________________

________________

*Könntest du dir auch Vorteile vorstellen?*

________________

________________

*Schlussbemerkung: Vielleicht haben diese Beispiele dir geholfen. Wenn du dein eigenes Thema nicht wiedergefunden hast, kannst du es jetzt hier formulieren:*

**Dein Thema:** ____________________

*Nenne ein Beispiel, wo du*

____________________ *bist!*

______________________________________

______________________________________

*Tu jetzt so, als ob du von*

____________________ *geheilt wärest!*

*Was löst das in dir aus?*

*Gedanken:*

______________________________________

______________________________________

*Gefühle:*

______________________________________

______________________________________

*Handlungen:*

______________________________________

______________________________________

*Könntest du dir auch Vorteile vorstellen?*

______________________________________

______________________________________

______________________________________

## Die Überraschung – Gott hat es geschenkt

Wenn wir uns für die eigentliche Veränderung beim Arbeiten mit Schritt 6 bereit machen, Gott unsere schwierigen Probleme mitten im Alltag zu überlassen, geschieht eine Menge, ohne dass wir es vielleicht merken.

Manchmal ist es uns vielleicht nicht bewusst, dass wir bereit sind, unsere Fehler zu lassen. Überrascht bemerken wir im Rückblick, dass wir uns plötzlich anders verhalten haben – dass wir bereits verändert sind. Dann erleben wir uns, wie wir neben uns stehen und staunen: „Ich mach das jetzt ganz anders als früher!"

Manchmal bemerken Menschen um uns herum die Veränderung sogar noch vor uns.

- Anerkennungssüchtige fangen an, unabhängiger von menschlichen Reaktionen zu handeln.
- Kontroll- und Ordnungsfanatiker werden leichtherziger und entspannter.
- Co-Süchtige (die ständig anderer Leute Sorgen auf sich ziehen) werden feinfühliger im Umgang mit ihren eigenen Bedürfnissen, statt sich für andere aufzugeben.
- Genusssüchtige können plötzlich fasten.

Viele haben durch die Arbeit mit diesem Programm wunderbare Veränderungen erlebt. Sie wurden ruhiger, gelassener und im echten Sinne glücklicher.

*Welche Verhaltensänderungen deuten darauf hin, dass sich deine Denkmuster langsam verändern? Hast du schon Echos von anderen bekommen?*

______

______

______

## 4. Missverständnisse ausräumen

### Das richtige und falsche Loslassen

Viele von uns haben die Aufforderung, „loszulassen", wieder in ihrem alten, gewohnten Denkmuster verstanden: „Hör doch endlich auf, mach es richtig!" Aber gerade daran waren sie bisher ja immer gescheitert!

Wir erinnern dich noch einmal daran: Beim Loslassen geht es darum, die Kontrolle über die fixe Idee aufzugeben: „Ich selbst muss alles im Griff haben!" Du darfst also das übersteigerte Kontrollbedürfnis loslassen, musst aber nicht jede Kontrolle verlieren.

Wir lassen damit unsere Ichzentriertheit los: Ich tue alles, um mein Leben im Griff zu behalten. Dahinter steckt das Misstrauen, Gott könnte mich nicht tragen, nicht schützen oder mir nicht helfen. Gleichzeitig stillen wir unser Beziehungsbedürfnis, indem wir die Gottesbeziehung stärken. So verliert die Kontrolle ihre absolute Notwendigkeit und Herrschaft.

### Ausschließlich Jesus?

Einige verstehen die Aufgabe, dass es um einen Beziehungsaufbau zu Jesus Christus geht, zu ausschließlich. Sie verstehen diesen Satz gesetzlich: Wenn du nur die Beziehung zu Jesus richtig aufbaust, dann werden alle deine Probleme gelöst. Sie grenzen dann alle anderen wertvollen Hilfen und Beziehungen aus (z.B. Ärzte, Psychologen, Seelsorger, weise Ratschläge ...) – aus Angst, die Beziehung zu Gott zu gefährden.

In Wahrheit spielt wieder ihr übersteigertes Kontrollbedürfnis seine alte Rolle.

### Gott handelt nicht schematisch

Viele waren sehr erschrocken, dass sich ihre Veränderungen nicht so vollzogen, wie sie sich das dachten. Sie hatten Gottes Handeln auf ihre Vorstellungen reduziert. Hinter diesen Gedanken versteckte sich wieder ihr alter Kontrollwahn.

Frage dich selbst, was in dir hochkommt, wenn deine Veränderung ...

- nicht so schnell geht, wie du dir das gedacht hast,
- nicht genauso abläuft, wie du es wolltest,
- nicht mit deinem Gottesbild zusammenpasst, das du bisher hattest.

Erinnere dich daran: Es geht immer wieder um den Beziehungsaufbau! Du lernst gerade Gott kennen, wie er auf dich zugeht, wie er dir hilft, wie er mit dir kommuniziert!

*Beschreibe, was es mit dir macht, wenn du dein Kontrollbedürfnis loslässt? Welche Situation kommt dir in den Sinn?*

______

______

______

## Veränderung muss schnell gehen

Mach dir noch einmal bewusst, dass die Charakterzüge, die wir von Gott verwandeln lassen wollen, tief in uns verwurzelt sind und über Jahre hinweg in unserem Kampf ums Überleben entwickelt wurden. Sie werden nicht über Nacht verschwinden. Deshalb darfst du einfach geduldig mit dir sein. Gott wird dich zu einem neuen Menschen umgestalten. Allein durch deine Bereitschaft, Gott die Kontrolle zu überlassen, lernst du, ihm zu vertrauen. Das ist das wunderbare Ergebnis aus der Beziehung zu Gott.

*Bist du ungeduldig mit dir? Kreuze an: Ja* ① ② ③ ④ ⑤ *nein*

Sei getröstet. Alle wollen die Veränderung lieber gestern als heute. Du bist Gottes geliebtes Kind, so oder so.

## Selbstanklage: Ich will ja nur nicht wirklich!

Viele von uns haben in sich zwei Stimmen wahrgenommen:

Die eine wollte sich ganz und gar verändern lassen. Die andere weigerte sich. Hier gibt es eine leichte Lösung. Mach dir zuerst klar: Prüfe dich, ob es noch verstandesmäßige Argumente gibt, die einer Veränderung im Weg stehen. Wenn das nicht der Fall ist, dann verfahre wie bei jedem anderen Zwang auch: Mach dir klar, dass diese Stimme aus dem Gefühlsbereich kommt. Deine verletzten und ängstlichen Gefühle verändern sich erst langsam durch neue, vertrauensbildende Erfahrungen mit Gottes Liebe. Bedenke: Der „Ankläger" (der Teufel) missbraucht solche kaputten Gefühle, um dich von der heilmachenden Beziehung zu Gott abzuhalten. Klage dich selbst nicht mehr an: In Wahrheit ist er der Ankläger, der dich verwirrt!

Wenn du diese widersprüchlichen Stimmen in dir ohne Selbstverdammung wahrnehmen kannst, wirst du immer mehr verstehen, warum sich das eine oder andere Gefühl nicht einfach „auslöschen" oder „entfernen" lässt. Oft liegt es daran, dass es schlicht und einfach getröstet werden will, statt möglichst schnell „entsorgt" zu werden.

*Kennst du solche Situationen?*

________________________________________

________________________________________

________________________________________

________________________________________

________________________________________

## 5. Wie uns die Bibel ins Leben führt

In seinem Brief an die Epheser beschreibt Paulus mit wenigen Worten, was das Leben ohne Christus und das neue Leben aus der Gnade Gottes im Vertrauen auf Jesus Christus unterscheidet.

Drei Dinge werden hier sehr deutlich:

- Leben ohne Gott ist ein Leben im Horizont des Todes.
- Leben mit Christus ist eine enge, tiefe Verbundenheit mit Gott.
- Glauben ist zugleich ein Geschenk und eine Herausforderung.

**Leben ohne Gott ist ein Leben im Horizont des Todes ...**

*(1) Auch euch hat Gott zusammen mit Christus lebendig gemacht. Ihr wart nämlich tot – tot aufgrund der Verfehlungen und Sünden,*

*(2) die euer früheres Leben bestimmten. Ihr hattet euch nach den Maßstäben dieser Welt gerichtet und wart dem gefolgt, der über die Mächte der unsichtbaren Welt zwischen Himmel und Erde herrscht, jenem Geist, der bis heute in denen am Werk ist, die nicht bereit sind, Gott zu gehorchen.*

*(3) Wir alle haben früher so gelebt; wir ließen uns von den Begierden unserer eigenen Natur leiten und taten, wozu unsere selbstsüchtigen Gedanken uns drängten. So, wie wir unserem Wesen nach waren, hatten wir – genau wie alle anderen – nichts verdient als Gottes Zorn.*

*(4) Doch Gottes Erbarmen ist unbegreiflich groß!* Wir *waren aufgrund unserer Verfehlungen tot, aber* er *hat uns so sehr geliebt, dass er uns zusammen mit Christus lebendig gemacht hat.*

*(5) Ja, es ist nichts als Gnade, dass ihr gerettet seid!*

Epheserbrief 2,1-5 (NGÜ)

Menschen ohne eine Beziehung zu Gott leben in vielfältigen anderen Beziehungen unter dem Einfluss des Un-Geistes. Paulus nennt ihn *„jenen Geist, der bis heute in denen am Werk ist, die nicht bereit sind, Gott zu gehorchen"* (Vers 2).

Die Auswirkungen dieses unheiligen Geistes sind *„Begierden unserer eigenen Natur"*. Das ist der Begriff, mit dem Paulus die Selbst-Sucht meint oder das, was Augustin mit „superbia", Hochmut bzw. Stolz, beschrieb: die Wurzelsünde des Menschen.

Neu ist für dich vielleicht die Erkenntnis, dass dahinter ein „Geist" steht, der die Menschen beherrscht, (ver)leitet und prägt. Paulus entschuldigt damit nicht das Verhalten dieser Menschen: Sie sind *„nicht bereit ... Gott zu gehorchen"*, weil sie sich quasi mit ihrem Leben zu Komplizen dieses Un-Geistes gemacht haben und sich so Gott gegenüber feindlich verhalten. Denn der unheilige Geist hat ein einziges Ziel: die Gottesherrschaft zu vernichten und seine eigene Herrschaft aufzurichten. Paulus definiert deshalb Menschen ohne Verbindung zu Gott als „tot", nämlich *„aufgrund unserer Verfehlungen tot"* (5). Die Logik dahinter: Denn wer sich selbst von der Quelle des Lebens, Gott, abgeschnitten hat, kann nur noch mit den Mächten des Todes verbunden bleiben – und ist damit schon auf der Todesspur.

### Leben mit Christus ist eine tiefe Verbundenheit mit Gott, der Quelle des Lebens

*„... aber er hat uns so sehr geliebt, dass er uns zusammen mit Christus lebendig gemacht hat. Ja, es ist nichts als Gnade, dass ihr gerettet seid! (6) Zusammen mit Jesus Christus hat er uns vom Tod auferweckt, und zusammen mit ihm hat er uns schon jetzt einen Platz in der himmlischen Welt gegeben, weil wir mit Jesus Christus verbunden sind. (7) Bis in alle Ewigkeit will er damit zeigen, wie überwältigend groß seine Gnade ist, seine Güte, die er uns durch Jesus Christus erwiesen hat.*

Epheserbrief 2,5-7

Gottes barmherziges Eingreifen in diesen Kampf der widergöttlichen Mächte hat alles verändert. Von Liebe getrieben hat er alle Anhänger seines Sohnes mit dessen Auferstehung in ein neues Leben gezogen, „lebendig gemacht" (5). Die Wendung, *„einen Platz in der himmlischen Welt gegeben"*, können wir uns jetzt so erklären: Die innige Beziehung zu Jesus Christus schafft eine solche Verbundenheit mit Jesus, dass der Glaubende schon jetzt seine innere Heimat im Himmel hat. In seinem Brief an die Galater beschreibt Paulus die Folge dieser Verbundenheit so:

*„Nicht mehr ich bin es, der lebt, nein, Christus lebt in mir. Und solange ich noch dieses irdische Leben habe, lebe ich im Glauben an den Sohn Gottes, der mir seine Liebe erwiesen und sich selbst für mich hingegeben hat"* (Galater 2,20 NGÜ).

Dabei wird das ICH des Paulus (*„ich bin es, der lebt"*) nicht zerstört, sondern so sehr von Jesu Gegenwart erfüllt (*„Christus lebt in mir"*), dass das ICH gewissermaßen ganz seine Identität in Christus findet. Konkret bedeutet dies für den Apostel: Ich handle in allen Dingen aus dem Glauben an den Sohn Gottes.

### Glauben ist zugleich ein Geschenk und eine Herausforderung

*„(8) Noch einmal: Durch Gottes Gnade seid ihr gerettet, und zwar aufgrund des Glaubens. Ihr verdankt eure Rettung also nicht euch selbst; nein, sie ist Gottes Geschenk.*

*(9) Sie gründet sich nicht auf menschliche Leistungen, sodass niemand vor Gott mit irgendetwas großtun kann.*

*(10) Denn was wir sind, ist Gottes Werk; er hat uns durch Jesus Christus dazu geschaffen, das zu tun, was gut und richtig ist. Gott hat alles, was wir tun sollen, vorbereitet; an uns ist es nun, das Vorbereitete auszuführen."*

Epheserbrief 2,8-10 (NGÜ)

Wir haben auf S. 139 den Ausdruck „theonome Reziprozität" kennengelernt. Diese Formel beschreibt genau das Geheimnis, wie Menschen durch „Gottes Gnade" – ohne *„menschliche Leistungen"* – von Gott gerettet werden – und doch zugleich *„aufgrund des Glaubens"*, unserer menschlichen Reaktion auf Gottes Liebe. Und sofort beeilt sich Paulus zu beteuern: Nicht einmal das Vertrauen ist ihr „Werk" (Vers 8b: es *ist „Gottes Geschenk"*), obwohl wir es doch selbst sind, die neue Schritte im Leben gehen:

Epheser 2,10: *„Denn was wir sind, ist Gottes Werk; er hat uns durch Jesus Christus dazu geschaffen, das zu tun, was gut und richtig ist. Gott hat alles, was wir tun sollen, vorbereitet; an uns ist es nun, das Vorbereitete auszuführen."*

Wir nehmen mal ein Bild: Gottes Werke sind wie große Schuhe, in die wir hineintreten, um darin zu gehen. Ohne die Schuhe, die ganz von Gott geschaffen wurden, könnten wir nicht gehen. Auf der anderen Seite würde ohne unser Gehen sich kein Schuh von der Stelle bewegen.

Es ist ein wunderbares Geschenk, dass Gott selbst schon alle guten Werke, die wir tun werden, vorbereitet hat. Er spurt alle Wege vor, er besorgt alles Nötige, damit wir seine guten Wege wandern können. Er stellt selbst das nötige Schuhwerk bereit, ja er bewirkt sogar die Kraft in uns, ohne die wir nicht motiviert wären, auch nur einen Schritt zu gehen. Jetzt wartet er nur noch darauf, ob wir bereit sind, uns auf dieses Geheimnis einzulassen und im Vertrauen vorwärtszugehen.

Alle diese Bilder versuchen, das Zusammenspiel von Gottes Liebe und unserer vertrauensvollen Reaktion anschaulich zu machen, und betonen: Gott schenkt überraschend und übermäßig. Unsere menschliche Reaktion hinkt immer hinterher. Keiner kann sich selbst rühmen.

Was bedeutet das konkret nun für dich?

Vertraue in dieser Phase deines Weges auf diese umfassende Vorbereitung Gottes. Du hast völlig recht, wenn du möglicherweise sagst: „Ich kann mich immer noch nicht verändern! Ich strenge mich so verzweifelt an und schaffe es doch nicht!" Es ist ein Geschenk Gottes (Paulus nennt es „Gnade"), dass du aus dem alten Ego-gesteuerten Lebensmuster in das neue, Gott-bestimmte Leben gerettet wirst (Vers 8: *„Ihr verdankt eure Rettung also nicht euch selbst; nein, sie ist Gottes Geschenk."*). Mit Schritt 6 geht es vor allem und zuerst nur um das eine: Wirst du (langsam immer mehr) bereit, auf Gottes Gaben einzugehen? Lass diese Bereitschaft in dir wachsen. Selbst das ist ein liebevolles Geschenk Gottes. Erwarte ihn.

*Was hat dich in dieser Bibelauslegung angesprochen?*

*Was hat dich in Schritt 6 besonders angesprochen?*

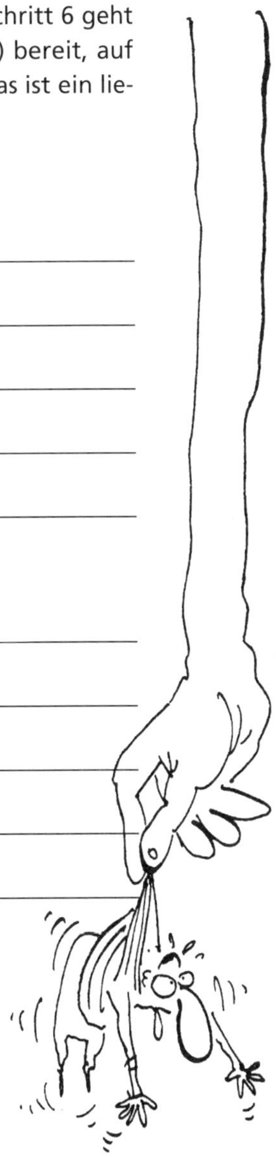

ÄHM … KÖNNTEST DU BITTE …
Max Spring

# Schritt 7 Verwandlung zulassen

*„Demütig baten wir ihn,*
*unsere Mängel*
*von uns zu nehmen."*

## Wir bitten Gott, uns zu verändern

Was in Schritt 6 vorbereitet wurde, soll nun in Schritt 7 umgesetzt werden.

- Wir lassen unsere Kontrolle los,
- wir lassen Gott mit seinen Möglichkeiten an uns wirken
- und geben unseren aktiven Beitrag dazu.

Dazu gehören zwei Dinge:
1. Demut = der Mut, sich Gott zu überlassen.
2. Bitte um Gottes Heilungskraft.

Wir werden mit Schritt 7 fähig, Gottes Handeln zuzulassen.

Schritt 7 ist der Schritt zur Gelassenheit.

Das bedeutet: Wir sind jetzt überzeugt davon,

- dass Gott mit unseren Schwierigkeiten umgehen kann,
- dass wir uns Gott vertrauensvoll überlassen dürfen.

# Erklärungen zu Schritt 7

Das meiste ist schon in Schritt 6 gesagt. Um uns nicht ständig zu wiederholen, werden wir jetzt nicht noch einmal alles beschreiben, wozu wir bereit wurden. Jetzt geht es nur noch um das Ergebnis, dass wir demütig bitten können.

## Der Begriff „demütig"

Demut ist ein altes Wort, das in unserer Kultur nicht mehr oft gebraucht wird und gar nicht beliebt ist. Viele stellen sich darunter eine zerstörerische Selbstaufgabe vor. Demut heißt für sie: Ja nicht das Haupt heben, das könnte schon als Hochmut ausgelegt werden.

Demut bedeutet in unserem Zusammenhang etwas anderes: Den Mut haben, so zu Gott zu kommen, wie du wirklich bist. Dabei weißt du zutiefst, dass du ohne Gott eigentlich nichts machen kannst. Wahre Demut ist, das in all meinem Können anzuerkennen: Gott ist größer. Ich bin auf ihn hin geschaffen. Selbst meine guten Werke müssen von ihm zuvor erschaffen werden.

Wir können nun die alten, von unserem Stolz geprägten selbstsüchtigen Verhaltensweisen zur Seite legen, uns über unsere Unzulänglichkeiten klar werden und erkennen, dass nur Demut unser hochmütiges, egozentrisches Denken befreien kann. Demut ist damit das Schlüsselwort gegen die Wurzelsünde „Hochmut" (superbia).

Praktisch heißt das für dich: Du darfst zum hundertsten Mal mit demselben Fehler oder Problem zu Gott kommen und wirst erleben, dass er dich gnädig aufnimmt. Das macht dich demütig auch gegenüber den Fehlern anderer. Gott heilt dich damit auch von deinem Hochmut anderen gegenüber.

## „... baten wir ihn"

**Schritt 7 fordert uns heraus, unseren Willen ganz Gott hinzugeben, um in der Folge gelassen und zufrieden zu werden.**

Mit Schritt 7 ist unser Wille gefragt. Im Prozess von Schritt 6 wurde unser Wille von Gott bereit gemacht. Nun geht es um die willentliche Entscheidung, Gott mit seinen Möglichkeiten an uns arbeiten zu lassen.

Unser Wille hat die eine Aufgabe: Wir bitten Gott, uns unsere Fehler zu nehmen.

Das kann völlig missverstanden werden, wenn wir nicht das in Schritt 6 Gesagte im Hinterkopf behalten: In geheimnisvoller Weise wirken wir bei diesem Prozess zwar mit, aber Gott ist der, der alles lenkt.

### Gelassenheitsgebet

**Herr, gib mir die Gelassenheit,**
**die Dinge hinzunehmen, die ich nicht ändern kann,**
**den Mut, Dinge zu ändern, die ich ändern kann,**
**und die Weisheit, das eine vom anderen**
**zu unterscheiden.**

Darum hilft das „Gelassenheitsgebet", in eine demütige Haltung zu kommen: Du wirst nicht mehr der Allmachtsfantasie erliegen, alles selbst ändern zu können.

Es gilt, die von Gott geschenkte Weisheit für die Unterscheidung zu bekommen:

- Wo ist Gottes Wirken und
- wo ist dein menschlicher Einsatz gefragt?

### Entscheidung mit ganzem Willen

Dein Wille muss bitten wollen! Das ist die einzig nötige menschliche Aktivität. Wir bitten Gott darum, dass er uns von unserem Kontrollzwang befreit samt aller dazu gehörenden Folgen und Symptome. In diesem Augenblick wird uns in tiefster Weise klar, wie nötig wir diese Heilung haben. Wir können uns nicht selbst vom Kontrollzwang lösen.

Gleichzeitig drückt unser Wille die Bereitschaft aus, sich auf neue, unbekannte Lebensmuster einzulassen. Es ist nur weise, wenn wir behutsam und geduldig mit uns selbst umgehen und immer daran denken: Alles braucht seine Zeit.

### Der Gewinn der Ganzhingabe an Gott

- Du darfst die alte Ichkontrolle aufgeben, Gott an diese Stelle setzen und ihn handeln lassen.
- Du darfst die Icheinsamkeit aufgeben und Hilfe durch Menschen und Gott annehmen.
- Du darfst deine egozentrischen Formen des Selbstschutzes aufgeben und Gottes Weisen, dich zu schützen, für dich in Anspruch nehmen.

Im Schritt 7 geht es also um eine vertiefte Hingabe an den gnädigen Gott, der in deine innersten Lebensbereiche mit seiner heilsamen Gnade einzieht. Innere Heilung, Veränderung von alten Mustern und Befreiung sind die Folge. Dabei ist deine menschliche Mitwirkung erlaubt und sogar gefragt!

**Gelassenheit ist die Frucht deiner Hingabe: Wer sich Gott lassen kann, der ist gelassen.**

# Den Schritt 7 durcharbeiten

## 1. Widerstand gegen Schritt 7 erkennen und bearbeiten

Spürst du Widerstände gegen diesen Schritt, dann gehe zurück zu Schritt 6. Du bist noch nicht bereit für Schritt 7. Bleib gelassen! Diese Bereitschaft schenkt dir Gott. Arbeite die entsprechenden Übungen von Schritt 6 noch einmal durch.

***Ein Gebet***
**„Ich habe gerade einem Freund aus der Nachbarschaft erzählt, dass ich etwas über die Angst vor Gewalt schreibe. Er ist ein starker Charakter, wie du weißt, aber irgendwo tief in ihm entspannte sich etwas, während ich redete. Er sagte: ‚Unter dieser Angst leide ich auch.' Und ich wusste, dass es dieselbe Angst war. Ich sah es an seinem Gesicht. Seine Ehrlichkeit tat mir gut. Soll ich darum beten, von dieser vierzig Jahre alten Last befreit zu werden, Herr? Ich weiß nicht, ob ich das kann. Der Rucksack ist mir angewachsen wie ein Buckel. Ich fürchte, vieles von mir würde mit abgehen, wenn du ihn mir abnähmest. Ich glaube, ich muss ihn weiter mit mir herumschleppen, aber (warte, bis ich meine Augen zu und die Zähne zusammengebissen habe) du bist der Boss." (Adrian Plass, englischer Autor)**

*Kennst du diese Situation auch? Beschreibe sie und bringe sie Gott!*

___

___

___

### Nur für eine Minute, eine Stunde oder einen Tag …

Damit Schritt 6 und 7 ihre Auswirkungen zeigen können, ist es hilfreich, deine Veränderungspunkte immer „nur für einen Tag …" anzuwenden und umzusetzen (vgl. das „Nur-für-heute"-Konzept in Schritt 10). In Augenblicken, wo du z. B. innerlich mit deinen Zwängen zu kämpfen hast, gibt es einige ermutigende Sätze für dich. Du kannst es in einfachen Gebeten vielleicht so ausdrücken:

- „Jesus, auch das … wird vorübergehen. Du bist dennoch bei mir."
- „Das … lasse ich ‚nur für heute' los und übergebe es dir, Gott."
- „Ich fürchte nichts Böses für die Zukunft. Ich lebe im Heute! Jeder Tag hat seine eigene Sorge!"
- „Ich sehe auf das Gute aus dieser oder jener … Erfahrung, die du mir schon geschenkt hast. Ich weiß: Du bist gut, Jesus!"
- „Jesus, ich verhalte mich heute so, als ob ich diese Fähigkeit schon hätte, mich so und so … zu verhalten." (Als-ob-Prinzip)

Welche dieser Mut machenden Gebete du auch wählst, sie halten dich in der Verbindung zu Jesus. Sie werden sich positiv auswirken und dich davor bewahren, in deinem alten, zwanghaften Verhalten stecken zu bleiben. Sollten dich doch vorübergehend Niedergeschlagenheit, Schuldgefühle oder Ärger überfallen – sie werden nicht lange bleiben.

*Welche dieser Gebete machen dir Mut, in deinem Heilungsprozess zu bleiben?*

Manche Verhaltensmuster können und müssen nämlich gar nicht völlig ausgemerzt werden, aber sie müssen verwandelt werden. Wir bekommen die Möglichkeit, die Charakterzüge, die bisher negativ wirkten, in positive Verhaltensweisen umzusetzen und so zu lernen, sie in einer gesunden Art und Weise einzusetzen.

Aus deiner Schwäche wird eine Stärke. Aus jedem Charakterzug kann so eine Gabe Gottes werden, wenn er von Gottes Liebe gereinigt und durchdrungen wird.

- Ein Leiter z. B. wird seinen Hang zum Einflusshaben nicht verlieren, aber er wird seine Macht nicht mehr missbrauchen.
- Ehepartner werden eine starke sexuelle Leidenschaft behalten, aber sie werden gleichzeitig genügend Feinfühligkeit entwickeln, um abzuschätzen, wann sie ihren Partner verletzen und wann nicht.
- Diejenigen, die materiell reich sind, werden weiterhin reich sein – aber ohne Gier und Habsucht und von ihrem Reichtum abgeben.

*Welche Schwäche könnte in deinem Leben zur Stärke werden? Kannst du dir vorstellen, Jesus darum zu bitten?*

## 2. Unsere Charakterzüge verändern lassen – Übung

**Die folgende Übung soll dir helfen, deine Fortschritte wahrzunehmen. Du wirst jetzt deine alten Verhaltensmuster durch neue ersetzen.**

### Demut

bedeutet …

- sich bewusst sein: Ich bin auf Gott angewiesen – in allem und das ist gut so,
- nicht stolz sein müssen,
- nicht aggressiv sein,
- bescheiden und maßvoll sein,
- Gott gegenüber bereit sein, zu gehorchen.

*Beschreibe, wie und wo du Demut lebst.*

*Hast du schon erlebt, dass Gott dir geholfen hat, wenn du demütig warst?*

## Großzügigkeit

bedeutet ...
- die Bereitschaft zu haben, wegzugeben und zu teilen,
- nicht selbstsüchtig zu sein, sondern selbstlos.

*Nenne Beispiele, wo du mit anderen geteilt hast.*

*Was hast du dabei an dir wahrgenommen?*

## Annehmen geschlechtlicher Identität

bedeutet ...
- sich mit seiner Sexualität wohlfühlen, ohne das zwingende Verlangen nach Geschlechtsverkehr zu haben,
- über sexuelle Bedürfnisse in einem gesunden Maß und Rahmen mit dem Partner sprechen zu können.

*Hingst du in deinem Leben in einer unangemessenen sexuellen Beziehung fest?*

*Was hat sich verändert, nachdem du sie losgelassen hattest?*

## Ehrlichkeit

bedeutet ...
- die Wahrheit sagen,
- vertrauenswürdig sein,
- tiefe Beziehungen zu haben.

*Nenne Beispiele, wo du ehrlich warst.*

*Was hast du dabei an dir wahrgenommen?*

### Mäßigkeit

bedeutet …
- gemäßigtes Ess- und Trinkverhalten,
- Kontrolle über die Haltung, sich alles Mögliche zu gönnen.

*Nenne Beispiele, wo du beim Essen und Trinken oder Kaufen Maß halten konntest.*

______________________

______________________

______________________

*Was hast du dabei an dir wahrgenommen?*

______________________

______________________

______________________

______________________

______________________

### Liebenswürdigkeit

bedeutet …
- freundlich,
- harmonisch,
- spontan und hilfsbereit gegenüber anderen zu sein.

*Nenne Beispiele, wo du mit anderen liebenswürdig umgegangen bist.*

______________________

______________________

______________________

*Was hast du dabei an dir wahrgenommen?*

______________________

______________________

______________________

______________________

______________________

### Tatkräftig werden

bedeutet …
- sich einbringen mit Ideen und Aktivitäten,
- aufmerksam Bedürfnisse anderer bei der Arbeit und in der Freizeit wahrnehmen und sie in ihren Bemühungen unterstützen.

*Nenne Beispiele, wo du Energie und Einsatz versprüht hast.*

______________________

______________________

______________________

*Was hast du dabei an dir wahrgenommen?*

______________________

______________________

______________________

### Das Schritt-7-Gebet

**Mein Schöpfer, nun bin ich bereit,
im Vertrauen auf die Liebe Jesu zu mir
alles von mir dir zu geben,
Gutes und Schlechtes.
Ich bitte dich jetzt,
jede einzelne Charakterschwäche zu verwandeln,
die mich hindert, dir und anderen Menschen zu dienen.
Gib mir die Kraft, auf allen weiteren Wegen
zu tun, was du von mir willst.**

## 3. Übung zum Gelassenheitsgebet

**Die folgenden drei Beispiele sollen dir helfen, das Gelassenheitsgebet anzuwenden. Es ist ein Werkzeug, das du täglich einsetzen kannst, wenn du bei Gott Hilfe suchst.**

**Diese Übung kann dir erleichtern, schwierige Situationen mithilfe des Gelassenheitsgebets zu bestehen.**

### Beispiel bei Ablehnung

- Gott, gib mir die Gelassenheit, Dinge hinzunehmen, die ich nicht ändern kann, z. B. dass ____________________ mich jedes Mal übersieht, wenn ich Anerkennung brauche.
- Gib mir Mut, die Dinge zu ändern, die ich ändern kann, z. B. meine *Menschenabhängigkeit.* Das heißt: Ich lehne mich selbst ab, weil ich von Menschen, die ich bewundere, nicht die Anerkennung bekomme, die ich mir wünsche.
- Und gib mir die Weisheit, das eine vom anderen zu unterscheiden, z. B. dass ich den Unterschied erkenne zwischen der tiefen und dauerhaften Zufriedenheit – wenn ich es lerne, mich selbst anzunehmen, weil ich von dir, Gott, geliebt bin – und der kurzen und vorübergehenden Befriedigung, wenn ich mich von der Meinung von ______________ über mich abhängig gemacht habe.

### Beispiel bei schmerzenden Kindheitserinnerungen

- Gott, gib mir die Gelassenheit, die Dinge hinzunehmen, die ich nicht ändern kann, z. B. die Tatsache, wie meine Kindheit verlaufen ist.
- Gib mir Mut, die Dinge zu ändern, die ich ändern kann: Z. B. meine Gefühle, von Kindheit an ständig ein Opfer gewesen zu sein – weil ich sie dir, Gott, zur Heilung hinhalte und mich entscheide, kein Opfer mehr zu sein.
- Und gib mir die Weisheit, das eine vom anderen zu unterscheiden … den Unterschied zwischen dem Gefangenbleiben in der Opferrolle und dem ständigen Prozess, diese Jahre an dich abzugeben, zu erkennen.

### Beispiel bei verletzter Elternbeziehung

- Gott, gib mir die Gelassenheit, die Dinge hinzunehmen, die ich nicht ändern kann, z. B. dass meine Eltern ständig uneins waren.
- Gib mir Mut, die Dinge zu ändern, die ich ändern kann, besonders meine Verlassenheitsgefühle, meinen Ärger und das Gefühl, isoliert zu sein, indem ich sie dir, Gott, zur Heilung hingebe und mich entscheide, barmherzig zu sein und mich in Gemeinschaft zu begeben.
- Und gib mir die Weisheit, das eine vom anderen zu unterscheiden, den Unterschied zwischen der Liebe meiner Eltern, die für mich immer unerreichbar erschien, und deiner bedingungslosen, immer gegenwärtigen Liebe zu sehen.

Wähle eine spezielle Situation oder Umstände in deinem Leben aus, die oft Auslöser von Groll, Furcht, Trauer oder Ärger sind. Es kann sich um Beziehungen handeln (in Familie, Arbeitswelt oder im sexuellen Bereich) oder um Arbeitsumstände, um Gesundheit oder um deine Selbstachtung.

**Gott, gib mir die Gelassenheit, Dinge hinzunehmen, die ich nicht ändern kann …**

*Nenne einige Erfahrungen oder Umstände, bei denen dir bewusst ist, dass du sie nicht verändern kannst (z. B. aus der Kindheit, das Verhalten des Partners, deine Situation am Arbeitsplatz, das Verhalten der Eltern).*

______________________________

______________________________

______________________________

**Gib mir Mut, die Dinge zu ändern, die ich ändern kann …**

*Nenne Bedingungen oder Situationen, bei denen du glaubst, dass du sie mit Gottes Hilfe verändern kannst:*

______________________________

______________________________

______________________________

**Und gib mir die Weisheit, das eine vom anderen zu unterscheiden …**

*Finde heraus, was du bei dir ändern kannst und was nicht.*

______________________________

______________________________

______________________________

*Schreibe auf, was dir durch diese Übung bewusst geworden ist.*

______________________________

______________________________

______________________________

# Sich Gott überlassen – Gelassenheit erleben

**Ich hatte anfangs Probleme mit der Arbeit am Programm, da ich in meiner Zwanghaftigkeit versuchte, jeden Tag, so wie es ja auch vorgesehen ist, etwas zu tun. Damit habe ich mir selbst so einen Druck aufgebaut, dass ich phasenweise gar nicht am Programm gearbeitet habe.**

**Aber auch an dieser Stelle habe ich Gottes Wirken erlebt, da ich mit der Zeit meinen eigenen Stil entwickeln konnte. Ich habe die Arbeit am Programm selbst als sehr wichtig erlebt. Bei mir selbst war es so, dass ich wichtige Impulse durch das Lesen und Durchdenken bekam, die mir immer wieder weitergeholfen haben. Ich fand auch sehr wichtig, dass mein eigener Heilungsprozess in den Schritten des Programms verlief.**

Zu Beginn stand die Kapitulation, das Eingeständnis, dass ich es selbst nicht im Griff habe, mich zu verändern und auch das Anerkennen, dass ich überhaupt Probleme habe, die mein Leben einschränken und meine Beziehung zu Gott trüben. Nach der Arbeit an Schritt 2 und 3 war ich dann wirklich so weit, mein ganzes Vertrauen auf Gott zu setzen und allein von ihm Veränderung und Heilung zu erwarten. Ich war, als ich die Gruppe begann, erst 2 Jahre Christin und habe viel Gutes von Gott empfangen.

Trotzdem hatte ich ein großes Misstrauen gegen Gott aufgebaut, und es war gar nicht leicht für mich, mein Leben und alles, was ich für mich gehalten und festgehalten hatte, Gott wieder neu zu übergeben. Ich hatte ja mein Leben lang gelernt, mich auf mich selbst zu verlassen und alles aus eigener Kraft zu schaffen.

Aber Gott ist so gnädig. Dieser Prozess des „mich-ihm-Überlassens" ging Stück für Stück – immer das, was ich in der Lage war zu erkennen, konnte ich abgeben. Und dieser Prozess hält immer noch an. So wie ich auch jetzt immer wieder neu kapitulieren muss …

Genauso ging es mit meinen „Problemen". Gott hat sie Stück für Stück aufgedeckt, genau in dem Tempo, wie es gut war für mich, wie ich es verkraften konnte, auch das passierte überwiegend während der Gruppentreffen. Mit jedem Schritt wuchs mein Vertrauen und das Wissen, dass Gott es wirklich gut meint mit mir und gut macht mit mir. Er hat Schicht um Schicht abgetragen, anders kann ich es nicht ausdrücken, ich fühle mich wirklich befreit von all dem Ballast, den ich so lange mit mir herumgeschleppt hatte, all die Schutzmechanismen, verdrängten Gefühle, Groll, Lügen, an die ich glaubte, mein negatives Selbstbild usw.

Das Wesentliche aber, das für mich passiert ist, ist nicht, dass ich jetzt mit allem „fertig" bin, wie ich zu Beginn dachte, dass ich es am Ende des Programms sein würde. Sondern dass meine Beziehung zu Gott gewachsen ist, dass sie jetzt die entscheidende Grundlage meines Lebens ist, aus der alles kommt, was ich zum Leben brauche.

Ich verlasse mich nicht mehr auf mich selbst. Dadurch war ich immer kraftlos und habe alles und jeden um mich herum kontrolliert, weil ja niemand so perfekt war wie ich. Jesus ist der „alles in allem" für mich geworden, so wie es die Bibel sagt.

Ich kann jetzt schwach sein und andererseits werde ich sicherer in meinen Stärken. Wesentlich ist auch, dass ich mich nicht mehr isoliere, wenn es mir schlecht geht, ich suche mir rechtzeitig Hilfe und warte nicht mehr, bis es gar nicht mehr geht. Ich treffe mich weiterhin mit Frauen, die mir nahestehen, zum Beten, Singen und Reden, um auch weiter „dran" zu bleiben.

## 4. Wie uns die Bibel ins Leben führt

### Kolosserbrief 3,1-17: Vom alten zum neuen Menschen

Vielleicht fragst du dich, wie geht das denn – eine Charakterveränderung?
Der Apostel Paulus hat das Wort nicht benutzt, beschreibt aber die Sache so: Dein bisheriges Lebensmuster muss sterben, ein neues Leben wird geweckt werden. Die Christen um Paulus haben diesen beim ersten Lesen etwas krassen Gedanken vom „Sterben" dennoch als Lebenshilfe begriffen.

In drei Schritten werden wir den Abschnitt aus dem Kolosserbrief 3,1-17 durchgehen und die drei folgenden Fragen klären:

- Was ist eigentlich Leben?
- Warum sind wir uns fremd?
- Selbsttötung statt Selbstbehauptung – ist das gesund?

**1. Frage: Was ist eigentlich Leben?**

*(1) Da ihr nun also zusammen mit Christus auferweckt worden seid, sollt ihr euch ganz auf die himmlische Welt ausrichten, in der Christus „auf dem Ehrenplatz" an Gottes rechter Seite sitzt.*

*(2) Richtet eure Gedanken auf das, was im Himmel ist, nicht auf das, was zur irdischen Welt gehört.*

*(3) Denn ihr seid „dieser Welt gegenüber" gestorben, und euer neues Leben ist ein Leben mit Christus in der Gegenwart Gottes. Jetzt ist dieses Leben den Blicken der Menschen verborgen;*

*(4) doch wenn Christus, euer Leben, in seiner Herrlichkeit erscheint, wird sichtbar werden, dass ihr an seiner Herrlichkeit teilhabt.* Kolosserbrief 3,1-17 (NGÜ)

Es ist faszinierend, wie Paulus hier unser Leben als Christen völlig an die Seite von Christus gestellt hat. Etwas fremd klingt der Gedanke, „mit Christus auferweckt" zu sein – als wären wir jetzt schon dem normalen Leben entrückt. Paulus kennt nun keine Aufteilung zwischen Leib (hier auf der Erde) und Geist (im spirituellen Oben). Für jüdische Vorstellungen wäre das undenkbar. Er teilt mit der antiken Welt die Vorstellung, dass die spirituelle Welt „im Himmel" ist und damit göttliches Leben (oben) bei Christus. Uns liegt heute die Vorstellung näher, die Paulus an anderer Stelle gebraucht. Unser Alltag soll durch das Kraftfeld des (himmlischen) Heiligen Geistes bestimmt werden, sodass unsere Gedanken auf Gottes Willen ausgerichtet sind.

So ist seine Antwort auf die Frage: „Was ist eigentlich Leben?" – *„Christus, euer Leben" (V. 4)* oder wie im Brief an die Galater 2,20 (NGÜ): „Nicht mehr ich bin es, der lebt, nein, Christus lebt in mir."

*Die verschiedenen Definitionen von Leben in unserer heutigen Kultur*

- **Biologen** definieren Leben z.B. als *Funktion des Stoffwechsels* (Es atmet noch, also lebt es!). Das ist eine mögliche Sichtweise. Ohne andere, ergänzende Sichtweisen, bleibt sie eindimensional, Leben wäre *nur funktional beschrieben.*
- **Philosophen** hatten schon vor mehreren 1000 Jahren eine Definition von „Leben".
- **Psychologen** seit gut 100 Jahren. Kompliziert ist es für beide Perspektiven immer dann, wenn wir uns die *Lebens-Test-Frage* stellen: Ab wann ist Leben Leben? Ab dem 1. Tag im Mutterleib oder erst ab dem 4. bis 5. Monat oder erst ab dem 9. Monat mit der Geburt? Oder die andere Frage: Ab wann ist Leben nicht mehr lebenswert, also faktisch schon keines mehr?
- **Ethiker** fragen sich z.B., ob es erlaubt wäre, beim Sterben aktiv zu helfen (Sterbehilfe).

*Trotz unterschiedlicher Perspektiven haben wir wenigstens ein klares Ergebnis:* Für die Antworten und Vorstellungen davon, was Leben ist, musst du deinen Standort, also deine Perspektive wählen. Und je nach Position wirst du andere Antworten finden.

Gerade die Grenzfragen zeigen, wie schwierig das Thema „Leben" eigentlich ist. Vielleicht ist es leichter, wenn wir unser Augenmerk auf den Alltag richten: Die Frage nach unserem Leben kommt schließlich mitten im Leben auf. Die Frage stellt sich dann – zumindest für uns Menschen – anders: Wer bin ich?

- **Biologisch** ist das geklärt: ein „Tier" – aber ein „Tier" mit einem Verstand. Der entscheidende Unterschied ist der, dass dieses „Tier" Mensch nur leben kann, wenn es sich die Frage beantworten kann: Wer bin ich? Also ein „Tier", das über sich selbst nachdenkt – aber auch nachdenken muss –, das ist der Mensch.
- **Philosophisch:** Ein „Wesen", das nach dem Woher und Wohin dieser Welt, ja des ganzen Universums fragt.
- **Ethnologen und Anthropologen** bescheinigen uns: Ein „Tier", das hoffnungslos religiös ist – von Anfang an gehörte das zum Menschen.

So sind wir von der Frage „Was ist Leben?" zum Thema „Wer bin ich?" gekommen.

„Wer bin ich?" erscheint jetzt in einem neuen Licht: Das ist gerade deswegen die schwierigste Frage für uns Menschen, weil wir nicht ein „Ding" oder nur ein „Tier" mit einem Körper, sondern eine Seele-Leib-Geist-Einheit (griechisch: psycho-somato-pneumatische Einheit) mit sogenanntem *Selbstbewusstsein* sind.

*Wir haben jetzt bis hierhin über uns und unser Leben verstanden:*

1. Ich *bin* nur dann ich, wenn ich Ich-Selbst *werde*, wenn ich also meine Bestimmung kenne und lebe!

Jesus kannte diese Bestimmung und – was uns noch viel, viel mehr überzeugt!– er lebte sie bis an das menschlich Extreme, ja für das Leben Widersprüchliche vor und sagte: Verliere dein Leben um Gottes willen! Und du wirst es finden.

*(35) Denn wer sein Leben erhalten will, der wird's verlieren; und wer sein Leben verliert um meinetwillen und um des Evangeliums willen, der wird's erhalten.*

*Markusevangelium 8,35*

2. Ich bleibe im Unterschied zum Tier als Mensch also gezwungen, SELBST-kritisch mir gegenüberzustehen und zu fragen: Wer bin ich eigentlich? Das ist übrigens die Frage, die wir letztlich im gesamten 12-Schritte-Programm bearbeiten. Wer bin ich? Oder: Wer will ich eigentlich sein?

## 2. Frage: Warum sind wir uns fremd?

*Warum passiert es uns, dass wir uns selbst fremd werden?*

Es gibt Augenblicke, da stehe ich dann neben mir und frage mich: Was habe ich denn da schon wieder gemacht, gedacht, gewollt …? Beispiele dazu fallen uns allen sofort ein, wenn wir unser Verhalten ansehen, dasjenige, das wir eigentlich ablegen wollen …

Die Frage „Wer bin ich?" reduziert sich auf: „Bin ich lieb oder bin ich es wieder einmal nicht gewesen? Was habe ich da schon wieder angestellt? Warum habe ich das gemacht? Muss ich das immer wieder so machen?"

Damit sind wir wieder nahe bei Paulus in seinem Brief. Er fordert drastisch:

*(5) Tötet daher, was in den verschiedenen Bereichen eures Lebens noch zu dieser Welt gehört: sexuelle Unmoral, Schamlosigkeit, ungezügelte Leidenschaft, böses Verlangen und die Habgier (Habgier ist nichts anderes als Götzendienst).*

*(6) Wegen dieser Dinge bricht Gottes Zorn über die herein, die nicht bereit sind, ihm zu gehorchen.*

*(7) Auch ihr habt euch früher so verhalten; euer ganzes Leben wurde von diesen Dingen bestimmt.*

*(8) Doch jetzt legt das alles ab, auch Zorn, Aufbrausen, Bosheit und Verleumdung; kein gemeines Wort darf über eure Lippen kommen.*

*Kolosserbrief 3,5-8 NGÜ*

Hast du es nicht auch in dieser Gruppe durchbuchstabiert, was du von selbst eigentlich nicht tun willst? Dein Ich steht neben sich selbst und fragt sich: Wer bin ich? Wer bin ich eigentlich? Was zieh ich denn hier ab? Und deine Antwort?
Ermutigt dich die christliche Antwort, wenn du das hier liest? Nämlich: Du bist ein unendlich geliebter Mensch, ein „Herzstückchen" unseres Bruders Jesus Christus. Das bist du in Gottes Augen. Denn so formuliert es Paulus mit den Worten:

*(12) Geschwister, ihr seid von Gott erwählt, ihr gehört zu seinem heiligen Volk, ihr seid von Gott geliebt. Darum kleidet euch nun in tiefes Mitgefühl, in Freundlichkeit, Bescheidenheit, Rücksichtnahme und Geduld.* *Kolosserbrief 3,12 NGÜ*

*Viele mögliche Anworten auf die Frage: „Wer bin ich?"*
Außerhalb der christlichen Vorstellung gibt es also viele mögliche Antworten auf die Menschheitsfrage: „Wer bin ich?" Das Herz der christlichen Antwort lautet: Ich bin mir selbst am nächsten, wenn ich bei Christus bin! Ich bin am meisten ich selbst, wenn ich mich an Jesus verliere. Du fragst dich: Wer bin ich nun? Vielleicht kannst du es am besten so mitsprechen: „Mein ICH wird von Christus eingenommen. Der bin ich!"

Aber es gibt auch die andere (dunkle) Seite: Wir haben immer wieder unsere Not mit unserem Verhalten, mit zerstörerischen Lebensmustern und Gedanken: Wir sind uns selbst fremd, kämpfen ums Überleben mit allen möglichen Tricks. Jeder hat sich da sein Muster angewöhnt, wie wir schon gelernt haben. Und wir finden gerade so nicht zum Leben. Zu einem Leben geprägt von Heilung, Veränderung und Gelassenheit ...

Ein Teil der Lösung, wie wir sie auf dem 12-Schritte-Weg suchen, lautet: Aufhören mit den Überlebenstricks. Aber wie, wenn es einfach nicht geht?

Mit Schritt 4 und 5 hattest du deine „Überlebenstricks" erkannt und bekannt. Welche waren es noch?

________________________________________

________________________________________

## 3. Frage: Selbsttötung statt Selbstbehauptung – ist das gesund?

Tod? Töten? Mal ehrlich, ist das die Methode, die zum Leben führt?
Wir haben bisher verstanden: Christen glauben zuerst einmal, dass ihr Leben über dieses irdische Leben hinausgeht. Aber wie soll das helfen?

So schmerzhaft der Tod auch alles irdische Leben abbricht, zugleich vollendet er uns! Das ist ein faszinierender Gedanke: Erst hinter der Todesmarke werde „ich selbst" wirklich „ICH". Denn dann bin ich bei Gott angekommen und kann von dieser Position aus erst mein ganzes Leben überblicken. Im Rückblick wirst du sagen: „Ach, der bin ich!"

Und das ist die Logik, warum beim „Sterben" der Christen eine Lösung zu suchen ist. Paulus sagt: weil unser „Selbst" quasi neben Christus im Himmel sitzt und mit den Engeln gerade die Auferstehung feiert, darum suchen wir Leben, das dem göttlichen Maßstab entspricht ... Gemäß dem Motto:

(2) *Richtet eure Gedanken auf das, was im Himmel ist, nicht auf das, was zur irdischen Welt gehört.* *Kolosserbrief 3,2 (NGÜ)*

Und im gleichen Atemzug kommt bei Paulus das Sterben zur Sprache:

*(5) Tötet daher, was in den verschiedenen Bereichen eures Lebens noch zu dieser Welt gehört: sexuelle Unmoral, Schamlosigkeit, ungezügelte Leidenschaft.*
*Kolosserbrief 3,5 (NGÜ)*

Unter Einfluss dieser dysfunktionalen Lebensmuster habt auch ihr einst euer alltägliches Leben geführt ...

*(8) Doch jetzt legt das alles ab, auch Zorn, Aufbrausen, Bosheit und Verleumdung ... Ihr habt doch das alte Gewand ausgezogen – den alten Menschen mit seinen Verhaltensweisen –*

*(10) und habt das neue Gewand angezogen – den neuen, von Gott erschaffenen Menschen, der fortwährend erneuert wird, damit ihr Gott immer besser kennenlernt und seinem Bild ähnlich werdet.* *Kolosserbrief 3,8-10 (NGÜ)*

Die Frage „Wer bin ich?" ist aus christlicher Perspektive so zu beantworten: Du bist erst wirklich du selbst bei Gott! Zum Glück darfst du hinzufügen: Aber das kannst du sofort haben! Durch den Glauben fängt diese von Gott geschenkte „Auferstehung" mitten im Leben schon an, Gestalt zu gewinnen, in deiner Beziehung zu Jesus.
**Das ist die schöne, die befreiende Seite der guten Nachricht!**
Solch eine „Auferstehung" oder „Neuschöpfung" Gottes hat erstaunliche Folgen im Alltag. Paulus in die heutige Sprachgewohnheit übersetzt würde es vielleicht so sagen: „Du kannst als Person dir selbst und deiner sozialen Situation frei gegenübertreten."
**Und das ist die äußerst herausfordernde andere Seite der guten Nachricht:**
Durch die Beziehung zu Gott gewinnen wir eine *kritische Selbstständigkeit.* Paulus benutzt dazu ein drastisches Bild: „Tötet daher, was ..."! Es geht um einen erbitterten Kampf auf Leben und Tod. Aber schon kurz darauf zieht er einen anderen Vergleich.

(12) *Ihr habt doch das alte Gewand ausgezogen – den alten Menschen mit seinen Verhaltensweisen – und habt das neue Gewand angezogen – den neuen, von Gott erschaffenen Menschen".* *Kolosserbrief 3,12 (NGÜ)*

Er will wohl die *von Gott maßgeschneiderte* Veränderung betonen.

*Achtung, Missverständnisse!*
*Selbsttötung, um zu leben?* Da gibt es verheerende Missverständnisse. Zu viele von uns kennen Christen, die ein Schatten ihrer selbst sind: irgendwie langweilig, tot, erstarrt in engen Ritualen. Viele in unseren Gruppen haben noch die Stimmen im Ohr, die sagen: „Oh, du darfst dich nicht selbst behaupten! Das wäre nicht christlich. Demut ist doch angesagt ..."

Nein, diese Art der Selbstbeschneidung ist wohl nicht gemeint, kann es nicht sein. Eine Reaktion auf solche abschreckenden Erscheinungsformen in unserer Gesellschaft war seit den 1968er-Jahren der Schrei nach Selbstbehauptung. Einige „Fromme" hatten damit immer ihre Not: Selbstverwirklichung und Selbstbehauptung wurden oft als gottfeindlich an den Pranger gestellt. Zugegeben: Selbstbehauptung gegenüber den anderen und der Gesellschaft *kann* ein egoistischer Aufstand sein. – Sie *kann aber auch genau goldrichtig* sein: Da verwirklicht einer seine Jesus-gemäße Bestimmung radikal und steht deshalb für sich auf. Dazu zwei Beispiele:

## Beispiele gelungener Selbstbehauptung

Ein politisch sehr wirksam gewordenes Beispiel ist der Aufstand von Martin Luther King. In vielen Büchern nachzulesen. Es lohnt sich. Aber mein eher verborgenes Beispiel ist das folgende einer völlig „erstorbenen" Ehefrau eines Alkoholikers.

Getreten, geschubst, gedemütigt und immer „christlich", lieb und brav gewesen, hat sie ihren Mann jahrelang entschuldigt, verteidigt, hat gehofft, geschuftet, ist für ihn vor Scham mehrmals fast „gestorben". Diese Frau steht nach Monaten in einer Endlich-Leben-Gruppe in der Kraft des Geistes Jesu auf – endlich für sich selbst und damit anscheinend gegen ihren Mann. Sie ergreift die Wahrheit, die wir mit Paulus und seinem Brief so zusammenfassen könnten:

*„Ihr seid zur liebevollen Gemeinschaft bestimmt!"*

*(12) Geschwister, ihr seid von Gott erwählt, ihr gehört zu seinem heiligen Volk, ihr seid von Gott geliebt. Darum kleidet euch nun in tiefes Mitgefühl, in Freundlichkeit, Bescheidenheit, Rücksichtnahme und Geduld.*

*(13) Geht nachsichtig miteinander um und vergebt einander, wenn einer dem anderen etwas vorzuwerfen hat. Genauso, wie der Herr euch vergeben hat, sollt auch ihr einander vergeben.*

*(14) Vor allem aber bekleidet euch mit der Liebe; sie ist das Band, das euch zu einer vollkommenen Einheit zusammenschließt.*

*(15) Der Frieden, der von Christus kommt, regiere euer Herz und alles, was ihr tut! Als Glieder eines Leibes seid ihr dazu berufen, miteinander in diesem Frieden zu leben. Und seid voll Dankbarkeit gegenüber Gott!*

*(16) Lasst die Botschaft von Christus bei euch ihren ganzen Reichtum entfalten. Unterrichtet einander in der Lehre Christi und zeigt einander den rechten Weg; tut es mit der ganzen Weisheit, die Gott euch gegeben hat. Singt Psalmen, Lobgesänge und von Gottes Geist eingegebene Lieder; singt sie dankbar und aus tiefstem Herzen zur Ehre Gottes.*

*(17) Alles, was ihr sagt, und alles, was ihr tut, soll im Namen von Jesus, dem Herrn, geschehen, und dankt dabei Gott, dem Vater, durch ihn. Kolosserbrief 3,12-17 (NGÜ)*

Darf ich es mal so zusammenfassen. Sie sagt zu sich:

- „Ja, ich habe diesem Mann vergeben (V. 13). Aber ich bin eine Geliebte meines Gottes (V. 12). Und diese Würde lasse ich mir nicht mehr rauben. Ich entthrone den egozentrischen Ehemann in meinem Herzen – er soll nicht mehr mein „Gott" sein.
- Nicht mehr das Wohlwollen meines Mannes soll mir Frieden geben, sondern der Friede Christi regiere in meinem Herzen (V. 15).
- Ich werde ICH – die Frau, die ich schon immer in Jesus bin! Ich werde nicht mehr Sklavin meines Mannes sein. Ich werde die Wahrheit über unsere Situation sagen, und die lautet: Hier war eben nicht „tiefes Mitgefühl, Freundlichkeit, Bescheidenheit, Rücksichtnahme und Geduld" (V. 12).

Diese Frau zieht endlich einen Schlussstrich nach langen Jahren des Leidens und bricht aus ihrem „Tod" auf in ein neues Leben.

*Warum fällt uns das neue Leben so schwer?*

Was ist daran so schwer? Warum fällt es vielen solchen Frauen mit alkoholabhängigen Männern so unendlich schwer, die Wahrheit über ihre Beziehung zu sehen und auszusprechen? Warum benötigen sie die Endlich-Leben-Gruppen, um diese selbstverständliche Wahrheit, die auch christlich eindeutig beschrieben ist, zu leben?

Weil sie das mit aller Kraft bekämpfen, niederringen müssen – Paulus würde sagen „töten" müssen –, was für sie auf den ersten Blick „lieb" und „gut" aussieht.

Diese „(Schein-)Liebe" hat ihnen aber im besten Falle ein Überleben in furchtbaren, unmenschlichen Familienverhältnissen erlaubt.

Viele unter uns leiden an dieser Not. Wir erkennen oft das Böse nicht als „Böses" und pflegen es weiter – statt es zu „töten". Oder wir sehen das „Böse" nur bei uns und wenden die Aufforderung zur Nachsicht nur auf den anderen an, uns selbst gegenüber aber bleiben wir unnachgiebig streng.

*Was hilft uns, die richtige Entscheidung zu treffen?*
Wenn wir wissen, wir können uns nicht immer auf unser „Gefühl" verlassen, hilft uns das, die richtige Entscheidung zu treffen. Das Beispiel macht deutlich, inwiefern wir etwas „töten" sollen, nämlich so: Decke das auf und entmachte das, was dich daran hindert, in der Liebe Gottes zu leben! Erscheint dir das auch logisch?

Aber? Warum legen wir dennoch all die „bösen" Verhaltensweisen nicht sofort ab und benötigen sechs Schritte dazu? Die Antwort: Das Verwirrende ist, dass das Böse sich überhaupt nicht böse anfühlt. Es fühlt sich so an, als wäre es unser Leben! So haben wir es jahrelang in unserer Wir-Tradition erlernt (vgl. Schritt 4). Am Beispiel der Frau: Lieb sein, aushalten, geduldig ertragen – hat es Paulus nicht so vorgeschlagen? –, ist *das* nicht mein Leben, ja sogar vorbildhaftes christliches Leben?

Nein! Für diese Frau bedeutet „Sterben um Jesu willen" oder „Tötet ..., was noch zu dieser Welt gehört" dieses: Sie muss ablegen, was sie immer für besonders christlich und fromm gehalten hat! In Wahrheit hat sie mit ihrem Verhalten die zerstörerische Selbstbezogenheit ihres Mannes gefördert. Damit hat sie sein „böses Verhalten" unterstützt.

*Schwarze oder weiße Sünden*
Die etwas plakative Unterscheidung zwischen „schwarzen Sünden" und „weißen Sünden" hat hier vielen schon geholfen: Zorn, Aufbrausen, Streit usw. – das sollen wir doch nicht! Das sind die eindeutig schwarzen Sünden. Die weiße Sünde unter Christen aber lautet: Lieb sein, wo Aufstand angesagt wäre. Weiße Sünde fühlt sich gut an, bei schwarzer sind wir uns von vornherein sicher: Das ist etwas Schlechtes. Aber selbst Ärger und Zorn kann ein angemessener – und daher positiver! – Ausdruck von Abgrenzung gegenüber bösem Verhalten anderer bedeuten.

In den Endlich-Leben-Gruppen halten wir uns an die christliche Perspektive des Paulus. Das hilft uns, diese schwierige Unterscheidung zu treffen. Es geht um mehr Leben im Leben, um viel mehr als gerade so zu überleben oder sich mit verzweifelten, menschlichen Methoden zu verteidigen.

## Die Würde kann letztlich niemand rauben

Paulus formulierte es so: „Euer neues Leben ist ein Leben mit Christus in der Gegenwart Gottes. Jetzt ist dieses Leben den Blicken der Menschen verborgen!" Denk immer daran. Darum bist du mit Christus vollkommen sicher! Darum kann letztlich niemand dir deine Würde rauben. Deine Person bleibt auf diese Weise immer unantastbar (verborgen mit Christus), der Verfügung durch andere entzogen.

*Gewalt – Missbrauch – Bosheit*
*Stimmt das?* Christenverfolgung in China. Folter, Jahrzehnte in Lagern, traumatisierte Opfer, auch durch sexuelle Gewalt in unserem Land gibt es verheerende Folgen. Zeugnisse von Überlebenden solcher Traumata erzählen, wie Christus in ihrem Innersten einen Schutzraum für ihr ICH geschaffen hat. Das macht uns Mut.

Wahr ist sicherlich: Leiblich werden Menschen verfügbar, sie erleben körperliche Gewalt, aber auch seelische Gewalt durch Gehirnwäsche oder auch Gewalt durch die feinere Variante des Überredens oder durch Manipulationen, durch Lügen. Leib und Psyche (Seele) sind das eine.

Das andere ist ein Geheimnis, das wissenschaftlich nicht nachweisbar ist, aber von vielen bezeugt wird: Es gibt einen sicheren Raum bei Christus (unser Ich, das neben Christus in Sicherheit sitzt). Merkst du, wie wichtig diese Unterscheidung zwischen Leib/Seele auf der einen und der „Person", dem ICH, des so Misshandelten auf der anderen Seite ist? Christen glauben: Dein „Ich" wird zwar niemals verfügbar, aber du kannst leiblich-seelisch brutal ausgeschaltet und missachtet werden.

*„Euer neues Leben ist ein Leben mit Christus in der Gegenwart Gottes. Jetzt ist dieses Leben den Blicken der Menschen verborgen." Das* ist also ein Ausdruck eines wunderbaren Schutzes und zugleich die notwendige Basis für gewaltige Veränderungen:

Die oben beschriebene Frau bekommt nur daher den Mut, die Wahrheit über ihre schwierige Situation zu erkennen und entsprechend zu handeln. Sie erlebt sich plötzlich frei von der Helfersucht, von der Sucht „lieb sein zu müssen um jeden Preis". Im Vertrauen darauf, dass Gott der Retter für ihr eigentliches Ich und der Retter ihrer Mitmenschen ist, steht sie auf und hört auf, selbst Retterin der Menschheit zu spielen. Das ist ihre neue, wahre Demut.

*Wo ist deine Würde beschädigt worden?*
Ein Trost für misshandelte und am Boden zerstörte Menschen ist diese Wahrheit:

Auch wenn du eine Menge zerstörerischer Erlebnisse durchgemacht hast, wenn andere auf dir rumgetrampelt sind, dein SELBST gekränkt, dich gedemütigt, zerschlagen haben, dein ICH konnten sie nicht treffen! Dein ICH ist und bleibt in Jesus geborgen. Glaube nur, vertraue darauf.

Vielleicht kannst du (noch) nicht für dich selbst beten. In der Gruppe ist Gelegenheit, dir diese göttliche Würde neu zusprechen zu lassen. Bitte darum, dass andere dich konkret segnen (vielleicht ganz hautnah durch Handauflegen, aber nur wenn du willst).

*Die Personenwürde kommt aus Gottes Ewigkeit*
Christen sind sich immer dieses letzten Respekts Personen gegenüber bewusst: Du bist mehr wert, als du an dir selbst siehst: vielleicht elend, krank, im Sterben liegend ...! Aber auf Gottes Ewigkeit bezogen bist du immer unendlich mehr als deine 30, 60 oder 80 Jahre Lebenserfahrungen, mehr als deine Traumata oder auch mehr als deine Stärken und Fähigkeiten. Darum achten wir uns gegenseitig in den Gruppen als Geliebte Gottes.

## Möglichkeiten für das Gebet zu Hause und in der Gruppe

- Erneuere Schritt 3 und bitte doch darum, dass dein „Ich" mit Jesus verbunden wird, damit du mehr und mehr „du selbst" wirst. Komme unter seinen ewigen Schutz, unter seine fürsorgliche Hand.
- „Jesus, ich bin froh, dass ich mit dir unauflösbar verbunden bin. Ich spüre noch so viel alte Lebensmuster und Gefühlsreste aus meiner Geschichte. Ich werde und werde sie nicht los. Aber du hast mich schon ergriffen. Ich bin vor dir ganz richtig und rein, auch wenn noch nicht alles in Ordnung ist. Du wirst mir helfen, dass ich immer mehr der werde, den du schon (im Himmel) siehst."
- „Jesus, dir geht es nicht zuerst darum, dass alle Fehler und zerstörerischen Muster weg sind, sondern dir geht es um mich selbst, dass ich deine Liebe erkenne, die ohne Bedingungen da ist."
- Du kannst andere in der Gruppe z. B. auch bitten, dass sie dir diese neue Position an Jesu Seite zusprechen. Damit stellst du dich im Geist in eine neue Freiheitsposition. Und das wird dich befreien, an deinem „Selbst" zu arbeiten.
- Oder lass dir den Mut zusprechen: „Abgestorbenes", alte Verhaltensmuster, all das darf ganz sterben, du kannst dich getrost davon lösen, und am Ende wirst du auf diesem Weg endlich „du selbst"!

## Wer bin ich?

Wer bin ich? Sie sagen mir oft,
ich träte aus meiner Zelle
gelassen und heiter und fest
wie ein Gutsherr aus seinem Schloss.

Wer bin ich? Sie sagen mir oft,
ich spräche mit meinen Bewachern
frei und freundlich und klar,
als hätte ich zu gebieten.

Wer bin ich? Sie sagen mir auch,
ich trüge die Tage des Unglücks
gleichmütig, lächelnd und stolz,
wie einer, der Siegen gewohnt ist.

Bin ich wirklich, was andere von mir sagen?
Oder bin ich nur das, was ich selbst von mir weiß?
Unruhig, sehnsüchtig, krank,
wie ein Vogel im Käfig,
ringend nach Lebensatem,
als würgte mir einer die Kehle,
hungernd nach Farben, nach Blumen, nach Vogelstimmen,
dürstend nach guten Worten, nach menschlicher Nähe,
zitternd vor Zorn über Willkür und kleinlichste Kränkung,
umgetrieben vom Warten
auf große Dinge,
ohnmächtig bangend um Freunde
in endloser Ferne,
müde und leer zum Beten, zum Denken, zum Schaffen,
matt und bereit, von allem Abschied zu nehmen?

Wer bin ich? Der oder jener?

Bin ich denn heute dieser und morgen ein andrer?
Bin ich beides zugleich? Vor Menschen ein Heuchler
und vor mir selbst ein verächtlich wehleidiger Schwächling?

Oder gleicht, was in mir noch ist, dem geschlagenen Heer,
das in Unordnung weicht vor schon gewonnenem Sieg?

Wer bin ich?
Einsames Fragen treibt mit mir Spott.
Wer ich auch bin, Du kennst mich, Dein bin ich, o Gott!

Dietrich Bonhoeffer, Gebet in NS-Haft

ANNERÖS, BRIGITTE, CHRISTIA
DANIEL & URSULA, DORIS, ELISABETH
ERNST, VERENA & FRED, GERTRUD, HAN
HEINER, MARLIS, PAUL, MADELEINE,
SONJA, ALBERT, ANDREA, MONIQUE,
LORENZ, PETER, MARIA, HANSRUEDI,
MARGRIT, MAX, NICOLE, MARTIN,
ANNA-LENA, PIERRE, RENATE
KARIN, STEFAN, URS.

# Schritt 8 Bereit für Beziehungsklärung

***„Wir machten eine Liste aller Personen, denen wir Schaden zugefügt hatten, und wurden willig, ihn bei allen wiedergutzumachen.“***

## Fokus zwischenmenschliche Beziehungen

Mit dem 8. und 9. Schritt verbessern und vertiefen wir unsere zwischenmenschlichen Beziehungen. Schritt 8 konzentriert sich auf zwei Aspekte:

1. Wir werden bereit, unsere Beziehungen zu anderen auf eine neue Art zu sehen.
2. Parallel dazu werden wir bereit, in einer guten Weise mit uns selbst umzugehen.

Mit Schritt 8 wächst unsere Beziehungsfähigkeit besonders im Blick auf andere, aber auch die zu uns selbst und zu Gott.

Mit Schritt 8 lernen wir: Wenn wir bei Menschen etwas wiedergutmachen, verändert das unsere Beziehung zu ihnen.

- Wir fangen an zu begreifen, wie Beziehungsveränderungen eigentlich vor sich gehen.
- Dabei wird uns deutlich, welche negativen Folgen unsere Ichzentriertheit hatte.

Schritt 8 macht auch Angst:

Wir spüren Scham, Schuldgefühle und Angst vor den kommenden Begegnungen.

# Erklärungen zu Schritt 8

Die vorherigen Schritte haben dir geholfen, von deiner Ichzentrierung loszukommen. Du hast auf diesem Weg immer mehr wahrgenommen, wie du mit anderen Menschen umgegangen bist und wie das manchmal auch deine Beziehungen zerstört hat.

- Innerhalb deiner Beziehungen hast du dich vornehmlich nur selbst gesehen.
- Du warst blind für andere, weil du in deine eigenen Probleme verstrickt warst.
- Du hast Menschen gemieden, mit denen du Konflikte hattest.
- Du hast überhaupt geleugnet, dass es da Probleme gibt.
- Du hast andere für deine Probleme verantwortlich gemacht und sie angeklagt.
- Du hast andere an dich gebunden, wenn sie dir nützlich waren.
- Du warst einseitig, blind, konfliktscheu, unehrlich, verantwortungslos und manipulierend.

Gegen diese Verhaltensmuster hilft genau das: Wiedergutmachung.

## „Wir machten eine Liste aller Personen, denen wir Schaden zugefügt hatten"

Mit Schritt 8 wächst unsere Beziehungsfähigkeit besonders im Blick auf andere, aber auch auf uns selbst und Gott.

Unser Schlüsselproblem war es, nur auf uns selbst bezogen zu leben. Wir erkennen immer besser, dass dadurch Beziehungen zerstört wurden. Schritt 8 bereitet uns nun vor, unsere Beziehungen zu anderen auf eine neue Art zu gestalten: Wir bekommen mehr und mehr andere Menschen und ihre Bedürfnisse in den Blick.

Unsere Selbstbezogenheit hatte viele Folgen, die anderen geschadet haben. Das soll endlich aufhören, ja sogar noch mehr: Wir wollen versuchen, was an uns liegt, wiedergutzumachen.

Während wir noch eine Menge damit zu tun haben, die Gegenwart Christi in uns zuzulassen (wie wir es in den Schritten 6 und 7 lernten), erleben wir aber, wie wir anderen Menschen gegenüber immer offener werden. Wenn wir das erfahren, sind wir vorbereitet für die direkte Begegnung – Auge in Auge – mit den Menschen, denen gegenüber wir unser früheres Fehlverhalten zugeben müssen.

### Wiedergutmachungs-Liste

In Schritt 8 schauen wir einzelne Situationen an, in denen unser früheres Verhalten für andere Menschen negative Folgen hatte, und versuchen herauszufinden, welche Menschen davon betroffen waren. Wir werden alles tun, um Dinge aus der Vergangenheit so weit wieder in Ordnung zu bringen, dass sie uns nicht mehr in der Gegenwart blockieren können. Schritt 8 schlägt vor, eine Liste anzulegen, auf der die Namen der betroffenen Personen aufgelistet werden.

### Schritt 8 nützt auch der Beziehung zu mir selbst

Schritt 8 nützt übrigens auch dir selbst. Dein Verhalten hat auch dich selbst verletzt und beeinflusst dich bis heute noch, z. B. im Blick darauf, wie du über dich selbst denkst. Wenn du mit dir selbst barmherzig umgehen lernst, wirst du es auch mit anderen können. Deshalb ist es wichtig, dich selbst auch auf die Liste der Menschen zu setzen, die du verletzt hast und an denen du schuldig wurdest.

Ist das nicht ein spannender Gedanke? Wenn du bereit wirst, Schaden bei anderen wiedergutzumachen, hilft dir das auch, eine neue Liebe zu dir selbst zu finden.

- Du wirst aus deiner Isolation und Einsamkeit befreit.
- Du wirst Verantwortung für deine negativen Verhaltensweisen übernehmen, indem du dich öffentlich dazu stellst.
- Du wirst mehr und mehr aus deiner Opferrolle befreit, die dein Leben lähmte und dich passiv werden ließ.

### Sich selbst vergeben lernen als Basisfähigkeit

Groll-, Scham- und Schuldgefühle wirst du nur überwinden können, wenn du lernst, dir selbst und anderen zu vergeben. Sei gewiss: Gott hat dir dein verletzendes Verhalten, deine Schuld an anderen, schon längst vergeben.

Nun fängt für dich aber der oft schwierige Lernprozess an, auch dir selbst vergeben zu können. Das ist entscheidend für den Fortschritt deiner Genesung. Um dir selbst zu vergeben, gehe einen ersten Schritt: Übernimm die Verantwortung für den Schmerz, den du anderen und dir selbst zugefügt hast. Pass dabei auf, dass du nicht in die Falle der Selbstanklagen gerätst! Bei dieser Wiedergutmachung darfst du dich selbst respektieren und wertschätzen – trotz allem

Schaden, den du zu Gesicht bekommst. Jesus hat alle Schuld vergeben. Wenn du dir deiner Vergebung nicht sicher bist, dann warte noch mit der Wiedergutmachung. Nimm dir stattdessen Zeit mit Gott, um deine Beziehung zu ihm zu klären, bis du schließlich bereit wirst für diesen Schritt.

## „... bei allen wiedergutzumachen"

Was ist Wiedergutmachung?

Wir können niemanden außer uns selbst verändern. Wir können nicht verändern, was andere uns angetan haben. Aber eins können wir: Wir können bereit werden, wiedergutzumachen, was wir anderen angetan haben.

- Wiedergutmachung hat also nichts mit den Fehlern der anderen zu tun, sondern ausschließlich mit deinen eigenen Fehlern, für die *du* verantwortlich bist. Bleib bei dir selbst! Das ist das Entscheidende bei diesen beiden Schritten!
- Wiedergutmachung hat nichts mit der Heilung des anderen zu tun. Diese Verantwortung kannst du Gott überlassen.
- Wiedergutmachung ist etwas anderes als Entschuldigung. Obwohl Entschuldigungen manchmal angebracht sind, sind sie kein Ersatz für Wiedergutmachung. Jemand kann sich dafür entschuldigen, zu spät zur Arbeit gekommen zu sein, aber bevor er nicht sein Verhalten verändert hat und ab jetzt pünktlich kommt, kann man nicht von Wiedergutmachung sprechen. Es ist wichtig, sich zu entschuldigen, wenn es nötig ist. Aber noch wichtiger ist es, sich zu verpflichten, das unakzeptable Verhalten wirklich zu verändern – und es auch zu tun!
- Wiedergutmachung hat nichts damit zu tun, dass ich alles Mögliche in Gang bringe, nur damit der andere mir wieder gut gesinnt ist.

## „... wurden willig"

Was die Bereitschaft zur Wiedergutmachung fördert, ist das Folgende:

### Sich Gottes Vergebung sicher sein

Um Fehler vor anderen einzugestehen, ist es wichtig, dass du dir der Liebe Gottes sicher bist. Auf dieser Grundlage musst du dich nicht mehr länger um Liebe und Wohlwollen anderer Menschen um jeden Preis bemühen. Du bist mit Liebe von Gott reich beschenkt. Deswegen brauchst du deine Bemühungen nicht von der Reaktion der anderen abhängig zu machen.

### Frieden mit anderen und so auch mit mir selbst

Für viele war dieser Schritt so befreiend, weil sie Lasten loswerden konnten, die sie jahrelang mit sich herumgeschleppt hatten. Diese Aussicht, dass du dich wieder frei bewegen kannst, ohne mulmige Gefühle bei bestimmten Begegnungen zu bekommen, ist eine starke Motivation, bereit für diesen Schritt zu werden.

### Recht und Gerechtigkeit ist Gottes Wesen

Wenn du deine Schuld wiedergutmachst, handelst du nach dem Herzen Gottes. Er freut sich über gerechtes Handeln. Er freut sich, wenn seine Kinder barmherzig handeln, wie er barmherzig ist.

Früher hast du deinen eigenen, selbst gebastelten Gerechtigkeitsmaßstab an Beziehungen angelegt. Dadurch warst du unfähig, in positiver Weise mit Menschen umzugehen. Du warst in deiner Selbstbezogenheit gefangen und konntest nur erwarten: „Andere sollen Schuld, die sie mir angetan haben, wiedergutmachen!"

# Den Schritt 8 durcharbeiten

## 1. Widerstand gegen Schritt 8 erkennen und bearbeiten

Die Folgen unseres bisherigen Verhaltens wiedergutzumachen, ist eine schwierige Aufgabe. Du wirst nun in dieser Aufgabe wachsen.

Wenn du die Liste der Menschen zusammenstellst, die du verletzt hast, hilft es dir, deine Gedanken aufzuschreiben, um deine Widerstände gegen eine Wiedergutmachung überhaupt wahrzunehmen.

### Gefühle

Beim Schreiben wirst du vielleicht Gefühle wahrnehmen, die ganz unangenehm sind. Das können Scham-, Schuld- und Angstgefühle sein. Es macht z. B. Schamgefühle, wenn du dem Schmerz mutig ins Gesicht siehst, den du – soweit du das wissen kannst – bei anderen ausgelöst hast.

### Existenzbedrohung

Durch den Versuch, etwas wiedergutzumachen, können auch neue Schwierigkeiten auftauchen.

- Es kann passieren, dass deine Familie existenziell bedroht ist, wenn du z. B. durch Wiedergutmachung deine Arbeitsstelle gefährdest und dadurch dein Familieneinkommen nicht mehr gewährleistet ist.
- Oder du bekommst es mit der Angst zu tun, dass dein Ruf oder der Ruf deiner Familie beschädigt wird, wenn du etwas wiedergutmachst.
- Oder du musst befürchten, dass eine Freundschaft dadurch zerbricht. Du fragst dich z. B.: „Wenn ich einen Freund jahrelang beklaut habe, muss ich das dann wirklich aufklären? Das ist doch Wahnsinn!"

### Ausweichen

Vielleicht willst du aus Angst vor Ablehnung der Wiedergutmachung ausweichen. Viele von uns haben ihr Ausweichverhalten an folgenden Sätzen wahrgenommen:

- „Die Zeit ist noch nicht reif."
- „Das macht doch alles nur noch schlimmer!"
- „Ich muss dieser Person ja nie wieder begegnen!"
- „Es war doch nur eine Kleinigkeit! Es hat bestimmt keiner wirklich bemerkt!"
- „Das bringt doch nichts!"
- „Das machen doch alle!"
- „Lass doch Vergangenes vergangen sein. Es ist doch bereits Gras drüber gewachsen!"
- „Muss ich nicht an den Schwierigkeiten von heute arbeiten?"
- „Das gibt doch nur Ärger! Das ganze Theater dann wieder!"

*Wie lautet deine Entschuldigung? Findest du dich in einem der Sätze wieder?*

___

___

___

### Muss das überhaupt sein, um mein Verhalten zu ändern?

Gehört die Wiedergutmachung wirklich notwendig in den 12-Schritte-Weg, der Heilung, Veränderung und Gelassenheit bringen soll?

Es ist zwar wahr, dass du einige deiner früheren Verhaltensweisen ablegen kannst, ohne solch eine direkte, persönliche Gegenüberstellung mit deiner Schuld an anderen. Aber es geht nicht um die Frage, ob du etwas wiedergutmachen sollst oder nicht. Es geht nicht um eine rein technische (beziehungslose) Wiedergutmachung!

### Das Maß ist ehrliche Beziehung

Das Maß für den 12-Schritte-Weg ist einzig das: Wir wollen lernen, mit uns selbst, anderen und Gott in heilen Beziehungen zu leben. Klammere darum die Beziehungen zu anderen gerade nicht aus! Daran arbeiten wir mit Schritt 8 und 9. Es fördert deine Beziehungen zu Menschen überhaupt, wenn du es wagst, dich mit möglichst vielen Situationen direkt auseinanderzusetzen. So wirst du schneller in deiner eigenen Entwicklung vorwärtskommen. Du wirst überrascht sein, wie viele positive Reaktionen du erleben wirst, wenn du deine Fehler unerschrocken zugibst.

## 2. Übungen zu Schritt 8

## Die Liste

Wenn du deine Liste zusammenstellst, wirst du die verschiedenen wichtigen Beziehungen in den Blick nehmen:

- Die Beziehung zu dir selbst,
- zu deiner Familie,
- zu Verwandten,
- zu Mitgliedern in deiner Gemeinde,
- zu deinen Freunden,
- zu Arbeitskolleginnen und -kollegen,
- zu Nachbarinnen und Nachbarn,
- zu Vereinsmitgliedern (z. B. Sport-, Schützen- und andere Vereine).

*Bitte Gott um Führung, mit welchen Personen du dich auseinandersetzen solltest.*

### Beispiele für Schuld gegen andere

Einige Beispiele sollen dir helfen, deine Liste zu erstellen. Es gibt sicherlich noch viele andere Punkte, die du herausfinden kannst.

**Handlungen, die anderen direkt geschadet haben**

- *Umgang mit Geld:* Überzogenes Ausleihen oder Spendieren; Geiz; Großzügigkeit, um damit Liebe und Freundschaft zu erkaufen; Geld zurückhalten, um sich selbst zu belohnen …
- *Umgang mit Versprechen:* Abmachungen, die rechtlich einklagbar sind, treffen und dann sich weigern, bei den Bedingungen zu bleiben; oder einfach andere betrügen, Versprechen brechen, andere tief verletzen durch sexuelle Untreue …
- *Umgang mit Eigentum:* Eigentum anderer verletzen bzw. zerstören, stehlen …
- *Umgang mit der Würde anderer:* verbale, sexuelle, körperliche Gewalt gegen andere, Lügen, Manipulation …

**Handlungen, wo du andere in dein Fehlverhalten mit hineingezogen hast**

- *Ein schlechtes Beispiel sein:* Ein schlechtes Vorbild für deine Kinder, Freunde oder andere Menschen, die von dir Führung erwartet haben …
- *Ichbezogenheit:* Dich ausschließlich mit dir selbst und deinen eigennützigen Zielen beschäftigen und die Bedürfnisse anderer völlig übergehen …
- *Vergesslichkeit:* Geburtstage, Feiertage oder andere besondere Anlässe vergessen …
- *Andere kaum wahrnehmen:* Ihnen keinerlei Ermutigung oder Aufmerksamkeit entgegenbringen, sie ständig übersehen, wie Luft behandeln …
- *Nachlässigkeiten:* Dich in keiner Weise darum bemühen, deinen Verpflichtungen nachzukommen, und sogar keine Dankbarkeit anderen gegenüber zeigen, die dir geholfen haben …
- *Verantwortung dir selbst gegenüber nicht wahrnehmen:* bezüglich deiner Gesundheit, Bildung, Erholung, Kreativität … und dadurch anderen Schaden zufügen.

## Wiedergutmachungs-Liste für andere

*Achte auf die Regungen deines Herzens und dann schreibe!*

| Person | Beziehung | meine Schuld | Konsequenzen für andere | Konsequenzen für mich |
|---|---|---|---|---|
| Johanna | Ehefrau | Ärger, Beleidigungen | Furcht vor mir, verletzte Würde | Scham, zerstörtes Vertrauen |
| Hans | Mitarbeiter | sexuelle Aufdringlichkeiten | Scham, Misstrauen | Verlust von Selbstachtung |
| | | | | |
| | | | | |
| | | | | |

## Wiedergutmachungs-Liste für dich selbst

| Person | Beziehung | meine Schuld | Konsequenzen für andere | Konsequenzen für mich |
|---|---|---|---|---|
| ich selbst | zu meinem Körper | | | |
| ich selbst | zu meinen Gedanken | | | |
| ich selbst | zu meinen Gefühlen | | | |

## Motivationsübung

**Mit dieser Übung kannst du deine Haltung oder Motivation überprüfen, warum du deine Fehler bei den einzelnen Personen wiedergutmachen möchtest. Wähle die Person aus, die du am meisten verletzt hast, und beantworte die folgenden Fragen.**

**Name:** ______________________

**Verletzung/Schuld:** ____________________________

*Was ist der Grund für deine Wiedergutmachung?*

___

___

___

*Was ist dein Widerstand gegen Wiedergutmachung?*

___

___

___

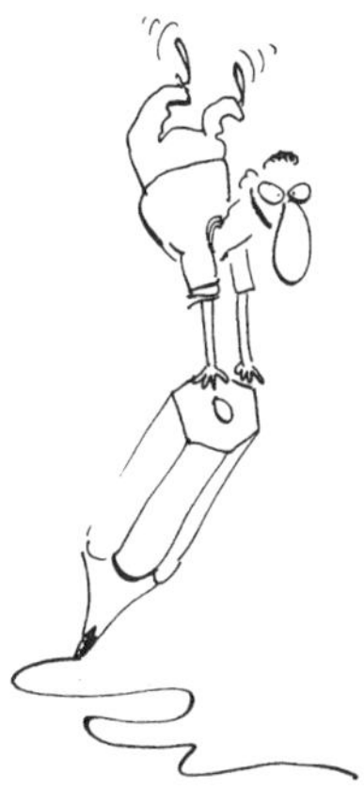

*Welche Gefühle melden sich, wenn du an diese Wiedergutmachung denkst?*

___

___

___

*Welche deiner Charakterschwächen werden in der Beziehung zu dieser Person besonders deutlich?*

___

___

___

*Schreibe etwas über deine Bereitschaft, Gott um Vergebung zu bitten und die Konsequenzen dieses Schrittes anzunehmen.*

___

___

___

*Wann und wie planst du die Wiedergutmachung?*

___

___

## Freund-oder-Feind-Übung

Die Bereitschaft, deine Fehler wiedergutzumachen, hängt ganz davon ab, wie du gegenüber der Person eingestellt bist. Ist sie dein Freund/deine Freundin oder dein Feind/deine Feindin?

Es wird dir relativ leichtfallen, gegenüber freundlich gesinnten Menschen ehrlich zu sein, wo du dir der Beziehung relativ sicher bist.

Ganz anders sieht das bei Menschen aus, die dir feindlich gesinnt sind. Feinde sind Personen, die dich verletzt haben oder versuchen, dir zu schaden, und Menschen, gegen die du innerlich Groll hegst. Wenn die Verletzungen, die dir selbst angetan wurden, größer sind als die, die du dem anderen zugefügt hast, wird es dir viel schwerer fallen, für eine Wiedergutmachung bei ihm offen zu sein.

Suche dir Hilfe bei deiner Gruppe oder einer Vertrauensperson, die dich z. B. mit Gebet unterstützen kann. Ganz gleich, wie viel sich der andere an dir versündigt hat – es geht darum, dass du deine *eigene* Schuld ihm gegenüber klärst.

*Stelle dir vor, du stehst deiner ärgsten Feindin oder deinem ärgsten Feind gegenüber und willst etwas wiedergutmachen. Was geht dir durch den Kopf? Was fühlst du? Was würdest du am liebsten tun?*

______________________________________________

______________________________________________

______________________________________________

*Stell dir vor, du stehst einer Freundin, einem Freund gegenüber und willst etwas wiedergutmachen? Was geht dir durch den Kopf? Was fühlst du? Was würdest du am liebsten tun?*

______________________________________________

______________________________________________

______________________________________________

## Dein „Ich" auf der Liste

Wir alle stehen immer wieder in der Gefahr, in alte Verhaltensmuster zurückzufallen. Das ist sicherlich schmerzhaft, aber nicht das eigentliche Problem! Wichtig ist es allerdings dann, prompt darauf zu reagieren und nicht beim Versagen stehen zu bleiben. Sonst wird eine erfolgreiche Wiedergutmachung blockiert.

Hier einige Beispiele:

- Vielleicht gibt es einige unter uns, die sich von Gott abgewandt haben und noch einmal zu Schritt 3 zurückmüssen.
- Oder jemand stolpert über seine Schwachstellen, auf die sie oder er bereits in der Schritt-4-Inventur gestoßen ist. Dann muss sie oder er nochmals dahin zurück.
- Oder vielleicht hat die Bereitschaft, einen Charakterfehler abzulegen, nachgelassen. Dann muss sie oder er nochmals mit Schritt 6 und 7 an sich arbeiten.

*Hast du etwas Ähnliches erlebt? Wie bist du damit umgegangen?*

______________________________________________

______________________________________________

______________________________________________

*Gibt es in deinem Leben Bereiche, wo du auch immer wieder in alte Verhaltensmuster zurückfällst?*

## 3. Missverständnis

**Die Lügen des „Anklägers" werden endlich als haltlos erkannt**

Viele haben lange Zeit unter einem chronisch schlechten Gewissen gelitten, weil sie den Lügen des Anklägers geglaubt haben. Vielleicht kennst du das auch? Da flüsterte er dir immer wieder ein: „Deine Schuld ist noch nicht vergeben, solange du die negativen Folgen der Schuld nicht geklärt hast."

Die Macht des Anklägers bestand nämlich darin: Du glaubtest fälschlicherweise, er hätte noch das Anrecht, dich anzuklagen. Warum? Weil du deine unbereinigten Beziehungen, die als Folgen deiner Schuld entstanden waren, immer noch vor Augen hattest. Darum warst du anfällig für das Argument, es gäbe da noch einen Hinderungsgrund für Gott, dir zu vergeben.

In Wahrheit hat Gott alles vergeben, in dem Augenblick, als du ihm deine Sünde und Schuld bekannt hattest (vgl. Schritt 5).

Beachte: Unser Ziel ist es nicht, durch Wiedergutmachung Vergebung von Gott zu bekommen – die haben wir schon (Schritt 5) –, sondern die Beziehung zu Menschen wiederherzustellen, also Versöhnung mit den Menschen zu erlangen.

## 4. Wie uns die Bibel ins Leben führt

Wir lernen aus unterschiedlichsten biblischen Geschichten, wie wichtig dauerhafte, tiefe und liebevolle Beziehungen sind. In Jesus haben wir ein faszinierendes Vorbild: Er hat sein Leben ganz der Liebe zu den Menschen hingegeben und sie ermutigt, einander genauso zu lieben (Johannesevangelium 13,35: „Daran wird jedermann erkennen, dass ihr meine Jünger seid, wenn ihr Liebe untereinander habt").

Jesus lehrte: Versöhnung mit Gott bedeutet gleichzeitig, mit den Menschen versöhnt zu leben. Gnade lässt sich nicht aufteilen: Du kannst nicht Gnade für dich erwarten und anderen die Gnade verweigern. Das wird in dem berühmten Gleichnis von der Vergebung (bekannt unter dem Titel „Der Schalksknecht") überdeutlich:

### Der undankbare Knecht (Matthäusevangelium 18,21-35)

**Die Frage nach Gnade**

*(21) Da trat Petrus zu Jesus und fragte: Herr, wie oft muss ich denn meinem Bruder, der an mir sündigt, vergeben? Genügt es siebenmal?*

(22) Jesus sprach zu ihm: Ich sage dir: nicht siebenmal, sondern siebzigmal siebenmal.

**Jesu Antwort: Schuldenerlass aus lauter Barmherzigkeit**

*(23) Darum gleicht das Himmelreich einem König, der mit seinen Knechten abrechnen wollte.*

*(24) Und als er anfing abzurechnen, wurde einer vor ihn gebracht, der war ihm zehntausend Zentner Silber schuldig.*

*(25) Da er's nun nicht bezahlen konnte, befahl der Herr, ihn und seine Frau und seine Kinder und alles, was er hatte, zu verkaufen und damit zu bezahlen.*

*(26) Da fiel ihm der Knecht zu Füßen und flehte ihn an und sprach: Hab Geduld mit mir; ich will dir's alles bezahlen.*

*(27) Da hatte der Herr Erbarmen mit diesem Knecht und ließ ihn frei, und die Schuld erließ er ihm auch.*

**Verweigerte Weitergabe dieser Barmherzigkeit**

*(28) Da ging dieser Knecht hinaus und traf einen seiner Mitknechte, der war ihm hundert Silbergroschen schuldig; und er packte und würgte ihn und sprach: Bezahle, was du mir schuldig bist!*

*(29) Da fiel sein Mitknecht nieder und bat ihn und sprach: Hab Geduld mit mir; ich will dir's bezahlen.*

*(30) Er wollte aber nicht, sondern ging hin und warf ihn ins Gefängnis, bis er bezahlt hätte, was er schuldig war.*

**Die Konsequenzen: Entsetzen, Trauer, Zorn**

*(31) Als aber seine Mitknechte das sahen, wurden sie sehr betrübt und kamen und brachten bei ihrem Herrn alles vor, was sich begeben hatte.*

*(32) Da forderte ihn sein Herr vor sich und sprach zu ihm: Du böser Knecht! Deine ganze Schuld habe ich dir erlassen, weil du mich gebeten hast;*

*(33) hättest du dich da nicht auch erbarmen sollen über deinen Mitknecht, wie ich mich über dich erbarmt habe?*

*(34) Und sein Herr wurde zornig und überantwortete ihn den Peinigern, bis er alles bezahlt hätte, was er ihm schuldig war.*

*(35) So wird auch mein himmlischer Vater an euch tun, wenn ihr einander nicht von Herzen vergebt, ein jeder seinem Bruder.*

## Versöhnte Beziehungen durch Vergebung

In Schritt 8 bereitest du dich also auf das Kernanliegen des Evangeliums vor: Versöhnte Beziehungen durch Wiedergutmachung leben! Die Geschichte macht den inneren Zusammenhang von empfangener und weitergegebener Vergebung deutlich. Gnade breitet sich konsequent aus. Sie kann nicht in dir geheim bleiben. Sie bezieht alle bisherigen Beziehungen und Kontakte ein. Mit Schritt 8 ist zwar nicht wie in dem Gleichnis deine Vergebungsbereitschaft gefragt. Die ist sicherlich ein wichtiges Thema und wird nicht umsonst von Jesus so betont. Es geht um deine Bereitschaft zur Wiedergutmachung. Dazu wirst du nur bereit, wenn du erlebt hast, wie dir von Gott deine Schuld vergeben wurde. Die Folge ist: Du willst deinen Anteil der Beziehungsstörung zu anderen ebenso beseitigen, wie Gott es mit dir tat.

## Versöhnte Beziehungen durch Wiedergutmachung

Das Gleichnis würde im Sinne unseres Themas von Schritt 8 ab Vers 28 einen etwas anderen zweiten Teil bekommen und dann etwa so weitergehen:

*Da ging dieser Knecht hinaus und war so glücklich über die Befreiung von seiner Schuld, dass er nicht wusste, wohin mit seiner Freude.*

*Und er traf einen seiner Mitknechte, den er Tage zuvor aufs Übelste beleidigt hatte. Das fiel ihm sofort ein, als er dessen dunkle Miene sah.*

*So fiel er vor seinem Mitknecht nieder und bat ihn und sprach: „Es tut mir von Herzen leid, wie ich mit meinen gemeinen Worten deine Würde verletzt habe. Habe Geduld mit mir; ich will dir's wiedergutmachen."*

*Er lief zum Basar, kaufte einen riesigen Strauß bunter Blumen und überreichte sie dem völlig verdutzten Kollegen.*

*Der hatte noch große Schwierigkeiten, ob er dieser Wiedergutmachungsgeste sein Herz öffnen sollte.*

*Weil aber der andere so verändert aussah und so aufrichtig um Verzeihung bat und ihm der süße Blumenduft in die Nase stieg, nahm er sich ein Herz und sagte: „Von mir aus ist alles wieder gut. Ich habe dir vergeben!"*

*Überglücklich antwortete der: „Ich werde in Zukunft deine Würde achten. Mir ist so viel vergeben worden, dass ich überwältigt von der Liebe bin. Das darf ich nicht nur für mich behalten. Ich möchte diese Liebe weitergeben – an dich und an alle Menschen."*

## Die Gnade auf alle Beziehungen ausdehnen

Wenn du anfängst, bei Menschen deine Fehler wiedergutzumachen, bringst du ihnen Gottes Liebe und Annahme entgegen – die dir vorher aus lauter Gnade geschenkt wurde. Aber darüber hinaus wird sich deine Liebe mehr und mehr auf alle Menschen ausweiten. Wiedergutmachen bedeutet also: Die Gnade, die du empfangen hast, auf alle Beziehungen auszudehnen. Der „Schalksknecht" in Jesu Beispiel wurde zwar völlig begnadigt, gab das aber nicht weiter. Damit teilte er die Gnade so auf: Er bekam Gnade und Vergebung zu 100 Prozent, der andere (der ihm etwas schuldete) nichts. Das geht bei Gnade nicht. Dadurch verlor er sie wieder vollständig.

## Gott respektiert deine Wahl

Viele von uns, die mit der Verdammnisangst gekämpft haben, reagieren sehr sensibel, wenn in der Bibel vom Zorn Gottes die Rede ist. Warum ist die Reaktion Gottes am Ende der Geschichte eigentlich so hart? Da steht:

*(34) Und sein Herr wurde zornig und überantwortete ihn den Peinigern, bis er alles bezahlt hätte, was er ihm schuldig war.*

*(35) So wird auch mein himmlischer Vater an euch tun, wenn ihr einander nicht von Herzen vergebt, ein jeder seinem Bruder.*

Ist diese Reaktion wirklich hart? Wenn wir die Geschichte genau lesen, merken wir: Der Herr in der Geschichte verfährt mit dem Knecht genauso, wie der mit seinem Mitknecht verfahren ist:

- Er entzieht ihm die Barmherzigkeit (so tat es der Knecht),
- er setzt ihn unter Druck, damit die Schuld bezahlt wird (so tat es der Knecht mit dem Mitknecht auch).

Vers 35 bedeutet also nicht mehr oder weniger als das: *„So wird auch mein himmlischer Vater an euch tun ..."* Gott wird dein hartherziges Verhalten als deine Wahl ernst nehmen. Die Konsequenzen deiner Wahl hast du zu tragen: Du hast Hartherzigkeit gewählt und Barmherzigkeit verloren.

Erinnere dich daran: Es soll nur ein Geist in deinem Innersten prägen. Entweder der Geist der Liebe (Römerbrief 5,5) oder der Geist der Selbstsucht, Gier und Hartherzigkeit (Kolosserbrief 3,5) *„... sexuelle Unmoral, Schamlosigkeit, ungezügelte Leidenschaft, böses Verlangen und die Habgier (Habgier ist nichts anderes als Götzendienst) ..."*

Paulus nennt all das „Götzendienst", d. h. Unterordnung unter einen anderen Gott, nämlich den „Gott dieser Welt", den anderen biblischen Begriff für „Teufel".

Gott überlässt dich deiner Wahl, das ist Ausdruck seines Zornes. Zur gleichen Zeit wirbt er mit seiner Barmherzigkeit um deinen Glauben. Er wünscht sich nichts sehnlicher, als dass du seinen Weg der Gnade mitgehst. Zwischen diesen beiden Reaktionen bist du zeitlebens hin und her gerissen. Es ist ein harter Kampf um deinen Willen. Nach biblischer Perspektive ringen übermenschliche Mächte – Teufel und Gott – um deine Zustimmung. Die Entscheidung für den einen oder den anderen Weg kann Gott dir nicht abnehmen. Gott wird dich niemals zwingen – auch nicht zum Guten. Aber er wird dir beistehen mit seiner himmlischen Liebe und Kraft.

...ÄHM...
...ES TUT MIR LEID,
DASS...ÄHM... ICH
VOR 6 MONATEN
MIT IHRER FRAU...
??

# Schritt 9 Beziehungen werden gut

*„Wir machten bei diesen Menschen alles wieder gut*
*– wo immer es möglich war –,*
*es sei denn, wir verletzten dadurch*
*sie oder andere."*

## Wie Beziehungen konkret wieder gut werden

**Mit dem 9. Schritt konzentrieren wir uns auf die Frage: Wie setzen wir die Wiedergutmachung konkret in die Tat um?**

**Mit Schritt 9 klären wir auch die Ausnahmen von der Regel. Wann soll Wiedergutmachung nicht geschehen? Wenn wir andere dadurch mehr verletzen, als ihnen zu nützen.**

# Erklärungen zu Schritt 9

## „Wir machten bei diesen Menschen alles wieder gut"

### Wie geht es konkret?

*Wann ist der Zeitpunkt gekommen?*
In Schritt 9 müssen wir lernen, ein gutes Urteilsvermögen und die Sensibilität für den richtigen Augenblick zu entwickeln.

*Deine persönliche Vorbereitung*
Du selbst musst dir über deine Motivation im Klaren und geistlich, gefühlsmäßig und gedanklich richtig vorbereitet sein.

*Die äußeren Rahmenbedingungen*
Wähle die richtigen äußeren Rahmenbedingungen: Ort, Raum, Atmosphäre, Zeit.

*Kreativität und Fantasie*
Besonders wichtig ist, dass es nicht um ein Schema von Wiedergutmachung geht, sondern du sehr kreativ und individuell auf jede Person eingehst.

*Die Formen*
In der Regel wirst du durch eine persönliche Begegnung versuchen, deine Fehler wieder in Ordnung zu bringen. In Ausnahmefällen geht es auch anders (Telefon, Brief). In einigen Fällen wird ein Gespräch reichen, in anderen Fällen wird es ein längerer Prozess werden.

*Die Zielsetzung*
Ziel der Idee von Wiedergutmachung ist es, den Schaden, den das Böse bewirkt hat, so gut es überhaupt geht, zu reparieren bzw. eine Art Ersatzleistung zu geben als Entschädigung. Für manches gibt es im Leben keine Entschädigungsmöglichkeit, z. B. wenn ein Mensch durch deine Schuld ums Leben kam oder wie bei den Contergan-Schäden Menschen für ihr Leben gezeichnet sind. Dann ist Wiedergutmachung als Zeichen für den guten Willen zu sehen oder eine teilweise Entschädigung für das angetane Leid.

Wenn du an irgendeinem Punkt unsicher bist, hole dir Hilfe: Bitte Gott um Hilfe oder besprich deine Fragen mit deiner Gruppe.

## „... wo immer es möglich war –, es sei denn, wir verletzten dadurch sie oder andere"

Jetzt erklären wir mögliche Ausnahmen:

### Der Kontakt ist nicht mehr möglich

Es gibt Situationen, in denen ein persönlicher direkter Kontakt mit anderen nicht möglich ist.

Das betrifft Menschen, zu denen wir keinen Zugang mehr haben (Adresse ist z. B. unbekannt) oder die bereits verstorben sind. In diesen Fällen können wir durch eine indirekte Wiedergutmachung unserem Bedürfnis nach Versöhnung nachkommen:

- Wir tun dies dann im Gebet oder wir schreiben z. B. einen Brief an diesen Menschen, den wir nicht abschicken, und stellen uns dabei vor, wir sprächen wirklich mit der abwesenden Person.
- Wir können Dinge auch wiedergutmachen, indem wir einem anderen etwas Gutes tun, der mit der Person, die wir verletzt haben, auf irgendeine Weise verbunden ist.

### „... wir verletzten dadurch sie oder andere"

Die zweite Ausnahme betrifft Menschen, denen gegenüber wir Dinge nur teilweise wieder in Ordnung bringen können, weil vollständige Enthüllungen ihnen oder Dritten nur größeren Schaden zufügen würden.

Zu diesen Menschen zählen manchmal

- Ehepartner,
- Expartner,
- ehemalige Geschäftspartner,
- frühere Freunde.

Wir müssen abschätzen, ob totale Offenheit ihnen nicht noch mehr Schaden zufügen würde.

*Ein Beispiel: Untreue*
Stell dir vor: Du bist als Mann vor Jahren fremdgegangen. Du willst jetzt die Sache wiedergutmachen. Du triffst dich mit dem Ehemann der Frau, mit der du Ehebruch begangen hast. Du willst deine Schuld ihm gegenüber wiedergutmachen und erzählst ihm, du wärest mit seiner Frau jahrelang fremdgegangen. Er hat von der ganzen Sache nichts gewusst und fällt aus allen Wolken. Seine Ehe geht aufgrund deiner „Wiedergutmachung" kaputt.

Die einzige mögliche Wiedergutmachung in diesem Fall wäre, wenn überhaupt, eine Klärung ausschließlich mit der betroffenen Frau alleine.

Wir sollten bei Klärungen vermeiden, Dritten Schmerz zuzufügen.

## „... wenn du dich in Gefahr bringst"

Eine andere Ausnahme ist: Du darfst auch darauf achten, dich selbst nicht durch den Schritt der Wiedergutmachung in Gefahr zu bringen. Dazu folgendes Beispiel:

Stell dir vor, du hast lange in einer Beziehung gelebt, in der du z.B. körperlicher oder seelischer Gewalt ausgesetzt warst.

Du hast daraufhin starke Abgrenzungen gegen diese Person(en) vorgenommen, um nicht weiterhin verletzt zu werden. In diesem Fall wäre es unklug, dich durch einen persönlichen Besuch wieder in Gefahr zu bringen.

## Eine versteckte Form von Verletzung anderer

Neben offensichtlichen Formen, andere zu verletzen, gibt es sehr subtile Fehlformen, die sich hinter „gut" klingenden Worten verbergen.

*Stell dir folgendes Extrembeispiel vor:*
Du gehst zu einer Person, die du verletzt hast, und sagst zu ihr: „Ich entschuldige mich für meinen Anteil an unseren Problemen, die wir miteinander hatten. Ich habe meine Sünde vor Gott bekannt und mir ist alles vergeben worden. Damit ich jetzt in meiner Heilung auf dem 12-Schritte-Weg weiterkommen kann, brauche ich deine Vergebung. Ich bitte dich also, mir zu vergeben."

Wahrscheinlich hörst du sofort hinter diesen Worten den manipulativen und kontrollierenden Ton. In Wahrheit sagst du eigentlich – nur mit anderen Worten: „Ich habe meinen Teil getan. Jetzt bist du dran. Du musst mir vergeben! Oder die Konsequenzen für dein Verhalten tragen!" Da zeigt sich: Es geht bei diesen Formulierungen eigentlich um eine versteckte Drohung und nicht um Wiedergutmachung.

## Sensibilität entwickeln

*Zusammenfassend:*
Schritt 9 lädt uns ein, eine neue Sensibilität für zwischenmenschliche Beziehungen zu entwickeln. Das ist z.B. die Fähigkeit, sich in andere hineinzuversetzen und zu überlegen: Wie würde sich mein Wiedergutmachungsversuch bei ihnen auswirken?

- Bisher waren wir unfähig, uns in andere hineinzuversetzen, weil unsere Ichbezogenheit uns dafür blind machte.
- Wir lernen jetzt: Achte den anderen ebenso hoch wie dich selbst.

# Den Schritt 9 durcharbeiten

## 1. Widerstand gegen Schritt 9?

Wenn du Widerstände gegen diesen Schritt entdeckst, musst du zu Schritt 8 und den entsprechenden Vorübungen zurückgehen und noch einmal daran arbeiten.

## 2. Übungen zum Thema Wiedergutmachung

### Kreative Wiedergutmachung

Es geht bei jeder einzelnen Wiedergutmachung auch darum, die Beziehung zu der entsprechenden Person wiederherzustellen. Da jede Person ein einmaliges Original ist, wird jede Wiedergutmachung eine neue, kreative Herausforderung bedeuten. Manches lässt sich materiell (durch Geldzahlungen), anderes nur ideell, symbolhaft oder durch eine Kombination von beidem wiedergutmachen.

Wie lernst du, kreativ zu denken und Fantasie zu entwickeln für mögliche unterschiedliche Formen von Wiedergutmachung?

*Lass deiner eigenen Kreativität jetzt Raum:*

______________________________

______________________________

______________________________

______________________________

______________________________

*Auflösung: Auf S. 189 findest du einige Anregungen, die dich vielleicht inspirieren können. Lies sie erst, nachdem du dir selbst Gedanken gemacht hast.*

### Sich selbst vergeben

Einige von uns hatten in ihrem Leben nicht die Fähigkeit entwickelt, angemessen für sich selbst zu sorgen. Sie hatten z.B. ihre Energie und Zeit dafür investiert, ständig anderen zur Verfügung zu stehen. So haben sie sich selbst aufgeopfert (co-abhängiges Verhaltensmuster).

Durch diese kranke Verhaltensweise wurden sie sich selbst zum ärgsten Feind. Immer wieder hatten sie sich selbst verdammt und waren sehr belastet mit Schuld- und Schamgefühlen. Darum war es ein wesentlicher Schritt in ihrem Heilungsprozess, diese selbstzerstörerischen Muster zu erkennen und bereit zu werden, sich selbst zu vergeben.

*Wo musst du dir selbst vergeben?*

## Vorstellungs-Übung: Versetze dich im Geiste in die Situation …

Es kann sein, dass Leute auf deiner Liste verbittert gegen dich reagieren und alle deine Versuche, auf sie zuzugehen, um die Beziehung wiederherzustellen, strikt abwehren. Oder sie halten ihren tiefen Groll fest und wollen gar keine Versöhnung mit dir.

Aber unabhängig davon, welche Reaktionen dir begegnen werden: Es geht darum, dass du bereit wirst, deine Fehler wiedergutzumachen.

*Stell dir eine Situation vor, in der du auf eine Person deiner Liste zugehst.*

*Welchen besonderen Rahmen stellst du dir vor? (Ort, Raum, Atmosphäre)*

*Wie gehst du konkret auf die Person zu? (Wie leitest du z. B. dein Wiedergutmachungsgespräch ein?)*

*Mach dir klar, was du konkret sagen willst.*

*Stelle dir vor, wie die andere Person reagieren könnte.*

*Stelle dich darauf ein, was passiert, wenn du zurückgewiesen oder abgelehnt wirst.*

*Wenn du glaubst, dass das Gespräch sehr schwierig ist, mit wem könntest du vorher und nachher darüber reden und beten? Schreibe Namen auf.*

## 3. Hilfen zur Wiedergutmachung

**Das Folgende ist eine Zusammenstellung von Ideen und Vorgehensweisen, die sich bei der Vorbereitung auf eine Wiedergutmachung als nützlich erwiesen haben.**

### Haltung

Überprüfe deine Haltungen:

- Sei bereit, der Person, der gegenüber du etwas in Ordnung bringen willst, respektvoll und einfühlsam zu begegnen.
- Überlege dir gut, was gesagt werden soll, und achte darauf, dein Gegenüber nicht bloßzustellen.
- Übernimm die Verantwortung für das, was du sagst.
- Sei bereit, die Konsequenzen auf dich zu nehmen.
- Lege den Wunsch ab, eine bestimmte Antwort zu bekommen.
- Übergib deine Ängste Gott.

### Vorbereitung

- Nimm dir im Vorfeld Zeit in der Stille und im Gebet.
- Verschiebe den Termin für deine Wiedergutmachung, wenn du wütend oder aufgebracht bist. Dann geht es zuerst darum, dass du dir klar wirst, was in dir vorgeht (mach eine Inventur bei dir selbst).
- Mache keine große Sache aus deiner Wiedergutmachung. Es geht schlicht um die Bitte um Vergebung und eine kreative Form, die Wiedergutmachung auszudrücken.
- Denke daran: Bei einer Wiedergutmachung musst du den anderen nicht auf seine Rolle und Verantwortung hinweisen – es geht einzig und allein um deinen Anteil.
- Drücke deinen Wunsch zur Wiedergutmachung aus oder bitte den anderen um eine Art „Erlaubnis" für die Wiedergutmachung. Beispiel: Ich arbeite zurzeit an einem Lebens-Veränderungs-Programm. Dabei ist mir bewusst geworden, wie sehr ich andere Menschen verletzt habe. Ich will dafür meine Verantwortung ernst nehmen und meine Verhaltensweisen wiedergutmachen, so gut es geht. Ist es dir/Ihnen recht, wenn ich das dir/Ihnen gegenüber tue?

**Beispielformular für eine Wiedergutmachung gegenüber anderen**

Als ____________ zwischen uns ablief, war ich ____________ *(erschrocken, überfordert, fühlte mich verlassen usw.).*

Ich bitte dich um Verzeihung für das ____________ *(angetane Leid)* und für alles andere, was ich dir in der Vergangenheit angetan habe, was dich verletzt hat, sei es durch meine Gedanken, Worte oder Verhaltensweisen.

Ich wollte dich nicht verletzen. Ich bitte dich, mir das zu vergeben und ich will in Zukunft versuchen, mich dir gegenüber anders/besser zu verhalten.

Ich möchte wiedergutmachen, was ich dir mit ____________ angetan habe. Ich bitte dich um Verzeihung für die Worte, die ich aus ____________ *(Angst, Gedankenlosigkeit, Verwirrung usw.)* geäußert habe. Ich verspreche, dir in Zukunft mehr Liebe und Rücksicht entgegenzubringen.

### Wiedergutmachung bei dir selbst

Wenn du auf die Personen schaust, die du verletzt hast, siehst du gleichzeitig auch deutlicher, was du in deinem eigenen Leben durch deine Verhaltensmuster angerichtet hast.

Einige mögliche Beispiele:

- Wenn du wütend warst, hast du nicht selten hauptsächlich dich selbst verletzt. In der Folge warst du depressiv und versankst in Selbstmitleid.
- Wenn du aufgrund deines verantwortungslosen Verhaltens in finanzielle Schwierigkeiten kamst, hattest du Stress mit deiner Familie und den Gläubigern.
- Wenn bei dir Scham oder Schuldgefühle ausgelöst wurden, hast du andere angeklagt, um nicht ehrlich auf dich selbst blicken zu müssen.
- Durch deine mangelnde Selbstkontrolle frustriert, verhieltest du dich anderen gegenüber aggressiv und hast sie eingeschüchtert.
- Aufgrund deines zügellosen sexuellen Verhaltens war keine echte und erfüllende Intimität mit deiner Partnerin, deinem Partner möglich.
- Deine Angst, verlassen zu werden, zerstörte Beziehungen, weil du anderen nicht erlauben konntest, sie selbst zu sein. So hast du sie abhängig gemacht und sie kontrolliert – in dem verzweifelten Versuch, die Beziehung so zu erhalten, wie du sie haben wolltest.

*Was hast du in deinem eigenen Leben durch deine Verhaltensmuster angerichtet?*

## Wiedergutmachungsformular für sich selbst

*Mache mithilfe der folgenden Liste eine Wiedergutmachung für dich selbst!*

Als ______________ geschah, war ich ______________ *(erschrocken, überfordert, fühlte mich verlassen usw.)*.

Ich vergebe mir selbst für das, was ich getan habe, wo ich durch meine Gedanken, Worte oder Verhaltensweisen mir selbst Verletzungen zugefügt habe.

Ich möchte mir selbst gegenüber ______________ wieder in Ordnung bringen. Ich vergebe mir bezüglich der Worte, die ich aus ______________ *(Angst, Gedankenlosigkeit, Verwirrung usw.)* geäußert habe. Ich weiß, Jesus, dass du mir schon lange vergeben hast, ich habe kein Recht, mir selbst nicht zu vergeben.

## 4. Wie uns die Bibel ins Leben führt

### Die goldene Regel (Matthäus Kap. 7,12)

Jesus hat einmal in einer Regel zusammengefasst, nach welchem Maßstab wir uns verhalten sollen. Es ist die berühmte sogenannte „goldene Regel":

*(12) Alles nun, was ihr wollt, dass euch die Leute tun sollen, das tut ihnen auch! Das ist das Gesetz und die Propheten.*
Matthäus 7,12

Mit dieser Regel wendet Jesus augen-zwinkernd einen Trick an: Da uns unsere eigenen Erwartungen, Wünsche oder Gefühle gut bekannt sind, sollen wir uns einfach daran orientieren, schlägt er vor. (Er geht natürlich davon aus, dass wir uns selbst und unsere Bedürfnisse oder Wünsche kennen!) Jesus ist überzeugt: Wenn wir uns selbst einfühlsam verstehen, können wir dieses Wissen auch auf andere Menschen Gewinnbringend anwenden.

Jesu Nachfolger haben das geglaubt und übernommen: So konnte Paulus in prägnanter Weise in einem Satz zusammenfassen, was eigentlich Gott von uns fordert, nämlich eine Liebe zu anderen, wie ich sie zu mir selbst habe:

*(8) Seid niemandem etwas schuldig, außer, dass ihr euch untereinander liebt; denn wer den andern liebt, der hat das Gesetz erfüllt*

(9) … *und was da sonst an Geboten ist, das wird in diesem Wort zusammengefasst: Du sollst deinen Nächsten lieben wie dich selbst.*

*(10) Die Liebe tut dem Nächsten nichts Böses. So ist nun die Liebe des Gesetzes Erfüllung.* Römerbrief 13,8-10

Die Urchristenheit war sich darin einig: Wer in Jesu Sinne liebt, geht in Gottes Spuren. Wenn du den 9. Schritt umsetzt, erfüllst du also die grundlegende Erwartung Gottes. Du lebst die Liebe Gottes.

### Bezwingende Logik?

Solche Regeln müssten doch alle Menschen eigentlich sofort einsehen – ob sie nun an Gott glauben oder nicht. Sie haben ihre bezwingende Logik. Darum „goldene Regel" genannt. Doch woran liegt es, dass wir dieser Logik dennoch nicht immer folgen? Liebe ist zwar theoretisch wünschenswert, praktisch aber nur möglich, wenn wir uns selbst überwinden, uns selbst überschreiten und so über unsere selbstsüchtigen Grenzen hinauswachsen. Das erfordert eine besondere Kraft. Das ist die Kraft der Selbstweggabe, die Jesus in sich trug, als er in diese Welt kam und sich erniedrigte bis zum Tod am Kreuz (wie es im Philipperbrief 3,5-11ausführlich beschrieben ist).

### Geist Gottes als Quelle unserer Liebe

Christen wussten immer, dass ein Mensch ohne Gott einen Mangel an Liebesfähigkeit besitzt. Dieser Mangel wurde in der christlichen Religion nicht durch besondere Appelle oder verstärkten Druck überwunden, sondern durch den Hinweis auf die göttliche Kraftquelle: Das ist der Heilige Geist.

Als Jesus seine „goldene Regel" aufstellte, fügte er in diesem Zusammenhang hinzu: Verhaltet euch so, wie euch Gott selbst behandelt hat! Z. B. *„Seid barmherzig, wie euer Vater im Himmel barmherzig ist"* (vgl. Lukasevangelium 6,36).

Wie Paulus Gott als diese Quelle der Liebe beschreibt, lesen wir in seinem Brief an die Galater:

*(16) Darum rate ich euch: Lasst euer Leben von Gottes Geist bestimmen. Wenn er euch führt, werdet ihr allen selbstsüchtigen Wünschen widerstehen können.*

*(17) Denn, selbstsüchtig wie wir sind, wollen wir immer das Gegenteil von dem, was Gottes Geist will. Doch der Geist Gottes duldet unsere Selbstsucht nicht. Beide kämpfen gegeneinander, so dass ihr das Gute, das ihr doch eigentlich wollt, nicht ungehindert tun könnt.*

*(18) Wenn ihr aber aus der Kraft des Geistes lebt, seid ihr den Forderungen des Gesetzes nicht länger unterworfen.*

*(22) Dagegen bringt der Geist Gottes in unserem Leben nur Gutes hervor: Liebe und Freude, Frieden und Geduld, Freundlichkeit, Güte und Treue,*

*(23) Besonnenheit und Selbstbeherrschung. Ist das bei euch so? Dann kann kein Gesetz mehr etwas von euch fordern!*

*(24) Es ist wahr: Wer zu Christus gehört, der hat sein selbstsüchtiges Wesen mit allen Leidenschaften und Begierden ans Kreuz geschlagen.*

*(25) Durch Gottes Geist haben wir neues Leben, darum lasst uns jetzt auch unser Leben in der Kraft des Geistes führen! Gegen all dies ist das Gesetz nicht.*

*Galaterbrief 5,16-25 (Hfa)*

## Es geht also um die Frage: Was erfüllt dich?

Ist es der Heilige Geist Gottes, d. h. der Geist der Liebe mit all den beschriebenen Facetten, wie sie in den Versen 22-23 aufgezählt werden, oder sind es die selbstsüchtigen Bestrebungen, die aus dem widergöttlichen Geist (vgl. dazu den Kolosserbrief 3,5-6 in Schritt 7) genährt werden. Paulus bezeichnet mit „Selbstsucht" wörtlich im Urtext „die Begierden der menschlichen Natur" bzw. die Begierden des „Fleisches" (V. 16).

*Was* Paulus mit dem für unseren Sprachgebrauch fremden Gegensatzpaar „Fleisch"-„Geist" meint, müssen wir für unser Thema hier nicht im Einzelnen verstehen. *Dass* aber ein solcher Gegensatz in uns kämpft und wie ein unheimlicher Zwang bzw. als Selbstsucht wirkt, das ist eindeutig.

Eine andere Übersetzung bringt es auf den Punkt:

(17) *Denn die menschliche Natur richtet sich mit ihrem Begehren gegen den Geist Gottes, und der Geist Gottes richtet sich mit seinem Begehren gegen die menschliche Natur. Die beiden liegen im Streit miteinander, und jede Seite will verhindern, dass ihr das tut, wozu die andere Seite euch drängt (NGÜ V. 17).*

## Die Lösung von Paulus:

Er ist überzeugt (vgl. V. 24): Menschen, die Christus angehören, sind frei von diesem selbstsüchtigen Zwang geworden. Diese Macht hat Jesus Christus am Kreuz besiegt, und im Glauben können sie diese Zwänge gewissermaßen mit „an Jesu Kreuz nageln". Dort sollen die Zwänge „hängen bleiben" und können ihnen nicht mehr schaden. Und wenn sie wiederkommen? Dann schicken sie sie sofort zurück ans Kreuz, wo sie hingehören.

## Welche Rolle spielt dabei der Geist Gottes?

Mit V. 25 bringt Paulus es auf eine eindrückliche *Kurzformel.* Sie bringt auf den Punkt, wie wir als Christen aus der Kraft des Heiligen Geistes lieben können.

Denn wenn wir in diesem *Kraftfeld göttlicher Liebe* leben – so Paulus –, ist es logisch und geboten, dass wir in diesem Kraftfeld die *Motivation zur Liebe in uns tragen* und so *„in der Kraft des Geistes", d. h.* vom Heiligen Geist inspiriert und motiviert, unsere konkreten Schritte tun.

Es geht also um die Kraft des Heiligen Geistes, nicht um deine Kraft, wenn du solche Zwänge bekämpfst. Im Grunde ist deine Kraft durch den Zwang ja schon völlig besetzt worden und erschöpft. Gnade bedeutet hier: Der Heilige Geist überrascht dich mit einem dritten Weg. Lass Gott machen!

## Ist das nicht eine faszinierende Vorstellung?

Unser Glaube und damit auch die Aufgabe von Schritt 9 ist kein Zwangssystem von Geboten oder „heiligen Regeln", die wir aus eigener Kraft bewältigen müssen. Gott hat sogar dafür gesorgt, dass wir die nötige Kraft zum Lieben von ihm geschenkt bekommen. Unsere Aufgabe bleibt allein die, darauf zu vertrauen und im Glauben an diese göttliche Kraftquelle in unserem Herzen (vgl. dazu Römerbrief 5,5) Schritte zu wagen.

So können wir uns auf Schritt 9 getrost einlassen. Gott wird uns tragen, wenn es schwierig wird. Wir sind nicht auf unsere eigene Liebesfähigkeit oder Versöhnungsbereitschaft angewiesen. Das ist sehr gut. Verlass dich also auf den Heiligen Geist in dir! Die Kraftquelle der Liebe hat Gott dir schon geschenkt.

Kreative Beispiele für Wiedergutmachung berichten!
Trage dein Beispiel – natürlich nur, wenn du willst – anonym auf unserer Webseite ein. Dort findest du die Beispiele anderer Gruppenmitglieder: **www.wiedergutmachung.endlich-leben.net**

# Die Erlaubnis zum Leben

**Eigentlich bin ich ein ganz normaler Mensch. Oder? Zumindest gehöre ich zu dieser Art von Menschen, die in diesem doch so reichen Land aufwuchsen und dazu noch die „Gnade der späten Geburt" in Anspruch nehmen dürfen, also keinen Krieg erlebt haben. Dann dürfte mir doch nichts zum Leben fehlen?**

Ich hatte nach meinem Ermessen alles getan, um dem hohen Leistungsanspruch unserer Gesellschaft gerecht zu werden. Wissenshungrig oder neugierig zu sein, soll uns Menschen ja zu dem gemacht haben, was wir sind. Ich möchte mich auch nicht als dumm bezeichnen, aber an einem glücklichen und zufriedenen Leben haperte es trotzdem.

Damals gehörte auch ich zu solchen psychisch Labilen, die unter Depressionen litten, möglichst jedem Streit aus dem Weg gingen, kein Selbstwertgefühl mehr hatten. Es war mir manchmal so, als könne ich diese vernünftige, harte Welt nicht mehr ertragen, als würde mich die ungewisse Zukunft zermürben. Ja, ich muss zugeben, dass ich mich sogar mit Selbstmordgedanken beschäftigt hatte. Ich fühlte mich einfach überfordert. Alle meine Gaben und Begabungen, außer meinen Leistungen und meiner Unterwürfigkeit, schienen in dieser Welt nichts wert zu sein.

So legte ich mir eine Maske zu und wurde Meister des Verdrängens, denn ich merkte schon, dass ich mich mit negativen Gedanken gefährdete und zudem auch nichts erreichte. Ich legte mir einen Schutzwall des Misstrauens und der Isolierung an. Das Schlimme daran ist, dass ich damals nicht einmal wusste wieso.

## Ja, war ich denn damals noch normal?

Der Weg zu einem glücklichen und zufriedenen Leben schien mir zumindest verbaut. Ich versuchte das zu ändern. Ich versuchte mich zu ändern.

Was ist denn an einem Menschen wertvoll und gelangt zur Anerkennung? So irrte ich ziemlich verwirrt umher und war zudem auch ziemlich beeinflussbar. Ich wurde mit meinem Leben einfach nicht fertig.

Mein Körper hat diesem inneren Druck, einem Wunsch nachzugehen, jemand zu sein, der ich nicht war, nicht mehr standgehalten. In einer psychosomatischen Klinik bekam ich dann die Möglichkeit, die Ursachen meines inneren Druckes und meiner Verbitterung zu verstehen. Ich lernte viele Möglichkeiten, um meinen inneren Druck zu besänftigen, indem ich mich selbst beruhigte (autogenes Training, Tiefmuskulaturentspannung, Atemtherapie).

Ich versuchte, meine Gedanken und mein Leben unter Kontrolle zu bringen. In meiner neuen abgeschirmten Umwelt, der Klinik, klappte das auch. Aber danach geriet ich doch wieder ziemlich schnell in das innerliche Chaos meines alten Umfeldes. Ruhig und gesund zu sein und sein Leben in den Griff zu bekommen, das kann doch nicht alles sein, oder?

Ich sehnte mich danach, endlich mal loslassen zu können. Es stellte sich auch Angst ein, angesichts eines Kontrollverlustes wieder rückfällig und krank zu werden. Letztendlich wünschte ich mir, wieder wie ein Kind sein zu dürfen, das nicht allein für sich die Verantwortung trägt.

Ich sehnte mich nach jemandem, der mich führt und trägt, so wie ich war, jedoch ohne mich dabei kindisch zu fühlen.

Ich hatte die Sehnsucht, endlich jemanden zu finden, der mir meine Fragen beantwortet und mir die Erlaubnis für ein glückliches Leben geben konnte. Ich wollte halt erwünscht sein, ohne immer um meine Anerkennung kämpfen zu müssen.

Zu dieser Zeit der Fragen geschah für mich das erste einer Reihe von Wundern.

Ich habe meinen neuen Weg in eine Gemeinde begonnen. Es war für mich der erste Schritt aus meiner inneren Isolation. Mein Misstrauen gegenüber allem war unwichtig geworden angesichts dieses Lebenshungers, den ich verspürte. Ich war an einem Punkt in meinem Leben angelangt, wo ich schon viele Lebensziele abstecken konnte, aber den Sinn dahinter verstand ich nicht so recht.

In diesem Zustand und durch den Zuspruch einer Freundin war ich bereit, bei der in Lemgo angebotenen Endlich-Leben-Gruppe mitzumachen. Ich bin so dankbar, dass die Frauen und ich mich in dieser Zeit ertragen haben. Zunächst einmal entlud sich nämlich mein angestauter Druck in einem Erzählfeuerwerk meiner Probleme. Zu meinem Erstaunen hatte ich endlich das Gefühl, wirklich verstanden zu sein. Und das nach meinem langen Bemühen mit meinem Therapeuten in der Klinik.

**Ich habe in dieser Gruppe sehr viel gelernt:**
Angefangen damit,

### … dass ich zugeben musste, süchtig zu sein …

Ich hatte eine ausgeprägte Anerkennungs- und Harmoniesucht. „Sucht" heißt für mich übersetzt, ich bin auf der Suche nach etwas oder ich hatte Sehnsucht nach Liebe, die unerfüllt blieb. So gesehen konnte ich dann auch meine Sehnsüchte nachvollziehen, die ich hatte, bevor ich in diese Gruppe ging.

**... über die Diskussionen von Grundbegriffen**
wie Liebe, Demut, Gnade, Sünde, Wahrheit, Vertrauen usw.

**... hinführend zum christlichen Glauben**
und meiner Beziehung zu Gott. Einer persönlich gefärbten Beziehung, mit Gott per du. Das war mir völlig neu.

Jetzt kann man sich natürlich fragen, wieso ich glaubte, dass mir gerade diese „Beziehung" zu Gott weiterhelfen konnte. Nun, nach längerem, wiederholtem Aufenthalt in einer Klinik für Psychosomatik und therapeutischer Unterstützung erkannte ich nur noch Ursachen meiner Depressionen.

Neu war für mich jetzt die Lösung: Ich sah nur „Ruhe" allein nicht mehr als einen Weg zur Lösung dieser Depressionen an. Die Möglichkeit, meine seelischen Verletzungen selbst zu heilen, hatten dadurch rapide abgenommen. Die medikamentöse Behandlung schloss ich auch aus, da ich nicht auch noch von Medikamenten abhängig werden wollte.

Zur Vermeidung zukünftiger Fehler hatte ich mich ja nun auch schon genug isoliert. So blieb mir im Grunde nur noch die Hoffnung, einen Weg aus meiner Isolation und zu meiner Heilung zu finden, indem ich Jesus als meinen Heiland anerkannte und mich ihm überließ.

Eigentlich glaubte ich auch vorher schon an einen allgegenwärtig existierenden Gott und meinte auch, ein Christ zu sein. Ich glaubte, ein Christ zu bleiben, indem ich mich bemühte, moralisch-anständig zu leben, zum Kirchentag zu fahren und mich in meiner Gemeinde zu engagieren. Für mich symbolisierte Gott, einfach gesagt, das Gute und Wahrhaftige dieser Welt. Ich wollte mein Leben ändern, wusste jedoch nicht wie, da ich nicht begreifen konnte, was Gott eigentlich von meinem Leben erwartete. Ich konnte nicht glauben, dass Gott und mein „Übersetzer und Vermittler" Jesus sich persönlich in meinem Leben erfahrbar machen könnten.

Heute weiß ich, dass der „Glaube" erst durch den Willen eines Menschen aktiviert werden muss und mich in meiner Entscheidung, zu Gott zu sagen, „Ja, ich möchte deine Dienerin sein", überhaupt erst befähigt, dazu auch wirklich zu stehen. Im Nachhinein betrachtet scheint mir sogar mein Misstrauen und mein naturwissenschaftliches, philosophisches Denken und Wissen der Erfahrung der Weisheit Gottes eher im Weg gestanden und mich im Grunde Gott gegenüber beziehungsunfähig gemacht zu haben.

In der Gruppe habe ich gelernt, meine Beziehung zu Gott durch Gebet zu pflegen und aufrechtzuerhalten. Heute kann ich erleichterten Herzens sagen, dass ich Jesus als meinen Freund lieben gelernt habe, dem ich wirklich alles sagen kann. Nur er allein konnte mein Leben in den Griff bekommen und er allein hat es geschafft. All meine vorherigen Bemühungen, mich selbst zu ändern und zu heilen, schlugen fehl. Heute kann ich nachvollziehen, was Jesus meinte, als er sagte: „Ich bin der Weg, die Wahrheit und das Leben." Ich bin so froh, dass sein Weg, mit Liebe und Vergebung etwas gegen meine Depressionen zu tun, sich als der richtige und heilende erwiesen hat und das auch in Bezug auf meine Vergangenheit.

Man weiß heute auch, dass die Depression und insbesondere die endogene als Krankheit bezeichnet werden muss, die durch auftretende Selbstmordgedanken durchaus lebensbedrohlich sein kann, also langfristig gesehen zum Tode führt. Jesus hat mich von meinen Weg des Todes auf seinen erlösenden Weg der Heilung und somit zum Leben geführt. Ich durfte es wirklich am eigenem Leib persönlich erfahren.

Mir eingestehen zu müssen, machtlos zu sein, war für mich vorerst etwas Schreckliches. Machtlosigkeit, das hieß früher für mich, keine Kontrolle mehr über mein Leben zu haben, hilflos, ohnmächtig und vor allem abhängig zu sein. Dieser Schritt machte es noch schlimmer, weil er im Grunde die völlige Kapitulation vor Gott bedeutete.

## Bin ich denn ein Nichts?

Diese Frage bestätigte mir nur einmal wieder, dass ich ein Versager bin und es rebellierte in mir. In der Gruppe habe ich überhaupt erst darin die Möglichkeit gesehen, loslassen zu können. Dass der Mensch gegenüber Gott machtlos ist, ist ganz normal und somit einfach menschlich. Ich bin nun einmal ein Mensch und darf gegenüber Gott somit auch machtlos sein. Diese Erlaubnis von Gott beruhigte mich auf einmal. Das hieß für mich dann nämlich gleichfalls, dass mir gestattet wurde, keine Kontrolle über alles haben zu müssen.

Endlich durfte ich wie ein Kind sein, das sich anlehnen darf. Endlich konnte ich meine Mauer des Misstrauens gegenüber Gott fallen lassen. Ich konnte langsam wieder lernen, ihm zu vertrauen. Schließlich bin ich jetzt nicht mehr in letzter unhinterfragbarer Instanz für mein Leben verantwortlich. Gott liebt mich bedingungslos so, wie ich bin, mit meinem beschränkten Wissen über ihn und ohne mich in meiner Hilflosigkeit belassen zu wollen. Ich musste erkennen, dass seine Liebe ein Geschenk war. Endlich konnte ich es annehmen, ohne mich zu zieren, obwohl ich eigentlich schon vorher so lange danach gesucht hatte.

| Codename (siehe S. 244) | Kasten 1 | Kasten 2 | Kasten 3 | Kasten 4 |
|---|---|---|---|---|
| | | | | |

# 5. Selbsttest: 2. Update: Unter welchen Symptomen leidest du?

*Dieser Selbsttest misst verschiedene* **Symptome.** *Schätze selbst ein, unter welcher Anzahl und wie intensiv du leidest.*

Im Internet www.fragebogen.endlich-leben.net findest du noch mehr Informationen über diesen Selbsttest-Fragebogen (KPD 38) und die Schritt-für-Schritt-Gebrauchsanleitung. Wenn dich die Hintergründe der Nutzung solcher Fragebögen für die Forschung interessieren, findest du alles zur konkreten Auswahl und Auswertung in unserem Gruppenleitungs-Handbuch (Bestellung s. S. 22). Dauer: **10 bis 20 Minuten.**

Nachfolgend findest du einzelne Aussagen, die sich auf dein derzeitiges Wohlbefinden beziehen. Nimm eine Einschätzung vor, inwieweit diese zurzeit zutreffen. Versuch nicht, einen möglichst guten Eindruck zu machen, sondern antworte so, wie es für dich persönlich zutrifft.

| **Inwieweit trifft die folgende Aussage zurzeit auf dich zu?** | trifft nicht zu | trifft weniger zu | trifft eher zu | trifft genau zu |
|---|---|---|---|---|
| 1. Meine körperliche Leistungsfähigkeit und meine Ausdauer sind ganz erheblich beeinträchtigt. | ⓪ | ① | ② | ③ |
| 2. Ich leide an einem anhaltenden Schwächegefühl. | ⓪ | ① | ② | ③ |
| 3. Wenn ich Beschwerden habe, bieten mir nahestehende Menschen ohne zu zögern ihre Hilfe an. | ⓪ | ① | ② | ③ |
| 4. In letzter Zeit bin ich ständig erschöpft und abgespannt. | ⓪ | ① | ② | ③ |
| 5. Um mich herum sind Menschen, an die ich mich auch in schwierigen Situationen jederzeit vertrauensvoll wenden kann. | ⓪ | ① | ② | ③ |
| 6. Ich habe oft Schmerzen. | ⓪ | ① | ② | ③ |
| 7. Ich fühle mich im Allgemeinen körperlich ziemlich unwohl. | ⓪ | ① | ② | ③ |
| 8. Wenn ich an meine derzeitigen Angelegenheiten denke, bin ich etwas beunruhigt. | ⓪ | ① | ② | ③ |
| 9. Ich blicke stets voller Zuversicht in die Zukunft. | ⓪ | ① | ② | ③ |
| 10. Es gibt Situationen, die ich meide, obwohl ich weiß, dass sie eigentlich ziemlich harmlos sind. | ⓪ | ① | ② | ③ |
| 11. Ich lasse mich manchmal von anderen etwas einschüchtern. | ⓪ | ① | ② | ③ |
| 12. Manchmal fühle ich mich niedergeschlagen. | ⓪ | ① | ② | ③ |
| 13. Ich grüble manchmal über mein bisheriges Leben nach. | ⓪ | ① | ② | ③ |
| 14. Ich bin sehr glücklich. | ⓪ | ① | ② | ③ |
| 15. Gelegentlich vergleiche ich mich mit anderen und fühle mich ein wenig als Versager. | ⓪ | ① | ② | ③ |
| 16. Wenn ich in eine schwierige Situation gerate, vertraue ich ohne jede Einschränkung auf meine Fähigkeit, sie zu meistern. | ⓪ | ① | ② | ③ |

| **Inwieweit trifft die folgende Aussage zurzeit auf dich zu?** | trifft nicht zu | trifft weniger zu | trifft eher zu | trifft genau zu |
|---|---|---|---|---|
| 17. Ich habe ab und zu ein Gefühl der inneren Leere. | ⓪ | ① | ② | ③ |
| 18. Ich lasse mich manchmal von anderen ein wenig ausnutzen. | ⓪ | ① | ② | ③ |
| 19. Manchmal habe ich ein Gefühl unbestimmter Gefahr oder Angst. | ⓪ | ① | ② | ③ |
| 20. Termindruck und Hektik lösen bei mir körperliche Beschwerden aus. | ⓪ | ① | ② | ③ |
| 21. Ich glaube, ich bin manchmal ein wenig ängstlich. | ⓪ | ① | ② | ③ |
| 22. Ich habe Freunde/Angehörige, die immer gut zuhören können, wenn ich mich aussprechen möchte. | ⓪ | ① | ② | ③ |
| 23. Ab und zu fällt es mir etwas schwer, eine Entscheidung zu treffen. | ⓪ | ① | ② | ③ |
| 24. Ich fühle mich dem Leben und seinen Schwierigkeiten immer gut gewachsen. | ⓪ | ① | ② | ③ |
| 25. Manchmal fühle ich mich ein wenig einsam. | ⓪ | ① | ② | ③ |
| 26. Ich bin sehr zufrieden. | ⓪ | ① | ② | ③ |
| 27. Ich bin immer gut in der Lage, meine Interessen durchzusetzen. | ⓪ | ① | ② | ③ |
| 28. Wenn ich mich ärgere, fällt es mir manchmal schwer, meine Gefühle mitzuteilen. | ⓪ | ① | ② | ③ |
| 29. Ich wünsche mir von anderen mehr Verständnis und Zuwendung. | ⓪ | ① | ② | ③ |
| 30. Es fällt mir schwer, mich anderen Menschen zugehörig zu fühlen. | ⓪ | ① | ② | ③ |
| 31. Ich fühle mich manchmal ein wenig als Außenseiter. | ⓪ | ① | ② | ③ |
| 32. Auch wenn mich etwas ziemlich aus der Fassung bringt, beruhige ich mich rasch wieder. | ⓪ | ① | ② | ③ |
| 33. Ich rege mich schnell auf. | ⓪ | ① | ② | ③ |
| 34. Ich neige manchmal dazu, alles ein wenig schwer zu nehmen. | ⓪ | ① | ② | ③ |
| 35. Manchmal bin ich ein wenig ärgerlicher, als ich zugeben möchte. | ⓪ | ① | ② | ③ |
| 36. Es fällt mir schwer, Nein zu sagen. | ⓪ | ① | ② | ③ |
| 37. Manchmal habe ich das Gefühl, dass mir alles zu viel ist. | ⓪ | ① | ② | ③ |
| 38. Manchmal wünsche ich mir, von anderen ein wenig mehr beachtet zu werden. | ⓪ | ① | ② | ③ |

ICH HABS IM GRIFF !!
ICH HABS IM GRIFF !!

# Schritt 10 Das „Sofort!-Konzept"

*„Wir setzten die Inventur bei uns fort,*
*und wenn wir Unrecht hatten,*
*gaben wir es sofort zu."*

## Dranbleiben

Mit Schritt 10 konzentrieren wir uns darauf, das Erlernte zu erhalten und sofort anzuwenden:

- Inventur Schritt 4: Mit sich selbst ständig in Kontakt bleiben
- Schritt 5: Sünde sofort bekennen
- Schritt 9: Schuld sofort wiedergutmachen

Hilfen für diesen Weg sind die
- Sofort-Inventur,
- die tägliche Inventur und
- eine periodisch wiederkehrende Langzeit-Inventur.

Mit Schritt 10 beugen wir Rückfällen in alte Verhaltensmuster vor.

# Erklärungen zu Schritt 10

Mit Schritt 10 üben wir eine neue Haltung der „Wachheit" ein. Wenn sich Dinge in alte Bahnen zurückentwickeln, geht es darum, dass wir sie sofort ändern – mit Gottes Hilfe!

Durch Schritt 10 lernen wir, die drei Schwerpunkte immer und sofort im Blick zu haben:

- Machtlosigkeit und Kapitulation vor Gott (Schritte 1–3),
- Inventur und Vergebung (Schritte 4–5),
- Veränderung der Charakterschwächen und Wiedergutmachung (Schritte 6–9).

Um auf dem neuen Weg zu bleiben, hängt viel davon ab, dass wir sofort reagieren! Damit wirken wir (langwierigen) Rückfällen in alte, zerstörerische Verhaltensmuster entgegen. Wir werden nämlich fähig, schneller zu reagieren und anders mit unseren Rückfallgefahren umzugehen.

Unsere Beziehungen zu uns selbst, anderen und Gott können wir auf diese Weise aufrechterhalten und sogar noch vertiefen. Wir werden einfach beziehungsfähiger und belastbarer.

Du hast vielleicht im Augenblick noch Angst, die wunderbaren Geschenke Gottes nicht festhalten zu können. Hab keine Furcht! Gott wird das gute Werk, das er in dir angefangen hat, auch vollenden (Philipperbrief 1,6). Du befindest dich wie alle anderen in einem lebenslangen Umkehrprozess zu Jesus hin. Außerdem ist dir bei der Arbeit an den Schritten ja deutlich geworden, wie verletzbar und zerbrechlich du in Wahrheit bist. Du brauchst deshalb Unterstützung. Mithilfe liebenden Gegenwart Jesu und dem folgenden Inventurwerkzeug wirst du geduldig mit dir sein können.

## „... setzten die Inventur bei uns fort" – Genau hinsehen und dranbleiben

- **Sofort-Inventur,**
- **die tägliche Inventur und**
- **eine periodisch wiederkehrende Langzeit-Inventur.**

## Dranbleiben

Viele von uns haben erlebt, wie ihre Heilung und Veränderung stabiler wurden, weil sie die Hilfen von Schritt 10 anwendeten.

### 15 Minuten – und du bleibst in der Spur

Deine „persönliche Inventur" bedeutet, dir täglich deiner Stärken, Schwächen, Motive und Verhaltensweisen bewusst zu werden und dich selbst zu überprüfen. So wie du für dein geistliches Wachstum Gebet brauchst, bist du für deinen Gesundungsprozess auf dieses Wachsein angewiesen. Solch eine tägliche Inventur ist keine zeitraubende Aufgabe. Sie kostet dich pro Tag vielleicht 15 Minuten. Wenn sie diszipliniert und regelmäßig gemacht wird, ist das doch ein relativ kleiner Preis, um das gute Werk abzustützen, das du gerade so motiviert begonnen hast.

### Das „Sofort!"-Markenzeichen

Achte besonders auf Anzeichen, die dich darauf hinweisen, wo du versucht bist, dein Leben wieder allein zu bewältigen, oder wo du wieder in alte Verhaltensmuster hineinschlitterst, wie Groll, Unehrlichkeit oder Selbstsucht. Sobald du merkst, dass sich eine Versuchung anschleicht, reagiere auf der Stelle. Das Motto heißt also immer: „Sofort!"

- Bitte Gott um Vergebung!
- Bring die Sache in Ordnung!
- Mach fröhlich weiter!

Schritt 10 täglich angewendet, versetzt dich in die Lage, echt, ehrlich und demütig zu bleiben.

Das Positive: Die „regelmäßige Inventur" macht dir deine Stärken und neu gewonnenen Fähigkeiten mehr und mehr bewusst. Du bist weniger geneigt, Gefühlen wie Ärger, Einsamkeit oder Selbstgerechtigkeit nachzugeben. Das ist neu. Nimm es wahr!

### Periodische „Langzeit-Inventur"

Diese Form der Inventur kannst du am besten durchführen, wenn du dich für eine gewisse Zeit zurückziehst, um alleine für dich zu sein oder an einer Einkehrzeit (Retraite) teilzunehmen. Oft sind dies ganz besondere Tage, an denen du viel Zeit hast, um über dich und dein Leben nachzudenken. Solche Zeiten bieten auch eine gute Gelegenheit, vor Gott Dinge zu klären und ihm gegenüber neu festzumachen, mit ihm vorwärtszugehen und dein Leben ihm neu hinzugeben.

Diese Art der Inventur kann ein bis zweimal pro Jahr durchgeführt werden. Es ist eine gute Gelegenheit, über deine Entwicklungen nachzudenken.

Viele von uns haben erfahren, dass sie sich in solchen Zeiten aus einem neuen Blickwinkel sehen. Sie nahmen im Rückblick beachtliche Veränderungen wahr und fassten neuen Mut und neue Hoffnung.

Die „periodische Langzeit-Inventur" hilft dir also, Problembereiche und Stärken deutlicher zu erkennen. Die tägliche Inventur hilft dir, nötige Korrekturen „sofort!" vorzunehmen, um nicht wieder abzustürzen.

Erfahrungsgemäß erkennst du oft neue Schwachstellen, aber du wirst auch immer wieder neue Stärken an dir wahrnehmen.

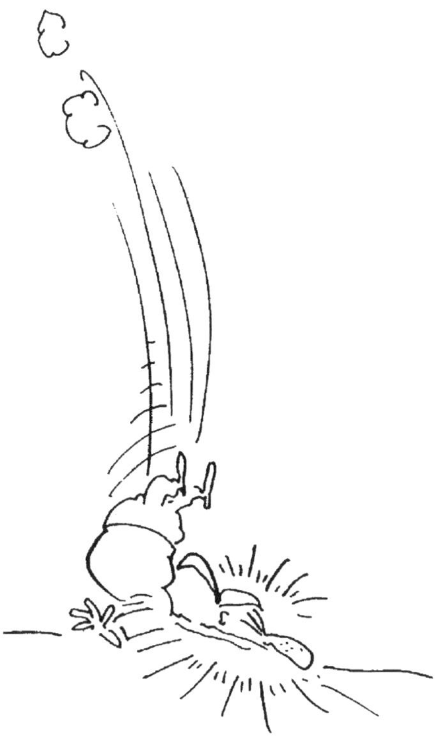

## „... und wenn wir Unrecht hatten, gaben wir es sofort zu"

### Rückfälle kommen schleichend:

- Dein alter *„Schlendrian"* schleicht sich wieder ein. Hier hilft nur: Die Kapitulation von Schritt 1–3 muss erneuert werden.
- Die *Selbstkontrolle* schwindet, alte Verhaltensweisen schleichen sich wieder ein. Der Rat heißt dann: „Mach deine Sucht zu deinem Ratgeber – frage dich: Welchen Mangel will ich mit dieser Sucht stillen?"
- Neue *„alte Geschichten"* tauchen auf. Die Folge ist: Du schämst dich, und deine Verleugnungsstrategien melden sich wieder. Scham ist nie ein guter Ratgeber. Kehre demütig zur „Kapitulation" in Gottes fürsorgliche Hand zurück.
- Du fängst wieder an, in bestimmten Situationen zu kontrollieren oder zu manipulieren. Lass dich doch von Jesus schützen, der passt viel besser auf als du!
- Wenn du in dein Selbstmitleid fällst und dich wieder minderwertig fühlst, kannst du deine Gefühle überprüfen und dich mit der Wahrheit ermutigen, dass du in Jesus alles hast, was du brauchst.
- Wenn du dich wieder isoliert hast, kannst du Freunde aufsuchen, um deine Beziehungen zu erneuern.
- Wo du wieder den Zwang zu deiner Ersatzhandlung (z.B. Droge) verspürst, halte sofort inne! Werde einfach (englisches Motto: „Keep it simple!") und klammere dich an Jesus (Schritt 2–3). Er hat eine größere Kraft als alles andere in der Welt. Bitte ihn um Hilfe: *„Jesus, nimm mir nicht nur die unerfüllten Bedürfnisse, die ich gerade mit meiner ‚Droge' stillen will. Mache mir bewusst, wo oder wie ich diese Bedürfnisse gesund befriedigen kann."*
- Wo du wieder in deine Furcht-Falle fällst, finde den Grund deiner Angst heraus! Du darfst deine Angst ansehen, sie Jesus hinhalten, er führt dich mitten durch die Angst (vgl. Psalm 23,4).
- Wo du deine Gefühle zurückhältst und dich anderen nicht mitteilen willst oder dich von den Bedürfnissen und Wünschen anderer bestimmen lässt, geh das notwendige Risiko ein: Sei ehrlich, deine Gefühle und Bedürfnisse zu formulieren!

Du lernst, immer schneller zu reagieren und deine alten Verhaltensmuster durch das neu erlernte Lebensmuster zu ersetzen.

### Und wenn dann trotzdem etwas übrig bleibt?

Erschrick nicht! Jesus zeigt dir selbst durch Rückfälle Verhaltensmuster, die du vielleicht bisher übersehen hattest. Die kommen dann in den Vordergrund, um auch verändert zu werden. Bedenke: Durch jeden Rückfall wirst du lernen!

Eine solche persönliche Sofort-Inventur wird dir helfen zu erkennen, wer du bist, wozu du geschaffen wurdest und wohin du gehen wirst. Schließlich soll es dir nicht (zuerst) darum gehen, dass deine alten Verhaltensmuster verschwinden, sondern dass deine Beziehung zu Jesus wächst und heilt. Merke dir für Schritt 10–12: Beziehung geht immer vor!

# Den Schritt 10 durcharbeiten

## 1. Widerstand gegen Schritt 10 erkennen und bearbeiten

### Die Schnell-Heilungs-Versuchung

Nach den Schritten 1–9 könntest du jetzt versucht sein, zu deiner alten Selbstgefälligkeit zurückzukehren und zu glauben: Jetzt bin ich geheilt. Vielleicht denkst du, jetzt hättest du alle Antworten und könntest mit der Arbeit am 12-Schritte-Programm aufhören.

Viele von uns kamen auf ihrer Reise an diesen Punkt: Sie waren mit sich selbst zufrieden und sahen keine Notwendigkeit mehr, den Weg der 12 Schritte fortzusetzen. Um nicht zu den Treffen kommen zu müssen,

- legten sie gerne andere Aktivitäten auf diesen Termin,
- fanden sie gute Ausreden, um nicht zur Gruppe gehen zu müssen,
- vernachlässigten sie mehr und mehr die Arbeit an dem Programm (schließlich waren es ja „nur noch" die letzten Schritte).

*An diesem Punkt solltest auch du aufpassen! Werde dir bewusst:*

- Du wirst die bisher erreichten Ziele wieder verlieren können.
- Du hast dein Leben auch jetzt nicht selbst im Griff.

Du musst verstehen, dass du die Erfolge bis hierher nur aufrechterhalten kannst, wenn du bereit bist, dein Leben täglich im Sinne der 12 Schritte zu gestalten. Es geht nicht um eine Technik, sondern um die gelebte Beziehung zu Jesus. Er wird dich tragen und deine Lebensveränderung bewahren.

*Kennst du diese Versuchung?*

___

___

___

### Disziplinprobleme?

Es ist nicht leicht, die tägliche Inventur zu machen. Eine 15-Minuten-Inventur hört sich zwar kurz an, erfordert aber einfach Disziplin. Mache dir darum klar, zu welchem Zeitpunkt des Tages du dir die Zeit dafür nehmen willst. „Morgenmuffel" sollten es abends machen und „Abendmuffel" nehmen am besten den frühen Morgen. Es ist klug, es klar in den Tagesablauf einzuplanen.

Wenn du an dieser Stelle Probleme hast, sprich in der Gruppe darüber und lass dir helfen. Kläre mit den anderen deine Motivation oder Widerstände für oder gegen diese Inventurform. Sie werden dann nachfragen, ob du Erfolg hattest mit deinen Vorsätzen.

*Was könnte dir helfen, deine Disziplin zu stärken?*

## 2. Der Gewinn von Schritt 10

Ein bewusstes Arbeiten mit den Hilfen von Schritt 10 hat viele Vorteile. Der wichtigste Punkt: Schritt 10 stärkt deinen Heilungsprozess und hilft dir, das bisher Erreichte zu bewahren. Deine ständige Aufmerksamkeit bringt weitere Früchte:

### Mehr Vertrauen zu Gott

Da, wo du am meisten Angst hast, dein altes Verhaltensmuster loszulassen, ist es für dich am schwierigsten, Gott zu vertrauen. Deine Versuchung an dieser Stelle ist groß, die Angst zu umgehen (Ausweichen, Verleugnen, alte Schutz- bzw. Kontrollmuster usw.).

Du lernst jetzt immer mehr, Jesus deine Angst zu zeigen und sie ihm zu übergeben. Das stärkt dein Vertrauen. Mit seiner Hilfe kannst du ein neues Verhalten entwickeln, das deine tiefsten Bedürfnisse wirklich stillt.

*In welchen Bereichen hast du schon festgestellt, dass du mehr Vertrauen zu Gott bekommen hast?*

### Mehr Selbstvertrauen

Mit Schritt 10 lernst du, deine Verantwortung für dich selbst, für die Situationen, in denen du stehst, und für die Menschen, mit denen du umgehst (Ehepartner, Kinder, Freunde), zu übernehmen. Diese neue Lebenshaltung macht dich handlungsfähig. Die alte Opferrolle deines Lebens verschwindet. Du wirst dich in neuer Weise achten, wertschätzen und deine Würde wiederfinden.

*In welchen Bereichen hast du schon festgestellt, dass du mehr Selbstvertrauen bekommen hast?*

### Beziehungsverbesserung durch „... mach es sofort!"

Schritt 10 erfolgreich zu bearbeiten bedeutet, deine Fehler sofort zu korrigieren. Das spornt dich an dranzubleiben, deine Beziehungen zu anderen zu verbessern. Das „Nur für heute"-Konzept (siehe rechte Seite) ist eine gute Grundhaltung. Erweitert um die „Sofort!"-Korrektur wird das deinen Charakter stark positiv formen und deinen Lebensstil zum Guten verändern.

- Inventur zu machen und Fehler sofort zuzugeben, wird viele Missverständnisse in deinen Beziehungen auflösen, bevor sie irgendwelchen Schaden anrichten können.
- Du lernst, dich selbst auszudrücken, anstatt ständig zu fürchten, durchschaut zu werden. Und du erkennst, dass du – wenn du ehrlich bist – dich nicht hinter deiner Maske verstecken musst. Die Folge: offenere Beziehungen.
- Weil du ehrlich zu deinen Schwächen stehst, können auch andere im Gegenzug wahrnehmen, wie uneffektiv ihr eigenes Verhalten ist. Du lernst, andere richtig einzuschätzen, und wirst so zu echter Nähe fähig. Alle haben einen Gewinn.

*Welche Vorteile erwartest du von der täglichen Praxis der „Sofort!-Korrektur"?*

________________________________________

________________________________________

________________________________________

### Selbstwahrnehmung wird klarer

In deinem bisherigen Leben war deine Wahrnehmung gestört dadurch, dass du die ganze Zeit auf deine Probleme und die dazugehörigen Gefühle und Auslöser gestarrt hast.

Aus dieser Fixierung auf deine Probleme wurdest du von Jesus befreit. Dein „Problemnebel" zog weg. Jetzt entdeckst du: Wahrheit macht dich frei. Jesus hat Licht in alles gebracht: Du nimmst dich selbst, andere und Gott deutlicher wahr („Ich bin gar nicht so doof, wie ich immer dachte; ich bin ein ganz schöner Schweinehund gewesen, Gott war und ist wirklich gut zu mir ..."). Dein Alltag hat eine neue Lebensqualität erhalten: Leben im Licht.

*Nimmst du heute schon etwas mehr von diesem Licht im Alltag wahr?*

________________________________________

________________________________________

________________________________________

## 3. Trainingsprogramm Schritt 10

Mit „täglicher Inventur" ist schlicht gemeint: Jeder Tag hat seine eigene Aufmerksamkeit verdient. „Nur für heute denken, nicht über morgen sorgen!" ist das grundlegende Motto. Das ist der entscheidende Slogan, der die Arbeit im 12-Schritte-Programm so entspannend macht.

Die folgenden drei Arten, diese Haltung praktisch umzusetzen, kannst du einüben:

- Die Sofort!-Inventur,
- die tägliche Inventur,
- die periodische Langzeit-Inventur.

Jede Art dient dabei einem besonderen Zweck.

**Fragen zu Schritt 4:**

- Wie war unsere Familienatmosphäre – bedrückend, auch fröhlich, offene Tür, alle funktionieren, kein Rückzug möglich, bei uns ist alles in Ordnung
- Was war unser „Familienmotto“
  „erst kommt die Familie und dann lange Zeit nichts“
  „hilf dir selbst, sonst hilft dir keiner“
- Wie hat für mich die Welt funktioniert, was war für mich meine persönliche Wahrheit (private Logik) ich tu, was meine Eltern von mir fordern/wünschen
- Was war/ist mein Lebensmotto, wann geht es mir gut?
  ich bin die „Beste“
- Was ist mein (kurzfristiges) Lebensziel?
  · Erfolg haben und nicht auffallen (?) „funktionieren“

Bitte beantwortet die Fragen aus dem „Bauch“. Denkt nicht so viel darüber nach, ob das richtig ist oder nicht. Je weniger es über unseren Verstand geht, umso mehr entdecken wir, was unbewusst in uns ist, was unsere Seele für richtig hält (private Logik) und was immer noch unser Handeln bestimmt.

zu dem Menschen werden, den Jesus sich gedacht hat – mit allen Gaben, allen Möglichkeiten – und auch mit meinen Grenzen –
akzeptieren, dass ich Grenzen habe und Hilfe brauche!

# Nur für heute!

## Mit Gottes Hilfe habe ich die Wahl ...

Das Nur-für-heute-Prinzip nimmt vielen die Angst vor dem riesigen Berg: „Ab heute muss ich es für immer schaffen!" Das ist schon eine große Hilfe. Aber es ist noch nicht die Lösung, um die Vorsätze umzusetzen. Behalte immer die Wahrheit vor Augen: Gott muss dir die Gnade geben, damit du deinen Willen einsetzen kannst (Schritt 1–3). Damit ist das Nur-für-heute-Prinzip davor geschützt, dass du heimlich doch wieder alles schaffen musst. Auch für heute kannst du es nicht schaffen ohne die Beziehung zu Jesus. Jesus sagt: *„Ohne mich könnt ihr nichts tun!"* (Johannes 15,5).

***Nur für heute** will ich versuchen, diesen einen Tag zu leben –*
nicht mein ganzes Lebensproblem auf einmal anzupacken. Ich kann jetzt etwas tun, vor dem ich zurückschrecken würde, wenn ich das Gefühl hätte, ich müsste es mein ganzes Leben lang durchhalten.

***Nur für heute** will ich versuchen, glücklich zu sein,*
indem ich mir klarmache, dass mein Glück nicht davon abhängt, was andere tun oder sagen oder was um mich herum geschieht. Glück stellt sich ein, wenn ich mit mir in Frieden lebe.

***Nur für heute** will ich versuchen, mich auf das auszurichten, was ist,*
nicht erzwingen, dass sich alles nach meinen Wünschen richtet. Ich will meine Familie, meine Freunde, meine Arbeit und meine Lebensumstände so annehmen, wie sie sind.

***Nur für heute** will ich auf meine körperliche Gesundheit achten,*
ich will mich bewegen, ausgewogen essen und schlafen und meine Verstandeskräfte üben, ich will etwas lesen, was mich weiterbringt.

***Nur für heute** will ich jemandem etwas Gutes tun, ohne dabei entdeckt zu werden –*
wenn jemand davon erfährt, zählt es nicht. Ich werde mindestens eine Sache tun, die ich nicht gerne tue, und ich will meinem Nächsten einen kleinen Liebesdienst erweisen.

***Nur für heute** will ich mich bemühen, zu jemandem, den ich treffe, freundlich zu sein.*
Ich will liebenswürdig sein, ich will so gut aussehen, wie ich kann, auf meine Kleidung achten, angemessen leise sprechen und mich höflich benehmen. Ich will kein bisschen kritisieren, an keiner Sache etwas aussetzen, nicht versuchen, jemanden außer mich selbst zu verändern, und niemandem Vorschriften machen.

***Nur für heute** will ich mir ein Programm aufstellen.*
Ich will es machen, auch wenn ich es vielleicht nicht ganz genau befolge. Zwei Fehler werde ich meiden: Hast und Unentschlossenheit.

***Nur für heute** will ich aufhören zu sagen: „Wenn ich Zeit hätte ..."*
Ich werde nie für etwas „Zeit finden"; wenn ich Zeit haben will, muss ich sie mir nehmen.

***Nur für heute** will ich „Stille Zeit" halten,*
mich dabei auf Gott, wie ich ihn verstehe, auf mich selbst und auf meinen Nächsten besinnen. Ich will mich entspannen und nach Wahrheit suchen.

***Nur für heute** will ich keine Angst haben.*
Insbesondere werde ich mich nicht davor fürchten, glücklich zu sein – und mich an den guten, schönen und liebenswerten Dingen im Leben erfreuen.

***Nur für heute** will ich mich annehmen und aus der Kraft leben, die mir Gott gibt.*

***Nur für heute** entschließe ich mich zu glauben, dass ich in dieser Haltung einen Tag leben kann.*
Die Wahl habe ich – aus Gnade!

## Die „Sofort!-Inventur“

**„Sofort!-Inventur“ bedeutet: Mehrmals täglich kurz innehalten, analysieren, was geschieht, und in diesem Sinne ein Spotlight auf die momentane Situation werfen.**
Halte mehrmals am Tag für einen kurzen Moment inne: Blicke zurück, nimm wahr, was du gedacht, gefühlt und getan hast und in welcher Situation du dich gerade befunden hast.

Wenn du so innehältst, bleibst du im Kontakt mit dir selbst. Das hilft dir besonders, wenn Situationen sehr spannungs- und emotionsgeladen sind.

Du wirst erkennen, wo du falsch liegst und wo du dich „sofort!“ anders verhalten kannst oder solltest. Damit werden chronische Schuld- und Schamgefühle reduziert, die dich bisher immer begleitet und dein Wachstum behindert haben.

Es ist gut, bewusst wahrzunehmen, was du in Schritt 6 geübt (So-tun-als-ob-Übung) und in Schritt 7 erfahren hast (Verwandlung zulassen). Wo hast du *heute* deine Charakterschwäche durch etwas Positives ersetzt?

________________________________________

________________________________________

**Zwei Beispiele:** Eine Ehefrau textete ihren Mann mit Fragen zu und ließ ihm keine Zeit, zu antworten. Als sie das wahrnahm, hielt sie inne und überlegte ein besseres Verhalten: Sie nahm sich vor, nach 3 Sätzen eine Pause zu machen und 30 Sekunden zu warten ... Was ist dein Beispiel?
Ein Mann erlebt immer wieder die folgende Szene: Er wird angerufen, mit einer Bitte konfrontiert und kann nicht anders reagieren als: Ja, ich werde dir helfen. Auch wenn er eigentlich keine Zeit oder Kraft mehr hat, kann er nicht „Nein!“ sagen. Als er dieses Muster erkannte, fiel ihm eine neue Handlungsvariante ein: Ab jetzt sagt er zuerst immer: „Ich werde darüber nachdenken und dich dann zurückrufen!“

*Was willst du ändern?*

____________________________

____________________________

____________________________

____________________________

____________________________

____________________________

____________________________

____________________________

## Die „tägliche Inventur“

*Nur für heute!*
Es ist wichtig, am Ende jeden Tages innezuhalten und zu überlegen, was alles geschehen ist und wie wir uns in der jeweiligen Situation verhalten haben. Die tägliche Inventur verweist uns aufs Heute und hindert uns daran, uns über die Zukunft Sorgen zu machen oder irgendwo in der Vergangenheit zu leben. Es gilt in diesem Programm die Grundregel: Jeden Tag neu „nur für heute“ leben!

*Der Gewinn einer täglichen Inventur:*
- Gutes und Schlechtes werden jeweils gewichtet.
- Sie ist eine Gelegenheit, über unseren Umgang mit anderen Menschen nachzudenken.
- Sie zeigt, wo uns Lösungen gelungen sind oder wir in unser altes Verhalten zurückgefallen sind.
- Über Situationen, in denen wir etwas Gutes getan und uns angemessen verhalten haben, können wir uns freuen und unsere Fortschritte erkennen.
- Es kann auch zu Umwertungen kommen, dass wir manches, was zunächst negativ erschien, als etwas Positives erkennen und umgekehrt.
- Im Blick auf solche Situationen, in denen wir uns zwar anders verhalten wollten, aber trotzdem versagt haben, erkennen wir wenigstens unser Bemühen an. Denn Tatsache bleibt: Es gab wenigstens unseren guten Willen.

Diese Augenblicke der Selbstbesinnung sind wichtig, um in Kontakt mit dir selbst zu bleiben.

### Tabelle für die tägliche Inventur

*Mithilfe der folgenden Tabellen kannst du täglich deine Stärken oder Schwächen einschätzen. Bestimme jeweils den Wert (0 = neutral, 1 = kaum, 2 = häufiger, 3 = stark). Kopiere die Seiten 206-209, so kannst du die Tabelle einige Wochen verwenden.*

| Sonntag | | | | | | | | |
|---|---|---|---|---|---|---|---|---|
| *Stärke* | *3* | *2* | *1* | *0* | *1* | *2* | *3* | *Schwäche* |
| Vergebungsbereitschaft | | | | | | | | Beleidigtsein, Ärger |
| Kraft zum Handeln, | | | | | | | | Selbstmitleid |
| Dienstbereitschaft | | | | | | | | Passivität |
| Weite, Gelassenheit | | | | | | | | Angst, Sorgen |
| Großzügigkeit | | | | | | | | Kontrollverhalten |
| Ehrlichkeit | | | | | | | | Lüge |
| Demut | | | | | | | | Hochmut |
| Geduld | | | | | | | | Ungeduld |
| Risikobereitschaft | | | | | | | | Zwanghaftigkeit |
| Toleranz | | | | | | | | Engherzigkeit |
| Vertrauen | | | | | | | | Misstrauen |
| Verantwortungsbewusstsein | | | | | | | | Gleichgültigkeit |
| Genussfähigkeit | | | | | | | | Sucht |
| Gemeinschaftsfähigkeit | | | | | | | | Isolation |

Kopier dir die Seiten 206-209 oder lade sie von unserer Homepage runter und drucke sie aus: www.download.endlich-leben.net

*Übe mithilfe dieser Tabellen deine Tagesinventur ein. Nach einer Woche kannst du dich fragen: Was bringt mir das?*

## Periodische „Langzeit-Inventur"

Diese Form der Inventur kann am besten durchgeführt werden, wenn man sich für eine gewisse Zeit zurückzieht.
Ein bis zweimal pro Jahr:

- Gelegenheit, über deine Entwicklungen nachzudenken,
- einen neuen Blickwinkel bekommen,
- im Rückblick beachtliche Veränderungen wahrnehmen,
- neuer Mut und neue Hoffnung,
- Problembereiche deutlicher erkennen und nötige Korrekturen „sofort!" vornehmen,
- neue Schwachstellen wahrnehmen,
- neue Stärken an dir wahrnehmen.

*Wie viel Zeit nimmst du dir, um in der Stille über dein Leben nachzudenken? Wie helfen dir solche Einkehrzeiten für deine Heilung?*

*Welche neuen Schwachstellen sind dir aufgefallen?*

*Welche Stärken sind dir neu aufgefallen?*

| Montag | | | | | | | | |
|---|---|---|---|---|---|---|---|---|
| *Stärke* | *3* | *2* | *1* | *0* | *1* | *2* | *3* | *Schwäche* |
| Vergebungsbereitschaft | | | | | | | | Beleidigtsein, Ärger |
| Kraft zum Handeln | | | | | | | | Selbstmitleid |
| Dienstbereitschaft | | | | | | | | Passivität |
| Weite, Gelassenheit | | | | | | | | Angst, Sorgen |
| Großzügigkeit | | | | | | | | Kontrollverhalten |
| Ehrlichkeit | | | | | | | | Lüge |
| Demut | | | | | | | | Hochmut |
| Geduld | | | | | | | | Ungeduld |
| Risikobereitschaft | | | | | | | | Zwanghaftigkeit |
| Toleranz | | | | | | | | Engherzigkeit |
| Vertrauen | | | | | | | | Misstrauen |
| Verantwortungsbewusstsein | | | | | | | | Gleichgültigkeit |
| Genussfähigkeit | | | | | | | | Sucht |
| Gemeinschaftsfähigkeit | | | | | | | | Isolation |

| Dienstag | | | | | | | | |
|---|---|---|---|---|---|---|---|---|
| *Stärke* | *3* | *2* | *1* | *0* | *1* | *2* | *3* | *Schwäche* |
| Vergebungsbereitschaft | | | | | | | | Beleidigtsein, Ärger |
| Kraft zum Handeln | | | | | | | | Selbstmitleid |
| Dienstbereitschaft | | | | | | | | Passivität |
| Weite, Gelassenheit | | | | | | | | Angst, Sorgen |
| Großzügigkeit | | | | | | | | Kontrollverhalten |
| Ehrlichkeit | | | | | | | | Lüge |
| Demut | | | | | | | | Hochmut |
| Geduld | | | | | | | | Ungeduld |
| Risikobereitschaft | | | | | | | | Zwanghaftigkeit |
| Toleranz | | | | | | | | Engherzigkeit |
| Vertrauen | | | | | | | | Misstrauen |
| Verantwortungsbewusstsein | | | | | | | | Gleichgültigkeit |
| Genussfähigkeit | | | | | | | | Sucht |
| Gemeinschaftsfähigkeit | | | | | | | | Isolation |

| Mittwoch | | | | | | | | |
|---|---|---|---|---|---|---|---|---|
| *Stärke* | *3* | *2* | *1* | *0* | *1* | *2* | *3* | *Schwäche* |
| Vergebungsbereitschaft | | | | | | | | Beleidigtsein, Ärger |
| Kraft zum Handeln | | | | | | | | Selbstmitleid |
| Dienstbereitschaft | | | | | | | | Passivität |
| Weite, Gelassenheit | | | | | | | | Angst, Sorgen |
| Großzügigkeit | | | | | | | | Kontrollverhalten |
| Ehrlichkeit | | | | | | | | Lüge |
| Demut | | | | | | | | Hochmut |
| Geduld | | | | | | | | Ungeduld |
| Risikobereitschaft | | | | | | | | Zwanghaftigkeit |
| Toleranz | | | | | | | | Engherzigkeit |
| Vertrauen | | | | | | | | Misstrauen |
| Verantwortungsbewusstsein | | | | | | | | Gleichgültigkeit |
| Genussfähigkeit | | | | | | | | Sucht |
| Gemeinschaftsfähigkeit | | | | | | | | Isolation |

| Donnerstag | | | | | | | | |
|---|---|---|---|---|---|---|---|---|
| *Stärke* | *3* | *2* | *1* | *0* | *1* | *2* | *3* | *Schwäche* |
| Vergebungsbereitschaft | | | | | | | | Beleidigtsein, Ärger |
| Kraft zum Handeln | | | | | | | | Selbstmitleid |
| Dienstbereitschaft | | | | | | | | Passivität |
| Weite, Gelassenheit | | | | | | | | Angst, Sorgen |
| Großzügigkeit | | | | | | | | Kontrollverhalten |
| Ehrlichkeit | | | | | | | | Lüge |
| Demut | | | | | | | | Hochmut |
| Geduld | | | | | | | | Ungeduld |
| Risikobereitschaft | | | | | | | | Zwanghaftigkeit |
| Toleranz | | | | | | | | Engherzigkeit |
| Vertrauen | | | | | | | | Misstrauen |
| Verantwortungsbewusstsein | | | | | | | | Gleichgültigkeit |
| Genussfähigkeit | | | | | | | | Sucht |
| Gemeinschaftsfähigkeit | | | | | | | | Isolation |

| Freitag | | | | | | | | |
|---|---|---|---|---|---|---|---|---|
| *Stärke* | *3* | *2* | *1* | *0* | *1* | *2* | *3* | *Schwäche* |
| Vergebungsbereitschaft | | | | | | | | Beleidigtsein, Ärger |
| Kraft zum Handeln | | | | | | | | Selbstmitleid |
| Dienstbereitschaft | | | | | | | | Passivität |
| Weite, Gelassenheit | | | | | | | | Angst, Sorgen |
| Großzügigkeit | | | | | | | | Kontrollverhalten |
| Ehrlichkeit | | | | | | | | Lüge |
| Demut | | | | | | | | Hochmut |
| Geduld | | | | | | | | Ungeduld |
| Risikobereitschaft | | | | | | | | Zwanghaftigkeit |
| Toleranz | | | | | | | | Engherzigkeit |
| Vertrauen | | | | | | | | Misstrauen |
| Verantwortungsbewusstsein | | | | | | | | Gleichgültigkeit |
| Genussfähigkeit | | | | | | | | Sucht |
| Gemeinschaftsfähigkeit | | | | | | | | Isolation |

| Samstag | | | | | | | | |
|---|---|---|---|---|---|---|---|---|
| *Stärke* | *3* | *2* | *1* | *0* | *1* | *2* | *3* | *Schwäche* |
| Vergebungsbereitschaft | | | | | | | | Beleidigtsein, Ärger |
| Kraft zum Handeln | | | | | | | | Selbstmitleid |
| Dienstbereitschaft | | | | | | | | Passivität |
| Weite, Gelassenheit | | | | | | | | Angst, Sorgen |
| Großzügigkeit | | | | | | | | Kontrollverhalten |
| Ehrlichkeit | | | | | | | | Lüge |
| Demut | | | | | | | | Hochmut |
| Geduld | | | | | | | | Ungeduld |
| Risikobereitschaft | | | | | | | | Zwanghaftigkeit |
| Toleranz | | | | | | | | Engherzigkeit |
| Vertrauen | | | | | | | | Misstrauen |
| Verantwortungsbewusstsein | | | | | | | | Gleichgültigkeit |
| Genussfähigkeit | | | | | | | | Sucht |
| Gemeinschaftsfähigkeit | | | | | | | | Isolation |

## Achtungstraining

Es werden in Zukunft sicherlich Situationen kommen, in denen deine aufrichtige Hingabe auf dem Prüfstein steht. Du solltest dir so ehrlich wie möglich über deine tiefsten Absichten klar werden. Die folgenden und ähnliche Fragen sind dafür Hilfen:

*Welche störenden oder sogar zerstörerischen Verhaltensweisen entdeckst du am häufigsten bei deiner „täglichen Inventur"?*

___

___

___

*Welchen inneren Widerstand spürst du, der dich daran hindert, diese Fehler zu beseitigen?*

___

___

___

*Haben dir die Übungen zur Selbstwahrnehmung geholfen, dich wie in einem Spiegel anzuschauen?*

| | | | | | |
|---|---|---|---|---|---|
| *ja* | | | | | *nein* |

*Wenn nicht, was könnte dir besser helfen?*

___

___

___

## 4. Wie uns die Bibel ins Leben führt

**Mit den Schritten 10 bis 12 üben wir das als Lebenshaltung ein, was wir in den Schritten 1 bis 9 gelernt haben: Wir leben aus der liebevollen, fürsorglichen Hand Gottes. Jesus hat diese Haltung vorgelebt und seinen Jüngern ans Herz gelegt. In Matthäus 6,19-34 finden wir seine berühmte Rede von der Gelassenheit: Sorget nicht!**

### Nicht zwei Herren dienen – Kapitulation pur

*(19) Häuft in dieser Welt keine Reichtümer an! Ihr wisst, wie schnell Motten und Rost sie zerfressen oder Diebe sie stehlen!*

*(20) Sammelt euch vielmehr Schätze im Himmel, die unvergänglich sind und die kein Dieb mitnehmen kann.*

*(21) Wo nämlich eure Schätze sind, da wird auch euer Herz sein.*

*(24) Niemand kann zwei Herren gleichzeitig dienen. Wer dem einen richtig dienen will, wird sich um die Wünsche des anderen nicht kümmern können. Er wird sich für den einen einsetzen und den anderen vernachlässigen. Auch ihr könnt nicht gleichzeitig für Gott und das Geld leben.*

Jesus beschreibt einfühlsam unseren größten Zwiespalt: Wir haben Angst, uns festlegen zu lassen. Bestimmen kann immer nur einer. Wenn zwei Meinungen an uns zerren, sind wir hin- und hergerissen. Du kannst realistisch gesehen also nicht zwei Anforderungen dienen, die sich gegenseitig ausschließen, z.B. nicht den Gesetzmäßigkeiten deines alten Lebens und gleichzeitig der Freiheit des neuen Lebens folgen.

Mit den Schritten 1 bis 3 haben wir es gewagt, zu kapitulieren: Kein Gehorsam mehr gegenüber der Stimme der Kontrolle und des Zwangs! Dagegen: Hingabe an die Stimme der Liebe und Barmherzigkeit! Diese Entscheidung war notwendig. Sie wendete unsere größte Not. Anders ging es – zum Glück – nicht mehr.

Mit Schritt 10 leben wir uns immer mehr ein in diese Grundentscheidung, unser Leben Jesus anzuvertrauen. Unser ganzes Leben soll mehr und mehr davon durchdrungen werden – auch der Umgang mit unseren Schätzen?

*Was sind unsere Schätze?*
Schätze erkennen wir daran: Wenn unser Herz von „etwas" besetzt ist, völlig fasziniert und begeistert, dann ist das ein Schatz.

Unser Schatz soll nach Jesu Meinung im Himmel sein. Wie geht das konkret? So: Wenn wir nämlich von Jesus und seinem herrlichen Reich träumen und von ihm fasziniert sind, dann werden wir jetzt schon frei von aller Gier nach Besitz oder Sicherheiten, frei von dem Zwang, unser Leben anders abzusichern. Dieser Zwang hört endlich auf, uns zu erpressen, und unser Herz schwingt sich in die himmlische Weite auf. Du wirst von Gott versorgt. Das ist Leben nach dem Jesus-Modell.

Ganz konkret kann das im Alltag werden, wenn's um das „liebe Geld" geht. Bei einigen von uns war es das wichtigste Thema. Bei den meisten von uns spielt es eine große Rolle.

### Gott wird uns versorgen – Medizin gegen unser Urmisstrauen (Schritte 4 bis 5)

*(25) Darum sage ich euch: Macht euch keine Sorgen um euren Lebensunterhalt, um Essen, Trinken und Kleidung. Leben bedeutet mehr als Essen und Trinken, und der Mensch ist wichtiger als seine Kleidung.*

*(26) Seht euch die Vögel an! Sie säen nichts, sie ernten nichts und sammeln auch keine Vorräte. Euer Vater im Himmel versorgt sie. Meint ihr nicht, dass ihr ihm viel wichtiger seid?*

*(27) Und wenn ihr euch noch so viel sorgt, könnt ihr doch euer Leben um keinen Augenblick verlängern.*

*(28) Weshalb macht ihr euch so viele Sorgen um eure Kleidung? Seht euch an, wie die Lilien auf den Wiesen blühen! Sie können weder spinnen noch weben.*

*(29) Ich sage euch, selbst König Salomo war in seiner ganzen Herrlichkeit nicht so prächtig gekleidet wie eine dieser Blumen.*

*(30) Wenn Gott sogar das Gras so schön wachsen lässt, das heute auf der Wiese grünt, morgen aber schon verbrannt wird, wie könnte er euch dann vergessen? Vertraut ihr Gott so wenig?*

*(31) Zerbrecht euch also nicht mehr den Kopf mit Fragen wie: „Werden wir genug zu essen haben? Und was werden wir trinken? Was sollen wir anziehen?"*

*(32) Mit solchen Dingen beschäftigen sich nur Menschen, die Gott nicht kennen. Euer Vater im Himmel weiß doch genau, dass ihr dies alles braucht.*

*Matthäusevangelium 6,25-32; Hfa*

Nachdem Jesus uns zur Kapitulation aufgefordert hatte (Diene nur dem einen, wahren Herrn!), entdeckten wir unser wahres Elend, aber auch unsere von Gott gegebenen Stärken (Inventur und Bekenntnis, Schritte 4–5). In seiner Gelassenheitsrede hält Jesus uns hier mit den Versen 25-32 einen Spiegel vor

Augen. Seine Frage lautet: Was glaubst du eigentlich von Gott und dir selbst? Mit welcher Haltung gehst du in den Tag?

*Sorgen-Inventur*
*Wer ist Gott?* Ist Gott wirklich dieser aufmerksame Vater, der jedes seiner Geschöpfe so fürsorglich begleitet, die kleinen Vögel, die schönen Blumen und selbst dich? Oder steigen in dir eher die Ängste auf: Gott sorgt nicht für mich! Er sieht mich nicht! Er ist mir nicht nahe!

Angesichts des Urvertrauens, das Jesus hier ausmalt, erkennst du dein Urmisstrauen. Übrigens haben wir erst durch die Erfahrung der liebevollen Nähe Gottes wahrnehmen können: Dieses Misstrauen in uns ist die Wurzel aller Sünde. Es hat uns dazu getrieben, zu kontrollieren, uns selbst in den Mittelpunkt zu stellen und die Illusion aufzubauen, wir könnten und müssten alles selbst besorgen, um leben zu können.

*Bekenne deine Sünde*
*Und wer bist du?* „Vertraut ihr Gott so wenig?“(V. 30) fragt dich Jesus.Gib endlich deinen Kontrollzwang auf. Das hast du nun nicht mehr nötig. Du kennst doch den Vater, der *für* dich ist. Er weiß, was du zum Leben brauchst (V. 32). Bekenne dein Misstrauen als Sünde gegen den Gott, der alles Vertrauen verdient hat. Und wenn es ums Geld geht? Dann stehst du vor der Herausforderung, konkret Vertrauen einzuüben. Sehr konkret!

## Gottes Anliegen zuerst – wir liegen ihm am Herzen: Hingabe lernen …

(33) *Es soll euch zuerst um Gottes Reich und Gottes Gerechtigkeit gehen, dann wird euch das Übrige alles dazugegeben.*

*(34) Macht euch keine Sorgen um den nächsten Tag! Der nächste Tag wird für sich selbst sorgen. Es genügt, dass jeder Tag seine eigene Last mit sich bringt.*

(Matthäusevangelium 6,33-34 NGÜ)

**„Warum also sollte ich mir Sorgen machen? Es ist nicht meine Angelegenheit, an mich zu denken. Meine Angelegenheit ist es, an Gott zu denken. Es ist Gottes Sache, an mich zu denken.“**
Simone Weil

Wie wir erlebt haben, benötigen wir einen langen Weg, um uns in das neue Lebensmodell „Gottes Reich“ einzuleben. Zu tief steckt uns das Misstrauen in den Gliedern, als dass wir es mit *einer* einzigen Willensentscheidung entmachten könnten. Mit den Schritten 6 bis 9 durften wir lernen: Gott schenkt selbst den Willen und die Kraft zum Vertrauen. Viele von uns haben immer wieder staunend wahrgenommen, wie ihnen eine Befreiung nach der anderen zufiel. *„… dann wird euch das Übrige alles dazugegeben“* (V. 33). Und zugleich erwartet Gott diesen Glauben: *„Es soll euch zuerst um Gottes Reich und Gottes Gerechtigkeit gehen!“*

Ja, wirf dich mit deinem ganzen Vertrauen auf Gott und seine Möglichkeiten. Lebe in diesem neuen Reich, in dem Kraftfeld seines Heiligen Geistes, überlasse ihm die letzte Kontrolle über dich, über deine Handlungen, deine Gefühle, deine Gedanken, deine Finanzen, deinen ganzen Alltag. Beachte: Du musst dir das neue Leben nicht erarbeiten, Gott beschenkt dich: Alles fällt dir in den Schoß. Deine Aufgabe besteht darin, in diesem Kraftfeld seiner Liebe zu bleiben.

*Sorge nur für jeden Tag*
Erinnerst du dich noch an deinen (damals so überlebenswichtigen) Perfektionismus? Alles und jedes musstest du möglichst perfekt im Griff haben, so gebot es dir dein Kontrollbedürfnis. Denn wenn es keinen Gott gibt, der für dich sorgt, bleibt jedes Detail an dir hängen. *Du* bist verantwortlich – für alles! Das muss jeden Menschen überfordern! Damit legte sich eine schwere Last über dein Leben. Aber das alles hieltest du für „normal" – damals, vor deiner Kapitulation.

Hier schenkt Jesus Christus dir die Medizin gegen diese Kontrollseuche:

- Sorge immer nur für den heutigen Tag. Denn jeder Tag hat seine eigene Plage.
- Lebe in den Tag hinein in der Gewissheit, dass dein Vater im Himmel alles Nötige für den heutigen und die kommenden Tage für dich bereithält.

Diese Last bist du ein für alle Mal los.

*Ein Beispiel, wo sich falsches Sorgen versteckt*
Wer sich schwört, niemals mehr zu seinem alten, abhängigen Verhalten zurückzukehren („Ich werde nie wieder trinken, rauchen ...!"), lädt sich (heimlich) wieder die ganze Bürde an Sorge auf, die ihm Jesus gerade abnehmen wollte. Was steckt hinter solchem Schwur? Du übernimmst heute schon die Verantwortung und damit die Last aller kommenden Tage, Monate und Jahre! Warum tust du dir diese Plage an? Ist es der alte Perfektionist in dir, der diese Sicherheit braucht?

Es reicht völlig aus, wenn du deine ganze Aufmerksamkeit auf diesen Tag lenkst und dir sagst: Nur für heute werde ich tun, was ich tun kann. Alles andere überlasse ich der Fürsorge meines himmlischen Vaters. Das bedeutet Heilung für den Perfektionisten und Kontrollsüchtigen in uns!

*Was hat dich bei diesen biblischen Gedanken angesprochen?*

______________________________

______________________________

______________________________

______________________________

______________________________

______________________________

# Schritt 11 Beziehung mit Gott leben

***„Wir suchten durch Gebet und Besinnung die bewusste Verbindung zu Gott – soweit wir ihn verstanden – zu vertiefen. Wir baten ihn nur, uns seinen Willen erkennbar werden zu lassen und uns die Kraft zu geben, ihn auszuführen."***

## Im Blickpunkt: bewusste Beziehung zu Gott

**Nur mit Gottes Hilfe wird unsere Wachheit bzw. „Nüchternheit" bleiben, um „sofort" einzugreifen oder sich „sofort" wieder Gottes Liebe schenken zu lassen, wo es nötig ist.**

**Sich also auf Gott auszurichten, wird zur Grundlage unseres Lebens. Das üben wir ein.**

**Schritt 11 lehrt uns, die Schritte 1 bis 3 täglich konkret zu leben.**

**Geistliche Übungen führen zu einer tiefen Verbundenheit mit Gott im Heiligen Geist.**

- **Wir üben, auf Gottes Stimme zu hören: Stille in Kombination mit Bibelbetrachtungen.**
- **Wir üben, Gott zu antworten mit Gebeten und Taten.**

**Schritt 11 hilft, Gott selbst als die Quelle der Kraft stets im Blick zu behalten.**

**Bei diesem Schritt vertiefen wir auch unser Gottesbild. Wir machen uns klar, wie wir aus unseren beschränkten Möglichkeiten heraustreten und auf die Möglichkeiten Gottes aufmerksam werden können.**

**Was Gott will, wird unser Ziel – im Denken und Handeln.**

# Erklärungen zu Schritt 11

## „Wir suchten die bewusste Verbindung zu Gott zu vertiefen"

*Gott ist Quelle unserer Sehnsucht*
Gott hat in uns von Anfang unseres Lebens an eine unstillbare Sehnsucht hineingelegt, ihn zu finden. Wir kommen nicht zur Ruhe, bis wir ihm begegnet sind. Alle Süchte waren und sind nur Ersatzhandlungen, um unsere tiefe innere Leere auszufüllen, die nur Gott erfüllen kann.

Gott ist eine Person. Darum liebt er es, mit anderen in Beziehung zu sein. So sehnt er sich auch, von uns zurückgeliebt zu werden. Unsere Sehnsucht nach Liebe hat er nur deshalb in unsere Herzen gelegt, damit wir ihn suchen. Er wartet auf unsere Antwort.

Mit Schritt 11 geben wir unsere Antwort auf diese Sehnsucht Gottes und zugleich geben wir unserer tiefsten Sehnsucht nach Liebe und Beziehung Ausdruck. Um die Beziehung zu Gott zu leben und zu vertiefen, richten wir uns bewusst auf seine Gegenwart in uns aus. Denn seit wir zum Glauben an ihn kamen, wohnt er durch seinen Heiligen Geist in unseren Herzen.

**Diese Liebesbeziehung ist die eigentliche Kraft des ganzen 12-Schritte-Programms. Unsere Gottesbeziehung zu vertiefen, ist das Anliegen von Schritt 11.**

### „... soweit wir Gott verstanden haben ..."

Warte nicht damit, Gott zu lieben, bis du alles über ihn verstanden hast. Einige von uns wollen auf Nummer sicher gehen und erst möglichst viel begreifen, bevor sie sich auf Gott ganz einlassen. Das ist verständlich. Aber auch bei einer menschlichen Person werden wir Liebe wagen, weil wir wissen: Wir werden das Geheimnis einer Person nie ausloten können. So ist es auch bei Gott. Er ist der Schöpfer, wir sind seine Geschöpfe. Unsere Gefährdung bleibt immer die: Wir vermenschlichen Gott, reduzieren ihn auf ein menschliches Bild, um ihn verstehen zu können. Aber er bleibt immer viel mehr, als unsere Bilder fassen können.

*Für jede Beziehung zu Personen gilt die Paradoxie:*
Je näher ich jemandem komme, desto besser lerne ich ihn zwar kennen, aber gleichzeitig wird auch das Geheimnis um seine Person immer größer. Das gilt erst recht auch für unsere Liebesbeziehung zu Gott. Wir werden ihn zugleich mehr und mehr erkennen, aber auch immer mehr staunen über seine Unfassbarkeit.

Umso wichtiger ist Jesus für unseren Glauben. In Jesus hat Gott sich uns begreiflich gemacht. Das ist sein größtes Geschenk an uns. Ohne ihn könnten wir Gott überhaupt nicht begreifen oder mit ihm in Beziehung sein. Durch Jesus hat Gott sich selbst klein gemacht, um auf unserer Verständnisebene die Beziehung zu uns aufzunehmen.

### Drei verschiedene Beziehungsmodelle

Wir möchten jetzt drei Gottesvorstellungen beschreiben. Erkenne: Mit jedem Bild von Gott ergibt sich eine andere Form der Gottesbeziehung:

- Einige stellen sich Gott so vor: Er ist der Ursprung aller Schöpfung, hat sich aber seit dieser ersten Zeit aus seiner Schöpfung zurückgezogen. Nun funktioniert die gesamte Schöpfung nach göttlichen Gesetzmäßigkeiten. Eine Beziehung zu ihm ist so möglich: Du musst diesen Gesetzmäßigkeiten möglichst exakt entsprechen (z.B.: „Komme mit dir selbst in Harmonie"). Gebet bedeutet dann: mit sich selbst als Gottesgeschöpf im Kontakt sein. Wenn überhaupt Gebet eine Rolle spielt, dann wird es zu einer Form von Psychohygiene. Gebet ist nach dieser Definition „hilfreiches Nachdenken über sich selbst".
- Andere stellen sich Gott als fernes Gegenüber vor. Er ist dort „im Himmel", wir sind hier auf der Erde. Dieser Abstand macht ihn fremd und manchmal unheimlich. Die Beziehung zu ihm gestaltet sich über verschiedene Rituale (z.B. „Opfer": Gottesdienstbesuch, gute Taten usw.) und das Hilfsmittel Gebet: Bittgebete und Dankgebete. Solch eine Beziehung zu dem „fremden" Gott ist stark motiviert vom *Pflicht-, Angst- oder Gewinndenken.* So entwickelten die alten Römer die Formel: *„Do ut des!"* Gib (deine Opfer), damit er (der Gott, dir etwas) gibt!

- Als Christen stellen wir uns Gott nach allen Erfahrungen mit ihm, die in der Bibel festgehalten sind, so vor:
  Wir haben einen liebevollen und fürsorglichen Gott (erinnere dich noch einmal an Schritt 3). Er hat sich in der Person des Menschen Jesus von Nazareth auf unsere Erlebens- und Denkebene begeben. Nach Jesu Tod hat Gott ihn vom Tod auferweckt und sich so als der fürsorgliche „Vater" Jesu bestätigt. Er lässt seinen Sohn nicht in der Verdammnis („am Kreuz") hängen, sondern stellt sich ganz zu ihm. So wurde Jesus zum „Christus" (griech. = Gesalbter), eben dem mit „Heiligem Geist Gesalbten". Denselben Heiligen Geist der Auferweckungskraft und Liebe Gottes hat er in die Herzen seiner Nachfolger ausgegossen (Römer 5,5). Und das geschieht bis heute. Dieser Geist ist wie eine Anzahlung auf mehr: Als Richter der Weltgeschichte wird Gott nämlich für Gerechtigkeit sorgen und am Ende den sichtbaren Sieg über Tod, Teufel und Leid, Tränen und Trauer davontragen. Darauf warten wir noch sehnsüchtig.

Was hat dieses Verständnis von Gott für Auswirkungen auf unsere Beziehung zu ihm?

Gott ist kein unpersönliches Gesetz, Prinzip oder System. Gott ist auch nicht fremd oder fern. Gott lebt durch seinen Geist in uns – ohne dabei in uns aufzugehen (also nicht: Gott bin ich, ich bin Gott). Er bleibt zugleich auch außerhalb unserer Person ein Gegenüber. Die Beziehung zu ihm bekommt so eine besondere Dimension: Der Heilige Geist in uns (also Gott selbst!) hilft uns, die Beziehung zu Gott außerhalb von uns aufzubauen. Das hat weitreichende Folgen für unsere Gebete und unsere Gemeinschaft mit ihm:

- Indem wir uns selbst suchen, finden wir Gott in uns.
- Indem wir Gott suchen, finden wir uns in ihm.
- Unsere Gottesbeziehung ist eine innige Liebesbeziehung.
- Unsere Beziehung zu Gott lebt von der freiwilligen Hingabe an ihn. Liebe lässt sich nicht erzwingen.
- Gebet ist von Gott geführt: Wir hören auf sein Reden in uns und antworten mit Worten, die von seinem Heiligen Geist getragen und inspiriert werden.

## „... durch Gebet und Besinnung ..."

### Gebetsformen

Beten hat traditionell viele mögliche Formen:

- Freies Gebet (allein, in Gruppen),
- vorformulierte Gebete (Psalmen, liturgische Gebete),
- Lieder, Gesänge,
- meditative Formen (Schweigen, Herz-Jesu-Gebet),
- Körpergebete (tanzen, stehen, knien, Tränen),
- Beten im Geist (sogenannte Prophetie, Sprachengebet).

Je nach Tradition und Anlass sind die Ausdrucksformen und Haltungen unterschiedlich. Die äußere Form des Gebetes ist für die Beziehung nicht das Entscheidende. Darum wollen wir uns jetzt auf das Wesen von Gebet konzentrieren.

### Das Wesen des Gebetes

Das Herz des Gebetes ist: Gemeinschaft mit Gott auf allen Ebenen unseres Seins. Daran sind beteiligt: Gefühle, Gedanken, Wille, Körper und alle Sinne.

Unsere Gemeinschaft lebt davon, dass Gott uns zuerst geliebt hat und wir uns von ihm lieben lassen. Unser Gebet ist also eine Reaktion auf seine Liebe.

*Eine Definition von Gebet: „Beten ist, einfach ehrlich zu werden. Ehrlich zugleich uns selbst und Gott gegenüber."*

- Wir dürfen uns im Kraftfeld seines Heiligen Geistes loslassen,
- offen und ehrlich unser ganzes Sein ihm hinhalten und zumuten,
- uns ihm geben und von ihm empfangen, was er uns in seiner Liebe schenken will.

- Darum brauchen wir keine Angst davor zu haben, uns nicht angemessen ausdrücken zu können. Der Geist Gottes lebt in uns und betet durch uns: *„Abba, lieber Vater!"* (Römer 8,15; Galater 4,6).

Für unsere Gebetshaltung ist also nur wichtig, dass wir uns bewusst machen: Gott lebt im Heiligen Geist in uns und wir dürfen deshalb in allen Dingen ehrlich vor ihm sein.

## Besinnung

Gebet und Besinnung sind nicht wirklich voneinander zu unterscheiden. Eins ist auf das andere bezogen. Wir hören im Gebet auf Gottes Stimme, um seinen Willen zu begreifen und zu tun. Wir gebrauchen dafür den Begriff „Besinnung".

*Wie spricht Gott zu dir?*
Weil er durch seinen Heiligen Geist in dir wohnt, ist er dir näher, als du denkst, du musst nicht auf die Suche außerhalb von dir gehen. Er spricht

- durch deine Gedanken,
- durch deine Gefühle,
- durch innere Bilder,
- auch durch deinen Körper (körperliche Berührungen, Tränen ...),
- auch durch eine akustisch wahrnehmbare Stimme (eher selten),
- durch Situationen und Umstände,
- durch Wunder (Zeichen, Kraftwirkungen, Heilungen),
- durch Menschen,
- durch die Bibel, die der Maßstab zur Unterscheidung und Prüfung allen Redens Gottes ist. Die Bibel ist das Urzeugnis von Gottes Reden und Wirken auf dieser Welt. Wenn er zu dir redet, wird er sich nicht selbst widersprechen. Du kannst also sein heutiges Reden und Handeln anhand der Bibel (das ist sein verbindliches, ewiges Wort) überprüfen.

Übersieh die einfache Regel nicht: Gott ist in dir und spricht zuallererst durch deine Gedanken. Erwarte nicht irgendwelche übernatürlichen Ereignisse, wo Gott doch schon so nahe ist.

## Formen der Besinnung

Folgender Rahmen kann dir helfen, vor Gott still zu werden:
- *Alleinsein ist wichtig!* Suche dir Zeiten und Orte, in denen du allein ungestört „Stille Zeit" halten kannst und nicht abgelenkt wirst.
- *Suche dir Orte der Ruhe!* Bete still zu Gott, ohne dich unterbrechen zu lassen. Störende Außeneinflüsse zerstören die Konzentration und blockieren deine Fähigkeit, Gott ungestört deine Gedanken und Gefühle mitzuteilen oder sein Reden in dir wahrzunehmen.
- *Nimm dir bewusst Zeit!* Wähle Momente, in denen du nicht todmüde bist oder deine Gedanken von allem Möglichen abgelenkt werden.
- *Lausche sorgfältig!* Gott will dir etwas mitteilen. Genau wie du ihm, hat auch er dir Dinge zu sagen. In der Bibel zu lesen, wird dir dabei helfen, ihn zu verstehen. Gerade am Anfang, wenn du ihn kennenlernst, ist die Bibel unverzichtbar.
- *Wiederhole deine tägliche „Inventur" vor Gott!* Bekenne deine Fehler, bitte um Vergebung und bringe Dinge wieder in Ordnung, wo es nötig ist.
- *Beende deine Gebetszeit*, indem du um die Erkenntnis seines Willens bittest und um die Kraft, ihn auszuführen.

## „Wir baten ihn nur, uns seinen Willen erkennbar werden zu lassen und uns die Kraft zu geben, ihn auszuführen"

Sehr interessant wird für dich der folgende Gedanke sein:

Schritt 11 gibt dem Gebet nur eine einzige Ausrichtung: Wir sollen „nur" auf die Erkenntnis seines Willens ausgerichtet sein.

*Warum?* Sind damit andere Gebetsinhalte verpönt? Nein! Mit diesem Hinweis wird die zentrale Bitte Jesu „Dein Wille geschehe!", aus dem Vaterunser aufgenommen. Im Zusammenhang mit der 12-Schritte-Tradition ist diese Betonung nur zu gut verständlich: Gerade die heillose Selbstbezogenheit war ja die Wurzel allen Übels. Gegen diese Selbstsucht hilft nur eins: sich mit aller Kraft auf den Willen Gottes werfen! Das zu denken, ist für dich vielleicht noch etwas ungewohnt.

*Ein Beispiel soll dir helfen:* Da betet eine Frau, dass Gott ihren Chef besänftigen möge, der ihr zurzeit so viel Stress macht. Warum? Durch ihre Unpünktlichkeit und einige Unzuverlässigkeiten war der Chef ärgerlich geworden. Zu Recht!

Soll nun Gott diese (berechtigten!) unangenehmen *Symptome* ihrer Selbstsucht beseitigen, nur damit sie in alter Manier fröhlich weitermachen kann, ohne Konsequenzen aus ihrem Verhalten ziehen zu müssen?

Auf diese Weise benutzte sie das Gebet als Mittel, um Gott in *ihrem* Sinne zu manipulieren. Gott sollte so antworten, dass *ihr* Wille erfüllt wird. Und ihr den Ärger des Chefs vom Hals schaffen, nur damit sie *ihren* selbstsüchtigen Willen weiter durchführen kann: weiter unpünktlich und unzuverlässig bleiben.

*Keine selbstsüchtigen Gebete mehr*

Diese selbstsüchtige Art von Gebet überwinden wir, wenn wir Schritt 11 und seine Einschränkung ernst nehmen. Wir lernen, im Willen Gottes zu leben und zu beten. Das ist ein tiefer Ausdruck unserer liebenden Gemeinschaft mit ihm. In seinem Licht wird sich unsere Ungerechtigkeit und Selbstsucht offenbaren. Das ist gut so.

Bedenke: Weil er in dir lebt und das Beste für dich will, brauchst du dich nicht vor seinem Willen zu fürchten. Er ist kein Willkür-Gott, sondern dein liebender Vater. Er ist und bleibt um Jesu willen *für* dich! Und er wird dir sogar die Kraft geben, seinen Willen umzusetzen. Nicht einmal das musst du allein schaffen.

### Gottes Kraft in unserer Schwachheit

Gott hat eine lange Geschichte mit seinem Volk, in der er seine Macht durch schwache Menschen wirken ließ. Die meisten von uns würden es sicherlich bevorzugen, wenn Gott ihre Stärken, ihre Begabungen oder Fähigkeiten benutzen würde – oder dass er sie stärker, begabter oder noch fähiger machen würde. Es ist aber gerade unsere Schwachheit, durch die Gott seine Macht erweisen möchte. Gott mutet uns genau dasselbe zu wie seinem berühmten Diener Paulus: Dem sagte er auf seine flehenden Gebete um Befreiung: *„Meine Gnade ist genug für dich, denn meine Kraft wird sich in deiner Schwachheit vollenden!"* (vgl. 2. Korinther 12,9). Zu seiner Gnade gehört dieses Geheimnis: Gott hat beschlossen, seine Kraft in Schwachen wirken zu lassen. Das ist Trost für Schwache und Erschrecken für Starke.

# Den Schritt 11 durcharbeiten

## 1. Widerstand gegen Schritt 11 erkennen und bearbeiten

### Still werden ist eine harte Übung

Warum ist es eigentlich so schwer, eine „Stille Zeit" vor Gott zu reservieren, um im Gebet und mithilfe der Bibel mit Gott vertrauter zu werden? Viele von uns erlebten diese Übung zunächst als schwierig.

*Hier einige ihrer Gedanken:*
- Wir sind es gewohnt, aktiv zu sein.
- Wir fühlen uns unwohl, wenn wir still dasitzen sollen.
- Uns schwirren in diesen Momenten oft Hunderte von Gedanken durch den Kopf und lenken uns ab.
- Wir verschwenden nur Zeit.
- Es ist sinnvoller, etwas Gescheites zu tun. Es bleibt so viel liegen.
- In der Nähe Gottes werden Wahrheiten über mich wahr, die ich nicht gerne wahrnehme.
- Gott zeigt uns nicht nur Angenehmes.

Mache dir bewusst: Zeit mit Gott vertieft deine Beziehung zu ihm. Mit einem Menschen, den wir besser kennenlernen wollen, werden wir möglichst viel Zeit verbringen. Das ist ganz natürlich, wenn es um eine Liebesbeziehung geht. Das ist kein Zwang.

*Wie geht es dir mit solchen „Zeiten mit Gott"?*

______________________________

______________________________

______________________________

### Zweifel beim Beten

Auf dem Weg mit Jesus befallen uns immer wieder einmal auch Zweifel:
- Hört Gott mich überhaupt, wenn ich zu ihm bete? Da kann ich beten, wie ich will. Es hört mir eh keiner zu.
- Ich habe schon so oft gebetet und er hat nicht reagiert und hat mich nicht erhört. Jetzt bin ich mutlos.
- Vielleicht bin ich zu dumm? Aber ich kann Gottes Stimme nicht hören.
- Gott sagt mir bestimmt immer nur, wo ich falsch bin. Ich mag gar nicht auf ihn hören.
- Nachher sagt er mir etwas, was ich gar nicht will. Und dann muss ich das auch noch tun.
- Vielleicht spricht Gott erst zu mir, wenn ich richtig (gut, perfekt) bin?

*Beschreibe solche Zweifel, die dich am Gebet hindern wollen:*

______________________________

______________________________

## 2. Der Gewinn von Schritt 11

Viele von uns nahmen gerade in der Zeit, als sie sich mit Schritt 11 auseinandersetzten, besonders aufmerksam wahr, wie Gott in ihrem Leben wirkte. Hier einige Zeichen seiner Nähe:

- Sie spürten in alltäglichen Dingen mehr von Gottes Frieden.
- Sie empfanden tiefen Dank über die voranschreitende Veränderung ihres Verhaltens.
- Endlich bekamen sie das Gefühl, dazu berechtigt zu sein, einen Platz in dieser Welt zu haben.
- An die Stelle von Scham oder anderen negativen Gefühlen trat ein neues, gesünderes Selbstwertgefühl.

Solche Zeichen können auch dich ermutigen und dir deutlich machen, dass Gott im Blick auf deine Heilung am Werk ist und mit dir zum Ziel kommen wird. Auch das ist „Reden" Gottes, wenn du ständig Veränderung erfährst. Habe Geduld mit dir selbst. Seine Liebe *hat* den längeren Arm. Gott ermutigt dich auf diese Weise. Vertraue ihm!

*Welche Veränderungen in deinem Leben deuten dir an, dass deine Beziehung zu Gott wächst?*

________________________________________

________________________________________

________________________________________

### Uns reinigen lassen

In deiner „Stillen Zeit" bist du in der reinigenden Gegenwart Gottes.

Es geht nicht darum, eine technische Beziehung zu ihm aufzunehmen, um dein *Wissen* von Gottes Wegen, seinen Zielen und Versprechen dir gegenüber aufzufrischen. Es ist und bleibt eine *Liebesbeziehung*. Darum tut Gott aus Liebe ganz viel in der Stille. Du wirst es nicht immer mitbekommen, was Gott an dir verändert. Viele Dinge wirst du erst im Rückblick wahrnehmen können.

Vertraue darauf: Jede Begegnung mit ihm wird dein Herz und dein Wesen zum Guten hin verändern:

- Du wirst mehr zu ihm hingezogen.
- Du wirst immer mehr in seiner Liebe eingewurzelt.
- Manchmal ist es ein Gedanke, der sich über Wochen in dein Herz einnistet.
- Gottes heilige Nähe räumt nach und nach alles Verdrehte und Verkorkste auf.
- Seine Wahrheit bekommt Einfluss auf Kopf und Herz und du wirst Jesus immer ähnlicher.

Solche Besinnung in der Stille macht dich demütig, weil du Gottes Größe und Glanz schaust und dich durch seinen Heiligen Geist ermutigen und trösten lässt.

*Welchen Gewinn deiner Zeiten mit Gott nimmst du bei dir wahr?*

________________________________________

________________________________________

________________________________________

## 3. Auf Gott hören – Übung

Einige praktische Hinweise, um dein Gebetsleben zu bereichern.

### Gebetstagebuch

In einem Gebetstagebuch kannst du
- deine Fragen notieren und vielleicht Wochen später Antworten Gottes wahrnehmen und zuordnen,
- Gebete aufschreiben, wenn du dich nicht konzentrieren kannst. Das hilft! Wenn du dann ein Gebet aufgeschrieben hast, warte einige Zeit in der Stille und höre, was Gott dir sagen will.

### Stille vor Gott

Halte einige Minuten der Stille vor Gott aus und nimm dir vor, nichts Produktives zu tun. Konzentriere dich allein auf die liebende Gegenwart Gottes in dir. Du darfst erwarten, dass Gott dich berührt.

### Frage Gott direkt

In Augenblicken, wo du nicht weißt, was du beten sollst, darfst du erwarten, dass Gott dir sagt, was dran ist. Du kannst ihn z. B. konkret fragen: „Was fühle ich gerade, ich verstehe mich selbst nicht!" Nimm ernst, dass du eine dialogische Beziehung zu Gott pflegst.

### Erinnerungsmethoden

Entwickle eine Methode, um dich selbst irgendwie daran zu erinnern, dass Gottes Gegenwart mit dir den ganzen Tag mitgeht. Du kannst dir kurze „Gebetspausen" alle paar Stunden vornehmen oder du kannst dir einen bestimmten Satz durch den Tag mitnehmen: „Danke, dass du mit mir bist, Herr!" oder: „Lehre mich deine liebevollen Wege, Herr!"

Nimm dir Zeit und erinnere dich einmal ausführlich: Welche guten Taten hat Gott schon in deinem Leben getan? Nach dem Motto: *„Lobe den Herrn, meine Seele, und vergiss nicht, was er dir Gutes getan hat"* (Psalm 103).

*Welche kreativen Möglichkeiten kommen dir noch in den Sinn?*

____________________

____________________

____________________

____________________

## 4. Missverständnisse ausräumen

### Falsches Warten auf den Willen Gottes

Gott hat dir einen Verstand gegeben, um zu denken, und einen Willen, um zu handeln. Wenn es in Schritt 11 heißt: *„Wir baten ihn nur, uns seinen Willen erkennbar werden zu lassen …“*, darfst du das nicht so falsch verstehen: Ich will *passiv* auf den Willen Gottes warten. Da wird Gebet zu einer Lotterie. „Wenn es mich trifft, habe ich Glück, wenn nicht – ja, dann habe ich halt Pech gehabt.“

Gottes Willen zu erwarten, heißt bei allem stillen Lauschen zur gleichen Zeit: Du selbst wirst aktiv und vertraust dabei darauf, dass der Heilige Geist ständig in dir am Werk ist.

*Und wenn ich den Willen Gottes nicht erkennen kann?*
In unklaren Situationen ist es klug, die Hilfe von anderen Menschen zu suchen. Es gibt verschiedene Möglichkeiten, wie Gott zu dir spricht. Eine davon ist die: Er redet durch andere Menschen. Eine andere: Er benutzt neue Erfahrungen, um dir seinen Willen deutlich zu machen.

Nachdem du eine Situation sorgfältig geprüft hast, kann es sein, dass die Antwort klarer wird oder immer noch unklar ist. Bei Letzterem bleibe geduldig – *Gott* will uns schließlich seinen Willen offenbaren. Er wird Klarheit schenken. Oft wird es trotz Unsicherheiten nötig sein, die für den Augenblick bestmögliche Lösung zu wählen und dabei Gott zu vertrauen, dass er bei uns ist und uns auf dem Weg führen wird. Glaube an seine Leitung und du wirst seine Führung wirklich erleben.

*Wie nimmst du Gottes Willen wahr? Welche Probleme hast du damit?*

______________________________________________

______________________________________________

______________________________________________

## 5. Wie uns die Bibel ins Leben führt

Die Welt ist zu einer großen Stadt geschrumpft. Nicht nur das World Wide Web, auch die Satelliten, die uns in Echtzeit die Bilder von der ganzen Welt ins heimische Wohnzimmer senden, bewirken diesen Eindruck. Ein Erdbeben erschüttert uns dann, als wäre es in der Nachbarstadt geschehen. Grausame Kriege und Attentate (Osttimor, Kosovo, New York, Madrid usw.) in den Schlagzeilen erschlagen uns mitunter. Wir erleben uns verbunden mit der ganzen Schöpfung Gottes. Wir können uns nicht herausziehen aus dem Schrei nach Erlösung dieser Welt und uns zurückziehen in eine heile Privatsphäre! Manche versuchen es dennoch und verstehen nicht, wieso sie so niedergeschlagen sind. Ist das doch eine gesunde Reaktion: Trauer über die Unerlöstheit der Welt, das Seufzen des Geistes. Nur das Problem bleibt: Menschlich gesehen sind wir zu schwach, um die Größe dieser Schrecken zu ertragen. Wir bräuchten mindestens eine tragbare Klagemauer, an der wir uns entlasten könnten von all den Schreckensmeldungen.

Hatte Paulus solche Szenarien vor Augen, als er die folgenden Briefzeilen in Kapitel 8 seines Römerbriefs (Hfa) entwarf?

*(22) Wir wissen ja, dass die gesamte Schöpfung leidet und stöhnt wie eine Frau in den Geburtswehen.*

*(23) Aber auch wir selbst, denen Gott bereits jetzt seinen Geist als Anfang des neuen Lebens gegeben hat, warten voller Sehnsucht darauf, dass Gott uns als seine Kinder zu sich nimmt und auch unseren Leib von aller Vergänglichkeit befreit.*

*(24) Darauf können wir zunächst nur hoffen und warten, obwohl wir schon gerettet sind. Hoffen aber bedeutet: noch nicht haben. Denn was einer schon hat und sieht, darauf braucht er nicht mehr zu hoffen.*

*(25) Hoffen wir aber auf etwas, das wir noch nicht sehen können, dann warten wir zuversichtlich darauf.*

Gerade denen unter uns, die sich von ihrem Co-Abhängigkeits-Muster befreien, gilt diese Warnung: Nur das Herz im Zentrum des Universums (Gott selbst) kann solch ein Gewicht an Leiden ertragen. Überlass diese Welt und auch deine Gruppenmitglieder immer zuerst der Fürsorge Gottes!

Deine Versuche, die Nöte dieser Welt zu tragen, wären

- selbstzerstörerisch (masochistisch),
- aus falschem messianischen Sendungsbewusstsein (Jesus ist der Retter!),
- letztlich Götzendienst: als ob es keinen Gott gäbe, als ob du diese Last selbst tragen müsstest ...

So hilft der Geist Gottes in dir deiner Schwachheit, das meint in deiner typischen Begrenztheit, auf.

*Ist das unsere Gebetsaufgabe?*
Ja, exakt die: Dem Seufzen des Geistes in uns Sprache zu geben, ihm einen Ausdruck zu geben. Wir sollten nicht versuchen, die Leiden der Schöpfung auf uns zu nehmen und zu tragen. Daran werden wir uns überheben. Sie aber artikulieren, aus-sagen, diese Sehnsucht Gottes nach Heilung der Welt durch uns hindurchgehen lassen zu Gott hin – das ist das Geheimnis des Betens.

*Mitfühlend mitbeten?*
In unseren Gruppen bekommen wir genug Gelegenheit, mit anderen mitzufühlen, mitzuleiden und mitzuweinen. Vielleicht ist deshalb unsere stärkste Kraft die, nicht die Tränen eines Gruppenmitglieds zu unterbrechen (auch nicht „fromm" durch Gebet!), sondern mit ihr oder ihm das Seufzen auszuhalten, bis sich die Person ausgeweint oder ausgeseufzt hat. In solch einem Augenblick hilft es, den Heiligen Geist im anderen anwesend zu glauben. Er wird es gut machen.

### Wie hilft uns der Geist Gottes genau beim Beten?

*(26) Dabei hilft uns der Geist Gottes in all unseren Schwächen und Nöten. Wissen wir doch nicht einmal, wie wir beten sollen, damit es Gott gefällt! Deshalb tritt der Geist Gottes für uns ein, er bittet für uns mit einem Seufzen, wie es sich nicht in Worte fassen lässt.*

*(27) Und Gott, der unsere Herzen ganz genau kennt, weiß, was der Geist für uns betet. Denn der Geist vertritt uns im Gebet, so wie Gott es für alle möchte, die zu ihm gehören.*

*Wissen wir doch nicht einmal, wie wir beten sollen ...*
Klagst du auch über die Not, dass du nicht die richtigen Gebetstechniken bzw. Methoden zum Gebet kennst? Oder geht es dir eher so wie vielen von uns? Wir wissen leider viel zu gut, wie man betet. Wir glauben immer noch: Gebet ist etwas, was wir ableisten müssten!

*Mit diesen Hinweisen des Paulus darfst du neu das Beten lernen:*

1. Hör auf mit dem Versuch, Gott zu mobilisieren, ihn zu beknien und zu „überreden".
2. Fang stattdessen an, auf Gottes feines Reden in dir zu lauschen. Gott ist in dir schon am Beten – ist das für dich ein befremdlicher Gedanke? Paulus sagt: Der Geist seufzt unaussprechlich oder besser, als wir es in Worte fassen könnten, in uns (V. 26).

*Gebet bedeutet nach dieser Definition:*
*Gott betet in dir!*
Du gibst diesem *„unausprechlichen Seufzen"* des Heiligen Geistes in dir Ausdruck (V. 23b + 26b). Gott, der Vater erforscht die Bedeutung dieser „Seufzer" bzw. dieser „Sehnsucht", wenn der Geist sie vor seinen Thron gebracht hat. Mit dem Heiligen Geist haben wir also Gott selbst im Gebet als Anwalt für unsere Anliegen (V. 27b: ... *Denn der Geist vertritt uns im Gebet)*!

*Das bedeutet konkret:*

- Du bittest um den Heiligen Geist. Die „Bitte um den Geist" bedeutet auch: Du wirst neu wach für den Geist Gottes in dir und schenkst ihm aktuell deine Aufmerksamkeit.
- Du besitzt keine Technik, um Gottes Seufzen Stimme zu geben. Du kapitulierst (Schritt 1) und gibst vor Gott zu, dass du eben nicht beten kannst.
- Jetzt nimmst du wahr: Schon bevor du anfängst zu beten, hat Gott dir die Sehnsucht ins Herz gegeben, seine Sehnsucht. Nimm sie ernst! Du musst Gott nicht mobilisieren, sondern darfst Gottes Sehnsucht Worte bzw. stammelnd Ausdruck geben. Einige von uns haben in der Gegenwart Gottes schon lachen müssen oder es flossen nur so die Tränen. Entspanne dich und lass den Geist in dir beten.

## Und wie ist das mit dem Bittgebet?

Nach dieser Definition von Gebet ist es der Heilige Geist selbst, der dir die Bitten Gottes aufs Herz legt. Mit deinem Gebet betest du ganz im Willen Gottes (vgl. Johannes 15,16: *„Wenn ihr den Vater bittet in meinem Namen, wird er es euch geben")*. Jesus fordert uns quasi auf, im Gebet Gott zu befehlen! Bittgebet ist eine Art „Befehl". Ist das ein Skandal? Nein! Wenn Gott selbst in uns der Fürbittende ist, Gott selbst in uns das Elend herausschreit, dann sucht Gott in uns eine Stimme, die die göttliche Sehnsucht in Worte formt. Und diese Stimme bist du!

## Und wie ist es mit dem gebietenden Gebet?

Jesus selbst hat sich den Mächten des Bösen entgegengestellt und „böse Geister" durch seinen Befehl ausgetrieben. Das nennen manche auch „gebietendes" Beten.

Aber nicht nur das! Jesus herrschte in einer Schlüsselsituation seines Lebens, gerade als er sein Leiden ankündigt, seinen Jünger Petrus an: *„Weiche hinter mich, Satan!"* (Markus 8,33). Damit befahl er ihm sinngemäß: Geh wieder in meinen Fußstapfen! Folge mir nach! Gehorche mir! Warum aber nannte er seinen Jünger „Satan"?

*Es gibt also zwei Aspekte, die beim gebietenden Gebet im Blick behalten werden müssen:*

1. Die unsichtbare böse Macht (sog. „böse Geister") muss abgewehrt und weggeschickt werden (Distanzierung vom „Bösen"!).
2. Die Aufforderung zum Gehorsam (wie im Fall des Petrus): Durch „gebietendes Gebet" wirst du selbst und damit der rebellische Geist in dir zum Glaubensgehorsam aufgefordert.

*Konkret sieht diese Art zu beten so aus:*
Als Jesu Nachfolgerin oder Nachfolger darfst du in der Kraft des Heiligen Geistes

- die Wahrheit Gottes aussprechen. Jesus sagte so zu Petrus die göttliche Wahrheit: „Ich werde sterben! Das ist Gottes Weg",
- und diese Wahrheit gegenüber möglichen Lügen des Teufels bekennen und festhalten. Im Fall des Petrus lautet die Lüge sinngemäß: „Leiden ist nicht Gottes Wille, Gott will doch Heil! Das soll dir nur nicht widerfahren, Jesus!"

Doch nur so kommt Gottes Heilsplan zum Ziel.

*Klärungen und geistliche Regeln beim gebietenden Gebet*

- Du treibst böse Geister aus? – Nein, Jesus allein tut es (wenn auch mit Unterstützung deines Gebets).
- Treibe nie für jemanden anderes etwas aus, was er nicht loswerden will! Das bedeutet: In der Vollmacht Jesu kannst du den anderen unterstützen bei dem, was er loswerden will. Dein „gebietendes" Beten kann den anderen nur unterstützen in seinem eigenen Kampf mit seinen Lügenmächten.
- Steckt hinter allem eine böse Macht, die durch „gebietendes Gebet" überwunden werden muss? – Nein, nicht alles, was sich „böse" anfühlt, ist böse und muss ausgetrieben werden. Manche Gefühle, die dich z. B. zu deiner Sucht verleitet haben, müssen im Gegenteil verstanden und endlich angenommen werden. Manche Furcht muss getröstet werden, manche „bösen" Gedanken müssen in

ihrer besonderen Funktion im Überlebenssystem verstanden werden (vgl. Schritt 4). Du benötigst die Weisheit des heiligen, barmherzigen Geistes Jesu, um da unterscheiden zu können.

- Wenn das Böse einmal ausgetrieben wurde, ist dann alles gut? – Die Befreiung gilt, aber die Nachwirkungen und Denkmuster sind oft noch länger da. Auf „böse Symptome" reagiere nicht mit erneuten „gebietenden" Gebeten! Vor und nach jedem „gebietendem" Beten steht die menschliche Arbeit an Themen wie Umkehr, Vergebung, Heilung, Charakterveränderungen. Die unsichtbare Macht des Bösen ist zu unterscheiden von den sichtbaren, langfristigen Symptomen oder Folgen des Bösen in deinem Leben.
- Mit dem alten Taufritus („Widersagst du dem Satan und allen seinen Mächten und Kräften" – „Ja, ich widersage!") hat die Kirche von Anfang her die einmalige und grundlegende Trennung von den Mächten des Bösen in der Umkehrtaufe praktiziert. Mit einem solchen Ritus wird deutlich, dass du die Herrschaftsbereiche gewechselt hast. Vertraue auf das Zeichen deiner Taufe.

## Eine Gebetsdefinition für den christlichen dreieinigen Gott

Unsere Definition von Gebet in diesem Arbeitsbuch nimmt das Geheimnis der Dreieinigkeit Gottes ernst. Die christliche Lehre von der Dreieinigkeit (die sogenannte „Trinitätslehre") wurde in der altkirchlichen Theologie ausformuliert, um dadurch das Geheimnis Gottes zu beschreiben und das Verständnis Gottes vor Einseitigkeiten zu schützen:

- Gott der Vater ist Schöpfer und jenseits unserer Wahrnehmung,
- Gott der Sohn ist in Jesus Mensch geworden, uns nahegekommen, unser Urbild und Stellvertreter in der Erlösung.
- Gott der Heilige Geist wohnt in uns als die Liebe Gottes in Person.
  Der Heilige Geist ist sogar die liebevolle Selbsthingabe von Vater und Sohn an uns in Person (vgl. Johannes 14,23: *„Wir wollen Wohnung bei euch nehmen"*).

Wenn wir *ohne* trinitarische Vorstellung von Gott über Gebet nachdenken, kommen wir entsprechend zu anderen Schlussfolgerungen. Viele haben „Gebet" bisher immer so verstanden:

- Wir müssten uns im Gebet erst zu Gott wenden, um Kontaktversuche durch Gebetsübungen zu starten.
- Erst wenn der Kontakt da sei, könnten wir unsere Bitten loswerden und müssten warten, ob Gott gnädig gestimmt diesen Bitten entspricht.

Diese oder ähnliche Gebetsdefinitionen und entsprechende Opferriten haben viele Religionen.

Erscheinen dir diese theologischen Gedanken über Gebet noch immer fremd oder verwirrend? Dann mach's dir einfach. Reduziere alles Gesagte auf den folgenden Satz: **Christen bekommen selbst das Gebet von Gott geschenkt! Das ist Beten aus Gnade. Im Heiligen Geist beten heißt, in Beziehung mit Gott sein beim Gebet – egal wie oder was ich bete. Ich bete getragen von ihm: „Lass mich in deinem Willen sein und beten!"**

*Kannst du dir vorstellen, wie sich dein Gebetsleben verändern könnte?*

____________________________________________________________

____________________________________________________________

____________________________________________________________

____________________________________________________________

# Der Weg zu Gott ein Weg zu mir …

**Fortsetzung von persönlich erzählt 12 (S. 189):**

Bei Schritt 3 wurde mir vorgelebt, dass ich die Entscheidung treffen kann, meinen Willen und mein Leben der Fürsorge Gottes, soweit wie ich ihn verstand, anzuvertrauen.

Auch wenn meine Aussagen dazu verleiten zu sagen: „Das habe ich doch schon mit Schritt 1 getan ...", so kann ich heute bekennen, dass ich damals genauso dachte. Tatsache ist, dass ich mir der Liebe Gottes zwar gewiss war und mich dadurch auch schon geborgener fühlte. Trotzdem traute ich Gott noch nicht zu, mich in meinen Alltag real begleiten und versorgen zu können, und wagte nicht, mich von ihm einfach führen zu lassen. Sein Geschenk für mich war einfach noch zu groß gewesen. Gott war mir noch zu unpersönlich. Erst mit meiner Entscheidung, ihm mein Leben anzuvertrauen, konnte mein Glauben in diesem Vertrauen wachsen. Ich musste mit der Zeit auch erkennen, dass es nicht damit getan ist, diese Entscheidung einmal zu treffen. Vielmehr entscheide ich mich immer wieder in Situationen des Zweifels zu diesem Schritt. Es klingt etwas paradox, wenn ich behaupte, dadurch dass ich in Gottes Augen wie ein Kind sein darf, fühlte ich mich erwachsener, da ich endlich ernst genommen wurde und ich diese Entscheidung wirklich eigenständig fällen musste.

Christ zu bleiben, heißt für mich heute, einem Prozess zu unterliegen, in dem ich wachsen kann. Heute kann ich gewiss sein, im Alltag Jesus vertrauen zu dürfen, der immer einen Ausweg weiß und mir zeigt, wie es weitergeht.

Bei Schritt 4 kam das Thema einer furchtlosen Inventur auf, wobei es für mich im Wesentlichen darum ging, meine charakteristischen Reaktionen zu erkennen: z. B. meine Anerkennungs- und Harmoniesucht.

Diese wurden in dem Moment zur Sucht, als ich derer fast zwanghaft bedurfte, aber immer öfter merkte, sie nicht allein befriedigen zu können. Ich wusste nur, dass ich Anerkennung und Harmonie nötig hatte. In Bezug auf meine Anerkennungssucht weiß ich heute, dass ich meine Gabe, gut zeichnen zu können, als die meiner Ansicht nach einzige Möglichkeit zur Anerkennung zu gelangen, missbraucht hatte. Es führte schließlich zu einer sich hochschraubenden Erwartungshaltung mir selbst gegenüber, da ich dachte, nur durch Leistung ein Lob der anderen zu bekommen.

Alle meine Begabungen sind mir von Gott gegeben. Mit dieser Ansicht musste ich zugeben, nur der Verwalter dieser Gaben zu sein. Meine Gaben sind meine Werkzeuge zum Segnen, indem ich sie für andere einsetze und Gott damit dienen kann. Um lernen zu können, ein Lob von anderen überhaupt anzunehmen, musste ich auch akzeptieren, dass die Erfüllung dieses Bedürfnisses lebensnotwendig und damit richtig ist. Ich musste lernen, mir selbst vergeben zu können, also mir nicht selbst Schuld zu geben, wenn die Bestätigung der anderen ausblieb. Nicht mehr Leistung, sondern mehr Dank und Bitte an Gott für meine Gaben ist erstrebenswert.

Meine Harmoniesucht hatte ihren Ursprung in meiner Sehnsucht nach einem glücklichen und zufriedenen Leben. Da ich den Sinn meines Lebens nicht verstand, blieb diese Sehnsucht natürlich auch unerfüllt. Durch meine Depressionen fiel mir das Leben ziemlich schwer. Gott durch meine Gaben zu dienen, ist für mich zum Sinn des Lebens geworden. Dies ist für mich mein lebendiges Opfer an Gott.

Somit kann ich sicherlich sagen: Das Leben ist schwerer als der Tod. Doch Gott kann auch sehr humorvoll sein. Er zeigt uns leichte Wege.

Sein Wille ist es, dass wir leben und nicht über-(Gottes Willen) leben. Heute weiß ich, dass konkrete Ziele mein Leben zwar überschaubar machen, sie jedoch nutzlos sind, wenn ich nicht weiß, welchen Sinn mein Leben überhaupt hat.

So möchte ich zum 12-Schritte-Programm sagen, dass es für mich eine heilende Horizonterweiterung war. Die ständig nur um mich kreisenden, quälenden Fragen sind weitestgehend beantwortet und meine Grübelei verschwunden. Ich habe erfahren, wie es ist, wenn man sich auf die Suche Gottes nach uns einlässt. Ich glaube auch nicht mehr an einen Zufall, der mich zur Endlich-Leben-Gruppe brachte, sondern vielmehr, dass ich geführt worden bin. Und dafür bin ich Gott dankbar.

Der Weg zu Gott ist der Weg zu mir selbst geworden. Welch ein großartiges Geheimnis.

# Schritt 12 Zum Zeugen werden

*„Nachdem wir durch diese Schritte*
*ein geistliches Erwachen erlebt hatten,*
*versuchten wir, diese Botschaft anderen weiterzugeben*
*und unser tägliches Leben nach diesen*
*Grundsätzen auszurichten."*

## Unser Leben wird als Ganzes reden

**Mit dem Schritt 12 weitet sich der Lebenshorizont:**

- **Wir begreifen die Auswirkungen des 12-Schritte-Prozesses: Wir sind aufgewacht.**
- **Wir bekommen einen Blick für die Not dieser Welt und werden zu Zeugen.**
- **Wir übertragen die 12-Schritte-Prinzipien auf unseren gesamten Alltag.**

**Im Schritt 12 lernen wir,**

- **ein waches und besonnenes Leben zu führen,**
- **alle Dinge Gott zu überlassen (Kontrolle abzugeben),**
- **die gute Botschaft anderen hilfreich weiterzugeben.**

# Erklärungen zu Schritt 12

**In Schritt 12 fangen wir an, uns über unseren persönlichen Bereich hinaus nach außen der weiteren Gesellschaft und unseren Aufgaben darin zu stellen. Wir leben aus dem neuen Selbstbewusstsein heraus: Wir sind nicht mehr die Hilfsbedürftigen, die wir mal waren.**

**Wir haben etwas zu sagen und zu geben. Wir haben etwas empfangen, das wir weitergeben können.**

## „Nachdem wir durch diese Schritte ein geistliches Erwachen erlebt hatten …"

Für viele von uns kam dieses „geistliche Erwachen" unmerklich und erst rückblickend entdeckten sie die Veränderungen. Selten können wir einen deutlichen Anfang der „Erweckung" festmachen. Jesus kommt zu uns, wann und wie er will. Wir erkennen dann plötzlich, dass all dies nötig war, um uns dahin zu bringen, wo wir jetzt stehen.

Mit Schritt 1 hatten wir bei unserer Machtlosigkeit angefangen und etwas bekommen: Wir sind wach und lebendig geworden. Wir haben eine neue Art, unser Leben zu führen, entdeckt und merken: Es könnte ansteckend wirken!

Viele Menschen besitzen diese Art von Reichtum nicht, ja sie hungern direkt danach. So werden wir dankbar – sogar für unser vielleicht schweres Schicksal, das hinter uns liegt, weil wir erlebt haben: Jesus hat Fluch in Segen verwandelt. Er hat aus unserer Misere etwas sehr Kostbares werden lassen. Einige von uns danken Gott sogar für den unendlich schmerzhaften Weg durch die Sucht, weil er sie auf diese Weise in seine Arme getrieben hat.

*Sicher kannst du auch solch eine Freude in deinem Leben wahrnehmen:*

- Du bist sensibler und wahrnehmungsfähiger für dich selbst geworden.
- Du bist offener für deine Umgebung.
- Deine Beziehung zu dir, anderen und Gott ist intensiver geworden.
- Dein Wertesystem hat sich tief greifend verändert.
- Deine Ziele und Prioritäten sind von der Liebe Gottes geprägt.
- Du suchst jetzt nach Erfüllung durch Dinge, die einen wirklich bleibenden Wert haben.
- Erfolg, eigener Ruf, Perfektion und Ehrgeiz sind dir nicht mehr das Wichtigste.
- Menschliche Nähe, Wärme und Vertrauen sind dir höhere Güter geworden.
- Das Gefühl der Leere und Stagnation, das dich so belastet hatte, ist einem Gefühl der Begeisterung, der Freude und Hoffnung gewichen.

## „… versuchten wir, diese Botschaft anderen weiterzugeben"

Du hast neues Leben geschenkt bekommen! Das Wunderbare ist: Es wirkt sich schon aus. Du gibst durch dein ganzes Sein die Botschaft von der erbarmenden Liebe Gottes weiter.

Das geschieht bewusst oder unbewusst dort, wo du lebst.

Ganz natürlich bekommen es deine Nächsten mit, was an dir geschehen ist. Deine Familie, deine Freunde, Arbeitskollegen und die Gemeindemitglieder beobachten dich. Das Weitergeben dieser Gnade, die dir widerfahren ist, geschieht also ganz ungewollt durch die neue Weise, wie du mit anderen Menschen zusammen lebst und umgehst. Etwas von dem 12-Schritte-Programm weiterzugeben bedeutet nicht nur, irgendetwas in Worte zu kleiden. Die Taten sprechen für sich.

### Unsere Taten sprechen lauter als unsere Worte

Dieses Motto unterstreicht, wie wichtig unsere Glaubwürdigkeit ist.

Es ist wirksamer und glaubwürdiger, Prinzipien mit dem Leben zu bezeugen, als bloße Theorien zu vermitteln. Sicherlich bedeutet es für andere mehr, wenn du davon berichtest, wie du betest und was dir persönlich „Stille Zeit" bedeutet, als wenn du eine Vorlesung darüber abhältst, wie wichtig Gebet und die Besinnung sind.

Es beeindruckt andere viel mehr, wenn du von deinen eigenen Erfahrungen und Veränderungen berichtest und so den geistlichen Prozess verdeutlichst, den du mit dem 12-Schritte-Programm erlebt hast.

Indem du deine eigene Geschichte erzählst, wirst du andere ermutigen zuzugeben, dass auch sie Hilfe nötig haben.

### Weitersagen nützt dir selbst

Diese gute Botschaft weiterzusagen, wird nicht nur anderen, sondern auch dir selbst deutlich machen, wie sich dein Leben während der Arbeit mit den 12 Schritten verändert hat. Du wirst besonders den Menschen eine Hilfe sein können, deren Nöte oder Abhängigkeiten deinen ähnlich sind. Ihnen kannst du aus eigener Erfahrung eine Menge weitergeben.

Beachte: Indem du ihnen deine Veränderungsgeschichte erzählst, erzählst du sie auch noch einmal dir selbst! Du nimmst erneut wahr, wo du herkamst und wo du nicht mehr hin willst. So wird dir selbst auch wieder deutlich, was Jesus in deinem Leben für dich getan hat. Seine Gnade und Liebe leuchtet neu für dich auf. Das ist ein wertvoller Nebeneffekt!

## „... und unser tägliches Leben nach diesen Grundsätzen auszurichten"

Dieser Satzteil des zwölften Schrittes hat eine noch umfassendere Reichweite: Die neuen Lebensprinzipien sollen alle unsere Handlungen bestimmen.

Wir haben viel erreicht, wenn wir uns daran gewöhnt haben, wie selbstverständlich die 12 Schritte zu leben. Das passiert jedes Mal, wenn wir z.B. ein Problem gewohnheitsmäßig nach den Schritten angehen und uns dabei bewusst sind, wie sehr wir auf Gottes Hilfe und Führung angewiesen sind.

- Wir packen dann aus der Gelassenheit heraus viel kompetenter die Aufgaben direkt an.
- Alles, was wir tun, wird dann klar von Gott her und von unserem ehrlichen Abwägen der Folgen geleitet.
- Wir können vertrauensvoll und ohne Furcht handeln.

*Horizonterweiterung durch den 12-Schritte-Weg*

Unsere neue Beziehungsfähigkeit wirkt sich so aus, dass sich unser gesamter Horizont deutlich erweitert: Wo wir früher ausschließlich mit uns selbst und unserem Problem beschäftigt waren, wird unser Blick jetzt geweitet.

Wir bekommen eine ganz neue Beziehung auch zu unserem nächsten Umfeld und zur Gesellschaft. Unser soziales Empfinden, kulturelles und politisches Interesse erwacht. Wir tragen den neuen Lebensstil der Offenheit und Konfliktfähigkeit, den Verzicht auf Manipulation und die Bereitschaft zu verzeihen in unsere größere Umwelt. Damit prägen wir unsere Familie, Arbeitsstelle, Gemeinde, Vereine und den ganzen Freundeskreis. Die Herrschaft Jesu in unserem Leben bleibt nicht Privatsache.

# Den Schritt 12 durcharbeiten

## 1. Widerstand gegen Schritt 12 erkennen und bearbeiten

### Ich kann nicht reden

Ein verbreitetes Missverständnis des Auftrags, „Zeuge Jesu" zu sein, ist das: Du musst anderen Menschen die gute Botschaft „predigen"! Viele von uns wurden dadurch entmutigt.

Hier möchten wir zwei Missverständnisse ausräumen:

Wir sind schon Zeugen Jesu durch unser verändertes Leben,

- wir müssen daher nicht „predigen", sondern dürfen(!) erzählen, was Gott an uns in unserer Lebensgeschichte getan hat;
- die Liebe Jesu zu uns hängt nicht von unseren (Gut-)Taten ab.

Zeuge sein heißt positiv, mit unserem erneuerten Leben in dieser Welt präsent sein. Der Heilige Geist Gottes wird dich ermutigen und dein Tun für andere fruchtbar machen. Vertraue auf Gott in dir!

*Welche Angst beschleicht dich bei diesem Thema?*

________________________________________________

________________________________________________

________________________________________________

## 2. Den Gewinn des neuen Verhaltens entdecken

Erinnere dich noch einmal: Dein Leben als Ganzes ist eine Botschaft der Gnade und Liebe Gottes geworden. Du wirst in allen deinen Beziehungen etwas davon ausstrahlen.

Vielleicht bist du aufgrund deiner früheren Erfahrung (z. B. als Alkoholiker, Drogensüchtiger, Esssüchtige, Beziehungssüchtige ...) besonders geeignet, anderen Betroffenen Hilfe zu geben.

### Helfer sein für andere Betroffene

Vielleicht fällt es dir sehr leicht, mit anderen in Kontakt zu kommen, die ähnliche Probleme haben, wie du sie hattest. Viele dieser Menschen stecken noch in ernsthaften Schwierigkeiten, sind verwirrt und verletzt.

*Du kannst ihnen auf vielfältige Weise helfen:*

- Erzähle ihnen deine Geschichte.
- Bete für sie.
- Lade ihn oder sie zur einer neuen Endlich-Leben-Gruppe ein.
- Überlege, wer außer dir noch als Begleitung für sie infrage käme.
- Nimm sie oder ihn in deine Gemeinde mit hinein.
- Mach dir klar: Sie brauchen eine besondere Ermutigung und Unterstützung, damit sie begreifen können, dass das 12-Schritte-Programm eine wirkliche Hilfe für sie sein wird.
- Ermutige Neue, geduldig und liebevoll mit sich selbst umzugehen. Sie sollen sich nicht zu viel vornehmen, sondern Tag für Tag vorwärtsgehen („Nur-für-heute-Prinzip")!

*Wer fällt dir jetzt ein, den du begleiten könntest?*

______________________________________________

______________________________________________

______________________________________________

## Die Retter-Opfer-Ankläger-Falle

Wenn du anderen helfen willst, ist das gerade im Bereich der Abhängigkeiten nicht ohne Gefahren. Viele von uns haben das erlebt. Jede Medaille hat zwei Seiten. Da du deinesgleichen gut verstehen und dich in sie hineinfühlen kannst, ist die Gefahr groß, dass du für sie zum „Retter" wirst. Und das kann nicht gut gehen. Warum? Du kannst in die Falle des Drama-Dreiecks geraten.

*Das Drama-Dreieck*

1. Es beginnt damit, dass ein „Retter" (in diesem Falle du) einen anderen, das „Opfer" (z. B. einer Sucht) retten möchte. Aber dieser tut ihm nicht den Gefallen, sich retten zu lassen. Er trinkt z. B. weiter.
2. Die zweite Phase sieht dann so aus: Er (das „Opfer") greift den „Retter" (also dich) sogar an und beschuldigt ihn, dass er versagt habe, seine Methode nütze auch nichts, das 12-Schritte-Programm sei blöd usw. Jetzt ist der „Retter" (du selbst) zum „Opfer" geworden, und das ehemalige „Opfer" entwickelt sich nun zum „Ankläger" oder „Verfolger".
3. Die dritte Phase: Das neue „Opfer" (das bist du jetzt!) setzt das Spiel im Drama-Dreieck fort, indem es wiederum zum „Ankläger" oder „Verfolger" wird und das bisherige „Opfer" (den Alkoholiker) beschuldigt, nicht ernsthaft genug mitgearbeitet zu haben.

Dieses Spiel kann in vielen Variationen fortgesetzt werden.

Um dich nicht in dieses Drama verwickeln zu lassen, ist für dich eins wichtig: Beherzige den Schritt 1 für solche Situationen und gestehe dir deine Ohnmacht gegenüber der Not oder Abhängigkeit des anderen ein!

Du bist und bleibst immer nur sein Helfer oder besser Begleiter, werde niemals sein Retter. Retter ist Jesus allein. Die Verantwortung für seine Veränderung bleibt immer bei dem Hilfesuchenden. Du kannst ihm die Entscheidung, sich auf die Hilfe Jesu einzulassen, nicht abnehmen. Du musstest diesen Weg damals für dich genauso gehen und dich selbst für dein Vertrauen auf Jesus entscheiden.

*Kennst du eine Situation, wo du in Versuchung bist, zum Retter zu werden?*

______________________________________________

______________________________________________

______________________________________________

*Wenn ja, warum fällt es dir so schwer, bei deinem Gegenüber eine klare Grenze zu setzen?*

______________________________________________

______________________________________________

______________________________________________

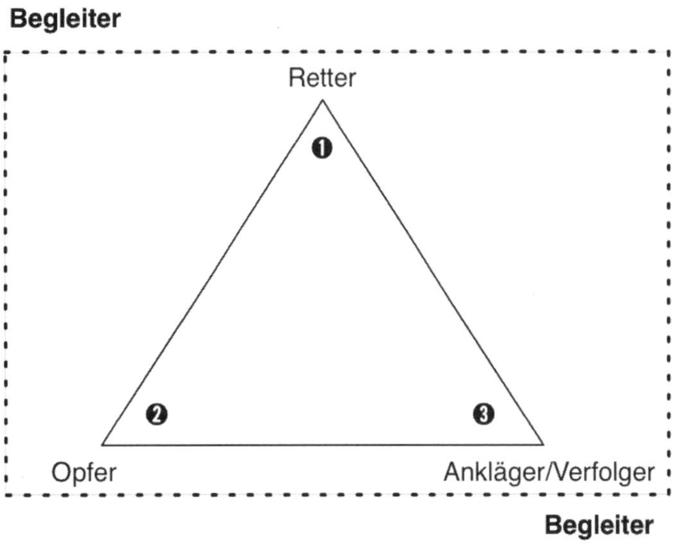

## 3. Wie uns die Bibel ins Leben führt

*Wie muss ich mir das vorstellen: Botschafter für Jesus zu sein?*
Der Apostel Paulus beschreibt in seinem 2. Brief an die Korinther im 5. Kapitel, wie er Botschafter der besten Nachricht der Welt ist (Übersetzung in Schritt 12 aus „Hoffnung für alle"):

- Es ist die Botschaft von der Befreiung von Sünde, Tod und Teufel!
- Es ist die Botschaft von Versöhnung, Leben und Liebe im Heiligen Geist.

### Welche Motivation hat der Botschafter? (2. Korintherbrief 5,14-15)

*(14) Was wir auch tun, wir tun es aus der Liebe, die Christus uns geschenkt hat – sie lässt uns keine andere Wahl. Wir sind davon überzeugt: Weil einer für alle Menschen starb, sind sie alle gestorben.*

*(15) Und Christus ist deshalb für alle gestorben, damit alle, die leben, nicht länger für sich selbst leben, sondern für Christus, der für sie gestorben und auferstanden ist.*

Wichtig für jede Botschafterin und jeden Botschafter ist die Grundhaltung bzw. die Motivation, aus der heraus sie oder er seine Botschaft übermittelt. Die Zuhörer spüren sofort, was für eine Haltung sich hinter einer Botschaft verbirgt.

Paulus beschreibt, wie „die Liebe Christi" ihn antreibt. Er ist überwältigt von der Hingabe Jesu, der sich selbst so tief erniedrigt hat – bis zum Tod am Kreuz! Dort hat Jesus schließlich sein Leben verschenkt, damit die „Menschen auf der Todesspur" (V. 14: „sind sie alle gestorben") durch ihn quasi die Spur wechseln und lebendig werden.

„Endlich leben!" ist ein wirklich angemessenes Motto für unsere Gruppen. Denn im Glauben an den Auferstandenen wurzelt die Hoffnung, dass Tote zum Leben kommen. Diese Auferstehungshoffnung ist keine Vertröstung auf ein Jenseits. Es geht um die schöpferische Kraft des Heiligen Geistes, der Jesus vom Tod erweckt hat. Dieselbe Kraft wirkt bei allen Veränderungsprozessen. Derselbe Heilige Geist befreit aus den schrecklichsten Verstrickungen in Süchte und Abhängigkeiten. Dieser Gott setzt Zeichen seiner Herrschaft, indem er zerbrochene Herzen heilt und Mühselige und Beladene wieder stärkt.

Diese Liebe Gottes und seine Hoffnung treiben auch uns an, eine Chance zu sehen für die Menschen, die alle anderen vielleicht schon aufgegeben haben.

### Welche Vollmacht hat der Botschafter? (2. Korintherbrief 5,17)

*Neues Leben im Kraftfeld des Heiligen Geistes*
*(17) Gehört jemand zu Christus, dann ist er ein neuer Mensch. Was vorher war, ist vergangen, etwas Neues hat begonnen.*

Du kannst in den letzten Übungen von Schritt 12 noch einmal wahrnehmen: Es ist so viel neu geworden in deinem Leben. Bei einigen waren es dramatische Veränderungen, die ihre Umgebung nicht übersehen konnte. Bei anderen veränderten sich innere Gefühle oder für andere verborgene Zwänge. Wir alle haben in irgendeiner Weise wahrgenommen: Es gibt diese schöpferische, verwandelnde Kraft Jesu. Sein Heiliger Geist ist keine abstrakte Idee, er hat sich heilend in unserem Leben gezeigt. Alte Lebensmuster, Gefangenschaften oder zerstörerische Zwänge haben sich aufgelöst, Neues ist an ihre Stelle getreten.

Ist *alles* neu geworden? Für die Perfektionisten unter uns ist diese Frage sicherlich bedrängend. Wertvoll die Antwort des Paulus: „Neues" ist geworden. In anderen Passagen seiner Briefe formuliert er noch vorsichtiger. Die endgültige Verwandlung, die perfekte Rettung kommt sicherlich, aber erst, wenn die zerstörerischen Kräfte (Tod und Teufel) diese ganze Schöpfung nicht mehr quälen dürfen. Von dieser Hoffnung – trotz aller bleibenden Unvollkommenheit – schreibt er in Römer 8 so:

*(23) Aber auch wir selbst, denen Gott bereits jetzt seinen Geist als Anfang des neuen Lebens gegeben hat, warten voller Sehnsucht darauf, dass Gott uns als seine Kinder zu sich nimmt und auch unseren Leib von aller Vergänglichkeit befreit.*

*(24) Darauf können wir zunächst nur hoffen und warten, obwohl wir schon gerettet sind.*

Merke dir: Alle Veränderungen in deinem Leben – auch die unvollendeten – sind Vorzeichen, sozusagen die Anzahlung auf die kommende Vollendung, und doch schon ein Beweis für die neuschöpferische Kraft des Heiligen Geistes. Jede Heilung trägt jetzt schon gewissermaßen das Markenzeichen deines Schöpfers. Was Gott anfängt, wird er auch vollenden.

*Von Gott anvertrauter Dienst*

*(18) All dies verdanken wir Gott, der durch Christus mit uns Frieden geschlossen hat. Er hat uns beauftragt, diese Botschaft überall zu verkünden.*

Wenn du ein Botschafter dieser Zeichen und Wunder Gottes in deinem Leben wirst, ist das keine Anmaßung oder Selbstüberschätzung. Du bist dazu von Gott selbst beauftragt. Im griechischen Urtext steht die Redewendung *„Dienst der Versöhnung"*. Du kannst mit dem, was du erfahren hast, nämlich die Versöhnung mit Gott, anderen dienen, die sehnsüchtig danach Ausschau halten, von Gott angenommene und mit sich selbst versöhnte Menschen zu werden.

## Welchen Inhalt hat seine Botschaft? (2. Korintherbrief 5,19)

*(19) Denn Gott ist durch Christus selbst in diese Welt gekommen und hat Frieden mit ihr geschlossen, indem er den Menschen ihre Sünden nicht länger anrechnet. Gott hat uns dazu bestimmt, diese Botschaft der Versöhnung in der ganzen Welt zu verbreiten.*

Menschen, die durch dieses 12-Schritte-Programm gegangen sind, haben sich von egozentrischen Einzelwesen zu demütigen und barmherzigen Mitmenschen weiterentwickelt, die zu ihren Schwächen stehen können, weil sie Gnade erlebt haben.

Gottes Gnade verändert auch die Art und Weise, wie sie die Botschaft von der Rettung Gottes weitergeben. Sie erzählen sie schlicht, aufrichtig und immer an ihrem eigenen Beispiel, sodass andere es „fassen" können, nicht erschlagen werden von theologischen Konzepten oder biblischen Fachworten. Sie haben in einem langen Prozess die versöhnende Kraft Gottes in ihr Leben hinein übersetzt. Jetzt können sie aus ihrer Lebensgeschichte heraus buchstabieren, was Paulus in V. 19 wortwörtlich auf die Kurzformel brachte: *„Gott war in Christus."* Die entscheidende Voraussetzung für unsere Befreiung ist diese: In dem Menschen Jesus hat Gott sich selbst in den Streit dieser Welt begeben. Gott hat den Kampf mit seinen unversöhnlichen Feinden aufgenommen.

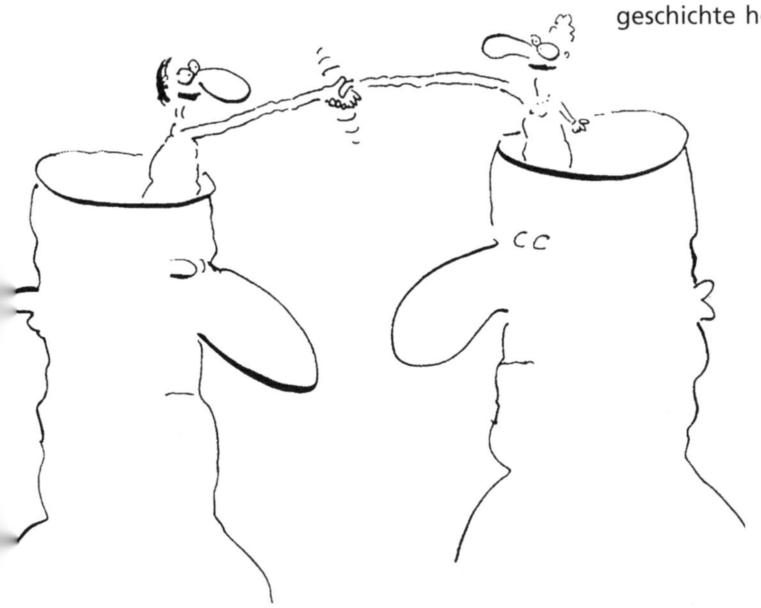

*Gott macht Frieden mit der Welt*
*Gott selbst macht Frieden mit den Menschen. Dabei sind wir doch als Sklaven des widergöttlichen Geistes Gottes erbitterte Feinde – ob wir es wissen oder nicht. Jede einzelne Tat aus dem Geist der Selbstsucht oder Überheblichkeit machte uns zum Komplizen des Bösen.*

*Rechnete ihre Sünden nicht an*
In Vers 21 beschreibt Paulus diesen unglaublichen Tausch genauer:

*(21) Denn Gott hat Christus, der ohne jede Sünde war, mit all unserer Schuld beladen und verurteilt, damit wir freigesprochen sind und Menschen werden, die Gott gefallen.*

Am Kreuz geschah also dieser Tausch. Er gab sein reines Leben und empfing Gottes Zorn für die gesamte Rebellion der Menschheit. Davon profitieren wir bis heute noch und in alle Ewigkeit. Seitdem gilt der Satz: Es gibt keine Verdammnis mehr für die, die im Kraftfeld des Heiligen Geistes mit Christus verbunden leben.

*„beauftragt, diese Botschaft überall zu verkünden"*
Die Nachricht von der einmaligen Versöhnung am Kreuz auf dem Hügel Golgatha vor Jerusalem soll sich in die ganze Welt ausbreiten. Dazu benötigt Gott glaubwür-

dige Zeugen, Botschafter, die von dieser Versöhnung erreicht und verwandelt wurden. Denn außerhalb der Beziehung zu Jesus Christus herrscht immer noch die Macht des Un-Geistes. Umso wichtiger, dass die Boten Glauben finden.

## Welche Stellung hat der Botschafter? (2. Korintherbrief 5,20)

*An Christi Stelle stehen*

*(20) Als Botschafter Christi fordern wir euch deshalb im Namen Gottes auf: Lasst euch mit Gott versöhnen! Wir bitten euch darum im Auftrag Christi.*

Mit unserem Leben und der Botschaft von der Versöhnung werden wir das, was Jesus damals für die Menschen war: Werkzeug Gottes.

- Gott benutzt menschliche Worte für seine göttliche Friedensbotschaft. Darum musst du dich nicht um den Erfolg oder Misserfolg der Botschaft sorgen. Bedenke: Aus der größten Niederlage Jesu wurde Gottes Sieg.
- Mache dir noch einmal klar: Gott selbst ermahnt, ermutigt, lockt, ruft durch dich. So wertvoll bist du ihm. Er braucht dich.
- Wie Jesus hast du zu dienen, nicht zu herrschen! Herrsche darum die anderen nicht an, predige sie nicht an, sondern rede, wenn, dann einladend: „Bitte, lass dich doch auf Gottes Liebe zu dir ein!"

Im Ganzen lebe als begnadigter Sünder. Du bleibst darin demütig und bist doch wertvoll in Gottes Augen.

*Wie hat sich dein Verständnis zum Thema „Zeuge sein" durch diese biblischen Gedanken verändert?*

# 12-Schritte-Abschluss-Übung

Beschreibe eine Situation oder Umstände in deinem Leben, die in dir immer noch schwierige Gefühle (z. B. Groll, Furcht, Trauer oder Ärger) hervorrufen. Dies kann *Beziehungen* betreffen (innerhalb der Familie, bei der Arbeit oder auch im sexuellen Bereich), *Arbeits- oder Lebensumstände*, deine *körperliche* oder psychische *Gesundheit* oder z. B. dein *Selbstbewusstsein*.

Nimm die folgende Übung zum Anlass, die Prinzipien der 12 Schritte auf die oben genannten Umstände anzuwenden. Beschreibe in wenigen Worten die Situation und das Problem.

*Schritt 1: In welchem Sinn bist du selbst hier machtlos? Wie zeigt dir diese Situation, dass du dein Leben nicht im Griff hast?*

______________________________

______________________________

______________________________

______________________________

*Schritt 2: Welche Rolle spielt Gott als deine „Höhere Macht" auf dem Weg, gesund zu werden? Welche Hoffnung hast du für diese Situation?*

______________________________

______________________________

______________________________

______________________________

*Schritt 3: Schreibe ein Bekenntnis, in welchem du erklärst, dass du die Entscheidung getroffen hast, diese Situation Gott zu überlassen (z. B.: „Ich will mich nicht mehr länger durch das Verhalten meines Vorgesetzten innerlich zerfressen lassen. Ich entscheide mich jetzt, meine Furcht, meine Sorgen und mein Sicherheitsbedürfnis Gott zu übergeben!").*

______________________________

______________________________

______________________________

______________________________

______________________________

*Schritt 4: Welche Charakterschwächen oder Lebensmuster spielen bei deinem Beispiel eine Rolle (z. B. die Furcht, ausgeliefert zu sein, oder Angst vor Autoritätspersonen, die Suche nach Anerkennung, zwanghaftes Verhalten, übermäßiges Verantwortungsgefühl, unausgedrückte Gefühle)?*

______________________________

______________________________

______________________________

______________________________

*Schritt 5: Bekenne deine Schuld und deine Sünde vor Gott und einem anderen Menschen.*

*Schritt 6: Bist du wirklich bereit, dir von Gott diese Charakterschwächen und -fehler, die dir bewusst geworden sind, nehmen zu lassen? Wenn nicht – was steht dem noch im Wege?*

*Schritt 7: Schreibe ein Gebet auf, in dem du demütig Gott bittest, die speziellen Mängel (im Blick auf diese Situation) wegzunehmen. (Bedenke: Je ehrlicher du gegenüber deinen Mängeln und Bedürfnissen bist, desto demütiger kannst du sein.)*

*Schritt 8: Stelle eine Liste von den Menschen auf, denen du damit Unrecht getan und die du verletzt hast.*

*Schritt 9: Wo ist Wiedergutmachung nötig und angebracht und wie willst du sie angehen?*

*Schritt 10: Gehe die vorigen Schritte nochmals durch und prüfe, ob du nichts übersehen hast. Welche neuen Aspekte sind noch aufgetaucht, die du beachten solltest?*

*Schritt 11: Halte einen Moment inne, werde still vor Gott und bitte ihn, seinen Willen für dich erkennbar werden zu lassen. – Nach dem Gebet: Wie verstehst du Gottes Willen für diese aktuelle Situation?*

*Schritt 12: Hast du im Hinblick auf diese Situation eine Ahnung bekommen, was geistliches Erwachen" hier für dich bedeutet? Wer trägt jetzt die Verantwortung: du oder Gott? Erläutere deine Antwort. Deine Haltung und Gefühle sind gute Hilfen zur Selbstwahrnehmung!*

## Zusammenfassung:

Übe jetzt, wie du deine Erfahrungen kurz gefasst formulieren kannst. Damit hättest du ein Handwerkszeug, um anderen Menschen zu einem reiferen Leben zu verhelfen und ihnen den Glauben an Jesus Christus nahezubringen.

Blicke auf dein jetziges Leben und ergänze die folgenden Aussagen:

*Als ich ein Kind war, lebte ich in einer Familie, die ...*

*Als ich erwachsen wurde, da entwickelte es sich so weiter ...*

*Als ich meine schwierigen Verhaltensmuster erkannte, da ...*

*Jetzt, nachdem ich das 12-Schritte-Programm beendet habe, ...*

# Abschlussabfrage der Selbsttests

Viele Gedanken hast du dir gemacht, viele kleine und große Erfolge ausgetauscht mit deinen FreundInnen und BegleiterInnen in der Endlich-Leben-Gruppe. Möchtest du jetzt zum Abschluss noch einmal schwarz auf weiß sehen, was sich in deinem Endlich-Leben-Gruppenjahr verändert hat? Zusätzlich hilfst du damit nicht nur dir selbst, sondern schenkst der wissenschaftlichen Begleitung der Endlich-Leben-Gruppen deinen Beitrag. Wenn du nämlich deine Daten vorher (Start mit Schritt 1) und nachher (Ende mit Schritt 12) erhebst, können viele spätere Gruppenmitglieder von deinen Erfahrungen und deinen dokumentierten Veränderungen profitieren. Wichtig ist aber, dass du alle Fragebögen im Internet eingibst! Details dazu befinden sich im Gruppenleiterhandbuch.

Diesmal haben wir die Selbsttest-Fragebögen im Arbeitsbuch nicht abgedruckt. Bitte gehe direkt zur Interneteingabe. Das ist natürlich nur sinnvoll, wenn du vorher auch alle Fragebögen im Internet unter deinem Codenamen ausgefüllt hast, sonst gibt es für dich keine Vergleichsmöglichkeiten. Bist du bereit?

## Jetzt ab zu www.fragebogen.endlich-leben.net

❶ Du loggst dich mit deinem Codenamen (s. S. 244) und Passwort ein und nimmst dir noch einmal ein bis zwei Stunden (je nach persönlichem Tempo) Zeit. Du kannst natürlich auch in kleinen Häppchen die Fragebogen auf mehrere Tage verteilen.
❷ Jetzt gehst du die Fragen noch einmal durch und kreuzt deine Antworten an.
❸ Falls du kein Internet hast (und keiner deiner Freunde), kannst du uns Kopien deiner Fragebögen zuschicken, damit die Daten für die Forschung nicht verloren gehen.

Schickst du die Fragebögen per Post ein, können wir dir eine Auswertung nicht versprechen, um deine Anonymität nicht zu gefährden. Nur wenn du Zugang zum Internet hast, könntest du dein Ergebnis anonym runterladen. Mehr dazu findet sich im Internet unter www.fragebogen.endlich-leben.net

Wenn du dazu Fragen hast, rufe mich an: Helge Seekamp, 00 49-52 61-93 44 66

## Eingabe fertig! Geschafft! Und nun?

Nach der Eingabe auf unserer Internetseite erhältst du alle Abschlussergebnisse und Anleitungen, wie deine Schlussauswertung vor sich geht. Vielen Dank für dein Mitmachen und viel Mut für deine Zukunft – egal wie das Ergebnis ausfallen sollte. Du warst auf dem Weg und bist auf dem Weg zum Paradies Gottes. Er wird es wohlmachen.

## Welche Fragebogen werden zum Schluss noch einmal abgefragt?

In der Schlussabfrage bei Schritt 12 wirst du dich noch einmal mit den folgenden Fragebögen beschäftigen, um deine besonderen Veränderungen zu messen. Nimm dir in Ruhe Zeit. Du musst nicht alles auf einmal erledigen, aber wenn du es flott durchziehst, hast du schnell ein Ergebnis:

| | | |
|---|---|---|
| **PSQ** S. 23 (vor Schritt 1) | allgemeines Stressniveau | (5 Min.) |
| **KPD** 38: S. 46f (Schritt 1) | Symptome und Belastungen | (10-20 Min.) |
| **RST** S. 65ff (Schritt 2) | Religions-Test | (30-40 Min.) |
| **SEO** S.104f (Schritt 4) | Kontroll-Typ | (10-20 Min.) |
| **KLSE** S.106 (Schritt 4) | Konfliktlösungs-Typ | (5-10 Min.) |
| **BBE** S.107f (Schritt 4) | Bindungs-Stile | (20-40 Min.) |
| **Summe an Zeit** | | **1-2 Stunden** |

# Gruppenarbeitsblatt zum Abschlusstreffen

## Zum Abschlusstreffen

Jede und jeder sollte die Möglichkeit haben, sich von den anderen in Liebe zu verabschieden. Es ist sehr hilfreich, wenn du dir mit den anderen vorher die Zeit nimmst, auch schriftlich ein paar Dinge festzuhalten. Jedem Einzelnen „Dankeschön" zu sagen, ist vielleicht nicht nötig. Aber vielleicht hast du das Bedürfnis, anderen deine Wertschätzung auszudrücken. Z. B. so:

*Ich möchte noch erwähnen: Ihr in der Gruppe und unsere Gemeinschaft auf diesem Weg hatten folgende Bedeutung für mich:*

___

___

___

*Beim Abschluss in dieser Gruppe und beim Verabschieden fühle ich mich:*

___

___

___

## Vorschlag für ein abschließendes Gebet in der Gruppe

**Vater im Himmel, ich gebe mich der unendlichen Liebe und Fürsorge Jesu hin.**
**Ich will dir jetzt und in Zukunft mein Leben anvertrauen.**

**Ich vertraue dir, dass ich auch ohne diese Gruppe zurechtkommen werde.**
**Dein Heiliger Geist in mir wird meinen Glauben tragen und mich bewahren bis zum letzten Tag.**
**Ich weiß, ich bin noch nicht fertig. Du wirst mir beistehen.**

**Ich bin auch bereit, meinen Teil zu meiner Veränderung beizutragen, meine Fehler wiedergutzumachen, immer sofort zu dir zu flüchten und meinen Blick nicht nur auf mich selbst zu richten, sondern auch auf andere.**

**Ich weiß, dass meine Heilung anderen Menschen die Macht deiner Gnade bezeugt.**
**Von Herzen danke ich dir, Jesus, für alle Gnade, die ich bis hierher erlebt habe.**

*Persönliche Ergänzungen zum Gebet in der Gruppe:*

___

___

___

___

# Kontakte und Hilfen für die Praxis

## Das Endlich-leben-Netzwerk

Die GruppengründerInnen, AutorInnen, Lehrenden und MultiplikatorInnen dieser Idee, die auf der Grundlage dieses Arbeitsbuches Endlich-Leben-Gruppen durchführen, haben sich zu einem Netzwerk zusammengetan: Endlich-leben-Netzwerk oder endlich-leben.net e. V. organisiert sich als eingetragener gemeinnütziger Verein. Durch diese Vernetzung soll die Qualität von Endlich-Leben-Gruppen gefördert werden. Dafür stehen folgende Angebote zur Verfügung:

- Zentrale Schulungsveranstaltungen für (zukünftige) GruppenleiterInnen können im Internet oder bei den unten genannten Koordinierungsstellen erfragt werden.
- Motivationstage: Wenn Gemeinden oder Organisationen das Endlich-Leben-Programm bei sich einführen oder über dieses Konzept Hintergrundinformationen haben wollen, kommen MultiplikatorInnen des Netzwerks gerne.
- Weiteres Schulungsmaterial: Helge Seekamp, *Selbsthilfe – Lebenshilfe – Glaubenshilfe*. Das Grundlagenbuch zur Einführung von Gruppenprogrammen in die gemeindliche Seelsorge. C&P-Verlag, 2009.
- Flyer, Infobroschüren: Für eine professionelle Werbung bietet das Netzwerk Materialien an.
- Zertifizierung der Endlich-Leben-Gruppen: Qualitätssicherung für Ihre Arbeit (sprechen Sie uns an). Nur zertifizierte Gruppen erscheinen auf der zentralen Homepage und erhalten die Unterstützung des Netzwerks. Gruppen, die ohne Zertifizierung arbeiten, dürfen ihre Arbeit nicht „Endlich-Leben-Gruppen" nennen oder das Logo nutzen.

*Für Deutschland, Österreich, Schweiz:*
***Endlich-leben-Netz***
z. Hd. Pfr. Helge Seekamp
Heustr. 59
D-32657 Lemgo
Öffentlichkeitsreferent: +49-(0)52 61-93 44 66
Geschäftsstelle: +49-(0)52 61-93 44 67
Shop: +49-(0)52 61-93 44 80
**E-Mail: info@endlich-leben.net**

*Für französisch sprechende Länder:*
***Endlich-leben-Netz***
z. Hd. Dr. Solange Freyd
197 Avenue d'Alsace
F–68000 Colmar

Telefon: +33-03 89 24 29 94
**E-Mail: info@vivre-enfin.eu**

## Im Internet: www.endlich-leben.net
## E-Mail: info@endlich-leben.net

Unter diesen Internetseiten können weitere Informationen zum Endlich-leben-Netz oder zur Plattform der Arbeitsgemeinschaft abgerufen werden. Dort finden sich auch Hinweise zu

- Endlich-Leben-Gruppen in den verschiedenen Bundesländern,
- Adressen von Verantwortlichen,
- Informationen für GruppenleiterInnen,
- Schulungstermine,
- Gruppen-Gründungshilfen, Downloads für die Präsentation in der Gemeinde.

# Coypright 12 Schritte

Hinweis zur deutschen Übersetzung der 12 Schritte: Die in diesem Buch verwendeten 12 Schritte und Überzeugungen sind nicht identisch mit dem Original-Wortlaut der von den Anonymen Alkoholikern autorisierten deutschen Version der 12 Schritte aus dem Jahre 1939 und den in den 12 Traditionen ausgedruckten Überzeugungen der AA-Bewegung.

Die autorisierten 12 Schritte der Anonymen Alkoholiker lauten:

1. Schritt: Wir gaben zu, dass wir dem Alkohol gegenüber machtlos sind – und unser Leben nicht mehr meistern konnten.
2. Schritt: Wir kamen zu dem Glauben, dass eine Macht, größer als wir selbst, uns unsere geistige Gesundheit wiedergeben kann.
3. Schritt: Wir fassten den Entschluss, unseren Willen und unser Leben der Sorge Gottes – wie wir ihn verstanden – anzuvertrauen.
4. Schritt: Wir machten eine gründliche und furchtlose Inventur in unserem Inneren.
5. Schritt: Wir gaben Gott, uns selbst und einem anderen Menschen gegenüber unverhüllt unsere Fehler zu.
6. Schritt: Wir waren völlig bereit, all diese Charakterfehler von Gott beseitigen zu lassen.
7. Schritt: Demütig baten wir ihn, unsere Mängel von uns zu nehmen.
8. Schritt: Wir machten eine Liste aller Personen, denen wir Schaden zugefügt hatten, und wurden willig, ihn bei allen wiedergutzumachen.
9. Schritt: Wir machten bei diesen Menschen alles wieder gut – wo immer es möglich war –, es sei denn, wir hätten dadurch sie oder andere verletzt.
10. Schritt: Wir setzten die Inventur bei uns fort, und wenn wir Unrecht hatten, gaben wir es sofort zu.
11. Schritt: Wir suchten durch Gebet und Besinnung die bewusste Verbindung zu Gott – wie wir ihn verstanden – zu vertiefen. Wir baten Ihn nur, uns seinen Willen erkennbar werden zu lassen und uns die Kraft zu geben, ihn auszuführen.
12. Schritt: Nachdem wir durch diese Schritte ein spirituelles Erwachen erlebt hatten, versuchten wir, diese Botschaft an Alkoholiker weiterzugeben und unser tägliches Leben nach diesen Grundsätzen auszurichten.

Die 12 Schritte, wie sie in den Endlich-Leben-Gruppen formuliert werden, haben wir für die besondere Verwendung im christlichen Bereich und für Menschen mit unspezifischen Symptomen gegenüber dem Original leicht verändert:

- Der Begriff „Alkohol" ist durch den allgemeinen Begriff „Abhängigkeiten und Probleme" ersetzt worden.
- In Schritt 3 und 12 heißt es bei Endlich-Leben-Gruppen: „Gott, soweit wir ihn verstanden".
- Die 12 Schritte in diesem Buch sind mit Druckerlaubnis des AA-Welt-Dienstes (Alcoholics Anonymous World Services) in diesem Buch verwendet worden. Diese Erlaubnis zum Nachdruck und die Anpassung der 12 Schritte bedeutet nicht, dass AA zu den Inhalten dieser Veröffentlichung seine Zustimmung gegeben hat.

AA hat auch nicht die Anschauungen dieses Buches geprüft oder sich zu eigen gemacht. AA ist ein Programm, das ausschließlich zur Genesung vom Alkoholismus beiträgt. Die Verwendung der 12 Schritte in Zusammenhang mit Programmen, die sich zwar an AA orientieren, aber andere Probleme angehen, haben mit dem ursprünglichen Anliegen von AA nichts zu tun.

Endlich-Leben-Gruppen arbeiten z. B. im Unterschied zu AA an einer breiten Fülle von Problemen, Abhängigkeiten und Ängsten sowie unspezifischen seelischen und körperlichen Symptomen, die die seelische Stabilität vermindern. Der konzeptionelle Rahmen von Endlich-Leben-Gruppen ist weltanschaulich und praktisch an christliche Gemeinden gebunden, die sich unter dem Dach der ACK (Arbeitsgemeinschaft Christlicher Kirchen in Deutschland) versammeln.

## Teilnahme an der Fragebogenauswertung ohne Zugang zum Internet

Diese Seite ermöglicht dir, mit deinen Fragebogen-Ergebnissen an der Erforschung der Wirksamkeit von Endlich-Leben-Gruppen teilzunehmen, auch wenn du keinen Zugang zum Internet hast. Eine Alternative wäre noch die: Bitte deine Gruppenleitung oder Vertrauenspersonen mit Internetzugang um Hilfe. Über den Postweg schicke bitte nur das gesamte „Paket" an Fragebögen (siehe Kasten rechts) aus diesem Arbeitsbuch mit genug Porto frankiert– natürlich **anonym** – an:
**Helge Seekamp, Heustr. 59, D-32657 Lemgo**

### Notwendige Materialien erstellen

Du kannst die Endlich-Leben-Gruppenarbeit fördern, indem du uns deine Ergebnisse einfach anonym per Post schickst. Dazu brauchst du aber vor dem Ausfüllen mehrere Kopien der Fragebögen. Bitte kopiere dir in einem Copyshop die Fragebögen, solange sie noch unbenutzt sind, für deine mehrfache Nutzung im Laufe der Gruppe und zwar folgende Mengen:

**PSQ** S. 23 (vor Schritt 1) S. 240 (Ende Schritt 12) **2 x kopieren**
**KPD** 38: S. 46f (Schritt 1)/S. 116f (Schritt 4)/ S. 196f (Schritt 9)/S. 240 (Schritt 12) .......... **4 x kopieren**
**RST** S. 65ff (Schritt 2)/S. 240 (Schritt 12) ....... **2 x kopieren**
**BIFA** S. 101ff (Schritt 4) .................... **1 x kopieren**
**SEO** S. 104f (Schritt 4)/S. 240 (Schritt 12) ...... **2 x kopieren**
**KLSE** S. 106 (Schritt 4)/S. 240 (Schritt 12) ...... **2 x kopieren**
**BBE** S. 107f (Schritt 4)/S. 240 (Schritt 12) ...... **2 x kopieren**
**Abschlussabfrage** (S. 244) ................. **1 x kopieren**

### Gebrauchsanleitung

Um deine Daten anonym weiterverarbeiten zu können, benötigen wir von dir einen Codenamen. Solltest du einmal Fragen zu unserer Studie haben, dann können wir mithilfe des Codenamens deinen Datensatz finden. So kannst du den Codenamen ganz einfach selbst festlegen. Bitte schreibe ihn neben den Titel jedes Fragebogens, den du bei uns einreichst. Mach bitte dabei auf jeden Fall korrekte Angaben, da nur so eine ordnungsgemäße Auswertung der Studie möglich ist.

| Kasten 1 | Kasten 2 | Kasten 3 | Kasten 4 |
|---|---|---|---|
| | | | |

**Dein Codename gebildet aus vier Bausteinen:**

| Kasten 1 | Kasten 2 | Kasten 3 | Kasten 4 |
|---|---|---|---|
| Die ersten zwei Buchstaben des Vornamens deiner Mutter.* | Die ersten zwei Buchstaben des Vornamens deines Vaters.* | Die ersten zwei Ziffern deines eigenen Geburtstages (nur der Tag) | Die ersten zwei Buchstaben deines eigenen Geburtsortes |
| Beispiel: **Mo**nika = Mo | Beispiel: **We**rner = We | Beispiel: **03**.12.1984 = 03 | Beispiel: **Dr**esden = Dr |

*Wenn du den jeweiligen Vornamen von Vater oder Mutter nicht kennst, schreibe statt der jeweiligen Anfangsbuchstaben XX.

**Bitte mache ein paar Angaben zu ... deiner Person**
**Startdatum der Gruppe:** ☐☐.☐☐.20☐☐
Alter: ☐☐ Jahre (z. B. 48 Jahre)
**mein Geschlecht:** ○ männlich ○ weiblich
**PLZ deiner Gruppe** (mind. die ersten 3 Ziffern) ☐☐☐☐☐
**Land** ○ **D** ○ **CH** ○ **AU** ○ **...**
**Name Gruppenleitung:** ____________________
**Konfession der verantwortlichen Gemeinde**
○ evangelikale Freikirche ○ katholisch
○ charismatische Freikirche ○ Vineyard
○ Pfingstkirche ○ sonstige
○ ev. Landeskirche ○ keine

**... zum Gruppentyp:** ☐ nur Männer ☐ nur Frauen
☐ gemischtgeschlechtl. Gruppe ☐ Symptom-orientierte Gruppe
**Dauer der Gruppe** in Monaten: ☐☐ Monate
**Dein bisher höchster Bildungsabschluss:**
○ kein bzw. noch kein Schulabschluss
○ abgeschlossene Volksschule
○ abgeschlossene Hauptschule
○ abgeschlossene Realschule/Mittelschule
○ abgeschlossenes Fachabitur/Abitur
○ laufendes Studium (Fachhochschule/Hochschule)
○ abgeschlossenes Studium
○ Promotion

### Mir war insgesamt wichtig,

| | gar nicht | wenig | mittel | ziemlich | sehr |
|---|---|---|---|---|---|
| 1. ... wie mir Gott geholfen hat | ① | ② | ③ | ④ | ⑤ |
| 2. ... wie die Gruppe mit mir umgegangen ist | ① | ② | ③ | ④ | ⑤ |
| 3. ... dass ich Selbsttest-Fragebögen und Arbeitsbuch nutzen konnte | ① | ② | ③ | ④ | ⑤ |
| 4. ... dass ich professionelle Hilfe zusätzlich zur Gruppe bekam | ① | ② | ③ | ④ | ⑤ |
| 5. ... dass ich Medikamente als Unterstützung hatte | ① | ② | ③ | ④ | ⑤ |

**Vervollständige bitte diesen Satz: „Was mir am meisten geholfen hat, war ...**

____________________

____________________

Mit Übersendung der Fragebögen erkläre ich mich einverstanden, dass meine Daten anonym für Forschungszwecke ausgewertet werden dürfen. Ich bin mir bewusst, dass eine anonyme Auswertung der Daten nur per Internet möglich ist. Darum akzeptiere ich, dass es für postalische Übermittlung keine Auswertung geben kann. Mehr im Internet: www.fragebogen.endlich-leben.net